남경태의 가장 독창적 역사 읽기

종횡무진 서양사 1

일러두기

*이 시리즈는 《종횡무진 한국사 1, 2》, 《종횡무진 동양사》, 《종횡무진 서양사 1, 2》로 구성되어 있으며, 본문에 서로 관련된 내용이 표시되어 있습니다. (예: 《종횡무진 한국사》 1권, 00~00쪽 참조)

남경태의 가장 독창적 역사 읽기

종횡무진 서양사

서양사

1 문명의 탄생에서
중세의 해체까지

남경태 지음

Humanist

지은이의 향기가 나는
종횡무진 시리즈가 되기를 바라며

깊으면 좁아지고 넓으면 얕아지게 마련이다. 그럼 깊으면서도 넓을 수는 없을까? 16년 전 종횡무진 시리즈를 시작할 때부터 늘 나를 괴롭혀온 질문이다.

'종횡무진'이라는 표제가 말해주듯이, 이 시리즈는 전문가용 학술서가 아니라 역사에 관심이 있는 일반 독자를 위한 대중서다. 하지만 넓어지면 얕아진다는 대중서의 '숙명'을 피하기 위해 나는 일반 대중서에는 없는 요소들을 과감히 끌어들였다. 구어적인 서술 방식이라든가 빠른 진행은 대중서 특유의 생동감을 불어넣으려는 시도였지만, 대담한 사건 연결이나 인물 비교는 역사 교과서나 대중서에서 볼 수 없는 역사적 상상력을 동원한 결과였다. 이렇게 두 마리 토끼를 쫓을 수 있었던 이유는 역사를 단순한 사실의 나열로 보지 않고 추리와 추측을 가미했기 때문이라고 자부한다.

대개 대중 역사서를 쓰는 사람들은 어떻게 하면 역사를 쉽게 정리할 수 있을까를 고민한다. 말하자면 역사의 교통경찰과 같은 역할을 자임하는 것이다. 하지만 이 시리즈에서 내가 하고자 한 역할은 교통경찰을 넘어 오케스트라의 지휘자였다. 교통경찰은 교통을 소통시켜주면 그것으로 임무가 끝나지만, 오케스트라의 지휘자는 작품을 끊임없이 재해석해야 한다. 나는 역사라는 과거의 작품을 해석하고 재해석해 역사 오케스트라의 지휘자가 되고자 했다.

그것은 쉽지 않은 길이었다. 다른 책들도 그렇지만 특히 한국사의 경우 많은 독자가 잘 아는 데다 관심도 높기 때문에 자칫 잘못 해석할 경우 오해와 비난을 부를 수도 있다. 그 위험에서 벗어나는 데는 역시 나의 '신분'이 유리했다. 전문 연구자나 학자였다면 과감한 추리가 가미될 경우 누군가 뒷덜미를 잡아당기는 듯한 기분이었겠지만, 대중서 지은이라는 신분은 학계의 선배라든가 학문적 질책을 가할 사람이 없는 탓에 상당히 자유로웠다. 다만 지나치게 방종하지 않도록 주의하고 내적인 규제의 선만 넘지 않으려고 노력했다.

물론 이런 고충을 독자 여러분이 굳이 이해하고 양해해줄 필요는 없다. 독자들은 단지 책을 통해 지식을 얻거나 흥미를 느끼면 그만이다. 그러나 지식과 흥미에도 여러 가지 차원이 있다. 지은이의 의도를 정확하게 따라잡으며 책을 읽는 것도 깊은 지식과 흥미를 포착하는 하나의 방식이 될 것이다.

지금까지 인문학을 주제로 여러 권의 책을 썼고 많은 책을 번역했다. 무엇보다 종횡무진 시리즈만큼 애정과 관심을 쏟고 정성을 기울인 책은 없다. 분량만도 전부 합쳐 원고지 1만 매에 달하는 데다 다루는 주제도 통사이기 때문에 많고 넓다. 앞으로도 이런 거대한 주제를 방대한 분량으로 엮어내는 작업은 못할 것 같다. 그래서 새로운 교열을 거쳐 한꺼번에 출간하는 것을 이 종횡무진 시리즈의 최종판으로 삼고자 한다.

베스트셀러였던 적은 없지만 그래도 지금까지 독자들의 꾸준한 사랑을 받는 것으로 보아서는 역사 교과서의 지루함과 엄숙주의를 거부하는 사람들이 상당수 있다는 이야기다. 이 책은 '종횡무진'이라는 표제처럼 좌충우돌하며 자유분방하게 역사를 서술하면서도 교과서에 나오는 지식과 정보를 최대한 수용하려 애썼기 때문이다.

전 세계를 통틀어도 동양사, 서양사, 한국사를 한 사람이 책으로 엮어낸 사례는 드물 것이다(무엇보다 한국사가 포함되어 있으니 외국인은 불가능할 것이다). 하지만 이 시리즈는 그런 형식적인 특징에 만족하지 않는다. 독자들은 이 시리즈에서 한 사람의 지은이가 가진 일관된 사관과 역사 서술을 읽어내고 그것을 중심으로 공감이나 비판의 시선을 던져주기를 바란다. 그래야만 한 사람의 지은이가 시리즈를 완성한 보람이 있을 것이다.

디지털 시대를 맞아, 텍스트를 위주로 할 수밖에 없는 책은 낡은 매체로 보일지도 모른다. 그러나 나는 소설을 영화로 만든 것 중에서 원작을 능가하는 작품은 보지 못했다. 아무리 훌륭한 영화감독이라 해도 소설을 읽는 독자의 마음속에 세팅된 무대와 캐릭터를 완벽하게 재현하지는 못하기 때문이다. 더욱이 소설이 아니라 인문학이라면 말할 것도 없고, 앞으로도 텍스트의 근본적인 미덕은 변치 않을 것이다.

지은이의 향기가 나지 않는 책은 가치가 없고, 좋은 텍스트는 다른 어떤 매체보다 지은이의 향기가 진하다. 앞으로도 독자들이 이 종횡무진 시리즈에서 지은이의 체취를 느껴주기를 바라는 마음이다.

2014년 겨울
지은이 남경태

차례

종횡무진 서양사
1

책머리에   4

프롤로그   16

1부 씨앗

1장 두 차례의 혁명   27

산에서 내려온 사람들 27 | 강에서 일어난 사람들 30

2장 충돌하는 두 문명   34

신국의 역사 34 | 초승달의 양 끝이 만났을 때 36 | 최초의 국제사회 41 |
아리아인의 등장 45 | 무승부로 끝난 대결 47

3장 새로운 판 짜기   50

수수께끼의 해적들 50 | 서양의 문자를 만든 페니키아 53 |
서양의 종교를 만든 헤브라이 56

4장 통일, 그리고 중심 이동   60

고대의 군국주의 60 | 열매를 주운 페르시아 65 |
빛이 서쪽으로 간 까닭은? 70

2부 뿌리 1

5장 그리스 문명이 있기까지   77

신화가 말해주는 역사 77 ┃ 오리엔트와 그리스의 중매 80 ┃
크레타를 대신한 그리스 83 ┃ 신화와 역사의 경계 85 ┃
암흑을 가져온 민족 90

6장 폴리스의 시대   94

과두정이 낳은 폴리스 94 ┃ 폴리스의 형질 변경 98 ┃
실패한 개혁은 독재를 부른다 101 ┃ 그리스의 이질적인 요소 106

7장 전란의 시대   111

최초로 맞붙은 동양과 서양 111 ┃ 최종 목표는 아테네 115 ┃
마라톤의 결전 118 ┃ 최후의 승부 121 ┃
유럽 문명을 구한 아테네와 스파르타 125 ┃ 전후의 새 질서 130 ┃
분쟁의 싹 134 ┃ 공멸을 가져온 전쟁 136

8장 사상의 시대   142

민주주의가 가능한 이유 142 ┃ 이오니아에서 탄생한 철학 145 ┃
그리스로 옮겨온 철학 148 ┃ 서양 사상의 골격이 생기다 152

9장 문명의 통합을 낳은 원정   156

폴리스 체제의 종말 156 ┃ 왕국에 접수된 폴리스 체제 159 ┃
세상의 동쪽 끝까지 간 알렉산드로스 163 ┃
그리스+오리엔트=헬레니즘 167

3부 뿌리 2

10장 로마가 있기까지   175

늑대 우는 언덕에서 175 ┃ 로마를 빛내준 조연들 177 ┃
평민들의 총파업 180 ┃ 고난 끝의 통일 183 ┃
귀족정+민주정+왕정=로마 공화정 188

11장 지중해로 뻗어나가는 로마   194

서부를 향해 194 ┃ 예상 밖의 승리 199 ┃ 영웅의 출현 203 ┃
또 하나의 영웅 206

12장 제국의 탄생   211

팽창하는 영토, 누적되는 모순 211 ┃ 고대의 군사독재 219 ┃
제정으로 가는 과도기 223 ┃ 대권 후보의 등장 227 ┃
권력과 죽음을 함께 얻은 카이사르 232 ┃ 정답은 제정 236

13장 팍스 로마나   242

더 이상의 정복은 없다 242 ┃ 내실 다지기 245 ┃ 초기 황제들 248 ┃
평화와 번영의 준비 251 ┃ 로마의 평화 255 ┃ 서양 문명의 뿌리 261

14장 추락하는 제국   265

몰락의 시작 265 ┃ 위기는 위기를 부르고 268 ┃ 수명 연장 조치 270 ┃
두 번째 의사 274 ┃ 정치적 무기가 된 종교 278 ┃ 제국의 최후 284

4부   줄기

15장 유럽 세계의 원형   293

포스트 로마 시대 293 ┃ 갈리아의 판도 296 ┃ 홀로 남은 로마 299

16장 또 하나의 세계 종교   304

사막의 바람 304 ┃ 제국으로 성장한 공동체 308 ┃ 문명의 충돌 313 ┃
서아시아 세계의 형성 318 ┃ 부활한 오리엔트 322

17장 원시 서유럽   326

동방교회와 서방교회의 분립 326 ┃ 서유럽 세계의 탄생 331 ┃
중세의 원형 336 ┃ 원시 프랑스 340 ┃ 환생한 샤를마뉴 344 ┃
기본형과 활용형 348 ┃ 영국의 탄생 352

18장 하늘 하나에 땅 여럿   360

그리스도교 대 그리스도교 360 │ 게르만 전통이 낳은 봉건제 365 │
장원의 왕과 세 가지 신분 369 │ 분권적 질서의 시작 374

19장 십자가 없는 십자군   378

땅에 내려온 교회 378 │ 대결과 타협 382 │ 그리스도교의 '지하드' 385 │
성전에서 추악한 전쟁으로 389 │ 해체의 시작 397

20장 국민국가의 원형   402

서유럽의 확대: 이베리아의 변화 402 │
서유럽의 확대: 영국의 편입 406 │ 봉건제의 본산: 프랑스 410 │
서유럽의 그늘: 독일과 이탈리아 417 │
오지에서 차세대 주자로: 스칸디나비아 424

21장 해체되는 중세   428

변방: 새로운 정치제도의 등장 428 │ 중심: 절대왕권의 시작 433 │
변방과 중심의 대결 438 │ 영광을 가져온 상처 445 │ 조연들의 사정 449

22장 중세적인, 너무나 중세적인   464

세계의 중심은 교회 466 │ 대학과 학문 468 │
중세 경제를 굴린 도시 475

서유럽 왕가의 기원   480

연표   483

찾아보기   493

종횡무진 서양사 2

1부 꽃

23장 다른 세계를 향해
24장 신에게서 인간으로
25장 종교의 굴레를 벗고

2부 열매 1

26장 영토와 주권의 의미
27장 유럽을 낳은 전쟁
28장 자본주의의 출범
29장 변혁의 18세기
30장 근대의 완성

3부 열매 2

31장 각개약진의 시대
32장 완성된 유럽 세계
33장 제국 없는 제국주의
34장 큰 전쟁과 큰 혁명
35장 불안의 과도기
36장 최후의 국제전
37장 유럽을 벗어난 유럽 문명

종횡무진 한국사 1

1부 깨어나는 역사

1장 신화에서 역사로
2장 왕조시대의 개막

2부 화려한 분열

3장 고구려의 역할
4장 깨어나는 남쪽
5장 뒤얽히는 삼국
6장 진짜 삼국시대

3부 통일의 바람

7장 역전되는 역사
8장 통일 시나리오
9장 통일의 무대

4부 한반도의 단독 정권

10장 새 질서와 번영의 시대
11장 소용돌이의 동북아시아
12장 단일 왕조시대의 개막

5부 국제화 시대의 고려

13장 모순에 찬 출발
14장 고난에 찬 등장
15장 안정의 대가

6부 표류하는 고려

16장 왕이 다스리지 않는 왕국
17장 최초의 이민족 지배
18장 해방, 재건, 그리고 멸망

종횡무진 한국사 2

7부 유교 왕국의 완성

19장 건국 드라마
20장 왕자는 왕국을 선호한다
21장 팍스 코레아나

8부 왕국의 시대

22장 왕권의 승리
23장 진화하는 사대부
24장 군주 길들이기

9부 사대부가 지배하는 왕국

25장 개혁과 수구의 공방전
26장 병든 조선
27장 비중화 세계의 도전: 남풍
28장 비중화 세계의 도전: 북풍
29장 복고의 열풍
30장 조선판 중화 세계

10부 왕정복고의 빛과 그림자

31장 조선의 새로운 기운
32장 한반도 르네상스
33장 마지막 실험과 마지막 실패

11부 불모의 세기

34장 사대부 체제의 최종 결론
35장 허수아비 왕들
36장 위기와 해법
37장 친청, 친일, 친러의 사이에서

12부 식민지와 해방과 분단

　　38장 가해자와 피해자
　　39장 식민지 길들이기
　　40장 항전, 그리고 침묵과 암흑
　　41장 해방, 그리고 분단

종횡무진 동양사

1부 태어남

　　1장 중국이 있기까지
　　2장 인도가 있기까지
　　3장 일본이 있기까지

2부 자람

　　4장 세상의 중심이었던 중국
　　5장 분열이 자연스러운 인도
　　6장 군국주의로 치닫는 일본

3부 섞임

　　7장 중국의 화려한 시작과 비참한 종말
　　8장 외부에서 온 인도의 통일
　　9장 도발로 수미일관한 일본

끊임없이 중심을 이동하며
꽃피운 서양 문명

바람에 날려간 씨앗이

인류 역사가 시작되는 시점을 말할 때 사람들은 흔히 4대 문명의 발상지라는 말을 쓰지만, 실은 2대 문명이라고 해야 한다. 먼저 하나는 황허 문명인데, 이것은 지금 동양 문명의 뿌리다. 나머지 세 문명은 황허 문명처럼 궤적이 확실하지 않다. 인더스 문명은 도시 유적만 남겼을 뿐 후대에 전승되지 않았고, 메소포타미아 문명과 이집트 문명은 한데 합쳐져 서양 문명의 모태가 되었다. 이렇게 보면 오늘날까지 전해지는 문명은 크게 동양 문명과 서양 문명의 두 가지인 셈이다(물론 아프리카나 동남아시아, 아메리카에도 고대 문명이 있었지만, 오늘날과의 관련성을 고려하면 아무래도 '마이너' 문명일 수밖에 없다).

　동양 문명은 곧 중국 문명이다. 중국 문명은 황허 중류의 중원에서 발생해 3000년에 이르는 제국 전사前史와 이후 2000년에 달하는 제국 역사로 진행되는 동안 내내 지리적 중심이 고정되어 있었다. 제국 전사의 기간에 중국 문명은 중원에서 비롯되어 춘추전국시대를 거치면서 강남과 중원 서부를 아울렀고, 제국 역사에 들어서는 한반도와 몽골 초원, 만주, 서역(중앙아시아), 일본, 동남아시아의 일부까지 포함하는 방대한 문명권을 형성했다. 그러나 지역적으로는 꾸준히 넓어졌어도 중심은 변하지 않았다. 다시 말해 문명이 '이동'하지는 않은 것이다.

이에 비해 서양 문명은 태어난 곳과 자란 곳, 활동한 곳이 모두 다르다. 이를테면 끊임없이 중심이 이동하는 유목적nomadic 문명이라고 할 수 있다. 그런 만큼 서양의 역사는 동양의 역사에 비해 훨씬 역동적인 측면이 있다.

우선 서양 문명이 태어난 곳은 오늘날의 서양이 아니다. 지금의 소아시아와 서남아시아, 이집트 일대, 한마디로 고대에 오리엔트라고 불렀던 곳이다. 그렇기 때문에 이 지역은 지리적으로는 아시아와 아프리카에 속하지만, 역사적으로는 서양의 역사에 속한다(7세기 이후 이 지역에서는 이슬람 세력이 발흥해 유럽의 중세사에도 큰 영향을 미쳤다). 더욱이 오리엔트 세계는 고대 문명권의 성립에 결정적인 문자(알파벳)와 종교(그리스도교)를 유럽 세계에 전파했다. 여러 가지 면에서 오리엔트는 서양 문명의 씨앗이다.

오리엔트에서 생겨난 문명의 씨앗은 바람을 타고 서쪽으로 날아갔다. 처음 안착한 곳은 지중해 동부 에게 해의 크레타 섬이었다. 여기서 문명의 씨앗은 최초의 뿌리를 준비하는데, 이것이 미노스 문명이다. 하지만 크레타는 메이저 문명의 커다란 씨앗을 기르기에 충분한 토양이 되지 못했다. 그래서 이 씨앗은 좀 더 서쪽으로 이동해 그리스에서 비로소 뿌리를 내린다.

뿌리와 줄기를 키우고

그리스와 로마는 서양 문명의 뿌리에 해당한다. 바깥에서 날아온 씨앗이 처음으로 유럽 땅에 내려앉은 곳이기 때문이다(유럽 중심주의에 물든 일부 서양의 역사가들은 서양 문명이 오리엔트와 무관하게 그리스에서 탄생했다고 생각하지만 씨앗 없이 트는 싹은 없다). 인종적으로, 언어적으로, 또 문화적으로, 역사적으로, 지리적으로 '서양 문명'이 본격적으로 시작되는 것은 이때부터다.

도식적으로 구분하면 그리스는 주로 사상과 문화의 측면에서, 로마는 언어와 제도, 종교의 측면에서 서양 문명의 뿌리를 이루었다. 특히 로마 시대 말기인 313년에 콘스탄티누스가 전격적으로 공인한 그리스도교는 이후 1000여 년 동안, 나아가 오늘날까지 서양 문명의 종교적·정신적 토대가 되었다.

그러나 그 뿌리가 튼튼한 줄기로 자라나기 위해서는 또 다른 계기가 필요했다. 서양 문명이 뿌리를 내린 그리스와 로마는 지리적으로 남유럽에 치우쳐 있었다. 이 남유럽의 문명을 유럽 전체의 문명으로 업그레이드시킨 것은 바로 중부 유럽의 게르만 문명이다.

로마 제국 시대에 문명의 빛이 지중해 일대에만 머물러 있었다고 해서 중부 유럽과 북유럽에 아무도 살지 않았던 것은 아니다. 예로부터 그리스인들은 북쪽에 사는 이민족들을 바르바로이 barbaroi라고 불렀다. 이 말은 원래 부정적인 의미가 없고 그냥 이민족 혹은 이어족異語族(말이 다른 종족)이라는 뜻이었는데, 로마인들은 그것을 오늘날과 같은 야만족barbarian이라는 뜻으로 쓰기 시작했다. 하지만 로마 제국은 결국 이 야만족에게 멸망을 당한다. 그들이 바로 게르만족이다.

중국의 한족이 북방 이민족들을 총칭해 오랑캐라고 불렀듯이, 로마인들은 중부 유럽과 북유럽에 널리 퍼져 살고 있던 '야만족'을 굳이 세분하지 않고 게르만족이라는 이름으로 총칭했다(원래 명명이란 문명적으로 앞선 민족이 처진 민족에 대해 가지는 일종의 고유한 '권한'이다). 그러므로 게르만족이라는 '개별 민족'은 없다. 역사서에는 고트족·반달족·롬바르드족·프랑크족 등이 게르만족의 살래라고 나오지만, 실은 로마인들이 그렇게 여겼을 뿐 그들은 다 서로 별개의 민족들이었다.

로마 제국을 멸망시킨 게르만족은 로마 문명에 또 하나의 중요한 요소인 게르만 문명을 보태 유럽 문명을 로마–게르만 문명으로 발전시킨다. 그 결과로 생겨난 게 바로 서양 역사의 줄기에 해당하는 중세다. 이로써 서양 문명은 처음으로 유럽 대륙 전체를 아우르는 확고한 지리적 세력권을 가지게 되었다.

꽃을 피워 열매를 맺다

중세 수백 년 동안 줄기가 굵어진 서양 문명의 나무는 이제 화려한 개화를 준비하기 시작한다. 14~16세기에 서양의 역사에서는 세 가지 중대한 변화가 일어난다. 하나는 역사에 대항해시대라고 기록된 지리상의 발견과 정복이고, 다른 하나는 르네상스라는 문화적 변동이며, 나머지 하나는 종교개혁으로 알려진 정신사적 변화다. 하나만 해도 역사책의 수십 쪽을 차지할 만큼 중요한 변화가 셋이나 같은 시기에 일어난 것을 우연으로 돌릴 수 있을까?

꽃을 피우는 목적은 열매를 맺기 위해서다. 지리상의 발견과 정복은 인류 역사상 처음으로 지구 전체를 하나의 단위로 바라보는 문명권을 탄생시켰고, 르네상스와 종교개혁은 인간을 신에게서 독립시켜 인류 역사상 처음으로 외부 사물과 자기 자신을 대상화시켜 바라보는 인간을 탄생시켰다. 그렇다면 그 개화가 어떤 열매를 맺을지는 자명해진다. 이제 서양 문명은 이성을 바탕으로 하는 합리주의 문명으로 무장하고 바야흐로 세계 정복에 나서는 것이다. 그 과정이 자본주의의 발전과 해외 식민지 개척으로 나타난다.

그러나 그에 앞서 선결해야 할 과제가 있다. 중세적 질서가 사라졌으므로 이제 새로운 국제 질서를 만들어야 한다. 중세의 종교적 통합성이 깨지자 서양 문명 내의 알력과 갈등은 곧장 전쟁의 양상으로 터져 나온다. 17세기부터 20세기까지 서양의 역사에서 세기마다 한두 차례씩 대규모 국제전이 벌어진 것은 그 때문이다. 17세기 초반의 30년 전쟁, 18세기의 에스파냐와 오스트리아의 왕위 계승 전쟁(그리고 그 와중에 벌어진 해외 식민지 쟁탈전), 19세기 초반의 나폴레옹 전쟁, 20세기의 양차 대전 등은 모두 그 일환이다. 그런 점에서 제2차 세계대전은 30년 전쟁으로 제기된 유럽 국가들 간의 영토 구획 문제를 완전히 해결한 '최종적인 전쟁'이었으며, 전후에 성립된 국제연합UN은 중세 이후 맥이 끊겼던 서양 세계의 통합적 국제 질서를 400여 년 만에 되찾은 것에 해당한다.

한편 안으로 진통을 앓는 동안에도 서양 문명의 서진西進 현상은 멈추지 않았다. 남유럽에 치중되어 있던 로마 문명은 제국이 멸망한 뒤 북상해 로마–게르만 문명의 서유럽 세계를 형성했다. 그러나 유럽의 서쪽 '땅끝'인 영국까지 오는 것으로 끝날 줄 알았던 서양 문명의 이동은 또다시 서쪽으로 이동해 대서양을 건넌다. 16세기에는 에스파냐가 남아메리카를 차지하고, 17세기에는 영국과 프랑스가 북아메리카에 유럽 문명을 이식한다. 이로써 지구상의 모든 지역이 서양 세계에 알려졌다. 그러나 문명의 이동은 아직 끝나지 않았다.

다시 서쪽으로 태평양을 건너면, 미지의 세계는 아니지만 서양 문명의 미정복지가 남아 있다. 서양 문명에 못지않게 유구한 역사를 자랑하는 동양 문명이다. 아메리카처럼 인구가 희박하고 문명의 힘이 약한 곳이 아니므로 서양 문명은 영토적 점령을 꾀하지 않고 경제와 문화를 통해 문명을 확산시킨다. 오랜 역사를 통해 얻은 서양 문명의 최종 산물인 의회민주주의와 자본주의(의회민주주의는 자본주의의 정치적 표현이고, 자본주의는 의회민주주의의 경제적 표현이므로, 두 가지라기보다는 쌍둥이와 같다)가 동북아시아에 이식된다.

20세기 말에 이르러 동북아시아는 서양 문명권에 편입되었다. 동양의 오랜 전통 문명은 살아 있지만 정치·경제·사회의 기본적 하드웨어는 서양화되었고, 토착 문명은 로컬 문명으로 축소되었다. 이제 서양 문명은 최종 목적지만 남겨두었다. 여기서 좀 더 서진을 계속하면 원래 출발했던 곳(서남아시아)에 이를 것이다. 인류 문명사 5000년은 늘 글로벌화를 지향했다. 어느 개인이나 집단이 의식적으로 추진한 게 아니라 역사 자체가 그렇게 흐른 것이다. 서양 문명이 현재의 이슬람권까지 확산되면 그것으로 비로소 문명의 커다란 한 주기가 끝날 것이다. 그때가 되면 서양 문명이라는 지역 명칭을 쓸 필요도 없게 될 것이다.

고통과 피의 역사

서양 문명을 하나의 나무에 비유하는 방식은 편리하기는 해도 뭔가 도식적인 구분이라는 느낌이 드는 게 사실이다. 하지만 그렇다고 거부감을 가질 필요는 없다. 역사학자가 아니라 역사를 읽는 독자로서 서양 문명을 가급적 쉽게 이해하려는 노력으로 보면 되니까.

혹시 서양 문명의 세계화를 정당화하는 게 아니냐는 의문을 품을 수도 있다. 하지만 20세기 들어 서양 문명은 지역 문명에서 벗어나 사실상 세계 문명이 되었다. 의회민주주의나 자본주의 같은 제도적 측면만이 아니라, 모든 학교에서 영어를 가르치고 서양식 옷차림을 하는 것 자체가 서양 문명의 세계적 성격을 말해준다. 따라서 이제 서양 문명이 (출발은 로컬이었다 해도) 유일한 글로벌 문명이라는 점은 싫든 좋든, 또 옳든 그르든 현실로 받아들여야 한다.

또 한 가지, 서양 문명과 서양 역사에 대한 커다란 오해는 빛나는 승리로만 점철되어 있다는 생각이다. 그러나 서양의 역사를 살펴보면 피로 얼룩지지 않은 부분이 없다. 대규모 전염병이 여러 차례나 서양 세계를 덮쳤고, 특히 14세기의 페스트는 유럽 전체 인구의 3분의 1을 죽음으로 몰고 갔다. 로마 제국의 황제들은 반란으로 권력을 잃으면 코와 혀가 잘리는, 죽음보다 못한 참형을 당했으며, 중세의 종교재판에서 마녀로 낙인찍히면 화형을 당해야 했다. 30년 전쟁 중 독일 지역에서 전쟁으로 죽은 사람은 무려 800만 명에 이르렀다. 산업혁명이 절정을 구가하던 19세기 초반의 영국에서는 여섯 살 난 어린이가 열악한 환경에서 하루에 16

시간이나 일해야 했다.

그런 재앙과 비극을 미화할 수는 없겠지만, 그 모든 게 서양 문명의 성장과 발달에 기여한 것만은 의심할 수 없는 사실이다. 특히 서양 문명의 총화와 결실이라 할 의회민주주의와 자본주의가 발달하고 정착하는 과정은 수많은 사람의 피와 수백 년에 이르는 세월이 필요했다.

어쨌든 서양 문명이 세계적인 승리와 성공을 거둔 것은 사실이다. 이제부터 그 승리와 성공을 향한 서양사의 험난하고 험악한 여정을 살펴보기로 하자.

1부

씨앗

. . . . . .

문명의 빛이 처음 내리쬐인 지역은 오늘날 터키에 해당하는 아나톨리아 고원으로 추정된다. 그와 거의 동시에 남쪽 나일 삼각주에서도 이집트 문명이 싹튼다. 두 문명은 초승달 모양의 이 일대를 점차 환하게 밝힌다. 초승달의 양 끝이 만나면서 오리엔트 문명이 생겨나고 인류 역사상 최초의 국제사회가 형성되지만, 이 지역은 갈수록 확대되는 문명을 담당할 중심지가 되지 못한다. 오리엔트 문명은 점차 서쪽으로 중심을 이동하면서 유럽 대륙의 동쪽 끝자락인 크레타와 그리스에 전해진다. 이후 오리엔트는 문자(알파벳)와 종교(그리스도교)의 두 가지 큰 선물을 서양 문명에 전함으로써 뿌리의 역할을 다한다.

1장

두 차례의 혁명

산에서 내려온 사람들

그것은 혁명이었다. 인류는 마치 500만 년 전에 탄생한 이후 499만 년
의 기나긴 세월 동안 번데기로 지내다가 1만 5000년 전에 갑자기 화사
한 나비로 탈바꿈한 듯했다. 그러고는 하늘 높이 날아올랐다. 햇빛을
누릴 시간이 얼마나 남았을지는 모르지만……

— 《최초의 혁명》에서

인류의 '화려한 변태'를 낳은 것은 농업과 사육이었다. 인류는
수십만 년 동안이나 구석기로 생활하다가 1만 5000년경부터 신석
기시대로 접어들었다. 두 시대는 단순히 '신구'의 차이만 있는 게
아니다. 같은 석기시대라도 신석기시대는 구석기시대와 근본적으
로 다르다. 가장 중요한 차이는 음식물을 구하는 방법에 있다.* 예

● 예전에는 석기를 만든 방식을 기준으로 구석기시대와 신석기시대를 나누었다. 구석기시대에는 돌을 깨서 만든 뗀석기를 썼고, 신석기시대에는 돌을 갈아서 만든 간석기를 썼다는 것이다. 그러나 지금은 이런 기준보다 수렵-채집 생활과 농경 생활을 기준으로 두 시대를 구분한다.

●● 이 점에 관해서는 세계지도만 봐도 쉽게 알 수 있다. 지구 위의 땅은 아주 넓은 것 같아도 실상 원시 농경이 이루어질 만한 지역을 찾아보면 두 곳밖에 없다. 터키 부근과 북아메리카 평원이다. 유럽은 너무 춥고, 아프리카는 너무 더우며, 남아메리카 온대 지역은 험한 안데스 산지인 탓에 농경이 어렵다. 인류학적으로 볼 때도 오늘날 식용 작물의 원형들은 대부분 서아시아(밀·귀리·보리)와 북아메리카(옥수수·감자·강낭콩)에서 처음 재배를 시작한 것들이며, 우유를 먹기 시작한 것도 서아시아 사람들이 처음이다. 물론 다른 지역에서도 인간이 살고 있었지만, 이들은 신석기 혁명이 일어나고 한참 뒤에까지도 수렵-채집 생활을 했다.

전까지는 동물을 사냥하고 먹을 만한 식물을 얻거나 캐는 수렵과 채집 생활을 했으나, 신석기시대부터는 동물을 사육하고 식물을 재배함으로써 음식물을 생산하는 단계가 된 것이다. 이제 인간은 처음으로 '노예(가축)'를 거느리고, 잉여 생산물을 만들 수 있게 되었다. 문명의 맹아는 이때부터 꿈틀거리기 시작한다.

농업과 사육은 인간에게 붙박이 생활을 가능하게 해주었다. 아직 넉넉한 형편은 아니었지만 이제는 양식을 구하러 떠돌아다닐 필요도 없고, 무시무시한 빙하기를 피해 고향을 버리고 따뜻한 남쪽을 찾아 이동할 필요도 없었다. 가히 혁명이라고 할 만한 변화였다. 그래서 이것을 농경 혁명이라고 부른다.

이 혁명의 혜택이 처음 주어진 곳은 어디였을까? 처음에 농경과 사육이 행해진 곳은 서아시아 북부의 고원지대, 바로 오늘날 터키가 자리 잡은 소아시아였다. 이 지역은 기후가 온화하고 강우량이 많아 작물과 가축을 키우기에 적합했다.●●

그러나 본격적인 문명의 시대가 도래하기까지는 수천 년의 세월과 한 차례의 혁명이 더 필요했다. 고원의 환경은 나날이 늘어나는 인구와 갈수록 커지는 촌락을 감당할 수 없었다. 그래서 신석기 인간은 점차 고원에서 아래로 내려오기 시작했다. 터키의 고원지대(아나톨리아 고원)에서 아래쪽이라면 어딜까? 지금의 이라크에 해당하는 곳, 바로 유프라테스 강과 티그리스 강 일대다. 점차 이 두 강의 유역으로 내려온 이들은 기원전 4000년경~기원전 3000년경 도시 혁명이라는 또 하나의 혁명을 이루었다(물론 그들이 산에서 내려올 때 산 아래에 아무도 살지 않은 것은 아니지만, 평지의 삶은 산지보다도 더 원시적이었을 것이다). 이 도시 혁명의 성과가 바로 인류 최초의 문명인 메소포타미아(그리스어로 '두 강의 사이 지역'이라는 뜻) 문명이다.

최초의 도시 예리코　문명이 최초로 생겨난 곳은 넓은 평야가 아니라 비좁은 고원지대였다. 이것은 기원전 8000년~기원전 7000년 무렵에 형성된 도시 예리코다. 더 앞선 시기의 도시 유적이 발견되지 않았기에 예리코는 인류 역사상 최초의 도시라는 영예를 얻었지만, 당시에는 분명히 이런 도시들이 여럿 있었을 것이다.

하지만 문명의 규모가 커진 만큼 문제점도 커졌다. 고원의 촌락에서는 자연 강우만으로도 작물의 재배와 가축의 사육이 가능했으나 '대처'로 내려와 도시를 이룬 다음에는 그게 쉽지 않았다. 도시는 인구가 밀집한 곳이므로 수량이 풍부한 강물이 필수적이다. 그러나 강은 물을 공급해준다는 점에서 좋지만 자칫하면 범람하기 일쑤이므로 언제나 통제가 필요하다. 마침 치수治水의 조건이 좋다는 게 다행이랄까? 촌락 규모의 사회에서는 큰 강을 다스리는 일이 쉽지 않았지만 풍부한 인력이 존재하는 도시의 조직 사회에서는 관개가 가능했기 때문이다. 산에서 내려온 사람들은 점차 척박한 고지대의 약탈 농경(토질을 최대한 이용한 뒤 다른 곳으로 이동하는 농경 방식)에서 관개를 이용한 넉넉한 농경으로 이행했다.

초기 문명에서는 치수에 성공하면 도시를 지배할 수 있었다. 그러나 강을 지배하는 자가 왕이 되는 것은 메소포타미아만이 아니었다. 메소포타미아에서 지중해 동부 연안을 거쳐 이집트의 나일 강 삼각주에 이르는 초승달 모양의 고대 문명권을 가리켜 '비옥한 초승달'이라고 부른다. 초승달의 다른 쪽 끝에서는 이 무렵 어떤 일이 벌어지고 있었을까?

강에서 일어난 사람들

메소포타미아 문명과 비슷한 시기에 이집트의 나일 강변에서도 독자적인 문명이 발생했다. 나일 강은 메소포타미아의 강들과 다른 커다란 장점을 가지고 있었다. 나일 강 하구 유역에는 특별한 지형적 굴곡이 없어 걸핏하면 강물이 범람했던 것이다. 일단 그 결과는 홍수였지만 장기적으로 그것은 재해가 아니라 축복이었다. 상류로부터 내려온 퇴적물이 쌓이면서 나일 강 삼각주의 토양이 비옥해졌기 때문이다. 물론 여기서도 치수는 중요했다. 하지만 메소포타미아와 달리 이 지역의 지배자들은 오히려 적당한 시기에 강물이 범람해주기를 기원했다. 그러니 그리스의 역사가 헤로도토스Herodotos(기원전 484년경~425년경)가 이집트를 '나일 강의 선물'이라고 부른 것도 충분히 이해할 만하다(그가 이집트에 간 때는 이집트 문명이 발생한 지 2000여 년이 지났을 무렵이니까, 지금 우리가 고대 그리스를 바라보는 것처럼 이집트를 보았을 것이다).

자연의 혜택으로 이집트인들은 메소포타미아처럼 고원 시대를 거치지 않고 직접 문명의 단계로 접어들 수 있었다. 나일 강변을 따라 자연적으로 발생한 수많은 농경 촌락은 점차 영역을 넓혀갔다. 이 과정에서 작은 촌락들이 뭉쳐 큰 세력권을 이루었고, 이내 이들끼리 다툼을 벌이기 시작했다. 촌락이 도시로 변하는 과정

나일 강의 선물　이집트 귀족의 묘에서 발굴된 벽화인데, 가축을 이용해 농사를 짓는 당시의 모습을 보여준다. 나일 강은 이집트의 농부들에게 천연비료나 다름없었다. 강이 정기적으로 범람해 토지가 비옥해졌을 뿐 아니라 불어난 강물은 중요한 용수원이 되었다.

이 메소포타미아보다 훨씬 자연스럽게 진행된 것이다. 이런 추세라면 머잖아 통일을 이룰 것은 필연이다. 과연 남북으로 기다랗게 뻗은 나일 강 유역의 촌락들은 결국 두 개의 지역적 통합체를 이루었다. 후대의 역사가들은 남쪽 상류의 것을 상왕국, 북쪽 하류의 것을 하왕국이라고 이름 지었다.

이렇게 한동안 두 왕국이 병존하는 시대가 이어졌으나 서로의 세력권이 넓어지자 최종적 통일이 불가피했다. 기원전 3100년경

상왕국의 메네스 왕이 하왕국을 정복하면서 드디어 통일 이집트 왕국이 성립했다. 이집트는 메소포타미아 지역처럼 사방이 트여 있지 않고 나일 강 양편으로 폭이 평균 5킬로미터 정도밖에 안 되는 지형이었기에(서쪽과 남쪽은 불모의 땅이고, 북쪽과 동쪽은 지중해와 홍해가 가로막고 있다) 통일 왕국의 성립이 빠를 수 있었다(당시의 정복자들은 원주민이 아니라 이민족이었다는 설도 있다). 이른바 '4대 문명의 발상지' 가운데 이집트의 연대가 가장 분명하게 밝혀져 있는 것도 여기에 이유가 있다.

이집트의 통일 첫 왕조시대의 무덤에서 발굴된 매장판이다. 이 판 가운데를 보면 상왕국의 왕이 하왕국의 병사를 몽둥이로 때리려 하고 있다. 상왕국은 흰색 왕관, 하왕국은 붉은색 왕관을 상징으로 삼았으니까, 이 왕이 쓰고 있는 고깔 모양의 관은 원래 흰색이었을 것이다(고대 이집트의 상류층에서는 가발을 쓰고 그 위에 고깔을 덧쓰는 게 유행했다).

통일 시기 이집트의 역사는 역사라기보다 전설에 가깝다. 이집트의 역사가 비교적 확실해지는 것은 제3왕조부터다. 이때부터 이집트의 역사는 보통 고왕국 시대(기원전 26세기~기원전 22세기, 제4~8왕조), 중왕국 시대(기원전 20세기~기원전 17세기, 제12~14왕조), 신왕국 시대(기원전 16세기~기원전 11세기, 제18~20왕조)로 나누고, 고왕국과 중왕국, 중왕국과 신왕국 사이 두 차례의 이민족 지배기를 각각 제1중간기(기원전 22세기~기원전 20세기, 제9~11왕조)와 제2중간기(기원전 17세기~기원전 16세기, 제15~17왕조)로 구분한다. 나중에 보겠지만 신왕국 시대 이후의 이집트는 문명의 발상지로서의 위용을 잃어버리고 겨우 명맥만 유지하다가 결국 로마의 속주로 편입된다.

메네스 왕의 통일에서부터 이집트 왕국이 멸망해 로마의 속주가 되는 기원전 30년까지 치면, 이집트 왕국은 무려 3000년에 이르는 장구한 역사를 자랑한다. 따라서 이것만 해도 몇 권의 책으로 엮어야 마땅하겠지만, 그것은 이집트의 '국사國史'에 맡기고 여기서는 이집트 문명권과 메소포타미아 문명권이 어울려 오리엔트 문명을 형성하는 측면만을 살펴보기로 하자.

2장

충돌하는 두 문명

신국의 역사

고대 이집트의 역사는, 3000년 동안 수십 개의 왕조가 등장하고 퇴장한 데서 알 수 있듯이, 결코 단일한 역사가 아니다. 지금 우리는 편의상 그것들을 뭉뚱그려 이집트 왕국이라고 부르고 각 왕조에 일련번호를 매겨 구분하지만, 각각의 왕조는 사실상 별개의 나라나 다름없었다(우리 역사에 등장했던 고대 삼국과 고려, 조선을 '한반도 왕국'이라고 통칭할 수 있을까?). 당시 이집트인들은 단일한 민족의식을 가지고 역사를 진행한 게 아니었다. 고대 중국인들에게는 중국이 곧 천하였듯이, 이집트인들에게 이집트란 세계의 일부가 아니라 세계 전체였다.

고대 중국인들에게 천하의 주인은 하늘의 아들, 즉 천자天子였다. 반면 이집트인들의 '천자'는 바로 파라오였다. 사실 파라오는 천자보다 시기적으로 1500년 이상 앞서므로 파라오를 천자에 비유하기보다는 오히려 천자를 '중국의 파라오'라 해야 할 것이다. 그러나 파라오가 천자보다 앞서는 것은 그것만이 아니다. 천자가 하늘의 아들이라면 파라오는 하늘 자체다. 즉 파라오는 지상에 존재하는 신이다. 파라오는 원래 '커다란 집'이라는 뜻인데, 여기서 집이란 곧 세계 전체를 가리킨다. 고대 이집트 세계는 파라오라는 절대 권력자가 지배하는 제정일치의 강력한 전제 국가였다.

그렇기 때문에 고대 이집트를 제국 체제로 보기도 하는데, 사실은 제국이라기보다 신국神國에 가깝다. 로마나 중국 등 후대의 제국들과는 달리 이집트는 속국들을 거느리지 않았으므로 제국이라는 이름이 어울리지 않기도 하지만, 이집트의 파라오는 종교적 신앙에서 나오는 신적 권위를 가졌기 때문이다(제정일치의 성격과 절대 권력의 강도를 기준으로 비교하면 이집트 〉 중국 〉 로마의 순서다).

그런 파라오의 권위를 잘 보여주는 것이 바로 인류 역사상 가장 오래된 석조물인 피라미드다. 파라오의 무덤으로 만들어진 피라미드는 고대 그리스인들의 기록에 따르면 10만 명이 10년 동안 일해서 한 개를 만들 수 있었을 정도라고 한다. 고왕국의 수도인 멤피스 부근에는 여러 개의 피라미드가 세워졌다. 오늘날 남아 있는 피라미드 중에서 가장 큰 기자의 대피라미드(쿠푸 왕의 피라미드)는 제4왕조시대인 기원전 2500년대에 만들어졌다. 파라오의 권위는 아주 일찍부터 확립된 것임을 알 수 있다.•

아무리 신적인 존재라 해도 파라오는 지배자로 군림했을 뿐이고, 국가 행정의 실무는 관료 조직이 맡았다. 이집트 관리들은 상형문자를 이용해 파피루스에 기록을 남겼는데, 오늘날 고대 이집트의 역사가 전해지는 것은 바로 그 덕분이다. 기록에 따르면, 당

● 피라미드는 축조될 당시부터 도굴꾼들의 표적이 되었다. 그래서 후대의 피라미드들은 곳곳에 경고문을 새기고 왕의 시신을 감추는 등 '도굴과의 전쟁'을 선포하게 된다. 현대인들처럼 이집트 말기 동부 지중해를 장악한 고대 그리스인들도 이집트 관광을 즐겼는데, 이 무렵에는 이미 대부분의 피라미드들이 완전히 도굴되어 있었다. 20세기에 발견된 투탕카멘의 무덤은 도굴을 방지하기 위해 바위 깊숙이 파놓은 덕분에 살아남을 수 있었다. 한편 헤로도토스는 이집트가 피라미드 건축 때문에 국력을 탕진해서 멸망했다고 기록했지만, 오늘날에는 나일 강의 범람으로 농토를 잃은 농민들에게 일자리를 주기 위해 피라미드 건축 사업을 일으켰다는 설도 있다. 그렇다면 피라미드 건축은 고대 이집트의 '뉴딜 정책'이었던 셈이다.

시 이집트 사회는 이미 관료와 귀족, 기술자, 상인 등의 계층 구분이 이루어져 있었으며, 나일 강을 다스려야 하는 필요성 때문에 수학과 토목학, 천문학 등이 상당한 수준으로 발달해 있었다. 1년을 12개월, 365일로 나누는 태양력을 최초로 사용한 것도 이집트이며, 지금까지 전해지는 이집트 문자 역시 세계에서 가장 오랜 것이다.

고왕국 시대는 관개농업이 위주였고, 약간의 국제무역이 행해지긴 했지만 기본적으로는 주변과 관계를 맺지 않고 독자적으로 발전한 시대였다. 그러나 발전은 팽창을 낳는 법이다. 내적 성장이 어느 정도에 달하자 이집트는 점차 변경 지대에 대한 정복 사업의 횟수를 늘려갔다. 그런데 이집트의 주요한 변경인 서북쪽 너머 비옥한 초승달의 맞은편에는 또 하나의 문명 세계가 존재하고 있었다. 두 문명의 만남은 불가피했다.

초승달의 양 끝이 만났을 때

이집트와는 달리 메소포타미아는 사방이 탁 트인 지역이다. 그러므로 문명의 씨앗도 한 곳에만 치중되지 않고 여러 군데에 골고루 퍼져나갔다. 아나톨리아의 고원에서 내려온 민족의 후예들은 티그리스 강과 유프라테스 강의 중류인 아카드와 하류인 수메르

오리엔트 세계　서양 문명의 씨앗을 낳은 오리엔트 일대의 지도다. 초기 문명권은 이집트에서 메소포타미아까지 비옥한 초승달의 형상으로 발전했다. 소아시아 동부 지중해 연안의 시리아 지방은 메소포타미아, 이집트, 크레타 문명의 중간에 있어 영향을 받았다.

지역에 터를 잡고 여러 개의 도시국가들을 세웠으나 그들 이외에도 이 일대에서는 문명의 빛이 곳곳에서 반짝이고 있었다.

　아라비아 사막 출신의 셈족 유목민들은 몇 차례의 민족이동으로 사막 지대를 벗어나 서쪽과 북쪽으로 영역을 넓혀갔다. 서쪽으로 간 사람들은 지중해 동부에 시리아와 팔레스타인의 고대 문명을 열었고, 기원전 8000년경~기원전 7000년경 지금의 요르단에 인류 역사상 최초의 도시로 기록되는 예리코Jericho(《구약성서》에는

'여리고'라고 나온다)를 건설했다(현전하는 도시 유적들 가운데 가장 오래되었다는 의미일 뿐 실제로 최초의 도시인지는 알 수 없다). 또 북쪽으로 간 셈족은 고원 사람들과 어울려 기원전 2500년경부터 메소포타미아 문명권에 합류하기 시작했다.

아카드와 수메르의 메소포타미아 도시국가들은 서로 치열한 다툼을 벌이면서 지구라트를 건축하고 점토판 문서와 설형문자*를 사용하는 등 이집트에 못지않은 화려한 문명을 발달시켰다. 지리적 여건 때문에 이집트의 통일보다는 1000년 가까이 뒤지지만, 메소포타미아에도 이내 통일의 바람이 불기 시작했다. 기원전 2350년경 셈족 출신의 사르곤 1세**는 수메르와 아카드 일대를 통일하고 아카드 왕조를 열었다. 이어 그는 서쪽의 시리아와 동쪽의 엘람(오늘날 이란의 서부 고원지대)까지 정복하고 대제국을 이루어 '사계 四界(천하)의 왕'이라는 칭호를 얻게 된다. 근대의 에스파냐와 영국을 가리키는 말로 썼던 '해가 지지 않는 나라'는 이미 까마득한 고대에도 있었던 것이다(기록에 따르면, 사르곤은 하층민 출신으로서 "새들의 안식처까지 파괴했다."라는 무자비한 군주였다). 그러나 때 이른 정복 군주의 위용은 오래가지 못했다.

절대군주 사르곤이 죽자 메소포타미아는 정치적 혼란을 맞았다. 이후 우르의 수메르

● 지구라트는 신전 한가운데 쌓아올렸던 탑인데, 후대의 것은 이집트 피라미드에 맞먹을 만큼 대규모였다. 그러나 석재가 많았던 이집트에 비해 메소포타미아에서는 건축재로 쓸 만한 돌이 없었다. 그래서 지구라트는 진흙으로 빚어 햇볕에 말린 벽돌(adobe)로 지었다. 바벨탑의 전설을 낳을 정도로 대규모였던 지구라트가 오늘날 거의 남아 있지 않은 이유는 진흙 건축물이었기 때문이다. 또한 이집트처럼 파피루스가 자라지 않았던 메소포타미아에서는 갈대 펜으로 점토판을 긁어 설형문자를 기록했다. 이 지역에서 발명된 알파벳 문자가 훗날 유럽에 전해졌는데, 오늘날 알파벳 기호들이 대부분 세로 방향의 쐐기 모양을 취하는 것은 설형문자의 흔적이다.

●● '1세'라는 말이 붙은 것은 후대의 역사가들이 후대의 사르곤 2세와 구분하기 위한 것일 뿐 당대에는 그냥 사르곤이라는 이름으로 불렸다(사르곤 2세는 한참 후인 기원전 8세기 아시리아의 왕으로, 사르곤 1세와는 아무런 관계도 없다. 물론 사르곤 2세역시 당대에는 그냥 사르곤이었다). 나중에 중세 부분에서 특히 많이 나오겠지만, 서양의 역사에서는 왕명이 같은 경우가 많기 때문에 이런 식으로 구분하는데, 그 경우도 모두 마찬가지다.

피라미드와 지구라트　왼쪽은 이집트 기자의 피라미드이고, 오른쪽은 메소포타미아 우르의 지구라트다(지구라트의 아래 부분은 현대에 복원된 것이다). 둘 다 고대 세계의 웅장한 건축물이지만 환경이 달랐으므로 재료도 달랐다. 피라미드는 단단한 돌로 쌓은 반면, 지구라트는 진흙으로 빚어 햇볕에 말린 벽돌, 즉 어도비로 쌓았다.

왕조가 패권을 장악하면서 잠시 안정을 되찾지만, 수메르는 메소포타미아의 주인이 아니었다. 기원전 20세기를 넘기면서 우르 왕조가 무너지자 다시 이 일대는 새로운 주인을 기다리게 된다(이것을 계기로 수메르 문명은 역사에서 사라지고 아카드 문명이 메소포타미아를 지배하게 된다. 오늘날 수메르 문화가 실전된 이유는 여기에 있다).

　한편 이 무렵에는 이집트에서도 대규모 지각 변동이 일어났다. 영토가 넓으면 지배자의 권력이 강화되지만, 한도를 넘으면 오히려 지배자의 지위가 흔들리게 마련이다. 활발한 정복 사업으로 이집트의 강역이 넓어지면서 파라오의 신권도 바닥을 드러냈다. 단일한 지배 권력으로 감당할 수 있는 규모를 넘어서자 파라오는 귀족들에게 영토를 나누어주고 그들의 충성에 기댈 수밖에 없었다. 이리하여 봉건제가 성립했다(봉건제는 중국이나 서양의 중세에만 있었던 특유한 제도가 아니라 여건이 맞으면 자연스럽게 생겨나는 제도다. 말하자면 고유명사라기보다 보통명사다). 봉건제의 취약점은 중앙집권이 약화되는 데 있다. 원래 이집트는 정치만이 아니라 모든 경제 활동도 파라오의 통제 아래 있었으나 중앙 권력이 약해지자 변방에서 권력을 장악한 귀족들이 점차 정치적·경제적으로 자립을 꾀하기 시작했다. 이렇게 해서 이집트는 기원전 22세기 무렵부터 약 200년간 분열기를 맞는데, 이것이 제1중간기다.

이 분열기를 수습한 사람은 제11왕조의 멘투호테프 2세였다. 그는 수도를 남쪽의 테베로 옮기고 다시금 왕권을 안정시켜 중왕국을 열었다. 초승달의 양 끝을 이루는 이집트와 메소포타미아가 접촉을 시작한 것은 중왕국 시대부터다. 사실 메네스의 통일이 있기 전인 기원전 3300년경에 이집트는 셈족과 충돌한 일이 있었다. 그때는 이집트가 시나이 반도를 정복해 군사력의 우위를 입증한 바 있었다.

고왕국이 무너진 뒤 오랜 분열기의 혼란에 염증을 느낀 이집트인들은 평화와 안정을 희구했다. 그러나 세상의 나라가 이집트 하나만 있다면 몰라도 주변과의 관계가 복잡하게 얽히는 국제 정세에서 안정이란 자칫 퇴보를 의미할 수 있었다. 문화적인 면에서는 메소포타미아에 뒤질 게 없었지만 불행히도 이집트는 군사력에서 진전이 없었다. 한 가지 예로, 그들은 바퀴를 만들 줄 알면서도 전차를 만들 생각은 하지 않았다.

개미들이 바글거리는 세상에서 베짱이의 운명은 뻔하다. 이집트인들은 기원전 1700년경부터 시리아에 터전을 잡고 있던 힉소스인들이 난생처음 보는 전차를 앞세우고 침공해오자 제대로 대항해보지도 못하고 허무하게 무너졌다. 힉소스인들은 낯선 땅에 온 것이지만, 시리아의 척박한 산지보다 비옥한 나일 강 삼각주가 더 마음에 들었다. 기원전 17세기 후반 테베까지 점령해 이집트를

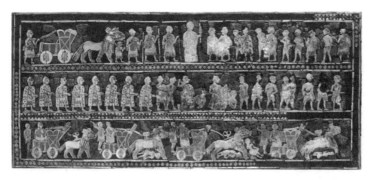

발상의 차이　　이집트인들은 바퀴를 알았으나 그것을 이용해 무기를 만들 생각은 하지 않았다. 그러나 그림에서처럼 메소포타미아인들은 일찌감치 바퀴를 가지고 전차를 만들어 전쟁에서 주무기로 사용했다. 이집트는 힉소스의 지배를 받은 다음에야 바퀴를 '군사용으로' 이용할 줄 알게 된다.

완전히 정복한 힉소스의 왕 셈켄은 마침내 이집트의 왕위에 올라 최초의 이민족 파라오가 된다. 이때부터 시작되는 힉소스의 이집트 지배기가 이집트 역사의 제2중간기다.

최초의 국제사회

힉소스가 이집트를 공략하려고 준비하던 무렵, 그때까지 혼란과 분열을 겪던 메소포타미아에서도 서서히 안정의 기운이 싹트기 시작했다. 수메르의 우르 왕조가 쇠퇴하자 서쪽의 아모리인들이 그들 세력을 대신했다. 아카드와 수메르의 중간 지점인 바빌론(지금의 이라크 바그다드 남쪽)을 중심으로 흥기한 이들은 점차 세력을 키워 메소포타미아 고대사에서 처음으로 비중 있는 나라로 기록되는 바빌로니아를 세웠다(기원전 7세기에 등장하는 신바빌로니아와

구분해 이때의 바빌로니아를 고古바빌로니아라고 부른다).

불과 수십 년밖에 이름을 떨치지 못한 고바빌로니아가 후대에까지 특별히 기억되는 이유는 바로 바빌론의 슈퍼스타 함무라비 왕(기원전 1792~기원전 1750) 때문이다. 인류 최초의 성문법인 함무라비 법전에 그의 이름이 남겨져 지금까지 전해지고 있다. 역사에는 법전으로 잘 알려져 있지만 당대에 함무라비의 업적은 그것만이 아니었다. 그는 당시 바빌론과 패권을 다투던 도시들인 이신과 라르사를 차례로 물리치고 사르곤 이래 600년 만에 다시금 시리아에서 엘람에 이르는 커다란 통일 제국을 수립했다. 이때부터 바빌론은 오리엔트 세계의 중심 도시가 되었고, 아카드어는 오리엔트 세계의 국제 공용어가 되었다. 그 밖에 함무라비는 달력을 만들고 운하를 건설하고 관료제를 정비하는 등 내치에도 혁혁한 업적을 남겼으며, 특히 당시 도시마다 받들던 여러 신을 정리하고 '신흥 신'이던 마르두크를 최고신으로 정함으로써 지상의 질서만이 아니라 천상의 질서마저도 안정시켰다.

그러나 사르곤이 그랬듯이, 걸출한 군주 개인에게 의존하는 고대적 전제 체제는 그

최초의 성문법　함무라비 법전에 새겨진 조각이다. 함무라비 왕이 태양신에게서 왕권을 상징하는 옥새를 받고 있다. 함무라비 법전은 '눈에는 눈, 이에는 이'라는 조항으로 유명하지만, 실제로 판결에 적용된 게 아니라 범죄 여부를 판단하는 기준으로 이용된 법전이므로 오늘날의 법전과는 성격이 다르다.

군주가 사라지면 체제도 함께 몰락할 수밖에 없다. 600년 전 사르곤이 죽자 일시에 메소포타미아의 통일이 무너졌던 것처럼, 함무라비가 죽자 바빌로니아는 급격히 쇠퇴했다. 물론 주변 상황은 600년 전과 크게 달라졌다. 비옥한 초승달은 크게 부풀어 '보름달'이 되었고, 이제는 서남아시아 전체가 문명의 밝은 빛으로 가득했다. 이런 상황에서 바빌로니아라는 강력한 힘의 중심이 무너진 것은 오히려 수많은 '대권 후보'가 약진할 수 있는 계기가 되었다. 바야흐로 오리엔트 국제 질서가 생겨나기 시작했다.

우선 주목할 것은 이집트의 환골탈태다. 이집트인들은 약 100년간의 이민족 지배를 받으며 크게 각성했다. 힘이 있어야 평화와 안정을 지킬 수 있다는 평범한 진리를 깨달은 것이다. 힉소스의 군대에서 전차의 위력을 눈여겨본 이집트인들은 전차와 이중 굴곡의 활을 비롯해 첨단의 신무기들을 적극 도입했다. 어차피 힉소스는 군사력에서만 앞선 '야만족'일 뿐 국가의 운영이나 문화의 측면에서 찬란한 역사를 가진 이집트와는 도저히 견줄 수 없었다. 이렇게 단점을 보강하고 나니 두려울 게 없었다. 테베의 왕 아모세는 나일 강 삼각주에서 군사를 일으켜 기원전 1580년에 마침내 힉소스를 이집트 땅에서 쫓아내고 신왕국을 세웠다.

하지만 100년 동안이나 외세의 지배를 받다가 식민지에서 해방되었으니 문제가 없을 수 없다. 아모세는 힉소스에 빌붙어 권세를 누린 귀족들을 쫓아내고 그들의 영토를 몰수해 중앙집권을 도모했다. 또한 지긋지긋한 식민지 경험을 두 번 다시 겪지 않기 위해 이집트를 군사 강국으로 탈바꿈시켰다. 평화를 사랑하는 이집트답지 않게 역사상 처음으로 상비군이 편성되었다. 처음에는 외세의 침략을 당하지 않으려고 군사력을 키웠어도 막상 군사 강국

환골탈태한 이집트　이집트의 공성을 방어하는 병사들. 리비아나 누비아의 성일 것이다. 힉소스의 지배를 받는 동안 선진 문명을 지키는 데도 물리력이 필요하다는 교훈을 얻은 이집트는 이렇게 정복 국가로 화려하게 탈바꿈했다.

이 되고 나면 남는 힘을 놀리는 게 아깝다는 생각이 들게 마련이다. 기원전 15세기 말에 아멘호테프 1세는 남쪽의 누비아와 서쪽의 리비아를 정복해 후방을 다진 다음 숙원인 북벌에 나섰다. 시나이 반도는 진작부터 이집트의 영향권이었으니 무사통과다. 계속해서 이집트군은 시리아를 거쳐 유프라테스 강 상류까지 진출했다.

드디어 초승달 양편의 두 고대 문명은 처음으로 정면 대결을 펼치게 되었다. 이미 바빌로니아가 무너진 이후부터 복잡한 국제 질

서를 이루고 있었던 메소포타미아 무대에 이집트가 가세함으로
써 명실상부한 오리엔트 국제사회가 형성된 것이다.

아리아인의 등장

오리엔트 세계가 산고를 치를 무렵, 메소포타미아 지역의 세력 판
도에는 새로운 변화가 발생했다. 인도·유럽어족의 국가들이 새로
생겨난 것이다.* 당시 이 일대의 여러 나라는
특별히 동질적인 민족의식을 가지고 있지는
않았으나 기본적으로는 셈족이 주류를 형성
하고 있었다. 이런 판도에 느닷없이 등장한
인도·유럽어족은 과연 어디서 온 걸까?

그 해답은 인도의 초기 역사에서 찾을 수
있다. 기원전 3000년경 찬란한 인더스 문명
을 이루었던 인도의 원주민 드라비다족은 기
원전 16세기부터 북쪽에서 철기를 사용하는
강력한 부족의 침략을 받아 손 한번 제대로 써보지 못하고 정복
당했다. 그들은 바로 중앙아시아를 고향으로 하는 유목민족인 인
도·유럽어족의 아리아인이었다.

기원전 18세기~기원전 17세기부터 아리아인들은 인구가 증가
하고 농경이 발전함으로써 태고 때부터의 유목 생활을 청산하고
민족대이동을 시작했다. 북쪽은 사람이 살 수 없는 추운 곳이었
고, 동쪽은 '세계의 지붕'인 파미르 고원이 가로막고 있었다. 그러
므로 이들이 갈 곳은 남쪽과 서쪽밖에 없었다.

* 원래 민족 구분은 혈통이 아니라 언어를
기준으로 한다(최근 유전학의 발달로 고대
민족들의 혈통을 추적하는 작업이 진행되
고 있으나 아직까지는 충분치 않다). 그러
므로 셈족과 인도·유럽어족이라는 명칭은
언어의 계통 분류를 기준으로 하고 있다.
그러나 그 하위 구분으로 고대사에 등장하
는 여러 민족 이름들은 대부분 지역의 이름
에서 나온 것들이다.

남쪽으로 간 일파는 인도를 정복하고 그대로 눌러앉았다(《종횡무진 동양사》, 66~68쪽 참조). 반면 서쪽으로 길을 잡은 무리는 예상보다 훨씬 멀리까지 가야 했다. 남서쪽은 강력한 오리엔트 문명권이 태동하는 지역이었기 때문이다. 인더스 문명 이래 쇠퇴를 거듭한 인도의 드라비다족에 비하면 셈족 문화권은 아리아인으로서 범접할 수 없는 선진 문화였다. 서쪽으로 간 아리아인은 소아시아를 거쳐 멀리 유럽 중심부에까지 이르렀다. 원래 중앙아시아 출신인 아리아인을 오늘날 유럽인의 조상으로 여기는 것은 그 때문이다(훗날 유럽 고대사에 등장하는 게르만족도 이들의 후손이었을 것이다).

아리아인의 이동은 계획된 게 아니었고, 계획할 만한 지배 세력도 없었다. 그러므로 일사불란하게 이동한 게 아니라 그저 수백 년에 걸쳐 되는 대로 이동했을 뿐이다. 이동하는 도중에 부족이나 가족 단위로 대열에서 이탈해 여기저기에 눌러앉은 사람도 많았을 것이다. 폭은 좁지만 바다를 바로 앞에 둔 소아시아 서쪽에 이르렀을 때는 이탈하는 규모가 더욱 크지 않았을까? 아리아인은 소아시아에서 여러 부족이 이동에서 뭉텅이로 빠져나가고 나머지가 바다 건너 유럽으로 갔을 것이다.

소아시아의 아나톨리아 고원이라면 맨 처음에 등장한 '산 사람들'의 고향이 아닌가? 그러나 알맹이가 빠져나간 '문명의 고향'은 이제 아무런 힘이 없었다. 기원전 17세기 무렵 아리아인은 아직까지 고원지대에 남아 있던 부족들을 손쉽게 정복하고 국가를 이루어 남쪽의 시리아와 메소포타미아 북부로 진출했다. 북쪽으로 밀고 올라오는 이집트 신왕국의 도전에 맞선 것은 바로 이들이었다.

기원전 16세기~기원전 15세기경 아리아인의 후예답게 사납고 호전적인 후르리인은 메소포타미아 북부에 미탄니라는 국가를

세웠다. 미탄니는 군사력이 강한 나라였으나 당시 단일국가로서
는 세계 최강을 자랑하는 이집트의 상대가 되지는 못했다. 더욱이
미탄니의 걱정거리는 이집트의 침공보다 오히려 북쪽 소아시아
에서 더욱 강성한 국가로 성장한 히타이트였
다.* 미탄니는 등 뒤의 히타이트를 견제하기
위해 눈앞의 이집트와 굴욕적인 타협을 맺고
시리아와 팔레스타인의 지배권을 넘겨주었
다. 하지만 그것은 최악의 선택이었다. 그것
을 계기로 미탄니는 쇠퇴를 거듭해 결국 히
타이트의 속국으로 전락하고 말았다.

● 아리아인의 후예답게 히타이트는 오리
엔트에서 가장 먼저 철기 제조법을 알고 있
었다. 그런데 히타이트는 그 방법을 비밀로
하고 다른 나라에 전해주지 않았다. 그래
서 오리엔트에서 철기 사용이 일반화되는
것은 히타이트가 멸망하고 난 기원전 12세
기부터의 일이다. 히타이트에 관해서는 20
세기에 수도였던 보아즈쾨이가 발굴되면서
그 역사가 상세히 알려졌다.

무승부로 끝난 대결

이제 오리엔트의 세력 판도는 아시아의 선두 주자로 부상한 히타
이트와 아프리카의 대표 이집트가 시리아 일대에서 맞서는 형국
이 되었다(메소포타미아 남부와 옛 바빌로니아 지역은 서쪽 이란 고원 출
신의 카시트 왕국이 장악하고 있었는데, 이 지역이 오리엔트의 주역으로 떠
오르는 것은 훨씬 나중의 일이다). 철제 무기를 앞세운 신흥 강호 히
타이트와 선진 문명을 자랑하는 전통의 강호 이집트의 대결은 그
자체로도 흥밋거리겠지만, 역사적으로도 장차 오리엔트 세계의
향방을 좌우할 중대한 사건이었다.

기원전 14세기 중반 히타이트가 강력한 군주 수필룰리우마스 1
세의 치하에 미탄니를 복속하고 시리아로 진출하는 동안, 이집트
는 내부의 힘을 비축하고 있었다. 이윽고 기원전 13세기 초반에

즉위한 유능하고 혈기 넘치는 파라오 람세스 2세는 기원전 1286
년 옛 이집트 제국의 영광을 실현하기 위해 행군을 시작했다. 대
규모 용병대를 거느린 이집트군의 목적지는 시리아의 카데시(다
마스쿠스의 북부)였고, 적은 이제까지 이집트가 겪은 어느 적보다
도 강한 히타이트였다. 한편 히타이트의 왕 무와탈리스도 생전 처
음 맞닥뜨리는 강적을 맞아 카데시로 진군했다.

이렇게 해서 기원전 1275년 역사에 기록된 최초의 대규모 국
제전인 카데시 전투가 벌어졌다. 초반전은 히타이트가 기선
을 제압했다. 히타이트군은 매복과 기습 작전으로 이집트군
의 허리를 자르고 패주하는 적을 쫓아 파라오를 포로로 잡
기 일보 직전까지 나아갔다. 일촉즉발의 위기에 처한 람
세스를 구한 것은 두 가지다. 하나는 히타이트군의 방심
이다. 그들은 승리를 눈앞에 둔 상황에서 이집트의 명맥
을 끊지 못하고 한가롭게 이집트 진지를 유린하며 약탈
에 전념했다. 다른 하나는 구원군이다. 이집트의 지배를
받고 있던 가나안 정예부대가 뒤늦게 도착한 것이다.
가나안군은 히타이트의 방비가 허술한 틈을 타 람세스
가 있는 중앙 진지를 탈환하는 데 성공했다. 허를 찔린
히타이트군은 도망치기에 급급했다. 히타이트가 자랑
하는 전차는 이제 공격용이 아니라 도주용 수단이 되었
다. 그러나 이집트군 역시 적을 계속 추격할 힘은 없
었다.

전략에서 승리했으나 전투에서 패배한 무와탈리
스와 그 반대인 람세스는 결국 무승부를 기록했다
(재미있는 것은 이 카데시 전투를 당시 이집트에서는 이집

람세스 2세

바위를 깎아 만든 신전　람세스 2세가 만든 아부심벨 신전의 입구다. 신전은 기자의 대피라미드에 맞먹는 크기로, 앉아 있는 네 명의 왕은 높이가 무려 20미터에 이른다. 바위 뒤편에는 신전의 본체가 있는데, 여기에는 카데시 전투에서 이집트가 승리했다는 기록이 있다. 국력이 약하면 유적도 제대로 지키지 못하는 걸까? 이 신전은 1958년 아스완 댐의 건설 계획으로 수몰될 위기에 처했다가 유럽 선진국들의 도움으로 원래 위치에서 수십 미터 떨어진 곳에 복원되었다.

트의 승리로, 히타이트에서는 히타이트의 승리로 기록했다는 점이다). 한 바탕 힘겨루기에서 승부를 보지 못한 양측은 평화조약을 맺었는데, 이것은 인류 역사상 최초의 국제조약으로 알려져 있다. 이렇게 통일의 기회가 무산된 이후, 오리엔트의 통일은 아시리아가 강국으로 등장하는 기원전 8세기까지 500년을 더 기다려야 했다.

3장

새로운 판 짜기

수수께끼의 해적들

카데시 전투 이후 오리엔트의 쌍웅인 히타이트와 이집트는 묘하게도 약속이라도 한 듯이 동시에 급격히 쇠퇴하기 시작했다. 전쟁으로 국력을 탕진한 탓일까? 물론 그 이유도 있겠지만 카데시 전투 이외에 별다른 전쟁이 없었다는 사실을 고려한다면 그 때문만은 아닐 것이다.

일단 내부의 문제가 있었다. 이집트는 종교 사제들의 권력과 영향력이 증대하면서 국가의 기틀이 서서히 무너져갔다. 원래 이집트인들이 섬기는 신은 태양신인 레(또는 라)였는데, 여기에 테베를 수도로 삼은 중왕국 초기에 테베의 수호신이던 아몬을 덧붙여 아몬-레 신앙이 생겨났다. 그러나 기원전 14세기의 파라오인 아멘호테프 4세는 수백 년간 섬겨오던 아몬-레를 버리고 일신교적 성격이 강한 또 다른 태양신인 아톤을 받아들이는 종교개혁을 단행했다. 심지어 그는 자신의 이름조차 아크나톤이라고 바꾸고 수도도 아마르나로 옮겼다.

정권은 쿠데타로 하루아침에 바뀔 수도 있지만 생활은 다르다. 아멘호테프의 노력에도 불구하고 수백 년간의 신앙이 순식간에 바뀌지는 않았고, 그의 돌출 행동은 결국 당대로 끝나고 말았다. 그러나 그 후유증은 예상보다 훨씬 심각했다. 권좌에 복귀한 아몬-레 사제들은 예전보다 더욱 큰 권력을 휘둘렀다. 상대적으로 한때 신적인 존재로 군림한 파라오의 권력은 점차 위축되었다. 고대

그리스 해적　도자기에 그려진 오디세우스의 귀향 장면이다. 오디세우스가 돛대에 묶여 있고 세이렌이 노래를 부르고 있다. 호메로스의 시 《오디세이아》로 알려진 이 이야기는 실상 당시 동부 지중해 일대를 주름잡았던 그리스 해적들의 활약상이나 다름없다. 《오디세이아》에 등장하는 키클로페스나 세이렌 같은 괴물들은 그들과 싸운 다른 해적들이었을 것이다.

세계에 왕권의 쇠퇴는 곧 국력의 쇠퇴나 다름없었다. 실패한 종교개혁이 이집트의 약화를 초래한 것이다.

반면 이집트보다 역사적 전통에서 훨씬 뒤질뿐더러 원래부터 정복 국가로 출범한 히타이트는 '모 아니면 도'의 노선으로 나아갈 수밖에 없었다. 즉 정복에 나선 김에 오리엔트 세계의 통일을 이룬다면 강력한 통일 제국으로 승격되어 장기 집권이 보장되는 것이고, 그러지 못한다면 지역의 패자라는 지위도 유지하기 어려운 운명이었다. 카데시에서 이집트를 격파하지 못한 것은 이미 히타이트의 앞날에 어두운 그림자를 드리우고 있었다.

이집트와 히타이트는 이런 내부 문제를 안고 있었지만, 실은 그보다 더 큰 바깥의 문제가 두 나라를 괴롭히고 있었다. 바로 '해상 민족'이라고 알려진 동부 지중해상의 고대 해적들이었다. 이들은

새로운 문명을 건설할 만한 문화적 역량은 갖추지 못했으나 병든 사자쯤은 괴롭힐 수 있는 사나운 하이에나였다. 이집트는 기원전 12세기 제20왕조 때부터 이 하이에나들의 거센 침략을 받아 그렇잖아도 쇠락해가던 국력이 한층 급속도로 추락해갔다. 히타이트의 형편은 더 나빠서 기원전 1190년경에는 해적들에게 수도를 함락당할 정도였다. 결국 히타이트는 얼마 못 가서 멸망하고 말았다.

기원전 12세기에 당시 세계 최강국인 두 나라를 괴롭히고 에게 해와 동부 지중해를 주름잡은 이 정체불명의 해적들은 대체 누구였을까? 아직 역사적으로 명확히 밝혀지지는 않았으나 짐작은 가능하다. 그들은 그리스인들이었을 것이다. 나중에 보겠지만, 기원전 12세기 무렵 미케네 문명을 이룬 그리스인들은 해상 진출에 적극적으로 나섰다. 그것은 당시 문명의 오지인 그리스 측에서 보면 해상 진출이지만, 고도의 문명을 자랑하던 오리엔트 세계 측에서 보면 해적질이었다. 그리스의 시인 호메로스Homeros(기원전 9세기~기원전 8세기)는 그 해적질 중 하나인 트로이 전쟁을 트로이의 왕자 파리스가 그리스 여인인 헬레네를 빼앗아간 탓에 그리스의 영웅들이 응징하러 간 것으로 묘사했지만, 호메로스가 이집트나 아라비아 사람이었다면 과연 그렇게 해석했을까?●

● 기원전 5세기의 기록인 투키디데스(Thucydides, 기원전 460년경~기원전 400년경)의 《펠로폰네소스 전쟁사》를 보면 이 점에 관한 추측을 얻을 수 있다. "연안이나 섬에 거주하고 있던 옛 헬라스(Hellas: 그리스인들이 그리스를 부른 이름)인들이나 바르바로이들은 배로 서로 활발히 왕래하게 되자, 자기 이익이나 피보호자의 부양을 위해 영향력이 강한 자가 우두머리가 되어 해적으로 돌변하는 경우가 잦았다. 이들은 방벽이 없는 도시나 촌락을 침입해 약탈하고, 이것을 주된 생활의 수입원으로 삼았던 것이다. 게다가 그들은 그러한 약탈 행위를 부끄러워하기는커녕 오히려 일종의 명예심마저 느끼고 있었다."

서양의 문자를 만든 페니키아

몰락하는 자가 있다면 흥기하는 자도 있는 법이다. 이집트와 히타이트의 쇠퇴는 오리엔트 세계에 힘의 진공 상태를 빚었다. 특히 히타이트의 붕괴는 그들만이 보유하고 있던 제철 기술을 오리엔트 세계 전역으로 확산시켜 본격적인 철기 문명으로 전환되는 결과를 가져왔다. 때마침 제3세력으로서 메소포타미아 동부를 장악한 카시트도 기원전 13세기에 엘람과 아시리아의 공격을 받아 멸망한 상태였다. 상위 랭커들이 몰락하는 것은 하위 랭커들에게는 더없이 좋은 기회다. 이 기회를 틈타 흥기한 세력은 누굴까?

비옥한 초승달이 부풀기 시작하던 무렵, 지중해 동부 연안에도 문명의 물결이 밀려왔다. 지금의 시리아와 레바논에 해당하는 이 지역에는 우가리트, 티로스(티레), 시돈, 비블로스, 베리토스 등 여러 도시국가가 생겨났다. 이들은 비록 정치적인 통일은 이루지 못했으나 일종의 도시 연맹체를 이루어 일찍부터 동부 지중해를 중심으로 해상무역에 나섰는데, 이들을 총칭해 페니키아라고 부른다(페니키아는 지역의 명칭이지만, 민족적으로 보면 페니키아인은 셈족 계열의 가나안인에 속한다. 그러나 이 일대에서는 오래전부터 혼혈이 이루어졌으므로 구분이 별 의미는 없다).

페니키아는 이미 기원전 3000년경부터 이집트와 무역을 했다. 그 과정에서 자연히 오리엔트 세계의 선진 문명이 지중해의 여러 섬, 특히 크레타에 전파되었다. 원래부터 의도한 것은 아니었겠지만, 결과적으로 보면 페니키아 상인들은 오늘날 서구 문명을 낳은 산파 노릇을 한 셈이다. 그러나 그들은 평범한 산파가 아니었다. 산파라면 아이가 태어나는 것을 도와주는 것으로 끝났겠지만 '페

알파벳의 어머니　그리스의 청동판(왼쪽)과 도기에 새겨진 알파벳(오른쪽)이다. 페니키아 문자가 그리스에 전해진 초기의 문자 형태에 해당하는데, 지금의 알파벳과 큰 차이가 없다. 기원전 8세기경의 물건이므로 얼추 호메로스의 시대에 해당한다. 호메로스의 서사시는 이 알파벳으로 기록되지 않았을까?

니키아 산파'는 그 아이에게 중요한 선물까지 주었다. 바로 서구 문명의 발전에 결정적으로 기여하게 되는 알파벳을 발명해 유럽에 전한 것이다. 페니키아인들은 상업상의 필요 때문에 장부 기재용으로 이집트의 상형문자를 본떠 페니키아 문자를 만들었는데, 이것이 그리스에 전해져 오늘날의 알파벳으로 발전하게 된다.

이집트와 히타이트의 쌍웅 체제가 오리엔트 일대를 지배할 때도 페니키아는 그들에 복속되지 않았다(물론 어느 하나로 통일되었더라면 그 휘하에 들어가지 않을 수 없었겠지만). 그 이유는 페니키아가 오리엔트의 대권 주자를 선택하거나 지지할 만큼 정치적 영향력을 가지지 못한 탓이다. 말하자면 너무 약했기 때문에 강대국에 정복되지 않았다는 것인데, 역설이지만 사실이다. 페니키아는 단일한 정치적 중심을 가진 '국가'를 이루지 못했으므로 강대국들이 적수로 삼을 만한 상대가 아니었다. 오히려 본연의 경제적 역할에 충실한 편이 강대국들에 더 이득이었으므로 굳이 페니키아를 제압해 지중해의 상업 활동을 위축시킬 이유는 없었다. 근대적 관점으로 보면 페니키아를 정복해 국제무역을 독점하려 할 수도 있겠지만, 고대에는 그런 발상이 존재하지도 않았고 또 그럴 필요도 없었다.

그러나 고래들이 싸우던 시절에 안전했던 새우는 막상 적들이 없어지자 위험에 처하게 되었다. 일단 이집트와 히타이트가 무너진 뒤 페니키아 상인들의 활동은 더 활발해졌다. 하지만 정치적으로 느슨한 결사체에 불과한 페니키아는 물리력에서 약할 수밖에 없었다. 그때그때 무역의 필요에 따라 용병을 고용하는 게 고작이었을 뿐, 무기는 물론 상비군 조직도 갖추지 않았다. 이런 판에 이집트와 히타이트를 괴롭히던 해상 민족들이 침략하자 페니키아는 도저히 감당할 수 없었다.

기원전 12세기부터 페니키아는, 무역은 갈수록 활발해지면서도 해적들의 노략질에 대처할 힘은 여전히 부족한 처지였다. 심지어 거의 모든 도시가 파괴되는 비극도 몇 차례 겪었다. 그런데 위기를 타개하는 페니키아인들의 방법은 엉뚱했다. 뭉치면 죽고 흩어지면 산다. 그들은 오히려 지중해 서부까지 세력을 확장해 지중해 연안 곳곳에 식민시를 건설했다. 그들의 발길은 멀리 에스파냐에까지 미쳤는데, 로마 초기의 역사에서 중요한 역할을 하게 되는 북아프리카의 카르타고도 기원전 9세기에 페니키아의 식민시로 출발했다. 문자에서 통상까지, 페니키아는 지중해 전역에 오리엔트 문명의 씨앗을 뿌리는 역사적 역할을 충실히 수행한 셈이다.

서양의 종교를 만든 헤브라이

알파벳을 만들고 오리엔트 문명을 지중해 일대에 퍼뜨린 공적이 없었더라면 역사에서 페니키아라는 이름은 아주 작게 언급되고 넘어갔을 것이다. 페니키아라는 실체 자체는 대단한 존재가 아니었기 때문이다. 그런데 그와 비슷한 위상을 지닌 민족이 하나 더 있다. 헤브라이(히브리)라고 불리는 민족이다.

지금은 유대인이라는 이름으로 더 잘 알려진 헤브라이인들 역시 페니키아인들처럼 당대에 강성한 나라를 이루고 세력을 떨치지는 못했다. 그러나 그들은 페니키아의 알파벳에 못지않은, 어떤 의미에서는 그보다 훨씬 중요한 유산을 서구 문명에 전달했다. 바로 그들의 독특한 유일 신앙인 유대교다. 유대교의 신앙과 헤브라이인의 역사를 서술한 경전은 《구약성서》이고, 유대교를 모태로 탄생한 종교는 그리스도교다. 종교가 아니었더라면 후대의 역사에서 헤브라이라는 이름은 아예 전해지지 않았을지도 모른다.

《구약성서》를 통해 후대에 강력한 정신적 영향력을 미친 덕분에 헤브라이인의 역사는 당대에 그들이 가졌던 세력에 비해 비교적 잘 알려지게 되었다. 문제는 그렇기 때문에 다소 과장된 것도 있다는 점이다. 역사는 승리자의 기록이니까 어쩔 수 없는 일이지만.

아라비아를 고향으로 하는 셈족의 한 갈래인 헤브라이인들은 기원전 2000년 무렵부터 팔레스타인의 가나안으로 이주해왔다. 그로부터 수백 년 동안 그들은 이집트의 영향권에서 나라를 이루어 살면서 특별히 인상적인 역사를 만들지 못했다. 그러다가 히타이트가 메소포타미아의 새로운 맹주로 떠올라 이집트와 팽팽한 긴장 상태를 조성하면서 대치하던 기원전 13세기 무렵(카데시 전

모세와 십계명　원래 양치기였던 모세(왼쪽)는 바다(홍해)가 갈라지는 기적의 힘으로 이집트군의 추격을 뿌리치고 이스라엘 백성들을 시나이 산(오른쪽)까지 이끌었다. 그리고 이 산 꼭대기에서 십계명을 받았다. 종교적인 설명은 이렇지만, 실은 그가 바로 십계명의 작자였던 게 아닐까?

투가 벌어질 무렵)에 역사 무대에 다시 등장한다. 이미 그 이전부터 상당수 헤브라이인들은 상국인 이집트에서 노예나 하층계급을 형성하며 살고 있었다. 그러던 중 람세스 2세의 치세에 그들은 람세스의 친구인 모세의 영도로 이집트에서 대규모로 탈출한다. 이 내용은 《구약성서》의 〈출애굽기〉에 전해진다.

　이집트의 파라오가 그랬듯이, 당시는 정치적 지도자가 곧 종교적 지도자가 되는 정교일치의 시대였다. 모세는 자신이 신에게서 특별한 선택을 받았음을 내보이기 위해 십계명을 만들고 정치적 지도자를 겸했다. 그들이 오리엔트 세계에서 유일하게 일신교 신앙을 가지고 있었기에 가능했을 것이다(후대에 생겨나는 또 다른 일신교인 이슬람교의 경우 지금까지도 정교일치의 성격이 남아 있다). 이후 모세는 민족을 이끌고 40년간 유랑 생활을 하다가 마침내 '약속의 땅' 가나안으로 들어가 120세의 나이로 죽는다(가나안을 바로 눈

골리앗을 눕힌 다윗 르네상스 시대인 16세기 이탈리아의 미켈란젤로가 조각한 〈다윗〉이다. 돌팔매로 블레셋의 대장 골리앗을 쓰러뜨린 직후의 모습이다. 《구약성서》에서는 이 이야기가 무슨 커다란 사건이라도 되는 것처럼 상세하게 그려져 있지만, 실상 다윗은 지역의 우두머리에 불과했고, 당시 이스라엘 왕국도 아주 미미한 존재였다.

● 《구약성서》의 블레셋과 페리시테, 영어의 필리스틴(Philistine) 등은 모두 팔레스타인을 가리키는데, 다 부정적인 의미를 품고 있다. 심지어 Philistine이라는 말은 '잔인한 놈, 속물'이라는 뜻의 일반 단어로도 쓰인다. 그리스도교의 자기중심주의와 배타성을 보여주는 예다.

앞에 둔 채 죽었다는 설도 있다).

그러나 약소민족으로서 가나안에서 사는 것은 결코 쉽지 않았다. 헤브라이인을 가장 괴롭힌 것은 이웃의 팔레스타인이었다.● 이 국에서의 오랜 노예 생활과 40년간의 유랑 생활을 겪고서 새 터전을 찾은 헤브라이인들에게는 혹독한 이웃이 아닐 수 없었다(그러고 보면 이스라엘과 팔레스타인의 갈등은 무척 오랜 역사를 가지고 있다). 견디다 못한 헤브라이인들은 그 지역에서 살아남으려면 나라를 건설하는 길밖에 없다고 판단하고, 기원전 11세기에 이스라엘 왕국을 세우고 사울을 초대 왕으로 추대했다.

사울이 팔레스타인들과의 싸움에서 전사하자 뒤이어 즉위한 다윗의 시대에 이스라엘 왕국은 비로소 번영과 안정을 누렸다. 영토를 확장하고 예루살렘에 수도를 건설한 것이 다 다윗의 공로였다(그가 거인 골리앗을 팔매질로 죽인 것은 그 공로를 상징하는 동시에, 사방이 적에게 둘러싸인 약소민족 유대인의 처지를 상징한다). 3대 왕인 솔로몬의 시대에는 경제와 문화가 발달해 새 나라의 기틀이 확고해졌다.

《구약성서》에는 이런 내용이 아주 상세하고 거창하게 기록되어 있지만, 사실 당시 팔레스타인 일대가 그렇듯이 이스라엘 왕국의 역사는 오리엔트의 중심권에서 먼 '변방의 역사'에 불과하다. 그 단적인 예가 다윗과 솔로몬의 즉위 과정이다. 이들은 왕위를 세습한 게 아니라 추대의 형식으로 왕위에 올랐다(지금은 추대가 더 그럴듯해 보일지 모르지만 고대사에서는 왕권이 강한 국가가 선진국이므로 왕위 세습이 추대보다 더 발달한 왕위 계승 제도다). 기원전 10세기라면 오리엔트는 물론 중국 (주나라)에서도 왕위 세습이 이루어지고 있었다.

이렇듯 왕권이 취약한 가운데서도 나름대로 지역의 패자로 부상하던 이스라엘 왕국에 다시 시련이 닥친다. 하지만 이번에는 남을 탓할 이유가 없다. 이웃의 괴롭힘이나 침략이 아니라 내분이기 때문이다. 솔로몬의 통치 말기인 기원전 933년에 이스라엘은 남북으로 갈려 북쪽에는 이스라엘 왕국, 남쪽에는 유다 왕국으로 분립한다.** 여기까지는 고통과 수난이라고 할 수 없지만, 기원전 6세기에 이스라엘 백성들은 또다시 조상들처럼 남의 나라 땅에서 노예처럼 살게 된다. 때는 바야흐로 오리엔트 세계가 역사상 최초의 통일을 향해 나아가는 격변기였다.

●● 헤브라이 민족은 신의 명에 따라 12개 지파를 이루었다고 한다. 이 가운데 10개 지파가 북부의 이스라엘 왕국에 참여했고, 유다파와 베냐민파는 유다 왕국을 세웠다. 기원전 8세기에 아시리아가 이스라엘 왕국을 멸망시켰을 때 10개 지파는 뿔뿔이 흩어져 역사에서 사라졌는데. 이 사라진 10지파에 관한 전설이 끊임없이 생겨났다. 네스토리우스교도나 모르몬교도가 그들의 후손이라는 설도 있고, 근대까지 아프리카에서 유일한 그리스도교 국가를 이룬 에티오피아인들이 그들이라는 설도 있다. 심지어 그들이 아메리카와 일본으로 갔다는 설도 있다.

4장

통일, 그리고 중심 이동

고대의 군국주의

이집트와 히타이트의 붕괴로 인한 힘의 공백, 그리고 기원전 10세기 무렵부터 시작된 본격적인 철기 문명은 오리엔트 세계를 다시금 여러 세력의 각축장으로 만들었다. 이집트는 여전히 존재했으나 건재하지는 않았다. 시리아에 대한 영향력을 완전히 상실했고, 오히려 기원전 10세기~기원전 7세기까지 리비아와 에티오피아의 지배를 받는 비참한 처지로 전락했다. 시리아와 팔레스타인 지역에는 이스라엘 왕국과 페니키아 상인들이 지배하는 도시국가들이 생겨났고, 히타이트의 잔존 세력은 옛 고향 근처인 아나톨리아 동남부로 돌아가 카르케미시, 밀리드, 타발 등의 작은 도시국가들을 이루고 근근이 살아갔다. 아나톨리아 고원에는 서쪽의 유럽에서 온 프리지아와 새로 통일을 이룬 우라르투가 터를 잡았

첨단 무기 고대의 군사 강국 아시리아는 최초로 기병을 전투에 활용했다. 게다가 병사들은 그림에서처럼 쇠미늘 갑옷까지 입었으니 당시로서는 최첨단 신무기를 지녔던 셈이다. 히타이트에서 전수받은 철기 문화를 오로지 무기 개발에 이용한 그들의 호전성은 오랜 세월 이민족의 지배를 받았기 때문일 것이다.

다. 또한 요르단과 메소포타미아 지역은 이집트와 히타이트가 한창 대립하던 시기에 이를 피해 이동해온 셈족의 아람인이 장악하고 있었으며, 그 동쪽 엘람 북부는 인도·유럽계의 신흥 세력인 메디아가 지배했다.

다시 분열기일까? 하지만 분열 상태이기는 해도 이 시기는 혼란기라기보다 전환기였다. 오리엔트는 바야흐로 통일을 눈앞에 둔 진통을 겪고 있었던 것이다. 통일의 주체로 등장한 세력은 아시리아라는 강력한 군사 국가였다.

사실 아시리아는 신흥 국가가 아니었다. 아시리아의 역사는 기원전 2500년까지 거슬러 올라간다. 민족적 기원은 셈족이었으나 정치적 통합체를 이루지 못하고 살았기 때문에 일찍부터 인도·유럽계와 혼혈을 이루었다. 그래선지 아시리아인들은 기질이 사납고 체격도 건장했다. 그러나 그런 기질과 체격에 걸맞지 않게 아시리아는 기원전 12세기까지 오리엔트 역사 무대의 주역은커녕 조역으로도 등장하지 못했다. 그때까지 아시리아는 미탄니에 눌려 지내다가, 미탄니가 히타이트의 압력으로 쇠퇴한 틈을 타 슬슬 기지개를 켜기 시작했다.

이집트와 히타이트가 위축되어 힘의 공백이 성립한 덕분에 동부 지중해 연안 국가들은 경제와 무역 활동의 폭을 넓힐 수 있었지만, 그 기간 동안 군사적으로 가장 성장한 나라는 아시리아였다. 기원전 12세기 후반 아시리아의 티글라트필레세르 1세는 재빨리 히타이트의 옛 영토를 손에 넣고 세력을 확장했다(이집트가 온갖 어려움 속에서도 그런대로 국가를 보존한 데 비해 히타이트가 그러지 못한 것은 이 지역에 아시리아가 성장해 있었기 때문이다). 당시 아시리아의 강역은 서쪽으로 지중해 연안, 북쪽으로는 흑해, 동남쪽으로는 바빌론에 이를 만큼 광대했다. 그런데 왜 앞에서 살펴본 기원전 10세기 무렵의 세력 판도에서는 아시리아가 서열에서 빠졌을까? 그것은 잦은 내란과 아람인의 견제 때문에 아시리아가 200년 가까이 침묵했기 때문이다.

아시리아가 다시 오리엔트의 역사 무대에 등장하는 것은 기원전 9세기 초반이다. 오랜 침묵의 기간 동안 아시리아는 히타이트로부터 전수받은 철기 문화를 주로 무기 제작에 이용하면서 힘을 키웠다. 9세기 초반부터 아시리아는 그 힘을 써먹기로 한다. 아시

아시리아의 노예 궁전을 짓기 위해 돌을 나르고 있는 아시리아의 노예들이다. 군사 정복으로 얻은 전쟁 포로들일 텐데, 이들이 아시리아의 수도 니네베의 화려한 궁전들을 지었다. 아시리아는 고대 오리엔트 세계에서 잔인함으로 널리 악명을 떨친 탓에 《구약성서》에서도 앗수르(아시리아)와 산헤립(센나케리브)은 공포의 대상으로 묘사되어 있다.

리아의 정복 활동은 오리엔트 세계에서 일찍이 볼 수 없었던 잔인하고 파괴적인 과정이었다.

아시리아는 정복지를 철저히 약탈하고 포로들을 무자비하게 학살했다. 그러고는 거의 잿더미가 된 폐허에 자국민들을 집단 이주시켜 피정복민의 저항이 되살아나지 않도록 했다. 아시리아인들은 아슈르라는 전쟁의 신을 섬겼으므로 정복과 파괴는 그들의 종교에 전혀 어긋나지 않았다. 이러한 파괴성은 어쩌면 티그리스 강 상류의 척박한 곳을 고향으로 하는 아시리아로서는 가장 현실적인 정책이었는지도 모른다. 수천 년 동안 그 지역에서 강대국들에

눌려 명맥을 존속하던 그들에게는 힘의 공백이 가져다준 기회를 이용해 지역의 패자가 되는 길 외에는 없었던 것이다.

아무리 호랑이들이 사라진 숲이라고 해도 힘깨나 쓰는 늑대들은 남아 있었으므로 통일은 말만큼 쉽지 않았다. 그러나 시대는 영웅을 낳았다. 아시리아의 정복 영웅인 티글라트필레세르 3세(재위 기원전 746~기원전 727)는 기병과 전차를 결합한 전술을 내세워 누구도 이루지 못한 오리엔트 전역의 정복에 나섰다. 먼저 북부의 우라르투를 제압해 후방을 다지고 나서 동쪽의 메디아를 정복하고, 교통상으로 오리엔트의 중심이자 최대의 쟁탈지인 시리아와 팔레스타인을 점령했다. 이로써 그는 일찍이 사르곤 1세와 함무라비가 누렸던 정복왕의 계보에 이름을 올렸다. 더욱이 두 정복 선배와 달리 티글라트필레세르 3세의 위업은 당대로만 끝나지 않았기에 더 가치가 있었다. 그가 정복의 기반을 다져놓은 데 힘입어 사르곤 2세는 스키타이와 킴메르를 정복했고,● 기원전 689년에는 센나케리브가 바빌론을 함락시켰다. 계속해서 기원전 671년에는 에사르하돈이 이집트를 정복했고, 기원전 639년에는 아슈르바니팔이 엘람을 멸망시켰다. 이것으로 아시리아는 역사상 최초로 오리엔트 통일의 위업을 이루었다.

찬란한 고대 문명을 자랑하는 오리엔트 세계에서 아시리아는 '별종'에 가까운 군국주의 국가였다. 일찍부터 강력한 전제군주제를 확립했을 뿐 아니라 국민 개병제를 실시했고, 전쟁의 신을 섬길 정도로 호전성을 과시

● 당시 스키타이인의 이동에 관해서는 흥미로운 점이 있다. 스키타이는 지금의 아르메니아를 고향으로 하는 인도·유럽어족으로서 세계 최초의 기마 유목민족으로 불린다. 아시리아의 압박을 받은 스키타이는 대규모 민족이동을 했는데, 그 범위가 무척 방대했다. 서쪽으로는 러시아 남부를 거쳐 폴란드와 독일 동부에까지 이르렀고, 동쪽으로는 중국 북방의 몽골 초원을 거쳐 동북아시아에까지 왔다. 유라시아 대륙을 동서로 크게 횡단한 셈이다. 심지어 스키타이는 한반도 남부의 문화에도 영향을 미쳤다. 신라의 금관에 등장하는 사슴뿔 장식이나 토기에서 스키타이의 흔적을 찾아볼 수 있다.

했다. 지금까지 전해지는 아시리아의 유물이나 기록을 보아도 군사적인 내용이 압도적인 비중을 차지한다. 심지어 왕궁의 그림이나 조각에도 전쟁을 묘사한 것 이외에 다른 주제가 없을 정도다. 이렇게 아시리아가 고대사회에서는 보기 드물게 군국주의적 성격을 강하게 지닌 이유는 아직도 풀리지 않는 수수께끼다(기원전 9세기에서 기원전 7세기까지 300년 가까이 아시리아의 군대는 전쟁에서 단한 차례도 패한 적이 없었다). 서구 역사가들은 강력한 군주권을 뜻하는 말로 흔히 '동양적 전제군주제'라는 용어를 사용하는데, 이는 바로 아시리아의 정복 왕들을 염두에 둔 표현이다.

열매를 주운 페르시아

칼로 흥한 자는 칼로 망한다고 했던가? 파괴와 정복은 무력만으로 가능하지만 건설과 발전은 문화적 토양이 있어야 가능하다. 그런 점에서 보면 아시리아는 진정한 통일 제국의 자격이 부족했다.**

오로지 정복만이 유일한 에너지원이었던 아시리아는 막상 정복이 끝나니 더 이상 제국을 굴려갈 동력이 없었다. 엘람을 정복한 최후의 정복 군주 아슈르바니팔이 죽자 왕위 계승을 둘러싼 내분이 일어나면서 아시리아는 출발했을 때처럼 급속히 쇠퇴하기 시작했

● ● 사실 고대 오리엔트 세계에서 수천 년간 문명의 중심은 이집트였다. 만약 기원전 13세기 히타이트와의 충돌에서 이집트가 승리하고 그때 오리엔트의 통일을 이루었다면, 문명의 중심은 유럽으로 옮겨가지 않았을지도 모른다. 그 기회가 사라지고 군국수의 아시리아가 통일을 이룩한 데서 이미 오리엔트 문명은 끝을 보이고 있었다.

다. 통일을 이룬 지 불과 30년이 채 안 된 기원전 612년, 아시리아의 수도인 니네베는 바빌론과 메디아의 연합 공격으로 불길에 휩

고대의 메트로폴리탄　네부카드네자르가 세운 바빌로니아의 수도 바빌론은 당시 세계 최대의 도시였다. 사진은 바빌론의 중앙 대로에 서 있던 이슈타르 문이다(이슈타르는 전쟁과 성애의 여신이었다). 문을 장식하고 있는 사자, 용, 황소 등 각종 동물의 도안은 놀랍게도 법랑으로 되어 있다. 문 전체가 하나의 도자기인 셈이다.

● 당시 신바빌로니아의 군주들은 수백 년 전 고바빌로니아의 後裔임을 인식하고 있었던 듯하다. 네부카드네자르 1세는 기원전 12세기 고바빌로니아의 유명한 군주였다. 네부카드네자르 2세는 자신이 존경하는 영웅의 이름을 그대로 따 썼을 것이다. 나라와 시대가 다르고 이름만 같은 두 사람을 1세와 2세로 구분한 것은 후대의 역사가들이다.

싸였다. 공교롭게도 그 전투에서 크게 활약한 적군의 장수들은 바로 아시리아가 키우고 가르친 인물들이었다. 때 이른 군국주의의 한계였던 걸까?

이후 오리엔트 무대는 바빌론과 메디아, 그리고 부활한 이집트와 소아시아에서 일어난 리디아의 네 나라가 병립하는 형세를 이룬다. 그러나 이때쯤이면 문명의 빛은 오리엔트만을 비추지 않는다. 오리엔트는 이제 문명의 중심지가 아니라 한 부분일 따름이다. 당대의 사람들은 전혀 몰랐겠지만, 오히려 문명의 중심은 오리엔트를 떠나 서쪽의 지중해 세계로 서서히 옮겨가는 중이었다. 그러므로 이제 오리엔트의 통일은 그다지 중요한 사건이 아니다. 게다가 아시리아가 했다면 다른 나라도 얼마든지 할 수 있는 일이다.

'포스트 아시리아' 시대의 첫 주자는 바빌로니아(신바빌로니아)였다(칼데아 왕조가 지배했으므로 칼데아 왕국이라고도 부른다). 특히 2대왕인 네부카드네자르 2세는 기원전 6세기 초반 이집트를 점령해 한무라비 시대 고바빌로니아의 명성을 되찾았다.● 아시리아에 나라를 빼앗긴 헤브라이인들은 네부카드네자르 때문에 또 수난을 당한다. 기원전 597년 그들은 바빌로니아의 공격을 받아 수천 명의 백성들이 바빌론으로 잡혀갔다. 그래도 저항운동이 계속되자 이집 트 원정에 차질을 빚을까 염려한 네부카드네자르는 11년 뒤 예루 살렘을 공격해 도시를 불사르고 또다시 백성들을 바빌론으로 잡 아갔다. 이것이 《구약성서》에 나오는 '바빌론의 유수幽囚'다. 이를 계기로 민족적 자각심이 커진 헤브라이인들은 스스로 이스라엘 인이라고 칭하며 유대교의 선민選民의식을 더욱 키워갔다.

그러나 바빌로니아의 성세는 아시리아보다도 더 짧았다. 바빌 로니아만이 아니라 셈족 문명권 자체가 힘을 잃고 있었다. 그런 추세를 재촉하듯이, 과거에 오리엔트의 통일을 눈앞에 두었던 히 타이트에 이어 다시 한 번 인도·유럽계의 나라가 흥기했다. 바로 엘람이었다.

헤브라이 민족처럼 수천 년 동안 메소포타미아를 지배한 강대국 들에 눌려 지내던 엘람은 페르시아로 명패를 바꾸고 도약을 준비 했다. 마침 페르시아에는 시대가 내린 영웅이 있었다. 아케메네스 왕조의 키루스(재위 기원전 559~기원전 529)는 왕위에 오른 지 10년 만에 엘람을 지배하던 북부의 메디아 왕위를 빼앗아 민족 독립을 이루었다. 곧이어 그는 기원전 547년에 서쪽의 리디아를 정복하고, 8년 뒤에는 바빌로니아마저 정복해 대제국의 기틀을 확립했다.

키루스의 정복 사업을 완성한 이는 고대 오리엔트의 마지막 위 대한 군주인 다리우스 1세(재위 기원전 521~기원전 486)였다. 그는 무장 출신이었다. 키루스의 아들 캄비세스는 이집트를 정복해 아 버지의 위업을 잇는가 했으나 제왕의 풍모를 갖춘 아버지의 선정 까지 계승하지는 못했다. 폭정으로 민심을 크게 잃은 그가 죽자 6 개월 동안 제국은 반란과 음모의 소용돌이에 빠졌다. 황제의 친위 대장이던 다리우스는 이때 쿠데타를 성공시켜 제위를 차지했다.

긴 수염의 병사들   페르시아를 제국으로 격상시킨 황제 다리우스 1세의 친위대 병사들의 모습이다. 마치 종교의식을 치르는 것처럼 경건한 자세인데, 황제가 제사장의 역할도 가지고 있었기 때문일 터이다. 나중에 보겠지만, 같은 시대 그리스 병사들과는 달리 오리엔트 병사들은 하나같이 수염을 덥수룩하게 길렀다.

　권력의 정통성이 결여된 다리우스에게 무엇보다 급선무는 신생 권력을 안정시키는 것이었다. 그는 서쪽으로 원정해 에게 해 동부의 사모스 섬을 정복한 뒤 동쪽의 바빌론에서 일어난 반란을 진압했다. 이제 페르시아는 명실상부한 제국의 반석 위에 올랐다. 아시리아에 이어 다시 한 번, 그리고 아시리아보다 더욱 확고한 오리엔트의 통일이 이루어진 것이다.

　그러나 아시리아가 왜 단명한 통일 제국에 그치고 말았는지 잘 아는 다리우스는 정복의 고삐를 늦추지 않았다. 정복이라면 그 방향은 어딜까? 새로운 문명의 빛이 보이는 서쪽이다. 서방 정복을 위해 그는 먼저 동쪽의 인더스 지역을 점령하고 북쪽의 스키타이를 멀리 내쫓아 후방을 다졌다. 그런 다음에야 비로소 서부 변방으로 가서 기원전 513년에 트라키아(지금의 불가리아)와 마케도니아(그리스 반도 북부)를 복속시켰다. 내친 김에 아프리카의 리비아마저 병합해 페르시아는 일찍이 어느 나라도 이루지 못한 세계최대, 최강의 제국을 이루었다(당시 사람들은 세계가 유럽과 소아시아, 이집트, 리비아로 이루어졌다고 믿었으므로, 다리우스 시대의 페르시아는사실상 전 세계를 통일한 것이나 다름없었다).

게다가 다리우스는 예전의 정복 군주들과 달리 내치에도 탁월한 솜씨를 보였다. 그전까지 페르시아는 정복지마다 별도의 왕을둔 느슨한 연합체였으나, 다리우스는 '천하'를 20개의 행정구역으로 나누고 각 구역에 총독을 파견해 다스리게 했다. 이렇게 중앙집권적 성격을 강화한 것에 발 맞추어 행정망과 통신망, 그리고도로망도 건설했다. 또한 화폐제도와 세금제도를 새로 정비해 '천하'에서 막대한 세금을 거두어들였다. 여러모로 볼 때, 정복 제국으로서는 아시리아가 최초지만 제국이라는 명칭에 가장 어울리는 나라는 페르시아가 최초였으며, 황제라는 이름에 어울리는 군주 역시 다리우스가 최초였다.

그러나 당시에는 미처 예측하지 못했겠지만, 혹은 예측했다 해도 과소평가했겠지만, 다리우스가 소아시아를 넘어 그리스까지건드린 것은 실책이었다. 그리스인들은 막강한 페르시아 제국이바로 코앞까지 들이닥쳤다는 소식을 듣고 경악과 공포에 사로잡혔으나, 사실 그들은 스스로를 과소평가하고 있었다. 그리스는 페르시아라고 해도 쉽게 제압할 수 있는 상대가 아니었던 것이다. 이 무렵 그리스는 문명의 수준에서만이 아니라 군사력에서도 오리엔트에 못지않았다. 이때부터 오리엔트의 역사는 그리스의 역사와 맞물리게 된다.

빛이 서쪽으로 간 까닭은

로마인들은 "빛은 동방에서 왔다."라는 말로 고대 로마 문명이 오리엔트에 뿌리를 두고 있음을 밝혔다(오리엔트라는 말 자체가 원래 '해가 뜨는 곳'이라는 뜻의 라틴어다). 이 말을 바꾸면 "빛은 서방으로 갔다."라는 말이 된다. 그렇다면 빛이 서쪽으로 간 이유는 무엇일까? 문명의 빛은 왜 처음 태어난 곳에서 계속 자라고 발전하지 않고 다른 곳으로 이동했을까?

첫 번째 요인은 지리에 있다. 현대 구조주의 역사가인 브로델 Fernad Braudel은 역사의 가장 깊은 심층에 지리가 있다고 말했다. 우리가 흔히 떠올리는 역사, 이를테면 어느 나라가 어느 나라를 정복했다는 정치사, 어디와 어디가 교역을 했다는 경제사, 관료제와 토지제도가 어떠했다는 사회사 등은 모두 근원적으로는 지리적 요인의 제약을 받고 있다.● 다양하게 변화하는 역사적 사건들의 근저에는 도도히 흐르는 불변의 역사가 있다.

오리엔트의 지리적 특성은 바로 중심이 없다는 점이다. 메소포타미아와 나일 강 하구라는 두 지역은 문명이 태동하기에는 적합했으나 더 커다란 문명(오리엔트 문명)의 중심으로 역할하기에는 한계가 있었다. 또한 두 문명이 충돌을 빛을 즈음 쟁탈의 요처가 된 시리아와 팔레스타인은 교통상으로만 중심이었을 뿐 양대 문명을 끌어안을 만한 넓이(이를테면 넓은 평야 지역)도, 깊이(이를테면 양대 문명을 아우를 만한 토착 문명)도 없었다.

● 일제 식민지 시대 일본의 역사가들이 발전시킨 식민지 역사관 가운데 이른바 '반도 사관'이라는 것이 있었다. 이를테면 우리나라는 중국처럼 대륙 국가도 아니요 일본처럼 해양 국가도 아닌 반도이므로 주체적으로 행동할 수 없고, 대륙이나 해양의 어느 한쪽에 의해서 민족의 운명이 결정될 수밖에 없다는 주장이다. 물론 그것에 대해서는 많은 비판이 이루어졌으나, 그 때문에 한동안 반도라는 지정학적 특성, 지리적 요인이 우리 역사에 미친 영향 자체를 무시하는 잘못된 풍조가 있었다.

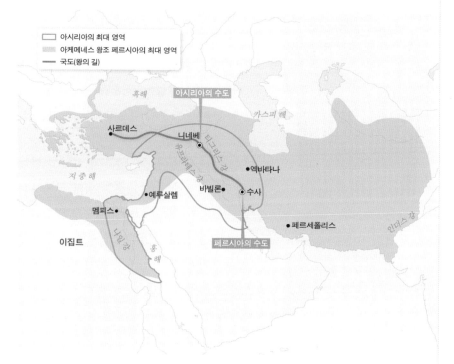

문명의 고향　흔히 말하는 4대 문명의 발상지 가운데 세 곳이 이 지도에 있다. 그 가운데 인더스 문명은 실전되었고, 메소포타미아와 이집트의 두 문명은 지도에서 보듯이 '비옥한 초승달'을 이루며 통합되어 서양 문명의 모태로 발달했다.

　'비옥한 초승달'이라는 말이 시사하듯이, 길게 늘어진 지역에서는 통일이 이루어지더라도 오래가기가 어려웠다. 이집트의 파라오와 사르곤, 함무라비 등이 모두 지역의 패자에 그친 이유, 최초로 통일을 이룬 아시리아나 페르시아가 단명한 이유는 바로 여기에 있었다.

　두 번째 요인은 오리엔트 문명 자체에 내재해 있다. 오리엔트는 지구상에서 가장 먼저 문자를 가진 문명 단계로 접어들었고, 이

황금의 유목민　스키타이의 무덤에서 출토된 황금 빗이다. 대표적인 고대의 유목민족인 스키타이는 떠돌이 생활을 한 만큼 별다른 유적은 남기지 못했지만 유물은 많이 남겼다. 표정까지 뚜렷한 뛰어난 조각 솜씨는 유목 문명이 과연 이 정도로 발달했는지를 의심하게 할 정도다. 세 병사들 모두 바지를 입고 있다는 점도 주목할 만하다. 원래 바지는 유목민족이 말을 타기 위해 고안한 옷이었다. 서양에 바지를 전한 것도 로마 북부의 유목민족인 게르만인이다. 하지만 바지가 익숙하지 않은 로마의 남자들은 여전히 킬트(kilt)라는 짧은 가죽 치마를 입었다.

미 기원전 3000년경에 다른 지역에서는 꿈도 꾸지 못할 만큼 고도로 발달한 정치와 행정 제도를 갖추었으며, 오늘날 전해지는 유적만으로도 감탄할 만한 훌륭한 문화를 꽃피웠다. 그러나 모순이 없으면 발전이 없는 법이다. 오리엔트를 주름잡은 역대 민족과 국가 들은 예외 없이 강력한 전제 체제를 확립하는 데 몰두했다. 그래서 사회의 구석구석에서 비집고 나오는 다양한 모순을 억압하기만 했을 뿐 사회 발전의 동력으로 삼지 못했다. 전제와 독재가 사회적 상상력을 마비시키는 것은 예나 지금이나 마찬가지였던 셈이다.

그 한 예가 국가 종교다. 이집트에서는 태양신이 수천 년 동안이나 사람들의 정신을 지배했으며, 바빌로니아는 마르두크, 아시리아는 아슈르, 페르시아는 아후라마즈다를 모두가 섬겨야 하는 신으로 강요했다. 심지어 약소민족인 헤브라이인도 여호와를 유일신으로 섬기면서 자신들이 선택받은 민족이라고 믿었다. 종교와 정치는 원래 쌍둥이처럼 닮게 마련이다. 국가 종교는 오리엔트 특유의 전제 체제와 어울려 진보를 가로막는 질곡으로 작용했다(이는 고대 그리스인들이 자유로운 다신교를 수용하면서 지적 발전을 이룬 것과는 대조적이다).

그러나 역사에서 가정이 가능하다면 오리엔트 세계가 이런 한계를 극복할 만한 장면을 가정해볼 수도 있다. 이를테면 기원전

13세기에 있었던 이집트와 히타이트의 충돌이다. 각자 2000년의 문명사적 배경을 등에 지고 초승달의 양 끝을 이루는 대표 주자였던 두 나라는 당시 어떤 식으로든 결판을 냈어야 한다. 그랬더라면 오리엔트 세계 전체를 아우르는 강력한 힘의 중심이 생겨났을 것이며, 이것을 배경으로 오리엔트는 자체적으로 서쪽 유럽 세계를 향해 진출할 수도 있었을 것이다.

그랬더라면 오리엔트는 서구 문명의 씨앗이 아니라 뿌리와 줄기, 열매마저도 자체적으로 생성시켰을지도 모른다. 이 기회가 무산된 이후 오리엔트는 아시리아라는 군사 국가에 의해 통일되는 역사적 비운을 맞았고, 나중에 보겠지만 힘을 키운 그리스 문명과의 대결에서 패배했다. 이후 이 지역은 3000년이 지난 오늘날에 이르기까지 두 번 다시 인류 역사의 주역으로 등장하지 못했다. 이제 문명의 씨앗은 서쪽의 유럽으로 옮겨갔고 뿌리를 내리는 일만 남았다.

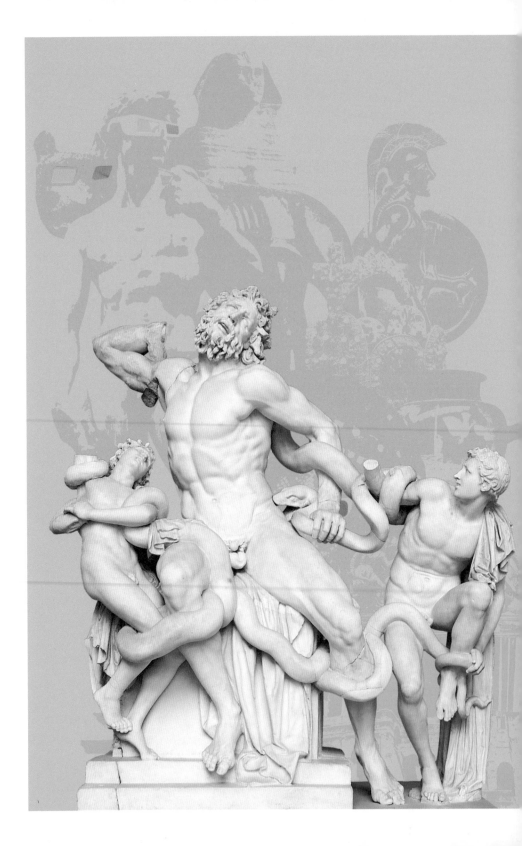

2부

뿌리 1

크레타는 지리적 위치 덕분에 오리엔트 문명의 한 자락을 거머쥘 수 있었으나 큰 문명을 담을 그릇은 되지 못했다. 그래서 서양 문명의 뿌리는 곧바로 그리스 반도로 넘어간다. 포도와 올리브밖에 자랄 수 없는 척박한 토양, 그래서 그리스인들은 일찍부터 해상 활동에 나서서 동부 지중해 일대를 주름잡으며 수많은 식민시를 건설한다. 그러나 문명의 뿌리를 보존하기 위해서는 먼저 중심을 되찾으려는 오리엔트의 강력한 도전을 물리쳐야 했는데, 그것이 페르시아 전쟁이다. 여기서 승리한 아테네를 중심으로 그리스는 오리엔트와 질적으로 다른 문명을 건설한다. 바야흐로 본격적인 서양 역사가 시작된 것이다.

5장

그리스 문명이 있기까지

신화가 말해주는 역사

오리엔트에서 배태된 문명의 씨앗이 처음 뿌리를 내린 곳은 지중해 동부 에게 해의 크레타 섬이었다. 지도를 보면 금세 알 수 있듯이, 에게 해는 유럽의 가장 동쪽에 속하며, 크레타는 수많은 작은 섬이 떠 있는 다도해 남부에 섬들의 맏형처럼 넉넉하게 자리 잡고 있다. 우리가 잘 알고 있는 그리스 문명 이전에 그 바로 동쪽의 크레타와 에게 해의 섬들에서 문명이 먼저 발생했다는 사실은 오리엔트 문명의 서진 현상을 뚜렷이 보여주는 한 증거다.

크레타 문명은 미노스 문명이라고도 부르는데, 이는 전설적인 크레타의 지배자 미노스 왕의 이름에서 따온 것이다. 미노스의 이름은 다소 낯설지 모르겠지만 미궁이라는 말은 낯익다. 미노스는 바로 미궁으로 유명했던 크노소스 왕궁의 주인이다.

물론 미궁의 주인은 따로 있다. 사람의 몸에 소의 머리를 가진 식인 괴물 미노타우로스다. 미노타우로스란 '미노스의 소'라는 뜻이니까 미노스와 아주 가까운 관계일 것이다. 신화에 따르면, 미노스가 바다의 신 포세이돈의 노여움을 산 탓에 그의 아내가 황소를 사랑하게 되어 미노타우로스를 낳았다고 한다. 그런데 미노타우로스는 사람을 잡아먹는 괴물이었다. 미노스는 이 괴물 '서자'를 그대로 놔둘 수도 없고 죽일 수도 없었으므로 가두어두기로 했다. 하지만 워낙 힘이 좋고 난폭한 놈이라 아무 데나 가두면 뛰쳐나올지도 몰랐다. 그래서 미노스는 당대 최고의 건축가인 다이달로스*에게 크노소스 궁전 안에 미로를 짓게 했다. 미노타우로스는 다이달로스가 만든 교묘한 미로 속에 갇혀 몸은 자유롭지만 이곳을 빠져나오지는 못했다. 이 미로를 라비린토스labyrinthos라고 불렀는데, 영어의 미궁labyrinth이라는 말은 여기서 나온 것이다.

이렇게 굳이 신화를 이야기하는 이유는 신화 속에 역사의 흔적이 뚜렷하기 때문이다.** 미노스는 매년 일곱 명의 소년과 소녀를 미궁 속으로 보내 미노타우로스에게 먹이로 주었다. 그런데 이 아이들은 매년 아테네에서 보내왔다. 이것은 당시 아테네가 크레타에 조공을 바쳤다는 의미로 해석할 수 있다.

신화에서 이 끔찍한 '인신 조공' 문제를 해결한 사람은 그리스의 영웅 테세우스다. 그는 미노타우로스를 죽이겠다고 결심하고

● 다이달로스는 이후 미노스 왕의 미움을 사서 탑에 갇히게 된다. 탈출할 길을 모색하던 그는 솜씨를 부려 날개를 만든다. 작품은 성공작이었으나 이 때문에 그는 아들을 잃는 비극을 당한다. 함께 갇혀 있던 아들은 하늘을 난다는 것에 감격한 나머지 태양 가까이까지 날다가 그만 날개가 뜨거운 열에 녹아 떨어져 죽는다. 아들의 이름은 이카로스인데, 여기서 생겨난 고사성어 '이카로스의 비행'은 헛된 꿈을 뜻한다.

●● 미노스의 시대는 아무리 거슬러 올라가더라도 기원전 2000년을 넘지는 않는 것으로 추정된다. 비슷한 시기 오리엔트의 역사가 상세하게 알려진 데 비해 크레타의 역사에 신화적인 요소가 많았던 것을 보면, 미노스 문명의 시대까지도 오리엔트 문명이 더 선진적이었음을 알 수 있다.

크레타의 투우　크노소스 궁전에 그려진 벽화다. 소를 이용한 곡예를 그린 것인데, 이것이 나중에 투우로 발전되었을 것으로 추측된다. 놀랍게도 곡예사는 여성이다. 크레타와 달리 그리스의 고대 올림픽경기에서는 여성의 참가를 허용하지 않았다.

제물로 자원해 크노소스 궁전에 간다. 괴물과 싸우는 것은 각오한 일이지만, 문제는 죽이고 나서 미궁을 빠져나오는 일이다. 이 문제는 테세우스에게 반한 미노스의 딸 아리아드네가 해결해준다. 테세우스는 아리아드네에게서 얻은 실타래를 풀면서 미궁 속에 들어가 괴물을 죽인 다음 실타래를 따라 미궁을 빠져나온다. 하지만 그는 결정적 공헌을 한 아리아드네를 차버리고 만다. 그리스판 호동왕자와 낙랑공주인 셈이다.

테세우스가 미노타우로스를 죽였다는 것은 그리스가 크레타에 복속된 상태에서 벗어났음을 뜻한다. 문명의 씨앗이 크레타에서 한 발 더 서쪽으로 옮겨간 것이다. 흔히 그리스 문명을 서양 최초의 문명으로 말하지만, 정확히 따지면 크레타가 먼저다. 따라서 우리가 출발해야 할 곳은 바로 크레타 문명이다. 한때 그리스를 조공국으로 거느렸던 크레타에는 어떤 문명이 발달했을까?

오리엔트와 그리스의 중매

크레타에 청동기시대가 시작된 시기는 기원전 3000년경이니까 상당히 오래다. 하지만 그 무렵에는 아직 문명이라고 부를 정도가 못 되었고, 본격적인 미노스 문명은 오리엔트 문명의 세례를 받으면서 싹이 트기 시작했다. 여기에는 고대 지중해를 주름잡았던 페니키아 상인들의 공로가 컸을 터이다. 섬이라는 유리한 지형 조건을 이용해 고대 크레타인들은 일찍부터 해상무역(물론 해적질도 포함된다)에 진출해 지중해 동부의 교역에서 큰 몫을 했다. 앞서 말한 수수께끼의 해상 민족들에게 선배가 되는 셈이다.

기원전 2000년쯤 되면 크레타에는 문자가 사용되고 섬 전체의 중앙집권화가 이루어지기 시작한다. 크노소스 궁전을 비롯해 크레타의 여러 건축물은 이 무렵에 지어진 것으로 추정된다. 후대의 학자들은 점토판에 기록되어 있는 이때의 문자를 선형문자 ALinear A라고 부르는데, 이것은 현재까지도 완전히 해독되지 않았다.

본격적인 고대 문명을 이루기 시작한 초창기에 크레타는 두 차례의 시련을 겪는다. 기원전 17세기~기원전 16세기의 사건들인데, 크노소스 궁전을 포함해서 섬 전체의 건물들이 한꺼번에 파괴된 것이다. 그 무렵에 일어난 화산 폭발이 초래한 자연재해였으리라고 추정된다(혹은 당시 이집트에서 쫓겨난 힉소스인의 침입이라는 설도 있다). 그러나 크레타인은 재앙에 굴하지 않고 더 큰 규모의 궁전과 건물을 다시 지었다. 이후 크레타 문명은 종전보다 더욱 발달해 전성기를 맞았다. 20세기 벽두에 영국의 고고학자 에번스Sir Arthur John Evans가 크레타 섬에서 발굴한 수많은 유물은 대부분 이

에게 해를 휩쓴 화산 폭발 크레타 북쪽의 테라 섬에서 발굴된 벽화다. 이 그림이 그려질 당시에는 항구가 이렇듯 평화로웠으나 크레타의 미노스 문명을 파멸로 이끈 화산 폭발은 이 섬도 가만히 놔두지 않았다. 이 벽화는 수많은 작은 파편을 퍼즐 맞추듯 짜 맞추어 복원한 것이다.

시기에 만들어진 것들이다.

　이 시기에 크레타인들은 지중해 동부의 해상무역을 거의 독점했으며, 각종 축제와 스포츠 행사를 벌이는 등 고대 그리스 문화의 원형을 형성했다. 그러나 그보다 더 중요한 사실은 오리엔트 문명의 씨앗을 받아 에게 문명(크레타 문명과 나중에 그리스에서 발달하는 미케네 문명을 합쳐서 에게 문명이라 부른다)이라는 독자적인 문명으로 키워내는 산파 역할을 했다는 점이다. 이 에게 문명은 당대의 오리엔트 문명에 비해 보잘것없는 수준이었지만 이후 서양 문명의 뿌리를 이루게 된다는 점에서 의미가 크다. 지리적으로도 에게 해는 유럽에 속하기 때문에 서양의 역사학자들은 오리엔트 문명보다 오히려 에게 문명을 더 중시하는 입장이다. 심지어 일부 학자들은 에게 문명이 오리엔트 문명과 별도로 독자적인 발달을 이루었다고 주장하기도 한다. 하지만 그것은 씨앗 없이 뿌리가 자라났다고 말하는 것과 같다.

에게 문명이 발달한 곳은 크레타 섬만이 아니었다. 에게 해 남부 다도해에 떠 있는 섬들을 키클라데스 제도라고 부르는데, 이 일대의 거의 모든 섬에도 크레타와 비슷한 시기에 화려한 청동기 문화가 발달했다. 물론 크레타는 그중에서 가장 큰 문명의 중심지였으며, 키클라데스 제도의 섬들을 지배하는 위치였다. 그러나 제주도 면적의 네다섯 배에 불과한 크레타 섬은 대규모 문명의 모태가 되기에는 부족했다.

미노타우로스의 신화가 말해주듯이, 크레타에 복속되어 있던 그리스인들은 서서히 문명의 기지개를 켜기 시작했다. 그 결과 기원전 15세기~기원전 14세기 무렵부터는 오히려 크레타를 침공하기 시작했다. 청출어람이라고 해야 할까? 크레타에서 문명을 전수받은 그리스는 완전히 형세를 역전시켜 마침내 크레타의 심장부인 크노소스 궁전을 파괴해버렸다(이 과정이 테세우스의 신화로 각색되었을 터이다). 크노소스 궁전은 이때부터 3300년 동안이나 땅속에 묻혀 있다가 에번스의 발굴로 다시 햇빛을 보게 된다. 에번스는 크노소스를 발굴하면서 수많은 토판 문서를 발견했는데, 여기에는 초기 그리스어인 선형문자 B가 많이 포함되었다. 이 문자는 현재 완전히 해독되었는데, 크레타 문명의 후기에는 이미 그리스인의 진출이 활발히 이루어졌음을 말해주는 자료다.

크레타를 대신한 그리스

크레타가 지중해의 패자로 군림할 때 그리스 반도에 아무도 살지 않았던 것은 아니다. 아주 옛날 그리스에는 펠라스기인들이 살고 있었는데, 말하자면 그리스의 원주민에 해당하는 사람들이다. 그런데 기원전 2000년 무렵 북쪽에서 사나운 민족이 내려와 펠라스기인들을 제압하고 그리스의 지배자가 되었다. 바로 아리아인이었다. 중앙아시아에서 인도로 남하한 아리아인들이 원주민인 드라비다족을 정복한 것과 비슷한 시기에, 서쪽의 유럽으로 이동한 아리아인들은 '따뜻한 남쪽'을 찾아 그리스 남부에 이르렀다.

인도로 간 아리아인이 인더스 문명을 파괴하고 카스트 제도를 만들어 원주민을 차별한 것과는 달리, 그리스에 온 아리아인은 원주민과 자연스럽게 혼혈과 혼합을 이루면서 새로운 문명을 개척했다.● 이들은 그리스에서도 가장 남쪽의 펠로폰네소스 반도에 여러 왕국을 건설했다(그리스 중앙부에는 넓은 평야가 없어 정착하기가 어려웠기 때문에 남하하는 과정에서 갈라져나간 부족들은 계곡을 따라 해안 지대로 나갔다. 이들이 나중에 폴리스들을 이루게 된다). 좁은 지역에 여러 나라가 몰려 있으면 서열이 정해지게 마련이다. 그중에서 가장 큰 세력으로 성장한 곳은 미케네였다. 미케네는 펠로폰네소스 반도의 동쪽 해안가에 위치한 덕분에 크레타의 선진 문명을 받아들이기 쉬웠으며, 점차 그리스의 맹주 격으로 성

● 호메로스의 저작에서는 그리스인을 아카이아인이라고 부르고 있는데, 이 말은 펠라스기인과 아리아인이 혼혈된 그리스인을 가리킨다. 여기서 유래해 미케네 시대의 그리스인을 아카이아인이라고도 불렀다. 하지만 호메로스가 굳이 아카이아인이라는 말을 쓴 이유에 대해서는 달리 추측해볼 수도 있다. 호메로스의 생존 시기는 기원전 9세기~기원전 8세기로 추정된다. 이때는 도리스인의 침입으로 시작된 이른바 '암흑시대'(92~93쪽 참조)의 일거나. 혹시 호메로스는 그리스 문명을 파괴한 이민족 도리스인을 제외한 그리스인을 별도의 이름으로 부르고 싶었던 게 아닐까?

귀부인의 사냥 미케네의 귀족 여성들이 전차를 타고 사냥에 나선 모습이다. 여성이 전혀 등장하지 않는 아시리아의 부조, 여성이 철저하게 남성의 보조 역할만 담당하는 이집트의 그림과 달리, 크레타와 그리스의 벽화에는 이렇게 여성이 주인공으로 등장하는 것들이 많다. 비록 오리엔트 문명의 씨앗을 받아 키운 것이지만 일찍부터 드러난 서양 문명의 한 가지 특징이라 하겠다.

장해 '황금의 미케네'라는 별명까지 얻었다. 초기 그리스 문명은 미케네가 주도했기에 미케네 문명이라 부른다.

에게 해 일대에서 크레타는 지는 해였고 그리스는 뜨는 해였다. 크레타 문명이 아직 힘을 잃지 않았던 기원전 1600년경에 이미 미케네는 크레타를 따라잡았다. 그리스의 테세우스가 미노타우로스를 처치하는 신화는 바로 이 시기에 크레타를 정복한 사건을 나타낸다고 볼 수 있다. 마침내 미케네는 크레타를 대신해 에게 문명의 새로운 중심지가 되었다.

그러나 그리스가 지중해 동부를 완벽하게 제패하기 위해서는 한 가지 시험을 더 통과해야 했다. 당시 이오니아(오늘날 터키의 지중해 연안과 그 일대의 섬들)에는 그리스와 경쟁할 만한 소왕국들이 많았던 것이다. 페니키아인들이 건설한 식민지에서 발전한 이오니아의 왕국들은 지리적 여건을 한껏 이용해 지중해 동부의 해상무역을 장악하고 있었다.

전성기의 크레타는 그 국가들과 사이좋게 지중해 무역을 균점했으나 크레타를 제압하고 등장한 신흥 강자인 미케네는 그럴 의사가 별로 없었던 듯하다. 양측은 이내 지중해 무역권을 놓고 으르렁거리기 시작했다. 이 한판 대결이 바로 호메로스가《일리아스》와《오디세이아》에서 시로 읊었던 트로이 전쟁이다.

신화와 역사의 경계

당시 그리스와 이오니아가 맞부딪는 과정은 두 개의 그리스 신화 속에 전해지고 있다. 첫째는 오프닝 게임에 해당하는 아르고호의 원정이다. 그리스 중부 테살리아 출신의 해적인 이아손은 이오니아에 빼앗긴 그리스의 보물인 황금 양피*를 찾으러 50명의 지원자들과 함께 아르고호를 타고 원정을 떠난다. 여기에는 헤라클레스, 테세우스, 오르페우스, 네스토르 등 그리스 신화의 영웅들이 총출동했다. 이들은 지금의 흑해 연안에 있는 콜키스를 공략해 황금 양피를 빼앗고 개선한다.

오프닝 게임에 뒤이은 메인이벤트가 바로 트로이 전쟁이다. 수천 년 동안 트로이 전쟁은 호메로스가 지어낸 신화로만 알려졌다. 신화가 역사로 바뀐 것은 어릴 때 호메로스의 책을 읽고 전설이 아니라 사실로 믿은 독일의 기업가 슐리만 Heinrich Schliemann이 1870년에 트로이 유적을 발굴한 덕분이다. 이 전쟁이 벌어진 시기는 기원전 13세기 중반으로 추정되고 있다.

《일리아스》가 전하는 트로이 전쟁은 신들의 장난 때문에 일어난다. 신들의 결혼식 만찬에 초대받지 못한 불화의 여신 에리스는 그 복수로 '가장 아름다운 여신에게'라는 글이 쓰인 황금 사과를 만찬장에 던진다. 당연히 아름다움에서 자기가 최고라고 자부하는 헤라와 아테나, 아프로디테의 세 여신이 그 사과를 차지하기 위해 다툰다. 제우스는 비록 최고신이지만 아내(헤라)와 딸(아테

> * 황금 양피는 헤르메스 신이 테살리아의 네펠라라는 왕비에게 선물로 준 양의 가죽이었다. 네펠라는 남편이 후궁을 얻자 자기 아이들을 구박할까 두려워 아이들을 양의 등에 태워 멀리 보낸다. 양은 동쪽으로 날아갔는데, 그만 헬레라는 이름의 여자아이가 바다로 떨어졌다. 그래서 그리스 시대에 이 바다는 헬레스폰토스('헬레의 바다')라고 불리게 되었는데, 오늘날 아시아와 유럽을 가르고 있는 터키의 다르다넬스 해협이다. 양은 계속 날아가 흑해 연안의 콜키스 왕국에 사내아이를 내려놓았다고 한다.

신들의 게임　백설공주의 계모는 거울에게 이 세상에서 누가 가장 예쁘냐고 물었지만, 그리스의 세 여신은 양치기 파리스에게 그 곤란한 질문을 던졌다. 이 두 그림은 그 상황을 담은 회화 작품 〈파리스의 판결〉인데, 위쪽은 플랑드르의 화가 루벤스의 작품으로 아들 에로스를 데리고 있는 여신이 파리스의 '낙점'을 받은 아프로디테다. 아래쪽 그림은 독일의 화가 안톤 라파엘 맹스의 작품이다.

나)이 끼어 있으니 쉽게 판결을 내릴 수 없다. 그래서 그는 양치기인 파리스에게 판결을 의뢰한다.

파리스는 가장 아름다운 여자를 아내로 주겠다는 아프로디테의 '뇌물'에 넘어가 그녀의 손을 들어준다. 그러나 에리스가 신들의 세계에 내던진 '불화'는 엉뚱하게도 인간 세상에서 작동하기 시작한다. 파리스가 아내감으로 지목한 여자는 불행히도 스파르타의 왕 메넬라오스의 아내인 헬레네*였다. 파리스는 아프로디테의 도움으로 헬레네를 꾀어 함께 트로이로 달아난다(파리스는 원래 트로이의 왕자였으나 장차 나라의 화근이 되리라는 신탁이 있어 트로이에서 쫓겨나 그리스에서 자랐다).

그러자 그리스 전체가 발칵 뒤집힌다. 졸지에 아내를 빼앗긴 메넬라오스는 다른 왕들을 부추겨 트로이 공격에 대대적으로 나선다. 이리하여 아가멤논(메넬라오스의 형)을 총사령관으로 하고 아킬레우스, 오디세우스, 아이아스, 디오메데스 등 당시 그리스의 영웅들을 총망라한 대규모 원정군이 편성된다. 아르고호의 원정군에 비해 전혀 뒤지지 않는 '2차 드림팀'이다.

그리스와 트로이는 양측 모두 신들의 지원과 간섭을 받으면서 10년 동안 전쟁을 벌인다. 최후의 승지는 그리스였다. 오디세우스가 세운 계략에 따라 그리스는 커다란 목마를 만들어 트로이 성문 앞에 놔두고 뱃머리를 돌려 철군하는 척했다. 트로이군은 기뻐하며 그 목마를 성안에 들여놓았다. 밤이 되자 그때까지 목마 안에 숨어 있던 그리스 병사들은 몰래 성문을 열어놓았고, 그리스

● 헬레네는 그리스인들이 스스로를 자칭하는 이름이다. 원래 그리스는 로마 시대에 로마인들이 붙인 이름이다. 고대 그리스인들은 그리스를 헬라스라고 부르고 자신들을 헬레네의 자손, 즉 헬렌족(Hellenes)이라고 불렀다. 예를 들어 투키디데스는 그리스라는 이름을 전혀 쓰지 않고 헬라스라는 이름만 썼다(헬라스보다 그리스라는 로마식 이름이 후대에 더 널리 쓰인 데서도 문명의 서진 현상을 볼 수 있다. 오리엔트의 지명들도 그리스인이 붙인 것들이 후대에 많이 전한다. 오리엔트나 메소포타미아라는 말 자체가 그리스어다).

트로이 성벽　호메로스가 기다란 시를 써서 호들갑을 떨었고 트로이를 물리친 그리스 문명이 서양 문명의 뿌리를 이루었다는 것 때문에 역사적으로 유명해졌지만, 실은 사진에서 보듯이 트로이는 터키 북부의 조그만 성이었을 뿐이다(당시에도 트로이보다 더 큰 이오니아의 도시들은 많이 있었다). 또한 10년이나 끌었다는 트로이 전쟁 역시 실은 그 당시에 흔했던 그리스 해적과 소아시아 항구도시의 그렇고 그런 싸움이었을 뿐이다.

본대가 물밀듯 성안으로 쳐들어왔다. 트로이는 이렇게 함락되었다. 이후 그리스의 영웅인 오디세우스가 귀환하는 과정은《오디세이아》를 통해 잘 알려져 있다.

그러나 트로이 전쟁에서 신화의 포장을 벗기면 전혀 다른 알맹이가 나타난다. 현실의 트로이 전쟁은 신들의 장난이 아니라 철저하게 인간들의 이해관계에 따라 전개된다.

트로이 전쟁은 그리스가 지중해로 진출하는 과정에서 벌어진 사건이다. 그런데 그리스인들은 왜 지중해로 진출하려 했을까? 사실 그들은 그러지 못하면 생존이 불가능했다. 그리스의 지형은 넓은 들판이 없고 산지가 많다. 더구나 토질도 매우 척박해 농경이 크게 발달하기는 어렵다. 거친 토양과 건조한 기후에서도 잘 자라는 포도와 올리브 정도만 재배할 수 있을 뿐이다. 그래서 그리스인들은 일찌감치 포도와 올리브를 가지고 무역 활동에 나설 수밖에 없었다.

그러나 이들의 무역 활동이란 오늘날의 기준으로 보면 약탈과 해적질이나 다름없다. 이들의 해적질이 활발해지면서 기원전 12세기부터 오리엔트의 강국 이집트와 히타이트가 급속히 쇠퇴하기 시작한 것은 앞에서 본 바 있다(51~52쪽 참조). 바야흐로 지중해 세계는 강력한 패자가 사라지고 군웅이 할거하는 시대를 맞았다.* 이 틈을 타서 그리스인들은 에게 해 일대를 장악하려 했는

바이러스 침투　오디세우스의 제안으로 만들어진 트로이의 목마다. 잠수함처럼 목마를 타고 있는 그리스 병사들이 보인다. 이 전설에서 나오는 트로이의 목마(Trojan horse)라는 말은 현대 전쟁에서도 파괴나 신전을 담당하는 비밀 공작대를 뜻하는 용어로 사용되며, 1990년대 초 컴퓨터 바이러스의 이름으로도 사용되었다.

데, 최대의 걸림돌이 이오니아 지역의 국가들이었다. 그리고 트로이는 바로 그 길목에 있는 국가였다. 트로이 전쟁은 지중해의 패권을 놓고 신구 세력 간에 벌어진 전쟁이었던 것이다.

　트로이 전쟁은 10년이나 끌었지만 실상 처음부터 승부는 정해져 있었다. 조그만 성곽 도시에 불과한 트로이가 여러 세력이 연합한 그리스군을 막아내기는 어려웠다. 그리스군

● 당시 동부 지중해 일대는 그리스인, 페니키아인, 이오니아인 등 해적들의 세상이었다. 섬은 물론 해안 지대까지도 해적들의 약탈과 노략질이 심했으므로 사람이 살기 어려웠다. 그래서 초기의 폴리스들은 해적들 때문에 해안에서 상당히 떨어진 곳에 자리 잡았다. 여러 해석 가운데 점차 그리스인 출신의 해적들이 세력을 키워갔으나 그리스 해안이라고 해서 그리스 해적들이 봐준 것은 전혀 아니었다. 당시에는 단일민족 의식이 없었으므로 당연한 일이었다.

은 트로이에 도착하자마자 벌인 서전에서 대승을 거두었는데, 이때 조금만 더 고삐를 죄었더라면 트로이 전쟁은 길어야 몇 개월로 끝났을 것이다(물론 그랬다면 오늘날까지 그 전쟁이 전하지 않았겠지만).

전쟁이 오래 지속된 이유는 그리스군이 '딴전'을 많이 피웠기 때문이다. 그리스군은 애초부터 군량을 충분히 가져가지 않았을 뿐만 아니라 전 병력을 투입해 전쟁을 빨리 끝내려 하지도 않았다. 왜 그랬을까? 바로 체질화된 해적질 때문이다. 그리스군은 전쟁 기간 내내 인근 지역을 개간하거나 약탈하느라고 항상 전력이 분산되어 있었다. 그런 탓에 전쟁이 10년이나 이어졌고, 또 오디세우스가 귀환하는 데도 10년이나 걸린 것이다. 그러나 이때의 약탈과 개간의 경험은 곧이어 그리스의 암흑시대가 닥칠 때 이오니아 식민시를 개척하는 원동력이 된다.

신화 속에 나오는 아르고호의 원정과 트로이 침공은 이오니아의 왕국들이 그리스의 양가죽이나 여자를 빼앗는 등 먼저 시비를 걸었다가 그리스에 패배하는 과정으로 전개된다. 그러나 '그리스 측의 신화'였기에 그렇게 윤색된 것일 뿐 사실은 정반대다. 그리스는 생존의 필요성 때문에 적극적으로 해상 진출에 나섰던 것이다. 어쨌든 그 결과로 그리스는 지중해의 무역을 독점하게 되었다.

암흑을 가져온 민족

공교롭게도 트로이 전쟁의 승리를 계기로 전쟁을 주도한 미케네는 쇠퇴하기 시작한다. 미케네는 원래 군사적인 성격이 강한 왕국이었다. 개방성이 강한 크레타의 궁전들에 비해 미케네 왕궁은 강력한 성벽으로 둘러싼 요새의 성격을 가지고 있었다(성벽을 이루는 돌들이 워낙 커서 '키클로페스의 성벽'이라 불렸다고 한다. 키클로페스는 《오디세이아》에 나오는 외눈박이 거인이다). 예술 양식도 크레타 문명에서 물려받았으나 그 내용은 전쟁이나 사냥을 주제로 한 것들이 많았다. 이렇게 힘센 왕국이 왜 무너졌을까?

문명이란 물리력에 의해 발전하는 게 아니다. 물리력을 통해 문명을 개척할 수는 있겠지만, 그 이후의 지속적 발달을 위해서는 물리력이 오히려 약보다 독이 되는 경우가 많다. 앞서 보았던 오리엔트의 강력한 전제 국가 아시리아의 경우가 좋은 예다. 더구나 미케네는 군주의 권위를 내세워 오리엔트 전제군주를 모방하려 했으나 그나마 불완전한 모방에 그치고 말았다. 오리엔트 국가들과 달리 미케네는 느슨한 부족 연맹체의 성격을 벗어나지 못했던 것이다.[•] 문명의 성격으로 보면 미케네 문명보다 오히려 크레타 문명이 더 '강한' 문명이라고 할 수 있다. 따라서 미케네 문명이 크레타 문명의 진정한 후예가 되기는 어려웠다.

군사적 성격이 붕괴의 내적인 요인이라면 그보다 더 직접적인 요인은 외부에서 작용했다. 또다시 민족이동이 있었던 것이다. 수백 년 전 아리아인의 남하로 미케네 문명이 이룩되었지만, 기원전 12세기~기원전 11세기에 있었던 도리스인의 남하로 미케네 문명이 파괴되었다. 더구나 도리스인은 문명의 개척과 건설보다는 파괴에 능한 난폭자였다

● 토지제도에서도 미케네는 사유지 이외에 공유지를 설정했는데, 이것은 공동체적 성격이 진존했음을 보여준다. 마치 고대 중국 주나라의 정전(井田)처럼 미케네 농민들은 공유지를 공동 경작해 세금을 납부했다. 그러나 미케네의 귀족들은 중앙 정부에 공납을 바치는 것 이외에는 상당한 독립성을 유지했다. 이것을 일종의 고대적 봉건제로 볼 수도 있다. 비슷한 시기에 그리스의 미케네와 중국의 주나라에 봉건제가 성립했다는 것은 역사 발전 단계의 보편성을 말해준다(《종횡무진 동양사》, 37~39쪽).

도리스인의 그리스 식민시   역사가들은 도리스인의 침략이 그리스에 암흑기를 가져왔다고 말하지만, 실은 그리스 문명에 도리스인이 합류했다고 보는 게 옳다. 도리스인에게 밀려난 그리스인이 해외 식민지 개척을 주도한 것은 사실이지만 그들을 본받아 도리스인도 해외에 식민시를 건설했다. 사진은 시칠리아에 건설된 도리스인의 식민시인 셀리누스의 유적이다.

고 전한다(이런 역사적 평가는 다분히 모함일 수도 있지만 확인할 길은 없다).

이 시기부터 기원전 9세기~기원전 8세기까지 약 300여 년 동안 그리스는 암흑시대를 맞게 된다. 암흑시대란 당시 그리스의 문자였던 선형문자 B의 기록이 전하지 않기 때문에 후대의 역사학자들이 붙인 이름인데, 과연 300년이라는 긴 시기가 실제로 암흑기였는지는 의문이다. 더구나 그리스의 철기시대는 도리스인이 그리스를 지배하면서부터 시작되었으니 암흑시대라는 말은 문제가 있다(호메로스는 그 암흑시대의 끝자락에 살았던 인물이지만, 그의 저작은 암흑시대 이전의 시기를 다루고 있으므로 암흑시대에 관한 정보를 주지는 않는다).

그러나 이 암흑시대는 그리스 문명이 본격적으로 개화하기 위한 준비기이기도 했다. 그리스로 남하한 도리스인은 펠로폰네소스 반도에 자리 잡고 농경문화를 이루었다(고대 그리스의 군국주의 국가인 스파르타가 바로 그들의 후예다). 따라서 해상무역에 주력한 그리스인들과는 기질부터 달랐다. 물론 일부 그리스인들은 그들과 섞이거나 그들의 지배를 받으며 살아가기도 했지만, 그리스인의 본류는 도리스인을 피해 다른 곳으로 이동했다.

이동 경로는 크게 두 가지였다. 그리스의 다른 지역에 터를 잡을 것인가, 아니면 아예 그리스를 떠날 것인가? 그리스를 버리고 떠난 사람들은 이오니아로 가서 많은 식민시를 건설했다. 이오니아에는 일찍이 페니키아인들이 건설한 식민시들이 있었으므로 그리스인이 정착하기에도 용이했을 것이다(이오니아라는 이름이 생긴 것은 이 무렵이다). 또한 그리스 본토에 남기로 한 사람들은 그리스 중부의 아티카로 모여들었다. 아티카 고원 한가운데 자리 잡은 아테네가 그리스의 중심으로 떠오르는 것은 바로 이 시기부터다.

이오니아와 아티카 중 문명의 발달이 더 왕성했던 곳은 어디일까? 당연히 이오니아다. 아직도 오리엔트 문명은 세계 최고 수준이었으니 이오니아가 지리상 더 유리했다. 게다가 고향을 버리고 떠나온 그리스인들의 각오는 본토에 남아 있는 사람들보다 훨씬 굳지 않았을까? 이오니아의 경험이 그리스에 미친 가장 커다란 영향은 바로 폴리스polis(도시국가)의 성립이다.

6장

폴리스의 시대

과두정이 낳은 폴리스

이오니아는 오리엔트와 가까운 만큼 그리스 본토보다 선진 문물을 수입하는 데 유리했으나, 원래 그리스 땅이 아니라 이민족들이 사는 지역이라는 점에서 개척이 쉽지 않았다. 우선 무엇보다 중요한 것은 안전이었다. 이오니아에 온 그리스인들에게 가장 안전한 곳은 어딜까? 바로 해안이다. 그리스인은 원래부터 바다에 익숙했을 뿐 아니라 무슨 사태라도 벌어지면 언제든지 배를 타고 도피해야 했으므로 해안에 근거지를 잡았다.

그렇다고 해서 마냥 피난 살림으로 살아갈 수는 없었다. 그래서 그들은 근거지 주변에 튼튼한 성벽을 쌓기 시작했는데, 이것이 폴리스의 기원이다. 밀레투스와 에페소스 같은 도시들이 이 무렵에 건설된 이오니아의 그리스 식민시들인데, 특히 밀레투스는 예전부터 있던 도시였으나 그리스인의 이주로 활발한 해상무역 기지가 되었다(최초의 그리스 철학자로 불리는 탈레스가 바로 밀레투스 사람이다).

한편 아티카로 모여든 그리스 본토인들은 사정이 달랐다. 도리스인들은 펠로폰네소스에 안주했으니, 그리스인들로서는 비록 안방을 내준 격이기는 해도 일단 큰 충돌의 위험은 넘긴 셈이었다(그러나 이러한 민족 간의 갈등은 나중에 스파르타와 아테네의 갈등으로 나타난다). 해외로 떠난 사람들처럼 남아 있는 사람들도 역시 폴리스를 건설했다. 하지만 배경이 다른 만큼 이오니아식 '요새형' 폴리스와는 다를 수밖에 없었다. 물론 본토의 폴리스에도 성벽이 있었으나 그것은 방어의 역할보다는 주로 경계선의 역할이었다. 폴리스의 한가운데에 있는 아크로폴리스(광장)와 아고라(시장)는 정치·행정·여론의 중심지로 기능했다. 아테네와 코린토스, 테베, 아르고스 등이 그리스 본토의 대표적인 폴리스들이다(그리스 본토의 폴리스는 200여 개였고, 이오니아를 포함해 지중해 전역의 폴리스들을 모두 합하면 1000개가 넘었다).

본토의 폴리스들은 미케네 전통의 영향을 크게 받았다. 미케네의 고대적 봉건제를 바탕으로 성장한 귀족 세력이 토지 확장에 나선 탓에 이미 암흑시대 후반기쯤 되면 그리스에서는 토지의 사유화가 상당히 이루어졌다. 따라서 대토지를 소유한 지주들의 힘이 커질 것은 당연한데, 이들이 바로 폴리스를 이루는 주축이 되었다. 그러므로 폴리스의 시민이란 그냥 주민들이 아니라 귀족들을 가리키는 말이었다. 노예는 물론이고 일반 평민들도 폴리스의 시민이라는 자격을 가질 수는 없었다. 이렇게 폴리스는 처음부터 귀족정치 체제로 출범했다.

그리스의 폴리스들 그리스는 동쪽에서 생겨난 문명의 씨앗을 받아 뿌리로 키우기에 용이한 위치에 있었다. 그리고 그리스에는 지형적 중심지가 없었다. 이 두 가지 지리적인 요인 때문에 그리스에는 오리엔트 문명을 계승하고 발전시킨 폴리스들이 탄생하게 된다.

폴리스에도 왕은 존재했지만 왕권은 보잘것없었다(아테네에도 왕은 있었으나 점차 권력이 약해져 나중에는 종교적 지도자의 역할에 불과했다. 왕권이 비교적 강력하게 남아 있던 곳은 그리스적 전통에서 이탈한 스파르타뿐이었다).* 더구나 미케네 시대의 공동체적 성격마저 사라졌으므로 귀족들은 마음대로 토지를 겸병했으며, 토지를 많이 가진 자가 정치적 발언권도 컸다. 귀족들은 전차와 말 등 무기를 소유하고 마음대로 사병들을 거느려 자기 땅에서는 군주나 다름없는 존재였다.

묘한 일은 귀족들이 지배하는 폴리스들 간의 다툼이 있을 법도 한데, 그러지 않았다는 점이다. 오히려 그리스의 귀족들은 서로 뭉쳐 집단 방위 체제를 구성했다. 비슷한 시기에 해당하는 중국의 춘추전국시대(기원전 8세기~기원전 3세기)에 제후국들 간에 치열한 다툼이 벌어졌던 것과 비교하면 큰 차이다(춘추전국시대의 제후국들도 국경선의 개념보다는 도시와 성곽 중심의 국가였으니 체제상으로는 그리스의 폴리스나 별로 다를 바 없었다).

수많은 도시국가로 분립한 비슷한 상황이었는데도 고대 그리스와 고대 중국이 차이를 보인 이유는 중심의 유무로 설명할 수 있다. 중국의 경우에는 이미 천자 사상이 확립되었고 주나라의 왕실이라는 권위의 중심이 있었다.●● 따라서 중국의 분열 시대는 수백 년에 달했어도 결국은 통일을 지향하는 것이었다. 그 반면 그리스의 폴리스들은 애초부터 중심이 없었기에 통일을 지향하지 않았던 것이다(물론 여기에는 지리적 중심의 유무도 관계가 있다). 서양에서 중앙집권 체제가 첫선을 보이는 것은 로마 제국이지만, 로마 역시 중국만큼 중심이 강력한 체제는 아니었다.

● 원래 왕권과 귀족 세력은 항상 대립하게 마련이다. 흔히 고대 그리스가 민주주의를 취했다고 말하지만 실은 귀족이 지배하는 과두정에 가까웠다. 국민주권의 관념이 없는 고대 민주주의는 진보적인 체제이기는커녕 오히려 왕정보다 후진적인 체제다. 그리스 이후에 고대적 왕정인 로마 제국이 성립하는 것은 그 때문이다. 이후 서양의 역사는 중세의 분권 시대를 거쳐 근대의 절대왕정으로 업그레이드되었다가 근대 민주주의로 넘어간다. 인류 역사에서 왕정, 귀족정(과두정), 민주정 이외의 정치제도는 출현한적이 없다. 그래서 아리스토텔레스에서부터 루소와 헤겔에 이르기까지 서양의 정치사 상가들은 모두 그 세 가지 정치제도를 원형으로 삼았다.

●● 주나라를 받드는 정치 이념은 유학으로 체계화되어 이후 20세기 초반에까지 이르는 오랜 제국사의 정신적 지주가 되었다. 중국의 역대 왕조들, 특히 한족 왕조들은 저마다 주나라의 계승을 이데올로기로 내걸었으며, 서양의 세력이 밀려오는 근대까지도 존주양이(尊周洋夷: 주나라를 받들고 서양 오랑캐를 배척한다)를 구호로 내걸었다.

폴리스의 형질 변경

그리스 폴리스들 간의 관계가 마냥 목가적이기만 했던 것은 아니다(투키디데스는 기원전 8세기~기원전 7세기에 코린토스와 케르키라, 칼키스와 에레트리아 간에 전쟁이 있었던 사실을 기록하고 있다). 그러나 중국의 '폴리스'와 달리 그리스의 폴리스들은 정치적인 문제보다 경제적인 문제로 다투었다. 폴리스에 중요한 것은 영토 확장보다 무역의 독점이었다.

그래서 경제생활의 변화는 곧장 폴리스 체제의 변화로 이어질 수밖에 없었다. 귀족들이 장악한 초기의 폴리스 체제는 애초부터 그리스의 '체질'에 맞지 않았다. 그리스는 농경에 의존하는 지역이 아니라 무역을 해야만 생존할 수 있는 곳이었기 때문이다. 귀족들이 소유한 토지에서는 농경과 목축이 어느 정도 발달했으나 이내 그리스 경제는 무역 지향적으로 궤도를 선회했다.

여기에 큰 자극을 준 것이 이오니아의 그리스 식민시들이었다. 처음부터 해상무역에만 집중한 이 식민시들은 지중해 동부의 무역을 장악한 것에 만족하지 않고 서쪽으로 진출해 지중해 전역을 무대로 무역 활동을 활발히 전개했다. 그들은 지중해 한가운데에 위치한 이탈리아 반도는 물론 더 서쪽의 갈리아(지금의 프랑스)와 에스파냐까지 진출했다.● 이 과정에서 이오니아 식민시가 건설한 다른 식민시들이 생겨났는데, 현재 프랑스의 마르세유(마실리아), 이탈리아의 나폴리(네아폴리스), 터키의 이스탄불(비잔티움) 등이 바로 그 무렵에 식민시

● 지브롤터 해협에까지 이른 이들은 이 해협의 아프리카 쪽에 있는 바위산을 '헤라클레스의 기둥'이라고 불렀다. 지금과 같은 지브롤터라는 이름은 8세기 초반 이슬람이 에스파냐를 정복했을 때 생겼다. 당시 이슬람군의 지휘관인 타리크가 교두보로 삼았던 이베리아 반도 남단의 조그만 산은 그의 이름을 따서 자발 알 타리크('타리크의 언덕')라고 불렸는데, 이 말에서 지브롤터라는 지명이 나왔다.

로 출발한 도시들이다. 1차 식민시(이오니아의 폴리스)와 2차 식민시(지중해 중서부의 폴리스) 들은 말이 식민시였을 뿐 실제로는 모시 母市로부터 정치적·경제적 간섭을 받지 않는 독립체였다.**

또한 그 무렵에는 문자, 종교와 더불어 오리엔트가 유럽에 준 마지막 선물인 화폐가 그리스에 전해졌다. 오리엔트에서는 이미 오래전부터 화폐를 사용해왔는데, 이것이 리디아를 통해 그리스에 전해진 것이다. 오리엔트에서는 일찍부터 세금과 공납을 화폐로 받는 제도가 있었으나 화폐가 제 구실을 하게 된 것은 오리엔트보다 그리스에서였다. 넓은 지중해 세계에 걸친 무역 활동을 위해서는 화폐가 필수적이었던 것이다.

이런 경제적 변화는 그리스의 폴리스 체제에도 결정적인 영향을 미쳤다. 우선 그리스 내의 산업 구조가 크게 변했다. 예전에는 주로 소비를 위한 것이었던 농업과 수공업의 생산이 이제 '시장을 위한 생산'으로 바뀌었다. '수출 입국' 정책에 힘입어 그리스의 주요 농산물이었던 포도와 올리브도 수출용 생산 시스템으로 재편되었다. 대규모 과수 재배를 통해 포도와 올리브를 대량으로 생산하고 포도주와 올리브유로 가공해 해외로 수출

그리스의 수출품 그리스 땅에 이 흑투성이의 못생긴 올리브 나무가 아니라 날씬하고 매끈한 밀이나 쌀이 자랐다면 그리스 문명은 없었을 것이다. 곡식을 재배할 만한 토지와 토질의 조건을 갖추지 못한 탓에 그리스인들은 일찍부터 포도와 올리브유를 가지고 지중해 무역에 나서서 경제적 번영을 누렸으며, 정치적으로는 강력한 왕권이 성장하지 못하고 그리스 민주정이 발달할 수 있었다.

** '식민'이라는 말도 동서양의 역사에서 다른 의미를 가진다. 특히 일제 강점기를 겪은 우리의 경우 식민이라고 하면 정치적 지배를 연상하지만, 근대 제국주의 시대에 그런 의미를 가지게 된 것일 뿐 원래 식민은 단순히 사람들이 '이주'를 뜻하는 개념이다. 한자어 植民도 그렇고 영어의 colony도 그렇다. 식민이 예속의 의미라면 지금 독일의 쾰른은 도시 명칭을 바꾸어야 할 것이다. 고대에 로마의 식민시로 탄생한 쾰른은 식민지를 뜻하는 라틴어 콜로니아에서 나왔으니까.

지중해 경제권　화폐는 문자, 종교와 더불어 문명의 씨앗(오리엔트)이 뿌리(그리스)에 준 커다란 선물이었다. 사진은 지중해의 그리스 식민시들이 만들어 사용한 화폐들이다. 당시 화폐의 도안은 주로 앞면에는 지배자의 얼굴을 새겼고, 뒷면에는 화폐의 가치를 동물의 수로 나타냈다.

한 것이다. 또한 그리스 특산품인 도자기와 무기도 수출을 겨냥해 대량 생산이 이루어졌다. 기록에 따르면, 아테네의 어느 방패 제조업자는 수백 명의 일꾼과 노예를 투입해 전문적 생산을 했다고 한다. 이렇듯 농업과 수공업을 비롯한 산업 생산 시스템이 재편됨에 따라 조선업과 직물업, 금속 세공업 등의 연관 산업들도 크게 발달했다.

이제 폴리스는 예전과 같은 체제로는 유지되기 어려워졌다. 대토지를 소유한 귀족들이 떵떵거리던 시절은 지났다. 기원전 7세기의 그리스에는 2000년 뒤에나 봄직한 '자본주의'의 물결이 소용돌이치고 있었다.● 이러한 상황 변화는 곧 폴리스의 형질 변경을 가져왔다. 그리고 그것을 주도한 세력은 바로 평민들이었다.

● 만약 당시에 '자본주의 정신'이 존재했더라면 자본주의는 고대 그리스에서 시작되었을지도 모른다. 20세기 독일의 사회학자 막스 베버(Max Weber)는 《프로테스탄트 윤리와 자본주의 정신(Die protestantische Ethik und der Geist des Kapitalismus)》에서 이렇게 말하고 있다. "'자본주의'는 중국, 인도, 바빌론, 그리고 (유럽의 경우에도) 고대와 중세에 이미 존재했다. 그러나 이 자본주의에는 근대 자본주의에서와 같은 독특한 에토스가 결여되어 있다." 하지만 근대 자본주의의 에토스, 즉 자본주의적 합리성도 역시 역사의 산물이므로 고대 그리스에서 찾을 수는 없을 것이다.

실패한 개혁은 독재를 부른다

귀족의 전성시대는 끝났다. 아직도 그리스에서 가장 힘센 세력을 꼽으라면 단연 귀족이겠지만, 이제는 그들도 과거처럼 토지를 소유하는 것만으로 정치권력도 함께 보장받기는 어려워졌다. 구태의연한 귀족은 몰락하고 변화하는 시대에 맞추어 시대적 감각에 눈뜬 귀족만이 살아남고 번영할 수 있었다. 그럼 '새 시대의 귀족'은 어떻게 했을까? 다른 폴리스들에 비해 그 역사가 상세히 전해지는 아테네의 상황에서 당시의 급변하는 정세를 엿볼 수 있다.

아테네의 귀족들은 우선 전통적인 정치 체제를 그대로 유지하면서 새로이 강력한 세력으로 등장한 평민들의 이해관계를 수용하기로 했다. 전통적인 귀족정치는 과두정, 즉 집단 지배 체제였다. 의사 결정 기관은 아레오파고스areopagos('아레스의 언덕'이라는 뜻인데 회의를 여기서 열었으므로 이런 이름이 붙었다)라는 귀족 회의체였으며, 행정의 총책임자는 귀족들이 돌아가며 맡는 집정관archon이었다. 집정관은 행정·군사·종교·재판 등의 분야별로 모두 아홉 명이 선임되었고, 임기는 1년이었다.

그때까지 귀족들은 이 전통적 정치제도를 이용해 모든 일을 자기들끼리 알아서 처리했다. 그러나 이제 평민들의 새로운 요구가 등장한 만큼 더 이상은 그런 방식이 불가능해졌다. 무엇보다 가장 필요한 것은 바로 명문화된 법전이었다. 평민들은 자신들의 운명이 걸린 사안을 귀족들의 자의적인 결정에 맡겨두기를 원치 않던 것이다. 그 요구에 굴복해 귀족들은 법전을 만들었는데, 이것이 그리스 최초의 성문법으로 알려진 드라콘의 법전이다. 이 법전은 기원전 621년 드라콘이라는 사람(그는 전설에 전하는 인물로, 집정관이었는지는 확실치 않으나 귀족이었을 것이다)이 당시까지 전해오던 관습법을 집대성해 만들었다. 그러나 이 법전은 사태를 개선하기는커녕 더욱 악화시키게 된다.

드라콘의 법전은 아고라에 공시되어 그전까지 이루어지던 귀족들의 주먹구구식 판결을 금지하는 데는 크게 기여했다(이 점이 평민들의 요구를 수용한 부분이다). 하지만 문제는 지독한 악법이었다는 점이다. 무엇보다도 지나친 중벌주의를 채택하고 있었다. 돈을 빌려간 사람이 제때 갚지 못하면 노예가 된다는 조항은 고대 세계에 흔한 징벌이었지만, 남의 물건을 훔치면 사형에 처한다는 조항은 너무 가혹했다. 심지어 일하지 않고 게으름을 피워도 사형에 처해졌다. 후대의 역사가인 플루타르코스Plutarchos(46년경~120년경)는 드라콘의 법전을 '잉크가 아니라 피로 쓴 것'이라고 평했을 정도다.

이런 문제점을 개선한 사람은 솔론Solon(기원전 640년경~기원전 560년경)이다. 그는 젊은 시절부터 이집트와 페르시아 등 오리엔트 세계를 두루 여행했고, 많은 사람의 폭넓은 존경을 받았다. 이런 경력을 바탕으로 그는 기원전 594년에 집정관이 되어 개혁에 관한 전권을 위임받았다. 그가 당면한 가장 큰 과제는 노예가 양산될 수밖에 없는 사회제도를 개선하는 일이었다.

드라콘의 법전에서 보듯이, 그리스에서는 빚을 갚지 못하면 노예가 되는 게 관습이었다. 토지의 사유화가 진행되면서 가난한 농민들은 자기 몸을 담보로 빚을 얻어 썼다. 그런 혹독한 조건의 빚을 쓸 정도라면 사실상 그 빚을 갚을 능력이 거의 없는 게 당연하다. 그래서 농민들은 걸핏하면 지주의 노예가 되었고, 심지어 해외에 노예로 팔려 나가는 일도 적지 않았다. 이런 현상을 방지하

아크로폴리스 아고라가 사람들의 법이 공시된 곳이라면, 아크로폴리스는 신들의 법이 관철되는 곳이었다. 아크로폴리스에는 신전이 있었기 때문이다. 사진은 기원전 2세기 무렵 아테네의 아크로 폴리스인데, 주변 지대보다 100미터가량 높은 언덕에 있다. 오른편 높은 곳에 있는 건물은 아테나 여신을 모신 유명한 파르테논 신전이다.

는 유일한 조치는 부채 탕감밖에 없었다. 솔론은 일단 공적 채무와 사적 채무를 모두 말소시켜 노예가 계속 늘어나는 현상을 막았다.

채무 노예의 증가가 가장 시급한 문제였다면, 평민층의 요구를 수용하는 것은 가장 중요한 문제였다. 이에 대한 해결책도 하나밖에 없었다. 평민들에게 정치 참여를 보장하는 것이었다. 아레오파고스나 집정관을 선출하는 일은 귀족만이 참여할 수 있었다. 한마디로, 종전까지 그리스의 정치는 무엇보다 신분을 우선시했다. 여기에 평민을 참여시키려면 어떻게 해야 할까? 국정이라는 중대사에 아무나 끼워줄 수는 없는 일이다. 어떻게든 정치에 참여할 수 있는 자격을 제한하는 기준이 필요한데, 솔론이 찾아낸 기준은 바로 재산이었다. 그는 시민들을 재산 소유에 따라 지주(대귀족), 기사(중소 귀족), 농민, 노동자의 네 계층으로 나누고, 이 구분에 따라 정치 참여의 자격을 부여했다.●

귀족정치의 골간을 잃지 않으면서 평민들의 요구를 수용한 솔론의 개혁 조치는 시의적절하고 절묘한 타협책이었다. 그래서 솔론은 '조정자'라는 영예로운 별명을 얻었고, 그리스 민주주의의 초석을 놓은 인물로 평가받는다. 그러나 문제는 그 조치들이 과연 제대로 기능할 것이냐에 있었다.

솔론의 개혁은 기본적으로 중도적인 성격이었다. 전통적인 귀족들을 어르면서 떠오르는 평민층을 달랜다. 잘되면 일석이조가 될 수 있지만 잘못되면 양쪽에서 뺨을 얻어맞을 가능성이 있다. 실제의 결과는 후자였다. 솔론의 개혁은 불과 한 세대를 가지 못하고 좌초했다. 귀족도, 평민도 그 개혁에 만족하지 않았던 것이다. 막 생겨난 민주정치의 싹은 피어나지도 못하고 시들 판이었다.

아테네의 귀족들은 다시 고민에 빠졌다. 어차피 예전과 같은 귀족정치가 불가능해졌다면 다른 방식을 찾아야 한다. 그러자 일부 귀족들은 평민 세력과 손을 잡고 권력 구도를 다시 짜기 시작했다. 그렇게 평민들의 힘을 등에 업고 권력에 복귀한 귀족들은 공교롭게도 수백 년 전에 사라진 왕정을 부활시켰다. 그러나 그동안 실권은 잃었어도 왕 자체가 없었던 것은 아니므로 지배자를 왕으로 칭할 수는 없다. 그래서 귀족들은 새로 권좌에 등장한 '사실상의 왕'을 참주僭主(tyrannos)●●라는 이름으로 불렀다. 이리하여 아테네는 참주정치tyranny의 시대로 접어들었다(아테네의 참주정치는 불과 50년 만에 끝나지만 그리스 전체로 보면 기원전 1세기 무렵까지 참주정치가 지속되었다).

기원전 565년 아테네는 이웃 폴리스인 메가라와 최초의 대외 전쟁을 벌여 승리를 거두었다. 여기서 전공을 세워 명성을 쌓은 페이시스트라토스Peisistratos(기원전 600년경~기원전 527)는 4년 뒤 평민의 지지와 군대의 무력을 기반으로 참주에 올랐다. 그는 솔론의 친척이기도 했지만 갓 잡은 권력을 유지하기 위해서라도 숙제로 남아 있던 개혁을 계속 추진해야 했다. 우선 그는 자신의 집권에 반대하는 귀족들을 추방하고 그들의 토지를 가난한 농민들에게 분배했다. 권력 강화와 빈농 문제를 한꺼번에 해결했으니 꿩 먹고 알 먹기인 셈이다. 또한 그는 농민들에 대한 세금을 생산물의 10분의 1로 줄이고 평민들의 생활 기반인 상공업을 장려했다. 특히 그는 트라키아의 은광을 접수하고 흑해 방면의 무역로를 장악하는 등 대외적인 면에서도 큰 업적을 쌓았다. 아테네가 그리스의 핵심 세력으로 성장한 데는 그의 공로가 컸다.

사실 페이시스트라토스의 노선이 일관되게 유지되었더라면 이후 아테네와 그리스는 당시 오리엔트나 중국의 역사처럼 평범한 군주국의 역사로 전개되었을지도 모른다. 그러나

귀족들의 도장 아테네는 귀족의 전통이 비교적 약한 편이었지만, 평민들이 성장하면서 귀족들은 평민을 등에 업지 않으면 지위와 권력을 유지하기 어려운 형편이 되었다. 사진은 그리스 귀족들이 사용한 도장들이다. 모두 동물의 그림이 조각되어 있는 게 특징이다.

●● 참주라는 말에서 tyranny(전제정치), tyrant(독재자)라는 말이 나왔지만, 처음에는 부정적인 의미가 아니었다. 참주란 주인, 주군을 뜻하는 리디아어에서 나온 말로서, 비합법적인 수단을 통해 임의 된 지를 가리킬 뿐 압제를 일삼는 독재자라는 의미가 없었다. 초기의 참주들은 오히려 종래의 세습 군주들보다 선정을 베풀었으며, 폴리스의 국력을 강화하는 데 공헌했다. 이 말이 부정적인 색채를 가지게 되는 것은 좀 더 후대인 기원전 5세기부터다.

● 사실 그리스가 오리엔트나 중국처럼 문명의 중심지였다면 귀족 연합 정권이 그토록 오래갈 수도 없었을 것이다. 고대에는 귀족정치보다는 왕정이 더 발달한 정치 체제였다. 그런 점에서 보면 그리스의 민주주의는 그리스가 오히려 (오리엔트에 비해) 문명의 후진 지역이었기에 가능한 것이라고 할 수 있다. 그러므로 고대 그리스의 민주주의를 마치 동 시대의 다른 세계에 비해 앞선 것처럼 지나치게 미화하는 것은 잘못이다.

귀족들의 집단 지배 체제에 익숙해져 있던 아테네의 귀족과 시민 들은 단일 군주의 권력을 용인하려 들지 않았다.● 그래도 당대의 영웅이었던 페이시스트라토스 때는 그런대로 참고 지냈으나 그의 아들인 히피아스Hippias(기원전 560년경~기원전 490)가 참주 자리를 세습하자 귀족들은 입이 잔뜩 부었다. 왕정도 불만인데 왕위 세습까지 이루어졌으니 그들의 심정을 이해하지 못할 바는 아니었다.

이런 악조건에서도 히피아스는 집권 초반에 아버지의 개혁을 계승하고 귀족들과의 관계도 비교적 잘 유지했다. 그러나 기원전 514년 동생인 히파르코스가 귀족들의 손에 암살되는 것을 계기로 그는 폭군으로 돌변했다. 그의 탄압을 피해 달아난 귀족들이 스파르타의 왕 클레오메네스Kleomenes(?~기원전 490)를 끌어들여 스파르타군이 아테네를 공격하는 사태가 벌어졌다. 결국 히피아스는 실각했으나 이 사건은 나중에 그리스 세계 전체의 엄청난 위기를 초래하게 된다.

그리스의 이질적인 요소

스파르타가 아테네 사태에 개입함으로써 그리스 국제사회는 새로운 국면을 맞았다. 물론 그 이전에도 스파르타가 다른 폴리스들과 교류하지 않은 것은 아니었으나 이 사건으로 스파르타는 도리스인이 펠로폰네소스 반도에 자리 잡은 이래 최초로 국제 무대에 등장한 셈이다. 하지만 그리스 전체로 볼 때 더 중요한 사실은 아카이아 전통의 그리스에 처음으로 이질적인 요소가 섞이게 되었다는 점이다. 스파르타는 어떤 점에서 이질적이었을까?

스파르타는 스파르타 교육이라는 말로 잘 알려져 있지만, 원래 공식 명칭은 라케다이몬Lacedaemon이다. 라케다이몬이란 신화 속의 인물인데, 제우스의 아들로 태어나 에우로타스의 딸 스파르테와 결혼해 그 왕위를 계승했다고 한다. 스파르타라는 이름은 스파르테에서 나온 것이니, 결국 남편의 이름은 공식 국호가 되고 아내의 이름은 별칭이 된 셈이다.**

지금도 고대 그리스의 폴리스라면 맨 먼저 떠오르는 나라는 아테네와 스파르타다. 그렇듯이 두 나라는 서로 다른 성격을 지니면서 그리스의 역사를 이끌어간 양대 축이었다. 단적으로 비교해 아테네는 아티카의 중심으로서 민주정치를 꽃피웠던 반면, 스파르타는 펠로폰네소스 반도의 맹주로서 군국주의를 기반으로 발달한 나라였다. 스파르타에 군국주의 전통이 생겨난 데는 그럴 만한 이유가 있다.

도리스인이 남하한 직후 그리스의 가장 큰 문제는 인구 과잉이었다. 사실 인구 과잉은 이미 미케네 시대부터 문제가 되었으며, 그리스인들이 일찍부터 해상 진출과 해외 식민을 시도하게 된 원인이기도 했다. 그런 형편에 북쪽에서 도리스인들까지 왔으니 이 문제를 어떻게든 해결하지 않으면 그리스 전체의 생존이 불가능한 상황이었다. 전통적

** 헤로도토스는 자신의 저서인 《역사》에서 스파르타라는 이름을 썼지만, 그다음 세대 인물인 투키디데스는 《펠로폰네소스 전쟁사》에서 스파르타를 라케다이몬이라고 불렀다. 이는 《역사》보다 《펠로폰네소스 전쟁사》가 더 공식적인 역사였음을 보여주는 한 예다(사실 투키디데스의 책도 원래 제목은 그냥 《역사》였으나 후대의 학자들이 두 책을 구분하기 위해 나중에 나온 투키디데스의 책에 《펠로폰네소스 전쟁사》라는 이름을 붙인 것이다). 실제로 《역사》는 기행문이나 박물지 같은 책인 데 비해 《펠로폰네소스 전쟁사》는 훨씬 더 엄정한 역사 서술을 보여준다.

그리스의 이질적 요소　스파르타는 처음부터 주변 민족들을 정복하면서 이루어진 군사 국가였다. 아테네가 그리스의 맹주로 군림하는 동안 스파르타는 펠로폰네소스 반도를 장악하면서 아테네에 도전장을 내밀 만큼 성장한다. 사진은 스파르타의 유적인데, 군사 국가이기 때문인지 아테네에 비해 훨씬 단조로움이 느껴진다.

인 해결책은 해외 식민을 더욱 활성화하는 것이다. 이를테면 코린토스와 칼키스 같은 나라들이 그런 방책을 구사했다. 새로운 해결책은 아테네처럼 무역을 활성화시켜 수출을 늘리는 방법이다. 그때문에 앞서 본 것처럼 아테네에서는 평민층이 성장하는 새로운 사회문제가 발생했다. 둘 다 부작용이 없는 말끔한 해법은 아니다.

　이 인구 과잉 문제에 대해 스파르타는 제3의 해결책을 제시한다. 이웃 나라들을 정복하는 것이다. 힘만 있다면 가장 단순하고 쉬운 방법인데, 무력에서는 남에게 뒤지지 않았던 스파르타는 이 방법으로 꽤 재미를 보았다. 기원전 8세기~기원전 7세기에 스파르타는 두 차례의 메세니아 전쟁을 일으켜 펠로폰네소스 반도를 완전히 장악했다(스파르타는 반도 남동부인 라코니아에 자리 잡고 있었으므로 남서부인 메세니아를 정복함으로써 반도 통일을 이룬 것이다. 그리스의 지도를 보면 쉽게 알 수 있듯이, 고대에 도리스인들은 그리스 본토와 연결된 펠로폰네소스 반도의 동부에 먼저 정착했다).

하지만 이 방법에도 문제는 있었다. 원래 라코니아를 정복할 때부터 스파르타는 피정복민을 두 가지로 구분했다. 비교적 저항이 심하지 않고 스파르타의 지배를 순순히 받아들인 사람들을 페리오이코이라고 불렀고, 끝까지 저항한 골수 반대파를 헤일로타이라고 불렀다. 페리오이코이에게는 참정권을 허용하지 않은 것을 제외하고는 별다른 불이익을 주지 않았지만, 헤일로타이에게는 그 정도에 그칠 수 없었다. 그들은 복종을 거부했을 뿐 아니라 아카이아인이 대부분이었으므로 도리스인인 스파르타와 민족적으로도 달랐던 것이다. 따라서 스파르타는 헤일로타이를 철저히 억압하는 정책을 취했다. 헤일로타이는 스파르타의 지주들에게 수확량의 절반을 세금으로 내야 했으며, 주거지도 제한되어 마음대로 이주할 수도 없었다. 심지어 스파르타는 헤일로타이를 엄중히 감시하는 데 그치지 않고 매년 헤일로타이의 힘센 젊은이를 밤에 몰래 살해하는 관습을 제도화하기까지 했다.

소수가 다수를 지배하고 감시하려면 온 국민이 사방을 경계하는 방법밖에 없다. 따라서 스파르타의 군국주의화는 필연적이었다.

아테네에 드라콘이 있었듯이, 스파르타에도 전설적인 입법자인 리쿠르고스Lycurgos가 있었다. 기원전 9세기에 그는 군국주의를 아예 전 국민의 생활로 만들었다. "허약한 어린이는 버린다. 모든 남자는 7~30세까지 집단생활을 한다. 개인의 이해관계보다 국가의 이익을 우선시한다." 이런 스파르타 특유의 기풍은 리쿠르고스가 만들었다고 전한다(심지어 우수한 남성은 우수한 유부녀를 그녀의 남편

● 스파르타의 왕은 대개 두 명이었는데, 오리엔트의 전제군주에 비할 바는 아니었으나 상당한 실권을 가지고 있었다. 헤로도토스는 스파르타에 관해 이렇게 기록하고 있다. "왕은 원하기만 하면 어떠한 나라에 대해서도 전쟁을 일으킬 수 있으며, 스파르타 시민은 누구도 이것을 방해할 수 없다. 만약 이것을 어기면 부정한 자로 낙인찍혀 국외로 추방된다."

과 공유할 수 있다는 제도도 있었다). 아테네에서 실패한 왕정(참주정치)이 스파르타에서 지속될 수 있었던 이유는 그런 전통에 있었다.●

메세니아 전쟁 이후 헤일로타이의 수가 급증해 스파르타 시민보다 훨씬 많아지자 군국주의는 더욱 강화되었다. 당연하지만 그 결과로 스파르타는 막강한 군대를 거느리게 되었다. 기원전 8세기에 등장한 중장보병hoplites은 바로 스파르타를 대표하는 육군이었으며, 이를 바탕으로 한 밀집대형 전술은 그리스 군대의 대표적인 전술로 발달했다. 기원전 5세기에 이 밀집대형 전술은 동방의 강국 페르시아의 위협에서 그리스를 구해내는 결정적인 역할을 하게 된다.

7장

전란의 시대

최초로 맞붙은 동양과 서양

페르시아가 안정을 찾고 명실상부한 세계 제국을 이루자 다리우스의 마음은 다시 서방으로 향했다. 동쪽으로 인도, 남쪽으로 이집트와 리비아를 정복했으니 이제 남은 건 서쪽뿐이다. 인도 내륙은 오지여서 정복의 대상이 아니었다(한편, 다리우스는 북방의 스키타이와 싸워 곤욕을 치른 바 있다. 하지만 이들을 북쪽으로 몰아내 이후 침략을 줄이는 데는 일조했다). 물론 다리우스가 인도에서 동쪽으로 더 멀리 가면 동북아시아 지역에 또 하나의 강력한 문명이 성장하고 있다는 사실까지 알 수는 없었다. 그러므로 서방의 지중해 세계만 정복하면 다리우스는 '천하 통일'을 이루는 셈이었다.

사실 다리우스는 그리스까지 정복할 마음은 별로 없었고 이오니아에만 관심이 있었을 뿐이다. 페르시아는 일찍이 키루스 시대

111

7장 전란의 시대

에 리디아와 이오니아를 정복한 적이 있었다. 하지만 그 뒤 이오니아의 폴리스들은 하나둘씩 페르시아의 지배에서 이탈했고, 이제 페르시아는 이오니아에 영향력을 행사하는 수준일 뿐 지배하는 입장은 아니었다. 페니키아는 페르시아의 세력권 안에 들었으므로(페니키아는 해군이 약한 페르시아의 해군 노릇을 자임하고 있었다) 이오니아만 정복하면 지중해 세계를 독차지할 수 있었다. 지중해 무역의 독점은 저절로 얻어지는 부수입이 될 터였다.

때마침 이오니아는 폴리스들끼리 반목하고 있었으므로 정복하기에 어려움도 없었다. 그리스 본토의 폴리스들이 서로 긴밀한 관계를 맺었던 데 반해 이오니아에서는 폴리스들 간의 다툼이 경쟁을 넘어 극한적인 대립까지 빚어내고 있었다. 원래부터 이오니아의 폴리스는 성곽도시의 한계를 넘을 수 없었던 탓이기도 하지만, 본토의 폴리스와 달리 한 번 들어선 참주정치가 근절되지 않고 지속되었던 탓이기도 하다(이오니아의 폴리스는 섬이나 해안에 위치해 지역적으로 고립되었으므로 아무래도 민주정보다는 왕정이 발달할 수밖에 없었다. 사모스나 밀레투스가 그런 예다).

분열된 이오니아를 노려보면서 다리우스는 새 수도인 파르사를 건설하기 시작했다. 엘람의 전통적 수도였던 수사는 세계 제국의 중심지가 될 수 없다는 판단이었으니, 새 수도 건설은 명백히 정복 사업의 일환이다. 파르사가 완공된 것은 다음 황제인 크세르크세스Xerxes(재위 기원전 486~기원전 465) 때지만 다리우스는 이미 서방 정복을 염두에 두고 있었다. 파르사는 나중에 그리스인들에 의해 페르세폴리스라고 불리면서 페르시아의 공식 수도가 된다(하지만 행정의 중심지는 예전처럼 수사였다).

물론 다리우스는 이오니아를 무력으로 정복할 수도 있었다. 그

천하 통일을 위해　페르시아의 다리우스 1세가 측근 참모들과 그리스 정벌을 위한 작전 회의를 하고 있다. 당시 다리우스는 인도에서 그리스까지가 세계의 전부인 줄 알고 있었으므로, 말하자면 천하 통일을 위한 회의인 셈이다. 그러나 다리우스는 끝내 천하 통일을 보지 못했고, 서쪽으로 옮겨가는 문명을 붙잡지도 못했다.

러나 싸우지 않고 이기는 것을 병법의 최고로 치는 것은 중국의 동시대인인 손자孫子만의 전매특허가 아니었다. 참주의 지배를 받는 이오니아의 폴리스들은 정정이 매우 불안했다. 참주에 반대하는 세력들은 그리스 본토의 폴리스들, 나아가 페르시아와도 서슴없이 결탁했다. 당시 이오니아인들은 그리스인을 동족으로 여기고 페르시아인을 '이민족'으로 여길 만큼 어느 정도 민족의식을 가지고 있었지만, 그렇다고 해서 목전의 이익을 포기하지는 않았다. 대외 정복과 대내 치적에서 뛰어난 업적을 선보인 다리우스는 책략에도 매우 능했다. 그는 이오니아 폴리스들의 국내 정치 관계를 교묘히 이용해 그들을 하나씩 페르시아 편으로 끌어들였다.

페르시아의 은근한 침략에 견디다 못한 이오니아인들은 이윽고 기원전 499년에 반기를 들었다. 하지만 그것은 다리우스가 바라던 바였다. 게다가 이오니아의 폴리스들은 다리우스의 침략 의도를 알고 있음에도 불구하고 여전히 각자의 이해관계에 묶여 한몸처럼 대응하지 못했다. 다리우스는 반란의 핵심이 밀레투스라는 것을 알고 있었다. 기원전 494년 그는 출동 명령을 내렸다. 머리를 제거하면 아무리 기다란 뱀도 죽는다. 동부 지중해 연안에 길게 뻗어 있는 이오니아 폴리스들의 머리는 바로 밀레투스였고, 페르시아의 목표도 바로 그곳이었다.

세계 제국답게 페르시아군의 구성은 말 그대로 다국적군이었다. 해군은 페니키아가 주력이었고, 육군은 페르시아 본대가 맡았다. 여기에 키프로스와 이집트까지 합세해 무려 600척의 함대가 밀레투스로 진격했다. 이오니아는 밀레투스를 주축으로 사모스, 키오스, 레스보스 등 수십 개의 폴리스들이 공동으로 353척의 함대를 구축해 맞섰다. 유사 이래 최초로 동양과 서양이 정면 대결을 펼치게 된 것이다.

페르시아는 전력에서도 우위에 있었지만 사기에서는 훨씬 더 앞섰다. 이오니아 폴리스들은 대전투를 눈앞에 둔 상황에서도 여전히 반목을 일삼았고, 심지어 대열에서 이탈하는 함선도 있었다. 예상한 대로 해전에서 페르시아는 압승을 거두었다. 페르시아는 고삐를 늦추지 않고 곧장 밀레투스를 바다와 육지 양면에서 포위했다. 성벽이 부서지면서 밀레투스는 함락되었다. 600여 년의 역사에다 흑해에서 지중해 중부까지 수많은 식민시를 거느렸고 철학사에 밀레투스학파라는 굵은 족적을 남긴 폴리스 밀레투스는 폐허로 변했고, 모든 시민은 페르시아의 노예가 되었다.

최종 목표는 아테네

전쟁을 시작한 지 1년이 지났을 무렵, 페르시아는 소아시아의 해안 지대와 섬의 폴리스들을 모조리 점령했다. 페르시아 측에 협력하는 폴리스에는 지배 관계를 확실히 다지고, 말을 듣지 않는 폴리스는 잔인하게 불태워 파괴하는 식이었다. 결국 이오니아는 뭐하러 반기를 들었나 싶을 만큼 아무런 성과도 없이 쓴맛만 보고 다시 페르시아에 복속되었다(페르시아는 점령한 폴리스의 참주를 내쫓고 민주정을 지원했는데, 이는 민주정을 옹호하기 때문이 아니라 새로운 정복지에 왕정을 승인하지 않으려는 조치였다).

  그런데 반란을 너무도 손쉽게 제압하자 다리우스의 생각이 달라졌다. 마침 이오니아에 출병한 병력이 고스란히 남아 있으니 내친 김에 말썽 많은 그리스 본토의 폴리스들까지 평정하고 싶은 마음이 들었다. 더욱이 그리스에는 장차 페르시아의 새로운 적수가 될 만한(따라서 '싹'을 제거해버려야 할) 세력이 떠오르고 있었다. 바로 아테네였다. 이오니아의 반란이 일어나기 직전 그리스와 이오니아의 폴리스들은 연합군을 편성해 페르시아 측에 붙은 소아시아의 사르디스(리디아의 수도)를 무참하게 파괴한 적이 있었다. 특히 그들이 사르디스의 키벨레 신전을 불태워 파괴한 일은 두고두고 문제가 되었다. 키벨레는 당시 소아시아 전역에서 섬기던 대모신大母神(신들의 어머니)이었던 것이다. 그 사건을 주도한 것이 아테네였다.

대륙 간의 전쟁 기원전 5세기에도 아시아와 유럽은 다른 대륙이라는 인식이 있었다. 그러므로 페르시아 전쟁은 말하자면 두 대륙 대표주자의 결전이었다. 1차전에서 쓴맛을 본 페르시아는 2, 3차전에서도 그리스의 도시국가들의 연합에 결국 무릎을 꿇었다.

　　최종 목표가 아테네로 바뀌면서 이오니아 진압군은 그리스 원정군으로 바뀌었다. 기원전 492년 헬레스폰토스에 집결한 페르시아의 육군과 해군은 이제 그리스를 향해 진군하기 시작했다. 대군이 지나치는 길목에 있는 폴리스들은 무자비하게 파괴되었다. 육군이 마케도니아를 유린하는 동안 해군은 타소스 섬을 정복했다. 이제 그리스의 북부 지역은 송두리째 페르시아의 수중에 떨어졌다. 이대로 원정이 진행되었더라면 그리스는 견디지 못했을 것이다. 클레이스테네스Cleisthenes(기원전 570년경~기원전 508년경)의 민주정치는 제대로 꽃을 피우기도 전에 동방의 전제정치에 짓밟혔을 테고, 찬란한 고대 그리스 문명은 역사에 남지 않았을 것이다.*

풍전등화의 그리스를 구한 것은 하늘이었다. 타소스를 떠난 페르시아 해군이 그리스로 남하하려면 세 개의 갈퀴 같은 반도를 회항해야 했다. 그중 첫째 반도에 아토스 곶이 있었는데, 이 일대는 예로부터 풍랑이 심해 배가 난파하기 일쑤였다. 페르시아 해군이 이곳을 지날 즈음 때맞추어 맹렬한 북풍이 불어왔다. 이곳에서 페르시아는 함선 300척이 파괴되고 2만 명이 떼죽음을 당했다. 싸워보기도 전에 결정타를 입은 것이다. 더욱이 육로로 행군하던 육군마저 트라키아의 한 부족에게 한밤중에 기습을 당해 막심한 피해를 입었다.

하늘이 갓 태어난 그리스의 민주정을 보살핀 것일까? 어쨌든 잇단 악재에 페르시아군은 그리스 원정을 포기할 수밖에 없었다. 그러나 불발로 끝난 이 원정은 페르시아와 아테네 양측에 중요한 메시지를 남겼다. 페르시아에는 아테네를 정벌하지 않으면 천하를 얻을 수 없다는 확신을 주었고, 아테네에는 페르시아에 대한 공포감과 아울러 페르시아를 극복하지 못하면 그리스의 앞날은 없다는 확신을 주었다. 이 두 가지 확신이 머잖아 충돌할 것은 필연이었다.

● 참주정치 시대에 아테네에서 추방된 귀족 클레이스테네스는 기원전 510년 참주정치가 무너지자 아테네로 돌아와 평민들의 지지를 등에 업고 개혁을 단행했다. 개혁의 골자는 전통 귀족들의 세력을 억누르기 위해 행정구역을 재편하고 아테네의 전 시민에게 평등한 참정권을 부여하는 것이었다. 구체적으로 보면, 입법 겸 행정 기관으로 500인회를 구성하고, 사법기관으로 시민법정을 설치하며, 시민권을 가진 20세 이상의 성년 남자들로 민회를 구성해 정책의 최종 결정과 심의를 맡기고, 영향력 있는 10개 가문 출신의 장군 10명이 교대로 군을 지휘하는 방식으로 군제를 개편했는데, 이로써 그리스 민주정은 처음으로 제 골격을 갖추게 되었다. 또한 그는 참주정치의 부활을 막기 위해 도편추방(ostrakismos: 참주가 될 가능성이 있는 위험인물을 도기 조각에 적게 해 그 수가 6000개 이상이면 그 인물을 10년간 국외로 추방하는 제도)을 도입했다.

마라톤의 결전

어차피 피할 수 없는 전쟁이라면 이를수록 좋다. 다리우스는 아토스 곶에서 참사를 겪은 후 불과 2년 만에 다시 그리스 원정군을 발진시켰다. 이번에도 역시 휘하의 조공국들에 임무 분담을 하달한 다음, 다티스와 아르타페네스 두 명을 사령관으로 삼아 대규모의 다국적 연합군을 편성했다. 하지만 2년 전에 싸워보지도 못하고 패배를 안겨주었던 아토스 곶은 피해야 했다. 그래서 이번에는 연안을 따라가는 항해 대신 바다를 가로지르는 해로를 택했다. 사모스에서 키클라데스 제도를 거쳐 아테네로 직진하는 것이다.

기원전 490년, 600척의 함선에 나누어 탄 페르시아의 대군은 먼저 몸풀이 삼아 낙소스 섬을 간단히 제압하고 곧바로 일차 목표인 에우보이아 섬의 에레트리아를 공격했다. 페르시아에 대항할 힘이 없는 데다 국론도 분열되어 있던 에레트리아는 며칠도 버티지 못하고 함락되었다. 이제 아테네까지는 겨우 50여 킬로미터, 하루나 이틀이면 닿을 거리였다. 자, 어디서 아테네와 맞붙을까?

페르시아의 원정군에는 길잡이가 한 명 있었다. 그는 아테네인으로서 참주까지 지냈다가 쫓겨난 경력이 있었다. 이 정도면 누군지 분명해진다. 바로 페이시스트라토스의 아들 히피아스였다. 스파르타의 공격으로 아테네의 참주정치가 무너지면서 조국에서 쫓겨나자 그는 페르시아에 몸을 의탁해 조국 침략의 길을 인도하는 적의 앞잡이, 매국노가 되었다. 하지만 아테네가 정복되면 그는 다시 금의환향해 실권을 가지게 될 것이다.

그러나 아토스 곶에서 한 번 아테네를 보호한 하늘은 아테네가 매국노의 손에 들어가도록 놔두지 않았다. 히피아스가 제안한 결전장은 바로 아테네 동북쪽 40킬로미터 지점에 있는 마라톤 평원이었다. 여기서 오늘날 올림픽경기의 한 종목으로 이름이 전해지는 유명한 마라톤 전투가 벌어지게 된다.

마라톤에서 다리우스의 야망과 히피아스의 염원을 꺾은 그리스의 영웅은 밀티아데스 Miltiades(기원전 554년경~기원전 489년경)였다. 그의 가문은 클레이스테네스의 군제 개혁으로 생긴 10가문 중 하나였으며, 밀티아데스는 고대 올림픽에서 주요 경기 종목이었던 전차 경주에서 우승해서 이름이 높았다. 무장으로서 그의 능력을 높이 평가한 다른 가문의 장군들은 자신들이 지휘권을 맡은 순번에도 그 권한을 밀티아데스에게 양도했을 정도다.

왕정의 반대자들　독재자의 최후는 고대에도 비참했다. 페이시스트라토스의 두 아들 히피아스와 히파르코스가 아버지의 후광을 등에 업고 독재정치를 펼치자 아테네의 귀족들은 그들을 살해하기로 결심한다. 사진은 히파르코스를 살해한 하르모디오스(왼쪽)와 아리스토게이톤의 조각상이다. 이 사건이 없었다면 아테네에는 참주정(왕정)이 정착했을 테고, 클레이스테네스의 민주정은 없었을 것이다.

페르시아의 대군이 코앞에 이르렀다는 소식에 아테네의 지도자들은 주전론과 주화론의 두 패로 갈렸다. 밀티아데스는 결정권을 쥐고 있던 군사장관인 칼리마코스를 설득해 주전론으로 이끌었다. 그때 그의 설득 무기는 바로 히피아스가 권력을 장악하면 모두 혹독한 보복을 당하리라는 것이었다. 결국 페르시아가 히피아스를 길잡이로 내세운 것은 득보다 실이 많던 셈이다.

그러나 대적을 앞에 둔 상황에서도 그리스의 폴리스들은 결집된 행동을 보여주지 못했다. 아테네와 불화를 빚던 폴리스들은 오히려 아테네의 위기를 기회로 여기고 세력을 확장하고자 했다. 게

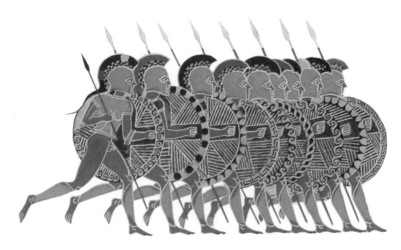

그리스의 무기　마라톤 전투에서 그리스를 구한 중장보병의 모습이다. 중장보병은 밀집대형 전술을 가능케 했고, 이 전술은 마라톤 전투를 승리로 이끌었다. 중장보병은 기원전 8세기에 생겨났으나, 기원전 6세기부터는 무거운 청동제 흉갑 대신 질긴 베나 가죽으로 만든 간편한 갑옷과 모자처럼 작은 투구를 사용했으므로 보병 치고는 기동성도 매우 뛰어났다. 그래서 '달리는 중장보병'이라는 별명이 붙었다.

다가 '이념과 체제'는 달라도 그리스 전체가 위험해질 때는 협력하리라고 믿었던 스파르타마저도 제사가 열리는 기간이라는 핑계를 대며 원군을 보내오지 않았다. 아테네는 고립무원이었다. 유일한 지원군은 아테네의 보호국인 플라타이아였다.

마라톤 평원에 도착한 밀티아데스는 아테네의 주력군을 오른쪽에, 플라타이아군을 왼쪽에 포진시키고 중앙에는 약한 병력을 배치했다. 결과적으로 이것이 바로 그리스군의 승착이 되었다. 전투가 벌어지자 예상한 대로 중앙에서는 페르시아군이 이겼지만, 양날개 쪽에서는 그리스군이 승리했다. 날개 쪽의 페르시아군은 도망쳤으나 그리스군은 도망치는 적을 내버려두고 중앙의 적을 공략해 섬멸해버렸다. 빛나는 전략의 승리였다.

여기서 전령이었던 병사 필리피데스(페이디피데스라는 설도 있다)는 약 36킬로미터의 거리를 뛰어 아테네 사람들에게 승전보를 전하고는 그만 숨이 차서 죽었는데, 그것이 마라톤 경기의 기원이 되었다고 한다. 그런데 아테네는 승리했는데도 왜 한 병사를 희생하면서까지 승전보를 빨리 전해야 했을까? 그것은 마라톤에서 패배한 페르시아군이 재빨리 함선으로 철수해 아테네를 직접 공략하기로 작전을 변경했기 때문이다. 필리피데스의 헌신적인 노력으로 도시에 남아 있던 아테네군은 방비 태세에 들어갔고 곧이어 마라톤의 주력군도 아테네로 돌아왔다. 페르시아 함대는 손 한 번 써보지 못하고 아테네의 외항인 팔레론에 며칠간 머무르다가 뱃머리를 돌려 철군했다. 또다시 원정에 실패한 것이다.●

● 전술적인 면에서 그리스를 구한 것은 마라톤 전투에서 최초로 선보인 밀집대형 전술이다. 궁병과 기병으로 오리엔트를 정복한 페르시아군에 아테네의 밀집대형은 낯선 것이었다(그리스에는 말을 기르기에 적합한 목장이 거의 없었으므로 기병이 거의 발달하지 못했다. 기병이 있었더라면 필리피데스처럼 발로 달리는 전령을 쓰지도 않았겠지만). 보병끼리의 싸움이라면 농노와 고원족 등 용병으로 이루어진 페르시아 보병이 고도로 훈련된 중간층 출신의 그리스 보병을 당해내기 어려웠다. 마라톤 전투에서 전사자 수는 페르시아 측이 6400명이었고, 아테네 측은 192명이었다.

최후의 승부

마라톤에서의 허망한 패배에 다리우스는 격분했다. 세계의 어느 곳을 정복할 때보다 더 많고 더 강한 병력을 투입했음에도 페르시아는 그리스 원정에서 두 차례나 보기 좋게 고배를 마셨다. 더구나 1차 파병 때는 주요 목표(이오니아 반란의 진압)를 달성한 다음에 내친 김에 실행한 원정이었고 폭풍을 만나 철군한 것이었으나, 2차 때는 철저한 준비와 계획이 뒷받침된 원정인데도 패했기에 충격이 더욱 컸다.

　대군으로 실패했다면 더 큰 대군을 보내리라. 다리우스는 패전의 상처를 치유하기도 전에 곧바로 3차전의 준비에 들어갔다. 준비의 원칙은 간단했다. 무엇이든 지난번보다 더 많이, 더 크게 준비하라. 조공국들이 할당받은 전쟁 준비물은 함선과 말, 식량, 수송선 등 모든 부분에서 이전의 규모를 훨씬 넘는 것이었다. 전쟁 준비 4년째인 기원전 486년에 이집트가 반란을 꾀했다는 소식이 들려왔다. 마침 이집트 지배를 확고히 다지고 새로 편성한 원정군을 시험 가동하기에 이것은 좋은 기회가 될 수도 있었다. 그러나 다리우스는 이집트 원정을 꾀하던 중 세상을 떠나고 말았다.

　다리우스의 제위를 승계한 그의 아들 크세르크세스는 원래 그리스 원정에는 관심이 없었다. 아버지가 숙제로 남긴 이집트 원정은 성공했으나 전쟁을 재개하고 싶지는 않았다. 게다가 바빌로니아에서도 반란이 일어나 간신히 진압한 터였다. 하지만 전부터 그리스 원정을 준비하던 장군들과 아테네에서 추방된 그리스 귀족들은 끈질기게 그를 설득했다. 마침내 크세르크세스는 그의 아버지처럼 그리스를 정복해 천하 통일을 이루기로 결심한다.•

　크세르크세스는 만전을 기하기 위해 4년간 더 준비한 뒤 기원전 480년 봄에야 그리스 원정에 나섰다. 이렇게 해서 벌어진 3차전은 2차전과 세 가지 점에서 달랐다. 첫째, 이번에는 페르시아의 황제가 직접 총지휘를 맡았다(다리우스는 휘하 장군들을 파견했을 뿐 직접 전쟁에 나서지는 않았다). 둘째, 선박으로 이동

• 헤로도토스는 크세르크세스가 신하들에게 이렇게 말했다고 전한다. "그리스를 평정한다면 우리는 페르시아의 판도를 제우스신(헤로도토스가 그리스인이기 때문에 이렇게 표현했을 테고, 사실은 당시 페르시아의 국교인 조로아스터교의 주신인 아후라 마즈다라고 했을 것이다)께서 살고 계시는 하늘 끝까지 넓힐 수 있을 것이오." 이 이야기가 사실이라면 크세르크세스는 분명 문자 그대로 천하 통일을 꿈꾼 것이다.

한 1차전, 2차전과 달리 이번에는 헬레스폰토스 해협(당시에는 어땠을지 몰라도 오늘날의 너비는 약 5킬로미터다)에 선박들로 다리를 놓고 병력을 이동시킨다는 어마어마한 계획을 세웠다. 셋째는 더욱 엄청난 것으로, 유사 이래 최대 규모의 원정군을 편성했다는 점이다. 페르시아, 아시리아, 메디아, 박트리아, 파르티아 등 페르시아의 강역 내에 있는 민족들은 물론 아라비아, 인도, 리비아, 에티오피아에 이르기까지 수십 개 민족들에서 70만 명의 보병 부대를 편성했다.

바다의 육교　크세르크세스가 만들게 한 배다리의 상상도. 비록 바다 치고는 폭이 좁지만 헬레스폰토스는 유럽과 아시아를 가르는 해협인데다 물살이 아주 거센 곳이므로 여기를 배다리로 건너려면 그림에서처럼 상당히 많은 배가 필요했을 것이다. 노들을 뱃전에 쌓아두고 뱃머리와 꼬리를 밧줄로 연결했을 것으로 추측된다.

페르시아가 자랑하는 기병은 8만 명, 페니키아·이집트·키프로스를 주축으로 한 함선은 1207척, 수송선은 무려 3000척에 달했으니, 당시 그리스와 중국을 제외한 문명 세계의 군대는 하나도 빠짐없이 모두 동원한 것이나 다름없었다(더욱이 페르시아군은 트라키아와 마케도니아를 행군하면서 도중에 현지인들로 병력을 계속 충원해 그리스에 이를 무렵에는 더 큰 규모가 되었다. 헤로도토스는 최종 병력이 528만여 명에 이를 것으로 계산했는데, 이 수치는 믿기 어렵지만 엄청난 대군이었음은 분명하다).

한편 이에 맞서는 그리스에서도 1, 2차전과 달라진 점이 있었다. 크세르크세스가 몇 년씩이나 전쟁 준비를 했다는 것은 그리스에도 잘 알려져 있었다. 그리스인들은 누구나 페르시아가 다시 침범해오리라는 것을 잘 알고 있었지만 폴리스 특유의 분열은 극복하지 못했다. 이미 페르시아의 편을 들었으므로 안심하는 폴리스도 있었고, 겁에 질려 애초에 항전을 포기하는 폴리스도 있었다. 게다가 마라톤의 영웅 밀티아데스는 금을 구하기 위해 파로스 섬을 정벌하러 나섰다가 실패하고 병사한 상태였다. 하지만 만약 그가 살아 있었더라면 그리스는 오히려 전쟁에서 승리하지 못했을 것이다. 3차전은 병력의 차이가 비교도 되지 않는 만큼 전술보다는 전략이 중요했기 때문이다. 밀티아데스가 탁월한 전술로 마라톤 전투에서 이겼다면, 이제 아테네에는 탁월한 전략가 테미스토클레스Themistocles(기원전 528년경~기원전 462년경)가 있었다.

밀티아데스의 정적이었다가 그의 죽음으로 기원전 493년 집정관에 오른 테미스토클레스는 그리스가 생존하려면 해군을 육성해야 한다고 주장했다. 앞서 두 차례의 전쟁에서 페르시아 함대가에게 해를 무사통과했으니 당연한 주장으로 여겨지지만 당시 그리스의 분위기에서는 전혀 그렇지 않았다. 그리스는 일찍부터 해상무역이 활발했음에도 불구하고 해군을 중시하지 않았다. 선박은 어디까지나 무역용이었고 기껏해야 군대의 수송용이었다. 기원전 7세기에야 비로소 그리스 최초로 군함이 만들어졌으나 그것도 그다지 활성화되지는 못했다.* 이런 상황에서 해군력을 강화하자는 주장이 지지를 얻을 리 없었다. 그러나 테미스토클레스는 끈질기게 고집했고, 집권하자마자 즉각 군함 건주에 나섰다(그는 이제 감각에도 뛰어나 국가 재정을 크게 늘리는 데 기여했으니 다른 사람들이 더 이상 반대하기도 어려웠을 터이다).

2차전과 다른 점은 또 있었다. 이번에는 아테네 혼자가 아니었다. 비록 폴리스들은 여전히 분열과 반목을 계

* 하지만 해상무역의 풍부한 경험 덕분에 그리스는 군함 건조에 나선 지 얼마 지나지 않은 기원전 6세기 중반에 뛰어난 성능을 자랑하는 삼단노선을 개발했다. 이 함선은 이후 200년 동안 지중해의 물살을 갈랐으며, 이것을 모델로 개발된 갤리선은 16세기까지 2000년 동안이나 유럽 세계의 주력 함선으로 활약했다.

속했지만, 페르시아의 진군이 시작되자 일부를 제외한 대부분의 폴리스들이 병력을 지원했다. 특히 그리스 최강의 육군을 거느린 스파르타의 지원은 결정적이었다. 어느 모로 보나 이번 3차전은 아테네 대 페르시아를 넘어 그리스 대 오리엔트, 아니 유럽 대 아시아의 대결이었다(결과적으로 여기서 그리스가 승리한 것은 곧 아시아 문명의 쇠퇴와 유럽 문명의 도약을 예고한 셈이다).

유럽 문명을 구한 아테네와 스파르타

마라톤 전투에서 재미를 본 그리스 연합군은 이번에도 페르시아의 육군을 상대할 전략적 지점을 선택했다. 이번에는 병력 차이가 워낙 나는 만큼 10년 전처럼 평원에서 막을 수는 없었으므로 그들은 아티카의 관문인 테르모필레의 좁은 산길을 방어 장소로 정했다. 스파르타의 정예병 300인대를 비롯해 3000여 명의 그리스 연합군은 속속 테르모필레로 모여들어 결사 항전의 태세를 취했다. 여기서 페르시아군을 쳐부수지는 못하더라도 최소한 오래 저지해야만 페르시아 해군의 측면 공격을 유도할 수 있고, 또 그래야만 아테네가 준비한 함선들이 빛을 발할 수 있었다.

　예상대로 테르모필레에서는 절대 열세의 상황에서도 접전이 벌어졌고, 바다에서 아테네 함대는 페르시아 함대와 맞섰다. 그러니 중과부적의 상태는 역력했다. 테르모필레 전투에서는 페르시아군이 다른 길로 우회해 그리스군을 덮침으로써 요충지를 빼앗겼고,** 동시에 벌어진 아르테미시온 해전에서도 그리스 해군은 최선을 다했으나 결국 후퇴하고 말았다.

●● 테르모필레 전투에서 스파르타 300인대의 활약은 눈부셨다. 그들은 최후까지 항전하다가 전원이 장렬히 전사했다(이 전투에서 페르시아 측 전사자는 무려 2만 명이었다고 한다). 헤로도토스는 훗날 이곳에서 300인대의 지휘자인 스파르타 왕 레오니다스를 기념해 세운 석조 사자상('레온'은 사자라는 뜻이다)을 본 것을 기록하고 있으며, 《전쟁의 역사》를 쓴 제2차 세계대전의 영국군 원수 몽고메리는 1933년에 이곳을 방문해 다음과 같은 비문이 새겨진 기념비를 보았다고 전한다. "이곳을 지나는 자, 가서 스파르타 사람들에게 말하라. 우리는 스파르타의 군법에 복종하여 여기 누워 있노라고."

테르모필레가 함락되자 페르시아군을 막는 사람은 아무도 없었다. 그러나 문제는 그들을 맞아주는 사람도 전혀 없었다는 점이다. 패전 소식을 들은 아테네 시민들은 재빨리 귀환한 함대의 도움으로 남쪽의 살라미스 섬으로 대피했던 것이다. 페르시아군은 아테네로 오는 도중의 모든 도시를 유린하고 약탈하면서 거침없이 아테네 시내로 진군했지만, 아테네는 텅 빈 유령의 도시로 변해 있었다. 페르시아군은 남아 있는 아테네 시민들을 살육하고 신전을 불사르고 아크로폴리스를 불태우는 등 그동안 쌓인 스트레스를 마음껏 풀었는데, 이것이 크세르크세스의 마지막 실책이 되고 말았다.

그리스는 결코 항전을 포기한 게 아니었다. 포기하기는커녕 그들에게는 아직 뽑아들지 않은 최후의 카드가 남아 있었다. 이제 그것을 쓸 차례였다. 테미스토클레스는 반대하는 여러 지휘관, 특히 함대 총사령관인 스파르타의 에우리비아데스를 끈질기게 설득한 끝에 살라미스 해안에 전 함대를 집결시켰다. "아르테미시온 해전에서도 우리 함대가 진 것은 아니다. 이제 함대 전체가 모였으니 전면전에 승부를 걸자. 페르시아의 육군은 강하지만 해군은 적의 본대가 아니므로 해볼 만하다. 하물며 살라미스는 지금 우리의 가족들이 대피해 있는 곳, 여기서 한 걸음이라도 물러난다면 그리스는 끝장이다." 그의 이런 설득은 주효했다.

하지만 전 함대가 모였다고는 하지만, 수도 적고 속도도 느린 그리스 함대가 페르시아 함대를 이길 확률은 대단히 낮았다. 전술적 결함은 전략으로 극복해야 했다. 기본 원칙은 한 가지, 테르모필레에서도 그랬듯이 대병력과 싸울 때는 좁은 곳이 유리하다는 것이었다. 그리스 함대는 살라미스의 좁은 지협에서 페르시아 함대가 올 때까지 기다렸다. 페르시아 육군이 텅 빈 아테네를 뒤로하고 곧바로 진격해왔더라면 그리스가 이런 시간을 벌기란 불가능했을 터이다.

좁은 해협에 이르자 페르시아 함대는 3열 종대를 2열 종대로 바꿀 수밖에 없었다. 그러나 배들이 밀집해 있는 데다 물살이 거칠었다. 조짐이 좋지 않았다. 대포가 없던 시절의 해전은 단순했다. 일단 적선을 들이받은 다음 백병전을 벌이는 것이다. 그리스 삼중노선은 적선의 노를 부러뜨리고 좌우현을 들이받았다. 배들이 맞닿았을 때는 즉각 선상에서 육박전을 벌였다. 페르시아 함대는 혼란에 빠져 당황하다가 이내 상당한 타격을 입고 퇴각하기 시작했다. 현명하게도 그리스 함대는 적을 추격하지 않았다.

살라미스 해전 자체는 큰 성과가 아니었다. 그보다 더 큰 성과는 크세르크세스의 심경 변화였다. 패전 소식을 들은 그에게는 무엇보다 먼저 헬레스폰토스에 남겨둔 배다리가 떠올랐다. '해전에서 승리한 그리스 함대가 그 다리를 끊어버린다면 우린 꼼짝없이 유럽에 갇혀버리리라.' 수송선을 모두 그곳에 두고 온 게 후회막급이었다(당시 육군은 현지에서 양식과 물을 조달해가며 행군하고 있었다). 조바심이 난 그는 퇴각 명령을 내렸다.

사실 그리스군도 그 점을 염두에 두고 있었다. 페르시아 함대가 전의를 완전히 상실했다는 것을 깨달은 테미스토클레스는 내친 김에 헬레스폰토스의 배다리를 끊으러 가자고 주장했다. 그러나 그렇게 해서 '독 안에 갇히는 것'은 쥐가 아니라 호랑이다. 이번에

신도시 건설   다리우스는 제국의 행정적 중심으로서 한계에 이른 수사 대신 새 수도인 파르사를 건설했다. 나중에 알렉산드로스의 원정으로 상당히 파괴되었지만, 사진에서 보듯이 아직도 옛 제국의 영광을 보여주고 있다. 그리스인들은 파르사를 페르세폴리스라고 불렀는데, 후대에는 이 이름으로 더 잘 알려졌다. 심지어 그리스인들은 이 이름 때문에 그리스 신화의 영웅 페르세우스가 페르시아를 건설한 것처럼 착각하기도 했는데, 자민족중심주의가 신화에도 영향을 미친 사례다.

는 에우리비아데스의 반대가 주효했다. 그는 배다리를 끊을 경우 궁지에 처한 페르시아 대군이 오히려 공격으로 전환해 그리스 전역을 유린하리라고 주장했다. 테미스토클레스가 주도한 살라미스 해전, 에우리비아데스가 주장한 추격 중지는 서로 절묘하게 맞아떨어져 그리스를 구했다.

　그러나 아직 전쟁은 끝나지 않았다. 크세르크세스는 주전론자인 부하 마르도니오스에게 30만 명의 병력을 맡기고 귀국했다(헬레스폰토스의 배다리는 폭풍으로 이미 파괴되어 있어 결국 크세르크세스는 배를 타고 사르디스로 귀환했다). 마르도니오스는 테살리아에 근거지를 잡고 겨울을 나기로 했다. 하지만 페르시아를 출발할 때 갖추었던 세 가지 유리한 조건은 이미 사라졌다. 즉 직접 원정에 나선 크세르크세스 황제는 돌아갔고, 헬레스폰토스 배다리는 파괴되었으며, 유사 이래 최대 규모인 대병력도 이제는 아니었다. 이것은 이 엄청난 전쟁의 대단원을 미리 말해주고 있었다.

이듬해 봄 페르시아군은 다시 아테네를 향했다. 아테네는 여전히 비어 있었다. 그러나 페르시아의 목표는 이제 아테네가 아니라 펠로폰네소스 반도였다. 그 무렵 그리스 연합군이 플라타이아에 포진하고 있다는 소식이 페르시아군에 전해졌다. 페르시아군은 최후의 결전장이 될 플라타이아로 진군하기 시작했다.

이번에도 먼저 맞붙을 장소를 선택한 그리스군은 아테네와 스파르타를 위시해 시키온, 에피다우로스, 트로이젠, 메가라 등 수십 개의 폴리스에서 파견한 병력으로 구성되어 있었다. 페르시아는 여전히 그리스보다 병력에서 우세했으나 여전히 장기인 기병 전술을 제대로 쓰지 못했다(전쟁 기간 내내 페르시아 기병대가 힘을 쓰지 못한 이유는 그리스 중장보병의 강력한 방어와 더불어 산악과 구릉이 많은 그리스의 지형 탓일 것이다). 페르시아 병사들은 용감했으나 그리스 병사의 중무장에 비해 경무장이었고 전술에 능하지 못했다. 육박전이 벌어지자 그들은 무모하게 그리스 진영으로 돌입하다가 쓰러졌다.

장시간에 걸친 격전 끝에 지휘관인 마르도니오스가 전사하고 페르시아 정예부대가 무너지는 것을 계기로 그리스의 승세는 굳어졌다. 이번에는 그리스군도 페르시아군이 쉽게 패주하도록 내버려두지 않고 추격했다. 페르시아군이 미리 준비해놓은 요새로 들어가 수비로 전환하자 그리스군은 요새 공격에 나섰다. 누가 원정군이고 누가 방어군인지 모를 일이었다. 그리스군은 페르시아 육군을 섬멸하는 데 그치지 않고 함선으로 사모스 섬까지 진군했다. 페르시아는 속절없이 밀리며 이오니아마저 그리스에 내주고 말았다. 이로써 크세르크세스는 천하 통일은커녕 아버지 다리우스의 업적마저 물거품으로 만든 불명예를 뒤집어쓰게 되었다.

전후의 새 질서

페르시아 전쟁이 역사적으로 중요한 이유는 그 이후에 그리스 고전 시대가 활짝 열렸고 이를 바탕으로 서양 문명의 뿌리가 자라났기 때문이다. 그러나 전란의 시대는 아직 끝나지 않았고, 수십 년 뒤 펠로폰네소스 전쟁이라는 긴 전쟁을 한 차례 더 치르고서야 그리스는 평화를 되찾게 된다. 그런데 묘한 일은 그것을 정점으로 그리스 반도는 외부(마케도니아)의 침략으로 문명이 쇠퇴하고 그 대신 지중해 문명이 싹트게 된다는 점이다.

오리엔트의 대적을 물리친 경험은 그리스 반도에 새로운 판세를 가져왔다. 우선, 비록 승리는 했지만 페르시아는 여전히 공포를 느끼게 하는 존재였으므로 그리스 전체가 공동으로 대처해야 한다는 문제가 있었다. 대처 방식은 폴리스들이 동맹을 결성하는 것이다. 그렇다면 그 맹주는 누굴까? 둘을 꼽으라면 만장일치였다. 아테네와 스파르타 말고 또 있겠는가? 하지만 하나의 폴리스를 꼽으라면? 만장일치는 아니지만 아테네가 우세한 것은 분명했다. 아테네는 단독으로 페르시아에 맞선 마라톤 전투에서 승리했고, 전쟁 기간 내내 한 번도 항전을 포기하지 않은 구심력을 보여주었기 때문이다. 이렇게 해서 아테네를 중심으로 한 델로스 동맹이 탄생했다.

왜 아테네 동맹이 아니고 델로스 동맹일까? 델로스는 그리스 반도에서도 제법 떨어진 에게 해 한복판의 조그만 섬이었는데, 여기에 폴리스들의 공동 군자금을 관리하는 금고를 설치했기 때문이다(하지만 아테네가 만장일치의 맹주였다면 아테네 동맹이 될 수도 있었을 것이다. 이는 곧 스파르타와의 불화의 씨앗이 내포되어 있음을 보여주는 하나의 상징이다). 귀중한 금고를 에게 해 한복판에 두었다는 것 자체가 이미 이오니아를 제패했다는 그리스의 자신감을 말해주고 있었다.

승리의 여신 승리의 여신 니케가 전리품으로 얻은 갑옷과 무기를 만지고 있다. 하지만 유럽의 소국이 동방의 대적을 물리친 것은 니케의 도움보다는 그리스의 여러 폴리스가 힘을 합쳐 단결한 덕분이었다. 특히 헌신과 희생이 가장 컸던 아테네는 전후 그리스 세계의 리더로 떠올랐다.

폴리스들의 우두머리가 공식적으로 정해졌으니 이제 그리스 반도는 통일을 이룬 걸까? 그보다 약간 나중이지만 기원전 3세기에 중국에서는 춘추전국시대의 오랜 분열기를 끝내고 통일을 이룬 진秦이 강력한 제국 체제를 구축했다. 아테네는 과연 그런 제국이 되었을까? 하지만 그것은 불가능했다. 우선 그리스는 제국이 들어서기에는 너무 좁았고, 중국의 중원과 같은 지리적 중심이 없었다. 또한 중국 춘추전국시대의 제후국들과 달리 그리스의 폴리스들은 폭사적인 노선을 오래 걸어왔던 탓에 서열은 지어졌어도 통일을 이루기는 어려웠다(중국의 제후국들은 분열기에도 내내 통일을 지향하고 있었다). 게다가 2인자 스파르타의 세력은 아테네가 1인자라고 해도 함부로 할 수 없는 만만찮은 상대였다.

그렇다 해도 아테네에 맹주를 넘어서 제국의 중심이 되고픈 의도가 없을 리 없다. 폴리스들이 점점 노골화되는 아테네의 지배를 거부하자 아테네는 오히려 더욱 고삐를 조였다. 기원전 454년 아테네는 델로스의 금고마저 아테네로 옮기고 제국 체제를 서둘렀다. 동맹 폴리스들이 정기적으로 내는 군자금은 점차 아테네에 바치는 조공으로 변해갔다. 이 재력과 해상무역의 독점으로 얻은 이익은 아테네의 민주정을 화려하게 만개시킨 물질적 기반이 되었다.

클레이스테네스가 토대를 놓은 아테네의 민주정을 그리스 민주주의라는 건물로 완성한 사람은 페리클레스Perikles(기원전 495년경~기원전 429)였다. 여기에는 물론 페리클레스의 정치적 능력도 중요했지만, 당시 아테네에는 민주정이 발달할 만한 배경이 있었다. 우선 전 국민이 참전 용사였으니 당연히 신분 차별이 약해질 수밖에 없었다. 살라미스 해전의 승리로 사회의 하층이던 수병의 지위가 상승했고, 동맹의 맹주로서 아테네의 상공업이 전성기를 맞은 덕분에 상공업자의 지위도 올라갔다. 전쟁 전에도 아테네에서는 평민층의 성장이 두드러졌으니 전후에는 말할 것도 없다. 시민계급이 두터워진 것은 민주주의의 가장 기본적인 요건이었다.

당연히 민회의 권한이 크게 강화되었다. 그에 반비례해 귀족들의 회의체인 500인회는 민회에 제출하는 의안을 준비하고 민회의 결정 사항을 집행하는 수준으로 격하되었다. 500인회가 근대 민주주의의 입법부와 행정부라면 민회는 그 위에 존재하면서 모든 것을 총괄하는 의회였다. 중요한 국사는 모두 민회에 의해 결정되었다. 민회에서 임명하는 중요 인물 중에 장군이 있었다.

클레이스테네스의 개혁 이래 아테네에서는 10개 귀족 가문 출

신의 장군 10명이 교대로 군 지휘관을 맡았
는데(사실 그리스에서는 무장의 비용을 자비로 담
당했으므로 귀족이 아니면 장군이 될 수도 없었다),
이제는 이들을 민회에서 매년 재임명하는 방
식이 채택되었다. 페리클레스가 30년 동안
집권할 수 있었던 이유도 바로 장군으로서
매년 재선되었기 때문이다.

페리클레스는 늘어난 아테네의 부를 바탕
으로 500인회를 비롯한 공직자들에게 처음
으로 일정한 급료를 지불했다. 또한 시민 법
정에서도 배심원 제도를 채택하고 배심원들
에게는 수당을 지급했다. 오늘날에까지 이어
지는 서구 사회의 배심원 제도는 바로 여기
서 비롯된 것이다.

페르시아 전쟁 이후 아테네 민주주의가 가
장 발달한 이 기간을 가리켜 페리클레스 시
대라고 부른다. 비록 외국인과 노예, 여성에
게까지 참정권을 부여하지는 않았으나(서구
사회에서 여성에게 참정권이 부여되는 것은 20세기
의 일이다) 페리클레스 시대에는 직접민주주
의가 가장 이상적으로 구현되었다.• 그러나
페리클레스의 기본 정책인 반스파르타 노선
은 다시 한 번 그리스를 전란의 소용돌이 속
으로 밀어넣게 된다.

최고 시민 페리클레스   페리클레스(위쪽)는
좋은 가문 출신에다 군인으로서나 정치가로
서나 모두 뛰어난 인물이었다. 그래서 30년 동
안이나 아테네의 최고 시민으로서 권좌에 있
을 수 있었다. 하지만 아테네의 시민들은 1인
자의 장기 집권을 탐탁하게 여기지 않았다. 기
피하고 싶은 인물의 이름을 적는 도편에 페리
클레스의 이름이 적힌 경우도 있었다. 아래쪽
사진은 테미스토클레스와 그의 아버지 네오클
레스의 이름이 적힌 도편이다.

분쟁의 싹

● 페리클레스는 전사자들을 추모하는 연설에서 아테네의 민주주의에 대해 이렇게 자신감을 피력하고 있다. "우리의 정체(政體)는 이웃의 관례에 따르지 않고 남의 것을 모방한 것이 아니라 오히려 남들의 규범이 되고 있습니다. 그 명칭도, 정치적 책임도 소수에게 있지 않고 다수에 골고루 나뉘어 있기 때문에 민주주의라고 불리고 있습니다. 개인의 분규와 관련해서는 모든 사람이 법 앞에 평등하며, 이와 동시에 개인의 가치에 따라, 즉 각자가 얻은 성과에 기초하여 계급에 의거하지 않고 능력 본위로 공직자를 선출합니다."

●● 고대 제국(당시에는 페르시아와 중국)은 최소한 두 가지 조건을 갖추어야 한다. 먼저 외적 조건으로 속국을 거느리는 것인데, 폴리스들의 군자금을 아테네에 바치는 조공으로 본다면 아테네도 그 조건을 갖추었다고 할 수 있다. 그러나 제국의 내적 조건, 즉 중앙집권은 아테네가 갖추지 못했을 뿐만 아니라 갖추려 하지도 않았다. 그러므로 설사 지리적 중심이 있었다 하더라도 아테네는 제국으로 발달하지 못했을 것이다. 따라서 아테네가 제국 체제를 지향한 것은 그리스의 폴리스 체제가 수명을 다했다는 것으로 봐야 한다.

아테네는 민주정과 제국 체제라는 두 마리 토끼를 다 잡을 수 없었다. 아테네가 번영하는 만큼 폴리스들은 결집력이 점점 약해지고 반감이 심해졌다. 그렇게 보면 아테네는 처음부터 제국이 되기에 자격 미달인 셈이었다.●● 특히 스파르타의 불만은 가장 심했다. 아테네 못지않게 전쟁에 기여했을 뿐 아니라 그전에는 히피아스를 추방해 아테네의 참주 시대를 끝장내준 적도 있잖은가?

게다가 스파르타는 아테네가 영향력을 발휘하지 못하는 지역을 거느리고 있었다. 바로 펠로폰네소스의 폴리스들이었다. 사실 스파르타는 페르시아 전쟁이 벌어지기 한참 전인 기원전 6세기 중반에 이미 펠로폰네소스 동맹을 결성하고 그 맹주로 군림하고 있었다. 전후에는 아테네가 주도한 델로스 동맹에 가려 빛을 보지 못하고 있었지만, 아직도 펠로폰네소스 반도에서는 그 동맹의 구속력이 훨씬 강했다. 두 동맹이 길고 짧은 것을 실제로 재보기로 한다면 결과는 어떨지 몰랐다.

그렇잖아도 잔뜩 곤두서 있는 스파르타의 신경을 아테네가 건드리는 사건이 터졌다. 아테네가 드디어 펠로폰네소스 반도에까지 세력을 뻗쳐오기 시작한 것이다. 아테네의 힘은 이미 동부 지

원형극장　그리스 문명은 아테네에만 있는 게 아니었다. 사진은 펠로폰네소스 반도의 에피다우로스에 있는 대극장을 위에서 본 모습이다. 얼추 봐도 객석이 수천 석은 된다. 한가운데 원형 무대에 선 배우들은 객석 가장 높은 곳의 관객들을 위해 대사를 아주 크게 발음했을 것이다.

중해만으로 만족할 수 없었다. 인구는 증가 일로, 무역은 팽창 일로에 있는 아테네는 서부 지중해로 진출하고자 했다. 그러자면 근거지가 필요한데, 가장 좋은 후보지는 펠로폰네소스 반도였다(그리스 반도의 서쪽은 높은 산맥이 가로막고 있었고 해안 지대가 좁아 폴리스가 발달하지 못했다).

　준비 작업의 일환으로 아테네가 펠로폰네소스 반도로 가는 길목에 자리 잡은 코린토스와 메가리를 을러대자 스파르타는 거세게 반발했다. 자칫하면 전쟁이 일어날 판이었으나 외적을 상대한 큰 전쟁이 끝난 지 얼마 되지 않은 시점에서 또 전쟁이 벌어진다면 좋을 게 없었다. 그래서 기원전 446년 아테네와 스파르타는 30년 동안 전쟁을 벌이지 않기로 하는 평화조약을 체결했다.

그러나 그것이 미봉책이라는 사실은 누구보다도 양측이 잘 알고 있었다. 어차피 아테네는 서부 지중해로 진출해야 했고, 스파르타는 그것을 막아야 했다. 스파르타는 에게 해를 아테네에 양보하는 대신 당시 아직 그리스에 비해 후진 지역인 이탈리아 반도와 시칠리아 쪽 지중해를 관장하려 했다. 스파르타로서는 굴욕을 감수하면서 지중해 동부의 노른자 해상권을 포기하고 '서부 개척'에 나선 셈이다. 하지만 아테네는 노른자든 흰자든 스파르타와 나눌 마음이 없었다는 게 문제의 핵심이다.

모든 전쟁이 그렇듯이, 전쟁의 기운은 그전에 이미 숙성되어 있고 전쟁이 벌어질 시점에는 다만 방아쇠만 필요할 뿐이다. 그 방아쇠는 외부에서 당겼다. 약정된 휴전 기간이 절반도 채 지나지 않은 기원전 433년에 코린토스의 식민시로 있던 코르키라가 코린토스와 반목하면서 아테네 측에 붙었다. 스파르타는 이제 전쟁이 아니고서는 해결할 수 없다고 판단했다. 하지만 그렇게 시작된 펠로폰네소스 전쟁이 기원전 404년까지 무려 30년을 끌면서 그리스의 거의 모든 폴리스가 연관되는 전쟁으로 확산되리라고는 아무도 생각지 못했다.

공멸을 가져온 전쟁

아테네는 오히려 전쟁을 바라고 있었다. 육군이 강한 스파르타니까 힘은 제법 쓰겠지만 전쟁은 물리력만으로 되지 않는 법, 결국에는 아테네의 풍부한 재력과 병력이 말을 할 터이다. 더구나 스파르타가 자랑하는 완력은 육군에만 해당할 뿐 해군력에서는 아테네와 비교도 되지 않는다.

그러나 스파르타에 운이 따른 걸까? 개전하고 얼마가 지난 기원전 430년 여름에 페스트가 아테네를 급습했다. 아테네의 위대한 지도자 페리클레스마저 페스트에 걸려 사망하고 말았다. 속전속결로 전쟁을 끝내려던 아테네로서는 치명타였다. 두 나라의 전력은 이 사건으로 대뜸 엇비슷해졌다. 그 덕분에 이후 전쟁은 지지부진한 지구전으로 10년을 끌었다. 선수들이 지치면 휴식을 취하고 나서 다시 붙을 수밖에 없다. 기원전 421년 양측은 일단 휴전하기로 합의하는데, 중재자가 니키아스였으므로 이것을 '니키아스의 평화'라고 부른다.

휴전이 만들어준 타임아웃 시간은 양측 모두에게 중요했다. 양측은 처음에 전쟁의 상처를 치유하는 데 힘썼다. 그러나 전쟁의 불씨가 제거되지 않은 이상 주전론이 득세하는 것은 필연이었다. 잠깐 동안의 휴전을 먼저 깬 것은 스파르타였다. 스파르타는 만티네아에서 대규모 지상전을 펼쳐 승리를 거두었다. 개전 후 처음으로 벌어진 전투다운 전투에서 보기 좋게 패배하자 아테네에는 호전적인 분위기가 넘쳤다. 그동안 스파르타에 질질 끌려다닌 이유는 전력상의 잠재적 우위를 현실화하지 못했기 때문이고, 그 책임은 바로 군 지휘관의 탓이었다. 이런 판단에서 아테네는 간단한 해법을 찾아냈다. 뛰어난 선수들을 거느리고도 경기에서 이기지 못했다면 감독을 바꾸면 된다 아테네는 페리클레스의 친척인 30대의 젊은 알키비아데스Alkibiades(기원전 450년경~기원전 404)를 새 감독으로 임명했다.

과연 새 감독은 전쟁에 의욕을 보였다. 그가 들고 나온 작전은 우회 전략이었다. 정면 승부 대신 스파르타의 보급 기지인 이탈리아와 시칠리아를 먼저 손에 넣기로 한 것이다. 그러나 진정한 적은 언제나 내부에 있다. 신임 감독은 문제가 있는 인물로 내부의 신임信任을 얻지 못하고 있었다. 알키비아데스가 원정에 나선 틈을 타서 그의 정적들은 과거의 행위를 들추면서 그를 비난하고 나섰다.

구석에 몰린 알키비아데스로서는 전쟁에서 승리한다 해도 명예롭게 귀국하기는 글렀다고 여겼다. 그런 심정이 엉뚱한 짓으로 표출되었다. 조국을 배신하고 스파르타로 가서 자신이 세운 원정 계획을 낱낱이 일러바친 것이다. 그런 사실까지 모르고 있던 아테네는 다시 니키아스를 새 감독으로 임명했다. 하지만 주전론자가 세운 작전을 주화론자가 수행하기는 어렵다. 알키비아데스의 첩보로 기민한 대응에 나선 스파르타는 시라쿠사 항구에서 아테네 함대를 격파하고 군대를 학살했다.

굳게 믿은 함대마저 패했다는 소식이 전해지자 아테네는 초상집 분위기가 되었다. 그러나 정작으로 큰 문제는 그 뒤부터였다. 해군에서 자신감을 얻은 스파르타는 반격에 나섰다. 그것도 아테네의 우회 전략을 그대로 써먹는 방법으로.

스파르타는 이참에 아테네의 목줄을 죄기로 했다. 에게 해를 장악해 아테네의 보급로와 무역로를 차단하는 것이다. 다만 이를 위해서는 해군이 필요한데, 스파르타와 그 동맹 폴리스들은 전통적으로 해군이 약했다. 없으면 빌린다. 그리스에서는 아테네의 해군력이 가장 강하니까 빌릴 데가 없다. 그렇다면 바깥이다. 승리에 눈이 어두운 스파르타는 수십 년 전에 그리스 전체를 정복하러 왔던 페르시아에서 해군력을 지원받기로 한다.

페르시아는 그리스에 패한 이후 그리스 본토는 포기하더라도

로마

쿠메
네아폴리스

아드리아 해

마케도니아

트라키아

암피폴리스

비잔티움

에페이로스

페르시아 제국

티레니아 해

에게 해

아르기누세

사르디스

리파라
메시나
레기움

시칠리아
시라쿠사

지중해

테베

코린토스

스파크스

스파르타

펠로폰네소스 동맹

델리움

아테네

키오스

에페수스

밀레투스

델로스

로도스

델로스 동맹

크레타

■●■ 아테테와 동맹 도시   ■●■ 스파르타와 동맹 도시   ■■■ 중립 지역

→ 아테테군의 진로   → 스파르타군의 진로

몰락을 부른 내전   페르시아라는 대적을 물리친 안도감이었을까, 아니면 그 후유증이었을까?
그리스 세계의 평화와 번영은 한 세기를 가지 못하고 이번에는 아테네와 스파르타가 반도의 패권
을 놓고 겨루었다. 그러나 그 결과는 승자와 패자의 공멸이었다. 이후 유럽 문명의 중심은 이탈리
아로 서진한다.

이오니아만큼은 다시 지배하고 싶었다. 해군이 필요한 스파르타,
이오니아가 필요한 페르시아, 양측의 조건은 딱 맞아떨어졌다.
스파르타는 페르시아에 이오니아의 식민시들을 넘겨주는 조건으
로 아테네의 보급로인 흑해 방면을 차단해달라고 부탁했다. 기원
전 405년 아테네가 자랑하던 해군이 헬레스폰토스에서 대패하면
서 30년에 걸친 펠로폰네소스 전쟁은 스파르타의 최종 승리로 끝
났다.

죽어가는 병사　전쟁에서 부상한 병사의 모습이다. 펠로폰네소스 전쟁이 일어나기 전인 기원전 460년경의 작품이지만 전쟁의 참상은 언제 어디서나 마찬가지다. 전형적인 중장보병의 차림인데, 창을 놓치고 방패만 손에 쥔 채 기어가는 모습이 안타깝다.

　사실 펠로폰네소스 전쟁 기간은 아테네 해군의 절정기였다. 하지만 해군력으로 승리한 페르시아 전쟁 이후 아테네는 지나치게 해군력에만 의존한 나머지 육군에 대해서는 소홀했다. 특히 페리클레스는 해군 전략에만 전념했다. 불균형한 전력은 약한 전력보다 위험한 법이다. 주 무기인 해군력이 무너지자 아테네는 견딜 수 없었다.

　한편 외세까지 끌어들여 얻은 스파르타의 승리는 '상처뿐인 영광'이었다. 스파르타는 제국으로 발돋움하려는 아테네의 의지를 꺾고 펠로폰네소스 반도를 넘어 그리스 전체의 맹주 자리에 올랐으나, 그것은 껍데기일 뿐 아테네가 채웠던 알맹이를 채울 수 없었다. 스파르타는 아테네의 해외 재산을 모두 몰수하고 함대를 12척으로 제한했으며, 아테네를 스파르타의 동맹시로 만들었다(페르시아 전쟁에서 주도적인 역할을 한 것을 감안해 독립만은 허용했지만 사실상 스파르타의 속국이나 다름없었다). 그러나 그리스 전체로 볼 때

그것은 자승자박이었다. 아테네라는 권위의 중심이 사라진 다음
에는 폴리스 체제의 모순이 더욱 노골화되기 시작했다. 그런 점
에서 펠로폰네소스 전쟁은 그리스 전체의 공멸을 가져온 전쟁이
었다.

8장

사상의 시대

민주주의가 가능한 이유

서양의 역사가들은 그리스를 서양 문명의 요람으로 간주한다. 그이전의 크레타와 더 이전의 오리엔트에서 발달한 문명이 그리스 문명의 선구라는 것은 인정하면서도 그리스 시대에 와서야 서양 문명의 골격이 갖추어졌다는 주장이다. 그렇게 말할 수 있는 근거는 어디에 있을까? 그리스가 오늘날 유럽에 속하기 때문일까? 천박한 유럽 중심주의에 물든 사람들은 실제로 그것을 근거로 삼는다.

하지만 더 충실한 근거를 든다면 크게 두 가지가 있다. 첫째는 그리스의 민주주의이고, 둘째는 그리스 고전 시대의 사상이다. 그리스의 민주주의는 근대 민주주의로 부활했으며, 그리스 시대의 철학과 정치사상은 오늘날까지 서양 사상의 원류가 되고 있다.

그러나 기원전 5세기에 민주주의가 발달했다는 것을 어떻게 봐야 할까? 그 이전까지 세계의 어느 시대, 어느 곳에서도 민주주의 비슷한 게 발달한 경우는 없었다. 고대 그리스인들은 민주주의를 발달시킬 만한 특별한 능력이라도 지녔다는 걸까?

물론 그것은 '특별한 능력' 따위가 결코 아니다. 앞에서 보았듯이, 그리스의 민주주의가 가능했던 이유는 폴리스 체제를 취했기 때문이다. 그리스는 중심지도 없고 지형상 항구 중심의 도시로 나아갈 수밖에 없었던 탓에 폴리스가 발달했다. 폴리스 체제는 제국 체제처럼 중앙집권을 우선시하지도 않았고, 심지어 그것을 지향하지도 않았다.•

따라서 그리스 민주주의는 결코 시대를 앞서간 제도도 아니었고, 같은 시대의 다른 체제들에 비해 선진적인 것도 아니었다. 오히려 당시에는 왕정이나 제정이 더 선진적인 정치제도였다(아테네가 제국으로 발돋움하려 했던 것도 그 때문인데, 결국 그리스를 뒤이은 로마 시대에 제정이 성립한다). 문명이 어느 정도 발달하면 고대국가 체제를 갖추게 되는데, 이를 위해서는 왕권을 중심으로 하는 권력의 집중이 필수적이기 때문이다. 실제로 아테네를 제외한 다른 폴리스들에서는 특별히 민주주의라 할 만한 제도가 없었고 왕정이나 다름없었다.

민주주의의 내용에서도 마찬가지다. 아테네의 민주정은 물론 시민층을 기반으로 한

• 정치만이 아니라 그리스의 종교도 '중앙집중'과는 거리가 멀었다. 그리스의 종교는 대표적인 다신교다. 하지만 같은 다신교라 해도 이집트나 페르시아, 인도의 경우 최소한 신들의 서열은 정해져 있고, 최고신의 권위는 절대적이었다. 이를 본받아 그리스인들도 올림포스 12신 가운데 최고신으로 제우스를 설정했지만, 그리스 신화에서 보듯이 제우스는 엄숙한 최고신이라기보다는 인간적인 신이다. 걸핏하면 인간 세상에 개입하는 데다 신들의 세계에서 절대적인 권위를 지니는 존재도 아니다(심지어 그는 포세이돈과 하데스의 형이 아니라 동생이다). 더욱이 그리스 종교에서는 신화만 있을 뿐 경전이 없고, 신탁을 주관하는 무녀 외에는 별다른 사제도 없다. 그리스의 신들은 인간 세상에 율법을 강요하는 존재가 아니라 인간과 스스럼없이 뒤섞여 살아가는 존재다. 이와 같은 '느슨한' 종교 역시 그리스 민주주의의 발달에 큰 역할을 했다.

민주 선거　아테네의 시민들이 조약돌로 투표를 하는 모습이다. 지금은 '시민'이라고 하면 일반 국민을 지칭하지만, 고대 그리스에서 투표에 참여할 수 있는 '유권자'는 일반 평민이 아니라 전체 인구의 4분의 1도 되지 않는 귀족과 재력가였다.

체제였으나 '시민주권'(오늘날의 국민주권)이라고 보기는 어려웠다. 우선 참정권을 가진 시민들의 비율이 너무 적었을 뿐만 아니라(페리클레스 시대에 아테네에서 참정권을 가진 시민은 약 4만 명이었는데, 이는 3만 명의 외국인과 20만 명의 노예를 제외하더라도 시민 총수의 4분의 1을 밑도는 수치였다), 당시 아테네는 여전히 가문과 신분이 중시되는 사회였다. 다만 미케네 시대에 뿌리를 둔 전통적 지주 귀족 대신 해상무역을 통해 재산을 모은 재력가의 발언권이 커졌을 뿐이다. 그런 점에서 아테네의 민주정은 종래의 귀족정(과두정)이 변질된 형태라고 볼 수 있다. 또한 여러 세력 가문이 돌아가며 정치를 담당하는 제도는 사실상 '임기가 정해진 왕정'이나 다를 바 없으므로 아테네의 민주정은 왕정과도 통한다고 볼 수 있다.

이렇듯 제도의 면에서 본다면 그리스 민주주의는 후대의 서양 역사가들에 의해 다소 과대하게 평가된 측면이 있다. 그러므로 그리스 민주주의의 진보적인 성과는 제도에서 찾지 말아야 한다. 그렇다면 어디서 찾아야 할까? 바로 자유로운 개인주의다. 평민층이 성장하면서 아테네 사회는 개인의 자유가 강조되는 기풍으로 흘렀다. 게다가 참정권이 폭넓게 인정되면서 상대방을 설득하기 위한 논리와 수사학이 발달했다. 그 소산물이 그리스 사상이다. 종교적 권위의 부재가 개인주의를 낳았고, 정치적 권위의 부재가 논리를 낳았으니, 그리스는 결국 '있어야 할 게 없었던 덕분에' 서양 문명의 모태가 된 것이다.

이오니아에서 탄생한 철학

다른 모든 것이 오리엔트의 영향을 받았다 해도 철학만큼은 순전히 그리스인의 창조물이라 할 수 있다. 철학이 전통적이고 종교적인 권위의 부재를 틈타 탄생한 것이라면 가장 권위가 약한 곳에서 가장 먼저 철학이 생겨났을 것이다. 그러므로 철학은 그리스 본토보다 앞서 이오니아에서 싹트게 된다. 기원전 6세기 무렵 소아시아의 밀레투스는 지중해 세계와 오리엔트 세계를 잇는 교통의 요충지이자 무역의 중심지로서 번영하는 국제 도시였다. 이 밀레투스에서 최초의 서양 철학자로 불리는 탈레스Thales(기원전 625/624년경~기원전 547/546년경)가 처음으로 철학적인 물음을 던진다.*

● 한 가지 흥미로운 점은 그리스 고전 철학이 성립하는 시기에 마침 중국에서도 제자백가의 시대를 맞았다는 사실이다. 탈레스(기원전 6세기), 소크라테스(기원전 5세기), 아리스토텔레스(기원전 4세기) 등의 활동 기간은 공자(기원전 6세기), 맹자(기원전 4세기), 장자(기원전 4세기) 등과 거의 일치한다. 향후 수천 년 동안 영향력을 미치게 될 동서양 사상의 기본 골격이 비슷한 시기에 생겨난 것이다. 하지만 만물의 근본 요소를 물은 서양철학과 달리 동양철학에서는 "사람은 어떻게 살아야 하는가?"를 물었다. 그리스 철학은 인간 외부의 자연에 대해 의문을 던진 반면, 중국 철학은 철학적 의문이 인간 자신을 향했다. 이런 전통으로 인해 서양철학은 주체가 대상을 탐구하는 실증적이고 과학적인 태도를 발달시킨 반면, 동양철학은 도덕이나 인생론, 국가 경영론과 밀접히 결부되었다.

최초의 철학자답게 탈레스는 가장 근본적인 것을 물었다. "세상 만물을 이루는 원질 arche은 무엇인가?" 근대에 이르기까지 서양철학의 주요 질문들은 "······란 무엇인가?"라는 형식의 문제 제기로 이루어지는데, 그 시초는 탈레스였다. 물론 그는 그 물음에 대한 답도 마련했다. 그것은 바로 물이다. 우리 눈에 보이는 세계의 사물들은 갖가지 형상을 하고 있지만 사실 알고 보면 다 물로 되어 있다. 물은 특정한 형태가 없고 담는 그릇에 따라 모양이 변하므로 가변성이 뛰어나다. 그래서 탈레스는 물이 원질의 좋은 후보라고 본 것이다.

지금이야 물은 수소와 산소로 되어 있다는 것을 다 아니까 탈레스의 대답이 옳을 수는 없겠지만 중요한 것은 답보다 물음 자체다. 그는 적어도 철학적으로 매우 중요한 한 가지를 이야기하고 있다. 그것은 세상 만물을 눈에 보이는 그대로 믿지 말라는 것이다. 정신병자가 아닌 다음에야 탈레스도 해와 달, 책상 같은 것들을 그대로 물로 보았을 리는 없다. 그는 모든 사물의 '근원'에 물이 있다고 생각한 것이며, 이렇게 근원을 묻는 사고방식이 바로 철학임을 처음으로 제시한 것이다.

탈레스가 제기한 물음에 그의 친구이자 제자인 아낙시만드로스Anaximandros(기원전 610~기원전 546년경)는 다른 대답을 내놓았다. 만물의 원질을 경험할 수 있는 것, 즉 현실에 존재하는 것에서 찾을 수는 없다. 만약 경험에서 찾는다면 그것이 반드시 물이어야만 할 이유는 없다. 불은 왜 안 되고 흙과 나무는 왜 안 되는가? 따라서 그는 원질이란 경험상에 존재하지 않는 어떤 것이라고 보고 그것에 아페이론 apeiron('무한한 것')이라는 이름을 붙였다. 그는 세상 만물의 다양한 형태가 아페이론의 네 가지 성질, 즉 뜨겁고 차고 마르고 젖은 성질 때문이라고 보았다. 여기서도 역시 중요한 것은 그의 철학 '이론'이 아니라 원질을 비경험적인 것에서 찾고자 한 그의 철학적 '사고방식'이다.

아낙시만드로스　그는 탈레스처럼 밀레투스 사람이었고, 탈레스의 제자이자 동료였다. 그러나 그는 세계를 이루는 원질을 추상적인 것에서 찾음으로써 탈레스보다 진일보한 철학을 전개했다. 지구를 평면으로 보지 않았다는 점도 그가 경험의 한계에 갇혀 사고하지 않았음을 보여준다. 하지만 '아쉽게도' 그는 지구를 공처럼 둥근 것으로 여기지 않고 원통 모양으로 보았다.

두 사람보다 약간 후배인 아낙시메네스 Anaximenes(기원전 585년경~기원전 528년경)에게서 원질은 다시 경험적인 것으로 돌아간다. 그는 그것을 공기라고 주장했다. 세상 만물은 이제 공기의 농도에 따라 형태가 결정되는 것으로 바뀌었다(세상은 그대로인데 보는 이에 따라 달라진다. 프랑스의 현대 철학자 푸코는 이것을 "사물은 그대로인데 그것을 규정하는 말이 달라질 뿐"이라고 표현했다. 지식에서 중요한 것은 사물 자체가 아니라 사물을 둘러싼 '담론'이다). 탈레스와 아낙시만드로스, 아낙시메네스는 모두 밀레투스에서 활동했으므로 밀레투스학파라고 불리며, 자연에서 원질을 찾았기에 자연철학을 정립한 것으로 분류된다.

그들과 다른 이색적인 인물이 피타고라스Pythagoras(기원전 580년경~기원전 500년경)다. 그는 밀레투스의 바로 앞바다에 위치한 사모스 섬 출신이었지만 밀레투스학파와는 다른 독자적인 학파를 세웠다. 출발점부터 달라서 그는 종교적인 관심에서 철학을 시작했다. 젊은 시절 그는 사모스의 참주인 폴리크라테스를 싫어한 탓에 멀리 이탈리아로 갔는데, 그곳에서 오르페우스교에 빠지게 된다.* 예나 지금이나 현세에서 금욕을 강조하는 종교의 교리에는 반드시 영생과 초월의 관념이 있다. 피타고라스가 찾은 원질도 영원하고 완전한 것이었는데, 바로 수(數)다. 그는 만물의 근원에 수가 있고 우주는 수에 기초한 질서에 따라 움직인다고 보았다. 그가 수학과 천문학의 연구에 몰두한 이유는 거기에 있다. 그 덕분에 오늘날 우리는 '피타고라스의 정리'와 '무리수'의 개념을 얻었고, 우주를 '코스모스'라고 부르게 되었다.

* 오르페우스교는 올림포스 12신 가운데 가장 특이한 존재인 디오니소스(로마 신화에서는 바쿠스)를 숭배하는 신비 종교다. 원래 디오니소스 숭배는 종교적 광란의 제례로 유명하지만 트라키아의 시인 오르페우스가 이것을 순화시켜 도덕적이고 금욕적인 종교로 만들었다.

그 밖에 헤라클레이토스, 파르메니데스, 엠페도클레스, 아낙사고라스, 데모크리토스 등도 제각기 만물의 근원을 나름대로 주장했다. 하지만 이들은 모두 이오니아나 이탈리아, 트라키아 출신으로 그리스 본토 사람이 아니었다. 그리스 본토에서 발생한 최초의 철학자는 바로 소피스트들이었다.

그리스로 옮겨온 철학

페리클레스 시대에 민주정이 발달한 아테네에서는 토론과 설득의 기술이 중요했다. 자신의 생각을 설득력 있게 주장할 수 있는 사람이 출세하는 세상이었다. 물론 전통적인 신분이나 재력도 여전히 중요했지만, 이제는 평민층의 발언권이 커졌으므로 누구든 논리와 수사에 능하면 얼마든지 출세할 수 있게 된 것이다. 의회나 법정에서 연설을 잘하는 사람이 있으면 즉각 공직자로 발탁될 수도 있었다. 따라서 그런 능력을 갖춘 사람들이 아테네로 몰려들었다. 이들이 바로 소피스트이다.

철학philosophia이라는 말이 '지혜sophia를 사랑한다philos'는 뜻이 듯이, 훗날 '궤변가'라는 좋지 못한 이미지를 가지게 되는 소피스트도 원래는 '지혜로운 자'라는 뜻이었다. 지혜를 쌓으려면 여러 곳을 돌아다니며 여행을 많이 해야 했다. 그래서 소피스트들은 그리스의 여러 폴리스를 돌아다니면서 각 지역의 관습과 문화를 두루 익혔다. 민주정이 꽃을 피운 아테네야말로 그들의 장기를 써먹을 수 있는 최적의 장소였다(춘추전국시대의 중국에서도 사상가들이 자신의 이론을 써먹을 수 있는 제후국을 찾아다녔다. 공자도 자신의 정치사상을 받아줄 나라를 찾아 천하를 주유했는데, 그리스식으로 말하면 소피스트에 속한다고 하겠다). 프로타고라스, 고르디우스, 프로디코스 등 주요한 소피스트들은 대부분 아테네인이 아니고 떠돌이 교사나 외교관으로 아테네에 자리 잡은 사람들이었다.●●

실용적인 기술을 주 무기로 한 만큼 소피스트들이 철학에 직접적으로 공헌한 것은 많지 않았다. 그러나 그들은 이오니아의 철학자들과 달리 철학의 대상을 자연에서 인간으로 바꾸는 데 크게 기여했다. 인간은 만물의 척도라는 프로타고라스의 말로 요약되듯이, 소피스트들은 (자연) 세계를 분석하는 대신 (인간) 세계를 움직이는 기술을 철학으로 정

●● 소피스트들은 이오니아 철학자들과 달리 "……란 무엇인가?"라는 방식의 질문에 관심이 없었다. 그들의 철학은 지나치게 현실적인 목적을 지닌 탓에 소크라테스와 플라톤에 의해 크게 격하되었고 후대에도 중시되지 않았다. 그 때문에 자연에서 인간으로 철학적 대상을 바꾸어놓은 소피스트의 철학적 공헌도 크게 주목받지 못했다.

소크라테스의 죽음　소크라테스가 자신에게 내려진 독배를 받아 들고 있는 장면이다. 펠로폰네소스 전쟁에서 아테네가 패배한 뒤 불과 5년이 지난 시점이었으니, 여기서도 아테네의 몰락은 뚜렷이 보인다. 이 그림은 18세기 프랑스의 화가 자크 루이 다비드의 작품인데, 프랑스 혁명의 대의에 헌신했던 화가는 소크라테스의 죽음을 통해 계몽주의의 죽음을 경고하고 있다.

립했다. 하지만 이들은 절대적 기준에 대한 탐구를 포기하고 모든 지식을 상대적인 것으로 취급함으로써 결과적으로 이오니아에서 발생한 철학의 '품격'을 크게 떨어뜨렸다.

　더구나 소피스트의 활동이 광범위해지자 그렇잖아도 혼란스런 아테네의 지성계는 더욱 혼탁해졌다. 이때부터 소피스트는 지혜를 사랑하는 자가 아니라 궤변을 일삼는 자가 되었으며, 아테네 사회에 심각한 윤리적 타락마저 조장했다. 이런 소피스트들에 맞서 다시금 도덕을 강조하고 철학에 학문적 기초를 놓으려는 사람이 등장했는데, 바로 소크라테스였다. 그는 아테네 출신이었고, 철학은 탄생한 뒤 내내 아테네 외곽을 돌다가 소크라테스의 시대에 와서야 비로소 아테네에 입성한 셈이다.

소크라테스는 소피스트의 폐해를 반대하는 데서 출발했으므로 "너 자신을 알라."라는 그의 유명한 말은 바로 지식 장사꾼인 소피스트를 겨냥한 것이다(원래 그 말은 아폴론 신전에 새겨진 문구지만 소크라테스가 애용해 후대에 유명해졌다). 소피스트들의 지식 상대론에 대항해 그는 절대적인 지식의 추구를 철학의 목표로 복귀시켰다. 하지만 애초부터 통일된 결론을 낳을 수 없었던 이오니아 철학자들의 문제 제기와 달리, 그가 말하는 지식이란 자연이 아니라 인간에 관한 지식이었다. 더구나 절대적 지식을 추구해야 한다고 주장했음에도 불구하고 그의 방법은 다분히 상대적이었다. 독단적인 관념을 주입하거나 일방적으로 가르치는 게 아니라 스스로 깨닫게 하는 것이었기 때문이다. 그것이 바로 '산파술'인데(그의 어머니는 실제로 산파였다), 아무것도 모르는 상태를 인식의 출발점으로 설정하고 대화를 통해 진리를 깨닫게 하는 방법이었다. 그 덕분에 그는 철학의 내용보다 철학의 방법으로 더 큰 철학적 업적을 남겼다.

사실 소크라테스가 아테네 최초의 철학자가 될 수 있었던 것은 아테네의 황금기에 산 덕분이기도 하다. 하지만 그의 만년은 불행했다. 늦은 나이에 후대에 악처로 유명해진 크산티페와 결혼했고, 펠로폰네소스 전쟁에 중장보병으로 참전해 고초를 겪었다. 결국 그는 제자가 스파르타의 첩자였다는 모함을 받아 독약을 마시고 죽었으니, 아테네가 전쟁에 패배한 것은 엉뚱한 결과를 낳은 셈이다.

그러나 앞서의 철학자들이 '가죽'을 남긴 데 그친 것과는 달리 소크라테스는 죽어서 '이름'을 남겼다. 하나의 뛰어난 사상이 열 명의 제자를 당해내지 못하는 법이다. 소크라테스는 자신의 사상보다도 더 중요한 업적을 남겼는데, 그것은 바로 그의 제자들이다(그가 제자를 남길 수 있었던 이유도 대화를 통한 토론 방식을 즐겨 사용한 덕분이다). 제자들은 스승의 사상을 계승한 것은 물론 직접 글을 쓴 일이 없는 스승을 대신해 많은 저술까지 남겼다.

서양 사상의 골격이 생기다

소크라테스가 당대의 명사였던 만큼 그를 계승한다고 자처한 사람들은 많았다. 그들은 각기 소크라테스의 '이론'(도덕)이나 '방법'(산파술)을 계승했다고 주장했지만, 대부분 일면만을 부각시키거나 형식적 측면을 계승한 데 불과했다. 모든 면에서 소크라테스의 진정한 제자는 플라톤Platon(기원전 428/427~기원전 348/347)이다.

플라톤은 스승의 철학 방식을 계승해 대화체로 많은 책을 썼다. 그러므로 그의 책에는 당대의 여러 인물이 등장하는데, 여기서 죽은 소크라테스는 멘토와 같은 역할을 한다. 그러나 플라톤은 스승의 사상을 전파하는 데 그치지 않고, 그때까지의 모든 사상을 한데 통합하려는 웅대한 뜻을 품었다. 이오니아 철학의 자연과 그 근원에 대한 관심, 소피스트와 소크라테스의 인간에 대한 관심을 합치면 무엇이 나올까? 이 내용이 그의 이데아론을 이룬다.

원질은 영원불변한 것이므로 수시로 변하는 세상 만물에서 찾을 수는 없다. 오히려 세상 만물은 그림자에 불과하고 진정한 실체는 따로 있다. 그게 바로 이데아idea다. 우리 눈에 보이는 사물은 모두 이데아를 복제한 사본에 불과하다. 하지만 우리는 원본인 이데아를 직접 볼 수 없으므로 사물을 통해 이데아를 인식한다. 이

플라톤과 아리스토텔레스   16세기 이탈리아 화가 라파엘로가 바티칸 서명실에 그린 벽화 〈아테네 학당〉이다. 한가운데 걷고 있는 두 사람이 플라톤(왼쪽)과 아리스토텔레스(오른쪽)다. 이 작품에는 그 밖에도 많은 그리스 철학자가 등장한다. 두 사람의 왼쪽에서 젊은이들에게 이야기하고 있는 사람은 소크라테스, 계단 가운데 퍼질러 앉아 있는 사람은 디오게네스, 앞줄 왼쪽에서 판에 뭔가를 쓰고 있는 사람은 피타고라스, 오른쪽에서 천구를 들고 있는 사람은 프톨레마이오스다.

데아는 사물을 존재하게 하는 실체이며, 사물은 이데아를 인식하게 해주는 창문과 같다. 이데아와 사물, 본질과 현상의 이 변증법적 관계는 이후 수천 년 동안 서양 사상을 관류해온 이원론의 토대가 된다.

청출어람의 전형답게 플라톤은 사상에서만이 아니라 제자 양성에서도 스승을 능가했다. 기원전 387년 그는 아테네에 최초의 대학이라고 할 수 있는 아카데미아를 설립해 제자들을 체계적으로 길러내기 시작했다. 이 아카데미아 출신 가운데 소크라테스 – 플라톤으로 이어지는 서양 사상의 초기 계보를 완성한 사람이 아리스토텔레스Aristoteles(기원전 384~기원전 322)다.

추상적인 플라톤의 이데아론에 비해 아리스토텔레스는 훨씬 구체적인 사상을 전개했다. 아리스토텔레스는 플라톤의 이데아를 형상form이라는 개념으로 바꾼다. 형상은 질료를 통해 나타난다. 플라톤이 이데아와 사물의 관계를 추구했다면, 아리스토텔레스는 형상과 질료의 관계를 논한다. 하지만 형상은 이데아와 비슷하면서도 다르다. 플라톤의 이데아는 사물 개체와 독립적으로 존재하는 별도의 실체인 반면, 형상은 질료와 함께 사물 개체를 이룬다. 이를테면 아폴론이라는 형상과 대리석이라는 질료가 합쳐져 아폴론 석상을 이루는 식이다.

아리스토텔레스의 사상은 플라톤의 사상을 계승하고 발전시켰다기보다 새롭게 구성한 별개의 체계에 가깝다. 플라톤의 이원론과 달리 아리스토텔레스는 스승의 철학과 개념을 이어받아 스승과 다른 일원론을 펼쳤다. 이렇게 대립적인 측면이 있기 때문에 플라톤과 아리스토텔레스는 이후 수천 년 동안 서양철학의 양대 축을 이루게 된다.

아리스토텔레스가 플라톤보다 현실적이고 구체적인 철학을 전개할 수 있었던 데는 개인적인 이유도 있고 사회적인 이유도 있다. 개인적으로 그는 철학자에 그치지 않고 고대 그리스의 '걸어다니는 백과사전' 같은 인물이었다. 철학과 정치학을 비롯해 논리학, 생물학, 천문, 심리학, 윤리, 기술과학 등등 오늘날까지 전해지는 학문들 가운데 그와 관계없는 것은 거의 없을 정도다. 이렇게 '세상 만물'을 직접 탐구한 그로서는 세상 만물과 별도로 존재한다는 플라톤식 이데아의 개념을 도저히 받아들일 수 없었을 것이다.

또한 아리스토텔레스가 살았던 사회적인 배경은 소크라테스나 플라톤처럼 아테네의 황금기는 아니었지만, 그에게는 스승들과 달리 정치적인 후원자가 있었다. 스승인 플라톤처럼 지중해 세계를 두루 여행하던 그는 기원전 343년부터 8년간 마케도니아의 왕자 알렉산드로스Alexandros(기원전 356~기원전 323)를 가르치게 되었다. 당시 마케도니아는 그리스 북부에서 흥기한 신흥 강국이었다. 알렉산드로스가 왕위에 오른 뒤 아테네로 돌아온 아리스토텔레스는 제자의 지원으로 리케이온이라는 학원을 열었다. 그러나 그의 학문적 성공에 반비례해 그의 조국 아테네, 나아가 그리스 전체는 점차 마케도니아의 심각한 위협에 직면한다.

9장

문명의 통합을 낳은 원정

폴리스 체제의 종말

아테네의 시대를 대체한 스파르타의 시대는 짧았다. 스파르타는 펠로폰네소스 전쟁에서 승리해 무력에서는 그리스의 패자가 될 만한 자격을 보였으나 아테네의 권위를 대신할 수 없었다. 더구나 스파르타는 아테네가 그리스를 지배하던 시절보다 더욱 고압적인 자세를 취했다. 폴리스들에 군대와 감독관을 파견하고 공납금의 액수도 더 올린 것이다. 그리스 세계의 체질에 맞지 않는 군국주의에다 민족적인 이질성, 그리고 지나친 독재와 간섭에 폴리스들은 당연히 불만이 많았다.

그러던 차에 스파르타의 지배에 균열이 생기는 일이 터졌다. 기원전 394년 페르시아에서 제위 계승을 둘러싸고 내분이 생기자 스파르타는 그 참에 이오니아를 수복하기 위해 함대를 파견했다.

하지만 그것은 실수였다. 코린토스, 아테네, 테베, 아르고스 등은 재빨리 페르시아와 결탁하고 스파르타를 응징하기 위한 전쟁을 일으켰다. 어제의 적이 오늘의 동지가 된 셈인데, 그렇다면 오늘의 적이 내일의 동지가 되는 일도 얼마든지 있을 수 있을 것이다. 스파르타는 응급조치로 페르시아와 평화조약을 맺고, 이오니아를 페르시아에 완전히 넘겨주는 조건으로 그리스 반도에서의 패권을 유지하고자 했다.

이 구상이 먹혀 일단 전쟁은 끝났으나 한 번 구겨진 스파르타의 위신은 좀처럼 회복되지 않았다. 그렇다고 아테네가 패권을 되찾은 것도 아니었다. 스파르타의 권위가 약화되자 아테네는 해상 동맹을 맺고 재기를 노렸지만, 그것은 아테네의 마지막 몸부림이 되고 말았다. 아테네는 지는 해였고, 테베가 새로 떠오르는 해였다. 보이오티아의 핵심 세력이었던 테베에는 펠로피다스가 주도하는 민주정이 들어선 데다 그의 친구인 에파미논다스라는 뛰어난 군사 영웅도 있었다.

테베를 잡아야 패권을 유지할 수 있다고 판단한 스파르타는 기원전 371년 테베를 공격했는데, 이번에는 스파르타의 마지막 몸부림이었다. 그리스 최강의 육군 스파르타군을 맞이하는 에파미논다스의 전술은 단순하면서도 탁월했다. 그저 적의 강한 곳으로 맞부딪히지 않는 것이었다. 그는 스파르타의 밀집대형에 맞서 사선으로 병력을 배치했다. 테베의 기병대는 스파르타군의 힘이 집중된 우측을 선회해 적의 좌측을 파고들었다. 여기서 대승을 거둔 테베군은 스파르타의 본진인 라코니아로 쳐들어갔고, 이내 스파르타 경제력의 토대인 메세니아까지 점령했다.

이로써 오랫동안 그리스 반도의 양대 기둥을 이루었던 아테네

슬퍼하는 아테나   펠로폰네소스 전쟁에서 아테네가 패배한 것은 결국 그리스 전체의 쇠퇴를 가져왔다. 사진은 기원전 460년 무렵의 작품으로, 아테나 여신이 마치 자신의 이름을 딴 도시의 몰락을 슬퍼하기라도 하듯이 비탄에 잠겨 있는 모습을 담고 있다. 여신이 진정 슬퍼한 것은 그리스 민주정의 몰락이 아니었을까?

와 스파르타는 불과 수십 년 동안에 차례로 무너졌다. 그러나 테베는 떠오르는 기세였어도 그리스 전체가 이미 석양이었다. 테베가 스파르타를 대신한 기간은 스파르타가 아테네를 대신한 기간보다도 더 짧았다. 테베에는 아테네와 같은 전통도, 스파르타와 같은 물리력도 없었다. 그나마 테베의 유일한 믿음은 걸출한 리더십이었으나 기원전 362년에 에파미논다스가 아테네·스파르타 연합군과의 전투에서 전사한 것을 계기로 그 믿음마저 사라져버렸다.

스파르타와 테베가 아테네의 공백을 메우지 못했다는 것은 곧 그리스의 폴리스 체제가 수명을 다했음을 보여주는 증거였다. 결국 그리스의 폴리스 체제는 페르시아 전쟁에서 승리한 이후 아테네가 지배한 약 50년의 기간 동안 전성기를 맞았다가 곧이어 펠로폰네소스 전쟁이 발발한 때부터는 내내 내리막길을 걸은 셈이다(어찌 보면 소크라테스-플라톤-아리스토텔레스로 이어지는 초기 철학의 계보는 그런 그리스의 혼란상을 반영한다. 문제가 없는 곳에서는 학문이 일어날 수 없으니까).

문명이 쇠퇴하면 경제력과 군사력이라도 갖추어야 생존을 유지하면서 차후를 기약할 수 있다. 하지만 그 두 가지 부문에서 그리스는 명백히 쇠퇴하고 있었다. 원래 그리스의 젖줄이던 해상무역은 식민 활동이 끝나면서 한계에 부딪혔다. 시장이 포화된 데다 해외 식민시들이 지중해 무역에 뛰어들면서 그리스의 무역 활동이 심각하게 잠식당했다.

경제의 뒷받침이 없으니 군사력도 무뎌졌다. 경기 침체로 실업자가 된 사람들은 앞다투어 직업 용병의 길을 걸었다. 애국심으로 페르시아 전쟁을 승리로 이끌었던 용맹스런 중장보병은 사라지고 이제 경무장의 용병이 그 자리를 차지했다. 오늘날의 직업 운동선수가 그렇듯이 용병은 생리상 돈을 많이 주는 쪽으로 갈 수밖에 없다. 그리스의 떠오르는 유망 직종인 용병이 막강했던 그리스 군대를 완전히 대체하자 그리스의 방어망은 뻥 뚫려버렸다. 하긴, 이제 그리스에는 방어해야 할 문명도, 민주주의도 거의 남아있지 않았다.

왕국에 접수된 폴리스 체제

쇠락해가던 그리스의 폴리스 체제에 종지부를 찍은 힘은 외부에서 닥쳐왔다. 중심이 약해지면 주변이 강해지게 마련이다. 그리스의 전성기 때는 오지나 다름없었던 그리스 북부에 새로운 구심점이 생겨났다. 이 일대에는 오래전부터 그리스인들이 바르바로이(앞서 말했듯이, 다른 언어를 사용한다는 뜻이지 '야만인'이라는 의미는 크지 않다)라고 부르던 여러 부족이 살고 있었다. 그리스의 폴리스 체제가 약화되는 것에 때맞추어 드디어 이곳에서는 통일의 기운이 감돌기 시작했다. 그 한복판에 마케도니아의 필리포스Philoppos(기원전 382~336)가 있었다.

사실 페르시아 전쟁 때 정작으로 큰 피해를 본 곳은 마케도니아였다. 고래 싸움판의 새우처럼, 마케도니아는 페르시아군의 원정 도상에 있었던 탓에 심하게 유린당했다. 비록 페르시아는 그리스에 패하고 다시 유럽 원정의 야망을 꾀할 처지가 못 되었지만, 그래도 페르시아가 존속하는 한 언제고 그런 비극과 불명예를 겪을 가능성은 있었다. 귀족 가문들을 통합해 마케도니아를 강력한 통일 국가로 만든 필리포스는 페르시아에 대한 공포를 완전히 극복하려면 페르시아를 지도에서 지워버리는 것밖에 없다고 믿었다. 하지만 먼 동방 원정을 떠나려면 먼저 후방을 다지는 게 급선무다. 따라서 그리스를 복속시키는 게 무엇보다 중요했다.

때마침 상황도 좋았다. 아테네가 이끌던 당시의 그리스는 마케도니아에 '감히 갈 수 없는 곳'이었지만 이제는 '따뜻한 남쪽'에 불과했다. 더구나 필리포스는 젊은 시절 테베에 볼모로 잡혀 있을 당시에 명장 에파미논다스에게서 정치와 군사 전술에 관해 많은 것을 배웠고, 그리스 반도의 사정에 관해 잘 알고 있었다. 기원전 338년, 드디어 그는 원대한 정복전의 서전에 나섰다. 북방에서 들려오는 소식에 급박해진 테베와 아테네는 연합군을 편성해 맞섰으나 이미 대세는 기울었다.

손쉽게 그리스를 장악한 필리포스는 코린토스 의회에 각 폴리스의 정치가들을 모아놓고 페르시아를 정복해야만 그리스도, 마케도니아도 살 수 있다고 선언했다. 하지만 꿈에 그리던 페르시아 원정을 조직하던 도중 그는 불행히 암살되고 만다. 이리하여 필리포스의 꿈은 자신이 일군 왕국과 함께 아들 알렉산드로스에게 상속되었다(그는 기원전 337년에 아버지 필리포스가 새 왕비를 얻자 어머니와 국외로 도망쳤다가 필리포스가 죽은 뒤에 돌아와 왕위를 계승했는데, 필리포스의 암살에 알렉산드로스 모자가 개입했다는 설도 있다).

겨우 스무 살로 왕위에 오른 알렉산드로스는 먼저 아직도 마케도니아에 저항하는 테베와 아테네를 응징했다. 테베는 완전히 파괴하고 시민들을 노예로 팔아버렸으며, 아테네는 함대가 필요하다는 이유에서 명맥만 유지하게 놔두었다. 이렇게 후방을 완전히 다진 다음, 기원전 334년에 그는 드디어 역사적인 페르시아 원정에 나섰다. 아직 어린 나이였지만 그는 벌써 숱한 전투 경험을 쌓은 '약관의 백전노장'인 데다 아버지 필리포스가 정성껏 조련한 군대 조직을 물려받았다(필리포스는 뛰어난 전략가로서 조직적인 군대 편성으로 상당한 전과를 올렸으며, 그리스 군대에 최초로 장교 계급을 도입한 인물이다).

그리스를 떠날 당시 알렉산드로스가 이끄는 마케도니아와 그리스 연합군은 보병 3만 명, 기병 5000명, 함대 160척이었다. 멀고 긴 페르시아 원정을 감당하기에는 결코 대군이라 할 수 없었다. 게다가 당시 그리스군은 폴리스들끼리 작은 전투를 벌인 것 이외에는 방어전만 경험했을 뿐 장거리 원정이라고는 해본 적이 없었다. 그러나 '약관'의 혈기는 일단 소아시아를 정복하고 나서 그다음 일을 구상하면 된다는 패기를 주었고, 아버지 밑에서 기병대를 지휘했던 '백전노장'의 경험은 기동력에 대한 자신감을 주었다.

현실의 진행은 그의 의지를 앞질렀다. 최초의 전투는 헬레스폰토스 해협을 건넌 마케도니아군이 그라니코스 강에 닿았을 때 벌어졌다. 이 전투에서 알렉산드로스는 페르시아군을 너무도 손쉽게 무찔렀다. 기록에 따르면, 마케도니아군은 34명이 전사한 반면 페르시아군은 무려 2만 명이 넘게 전사했다고 한다. 이 믿기 어려울 정도의 대승은 예상치 않은 부수 효과를 가져왔다. 페르시아가 대패했다는 소문이 널리 퍼지자, 이오니아와 프리지아를 관통하

며 소아시아를 횡단하는 동안 마케도니아군은 거의 아무런 전투
도 치르지 않고 무풍 행진을 계속했던 것이다.

이로써 알렉산드로스는 거의 피 한 방울 흘리지 않고 순식간에
소아시아의 서쪽 절반을 손에 넣었다. 하지만 아직 안심하기는 일
렀다. 그가 이긴 페르시아군은 적의 주력이 아니라 현지 부족과
그리스 용병을 꿰맞춘 임시 군대였을 뿐 아니라, 마케도니아는 아
직 지중해의 해상권을 빼앗지 못해 언제라도 반격을 당할 위험성
이 있었다.

이듬해인 기원전 333년, 드디어 페르시아의 대군이 원정군을
막아섰다. 다리우스 3세가 직접 군대를 이끌고 이소스에서 알렉
산드로스에 맞선 것이다. 하지만 적의 사기를 잔뜩 올려주고 나서
뒤늦게 정면 대결을 펼친 것은 전보다 더 중대한 패배를 불렀다.
이소스 전투에서 참패한 뒤 다리우스는 알렉산드로스에게 화의
를 요청했으나 이미 승세를 확인한 알렉산드로스는 단번에 일축
해버렸다. 이제 제해권만 확보한다면 페르시아는 끝장이다.

두 영웅   페르시아 전쟁에 이어 알렉산드로스의 동방 원정은 이제 문명의 중심이 오리엔트에서 유럽으로 서진했음을 분명히 보여주는 사건이었다. 왼쪽의 폼페이에서 출토된 이 모자이크 벽화는 이소스에서 맞선 마케도니아군과 페르시아군을 그리고 있다(가로 폭이 5미터가 넘는 큰 벽화다). 위쪽은 알렉산드로스와 다리우스 3세를 확대한 부분이다.

  신중한 알렉산드로스는 곧바로 제국의 명맥을 끊으러 동쪽으로 행군하지 않고, 군대를 남하시켜 지중해에 면한 도시들을 차례로 정복했다. 그의 의도는 두 가지였다. 페르시아의 물자 보급로를 차단하고, 지중해의 페르시아 함대를 격리시키려는 것이다. 제국이 상처를 핥으며 웅크리고 있는 동안 페니키아와 이집트, 특히 페르시아의 주요 자금 창고인 다마스쿠스가 마케도니아의 손에 들어갔다. 육군으로 해군을 차단한다는 알렉산드로스의 구도는 전통적으로 해군이 강하고 육군이 약한 그리스였다면 생각하기 어려운 전략이었으며, 그리스가 페르시아를 잘 막아내고서도 제국의 정복을 꿈꾸지 못한 이유이기도 했다.

세상의 동쪽 끝까지 간 알렉산드로스

기원전 332년에 이집트까지 정복해 페르시아의 수족을 모조리 자른 뒤, 이듬해 여름 알렉산드로스는 유프라테스 강을 건너 메소포 타미아의 심장부로 진출했다. 이제는 페르시아로서도 더 이상 물러난다면 죽음을 의미하는 상황이 되었다. 어차피 싸우다 죽거나 굶어 죽거나 마찬가지라면 싸워야 했다. 페르시아는 가우가멜라 평원에 배수의 진을 치고 최후의 결전을 준비했다. 어찌 보면 지금까지의 접전은 예고편에 불과했고, 이번의 전투가 전쟁 전체의 향방을 가늠하게 될 터였다. 전투를 하루 앞둔 날 밤, 알렉산드로스는 부하들에게 이 전투가 아시아의 운명을 결정할 것이라고 말했다.

과연 그랬다. 우선 양측 군대의 구성부터 국제적이었다. 알렉산드로스는 여러 차례 전투를 치르면서 수천 킬로미터를 진군하는 동안 그때그때 현지의 병사들을 징발해 군대를 보강했다. 또한 아직 오리엔트의 패자로 군림하는 페르시아도 남북으로 이집트부터 중앙아시아까지, 동서로 인도부터 소아시아까지 이르는 광대한 영토 내의 온갖 민족으로 군대를 조직해 맞서고 있었다. 페르시아 전쟁 이래 200여 년 만에 그리스와 페르시아가 공격과 수비를 바꾸고 또다시 대회전을 벌이게 된 것이다. 어쨌거나 이번이 마지막일 게 확실했다.

페르시아는 병력의 규모에서도 앞섰지만 전차가 '믿는 도끼'였다. 그리스에서 벌인 침략전에서는 그리스의 지형적 여건상 전차를 제대로 사용하지 못했지만 평원에서는 전차가 최고 아닌가? 그 반면 알렉산드로스의 장기는 기병 전술인데, 기병으로 전차를 당할 수 있을까? 그러나 불행히도 페르시아의 믿는 도끼는 다리우스 3세의 발등을 찍었다.

기병 전술에 능하다는 것은 적재적소에 기병을 잘 활용한다는 것이다. 알렉산드로스는 기병을 전면에 내세우지 않고 보병으로 페르시아의 전차 부대에 맞섰다. 원래 그의 기병 전술은 기병이 전면에 나서는 게 아니라 밀집대형의 보병들이 적을 막고 있는 동안 적의 약점이나 측면을 겨냥해 기병을 투입하는 것이었다. 이게 바로 필리포스에게서 배운 전군 공조 전술인데, 탁월한 조직력이 없으면 불가능한 작전이기도 했다. 다리우스 3세는 알렉산드로스가 기병을 잘 구사한다는 것만 알았지 어떻게 구사하는지는 알지 못했다.

가우가멜라 전투에서 대패한 페르시아는 결국 멸망했다(오늘날의 이란이 그 후예지만 역사상 가장 위명을 떨쳤던 때는 2000여 년 전 페르시아 시대였다). 마케도니아군은 찬란한 오리엔트 문명의 중심지였던 바빌론과 수사, 페르세폴리스 같은 도시들을 마음껏 유린했다. 특히 페르세폴리스의 엄청난 황금은 마케도니아가 헬레니즘 시대를 열 수 있었던 귀중한 밑천이었다.

알렉산드로스의 예언대로 과연 가우가멜라 전투는 아시아의 운명을 결정했다. 200년 동안 오리엔트의 주인이었던 페르시아가 멸망했다는 점에서도 그렇지만, 알렉산드로스는 내친 김에 세상의 동쪽 끝까지 가보리라는 마음을 먹었기 때문이다(이미 그는 페르시아의 다리우스 1세가 이루지 못한 천하 통일의 꿈을 실현했으니 남은 정복 과제는 그것뿐이었다).

숙원이었던 페르시아 정복을 이루자 알렉산드로스는 목표를 더욱 넓혔다. 동쪽으로 계속 가면 무엇이 있을까? 원정을 출발할 때의 목표를 이룬 뒤에도 그의 군대는 행군과 전투를 계속해 힌두쿠시를 넘고, 기원전 327년에는 인도 서북부의 펀자브에 이르렀다. 여기서도 마케도니아는 현지의 소국들인 탁실라와 제룸을 간

전쟁 혹은 살육   마케도니아와 페르시아의 전투 장면을 담은 조각으로, 시돈(지금의 시리아)에서 출토되었다. 투구와 무장을 갖춘 마케도니아 병사들이 비무장 상태인 페르시아인들을 살육하고 있으니, 전투 장면이라기보다는 살육 장면에 더 가깝다.

단히 제압했고, 라비 강변에서는 10만 명에 이르는 인도 연합군마저 격파했다. 그러나 남쪽의 인도 내부를 향해 진군을 계속하려던 차에 문제가 터졌다.

고향을 떠난 지 벌써 7년, 알렉산드로스의 용감한 병사들도 지쳤다. 더구나 이제부터는 인도 소국들과의 전쟁만이 아니라 무더위, 정글과도 싸워야 했다. 병사들의 거듭된 탄원에 알렉산드로스는 마침내 철군을 결정하고 기원전 324년에 페르시아의 수사로 돌아왔다. 그리고 그 이듬해 그는 서른셋의 젊은 나이로 병사하고 말았다. 결국 그가 본 세상의 동쪽 끝은 인도였다. 그런 그의 세계관은 훗날 유럽이 중국의 존재를 확인하게 될 때까지 내내 유럽인들의 세계관으로 자리 잡게 된다.

인류의 고대사상 최대 규모의 원정이 남긴 영향력은 엄청났다.

우선 정치적으로는 페르시아라는 대제국이 완전히 사라졌고, 페르시아의 넓은 강역은 세 개로 분할되어 알렉산드로스의 부관들이 하나씩 꿰찼다. 또 인도에는 알렉산드로스 군대가 물러간 힘의 공백에 힘입어 최초의 통일 국가인 마우리아 제국이 생겨났다. 무엇보다 중요한 것은 그리스 문명의 고향에 해당하는 오리엔트가 그리스와 더불어 하나의 문화권을 이루게 되었다는 점이다. 그 결과가 바로 헬레니즘 문화다.

그리스＋오리엔트＝헬레니즘

필리포스의 마케도니아 왕국은 알렉산드로스의 동방 원정 덕분에 제국으로 도약했으나 다시 왕국으로 격하되는 기간도 그에 못지않게 짧았다. 그가 죽자 그의 부관(디아도코이)들은 50년간 피비린내 나는 암살과 치열한 전쟁(디아도코이 전쟁)을 벌인 끝에 세 개의 왕국으로 분립했다. 각국의 강역은 그때까지 존재했던 문명권들과 일치한다. 그리스와 소아시아에는 카산드로스 왕조의 마케도니아가 들어섰고, 메소포타미아는 셀레우코스 왕조의 시리아가 차지했으며, 이집트는 프톨레마이오스 왕조가 지배하게 되었다. 로마가 지중해 세계를 통일하는 기원전 1세기 무렵까지 존속한 이 왕국들을 헬레니즘 왕국이라고 부른다. 헬레니즘 시대라는 말에서 나온 명칭이다.

그런데 헬레니즘이라니? 헬레네는 그리스를 가리키는 말이니까(87쪽의 주 참조) 헬레니즘이라면 '그리스 정신'이라는 뜻이다. 오리엔트와 이집트가 포함된 세계를 왜 헬레니즘이라고 부를까?

헬레니즘이라는 말은 19세기 독일의 역사학자인 드로이젠Johann Gustav Droysen이 《헬레니즘의 역사Geschichte des Hellenismus》라는 책에서 처음 사용한 용어로, 서구적인 시각이 짙게 배어 있는 말이다. 그 덕분에 헬레니즘 문화를 그리스 문화에 바탕을 둔 것으로 보는 견해가 우세해졌지만, 그것은 잘못이다. 비록 전쟁에서 승리한 것은 그리스 측이었으나 문화의 중심은 오리엔트였다. 단적인 예로, 헬레니즘 세 왕국 가운데 가장 번영한 것은 이집트였고 마케도니아는 가장 국력이 약했다.

헬레니즘 시대의 이집트는 처음부터 강력한 전제정치를 확립하고, 산업과 무역의 중심지가 되어 신왕국 시대 이래 중흥기를 구가했다. 알렉산드로스의 이름을 딴 이집트의 알렉산드리아는 헬레니즘 시대에 인구 50만 명에 이르는 세계 최대의 도시이자 국제적 무역항으로 발돋움했다(알렉산드로스는 제국의 변방에 신도시를 건설해 퇴역 병사들을 주둔시키고 알렉산드리아라고 불렀다. 당시에는 중앙아시아 일대까지 수십 군데의 알렉산드리아가 있었는데, 지금까지 남은 것은 이집트의 알렉산드리아뿐이다). 여기에 수십만 권의 장서를 자랑하는 세계 최대의 도서관과 박물관이자 학술 연구소의 기능을 한 무세이온Mouseion('뮤즈의 집'이라는 뜻인데, 여기서 박물관museum이라는 말이 나왔다)까지 갖추고 있어 당시 알렉산드리아에서는 '없는 것은 눈[雪]뿐'이었다고 한다(그러나 그 유명한 고대의 도서관은 4세기에 그리스도교의 이교 문화 배척으로 불타 없어지고 만다. 당시 그리스도교는 이교도를 야만인 취급했으나 지금 생각해보면 어느 것이 야만적인 행위였는지 모를 일이다).

그러나 오리엔트적 요소만 두드러졌다면 굳이 헬레니즘 시대라는 말을 쓸 필요도 없었을 것이다. 알렉산드로스는 오리엔트식

교류를 낳은 전쟁　페르시아 전쟁은 유럽이 오리엔트의 공격을 방어한 것이었지만, 알렉산드로스의 동방 원정은 역사상 처음으로 유럽 세계가 문명의 고향인 오리엔트를 공격한 사건이었다. 사진은 베르길리우스의 《아에네이드》에 나오는 장면을 표현한 〈라오콘 군상〉으로 헬레니즘의 대표적 조각품이다.

전제군주의 의례를 도입했을 뿐 아니라 페르시아 귀족들을 친위대로 임명하고 휘하 병사 1만 명을 페르시아 여성과 결혼하게 하는 등 그리스적 요소와 오리엔트적 요소를 통합하려 애썼다. '땅끝'까지 가 본 그로서는 자신의 제국이 곧 전 세계였으므로 영토적 통합만이 아니라 문물과 제도의 통합도 이루고 싶었을 것이다. 오늘날 남유럽과 아라비아권 민족 들의 외모가 비슷해진 데는 그런 통합의 영향이 크다. 뿐만 아니라 헬레니즘 세계에서는 그리스어가 공용어*로 사용되었으며, 그리스식 폴리스들이 곳곳에 세워졌다. 또한 알렉산드로스의 동방 원정로는 그대로 동서양의 교통

그리스의 세계화　헬레니즘 문화가 유라시아 전역으로 확산되는 과정을 보여주는 지도다. 알렉산드로스의 동방 원정 덕분에 그리스 문화는 서아시아와 인도는 물론 멀리 신라의 불상에까지 자취를 남겼다.

로가 되었다. 특히 마케도니아군이 인도에서 퇴각할 때 개척한 인더스 강에서 페르시아 만까지의 해로는 이후 로마 시대에 인도와 지중해 세계를 잇는 중요한 무역로가 된다.

　더 중요한 통합은 하드웨어가 아니라 소프트웨어에 있다. 그리스와 오리엔트는 학문과 예술 등 문화의 모든 면에서도 한 몸이 되었다. 그리스 철학은 스토아학파, 에피쿠로스학파, 키니코스학파(견유학파), 키레네학파 등으로 확대 발전되면서 헬레니즘 철학의 문을 열었다(스토아학파를 정립한 제논이 키프로스의 셈족 출신이고, 견유학파를 연 디오게네스가 흑해 연안 출신이라는 점은 당시 학문의 국제화가 어느 정도였는지 짐작케 한다). 과학에서도 수학은 그리스의 것이 확

● 헬레니즘 시대의 고대 그리스어를 코이네(Koine)라고 부르는데, 공용어라는 뜻이다. 원래 그리스에서는 폴리스마다 방언의 차이가 심했으므로 그리스를 정복한 마케도니아는 아티카 방언과 이오니아 방언을 합쳐 표준어로 정했다. 이렇게 형성된 코이네는 알렉산드로스의 동방 원정으로 페르시아와 이집트는 물론 인도 서부에 이르기까지 널리 사용되었다. 당시 '전 세계'가 사용한 언어였으니 만국 공용어의 자격이 충분하다 하겠다.

산되었는가 하면 천문학은 바빌로니아의 것이 널리 채택되었다. 16세기에 코페르니쿠스의 지동설이 나올 때까지 서구 천문학을 지배한 프톨레마이오스의 천동설, 19세기에 비유클리드기하학이 성립할 때까지 불변의 진리였던 유클리드의 기하학, 그리고 오늘날까지 통용되는 부력의 원리를 발명한 아르키메데스 등이 모두 헬레니즘 시대의 산물이다.

　알렉산드로스의 동방 원정은 하나의 역사를 닫고 다른 하나의 역사를 연 중요한 계기였다. 그는 그리스의 폴리스 체제와 오리엔트의 전제군주 체제를 멸망시킨 대신 두 문명을 한데 아울러 세계 문명으로 일구어냈다. 이렇게 해서 열린 또 다른 역사의 문은 로마로 이어졌다. 헬레니즘으로 하나가 된 그리스와 오리엔트, 여기에 서부 지중해 세계(로마)가 편입되면서 서양의 고대는 완성된다.

3부

뿌리 2

....

서양 역사가 온전한 나무로 성장하려면 그리스라는 하나의 뿌리만으로는 부족했다. 그리스의 서쪽에서 생겨난 로마 문명은 지중해 세계 전체를 터전으로 삼는다. 강력한 도전자 카르타고의 산을 넘고 지중해를 한 바퀴 도는 제국 체제를 갖추면서 비로소 모든 길은 로마로 통하게 된다. 그러나 제국의 힘이 약해지자 로마인들이 야만족이라 부르며 두려워했던 북방의 게르만 민족들이 제국의 선진 문명을 이어받아 차세대의 주역으로 떠오른다. 로마 제국이 무너진 뒤 게르만족은 로마 문명을 기반으로 로마-게르만이라는 새로운 문명을 건설한다. 여기에 오리엔트의 마지막 선물인 그리스도교가 결합되면서 서양 문명은 줄기를 키워낸다.

10장

로마가 있기까지

늑대 우는 언덕에서

정상에 올랐으면 그다음에는 내려가는 게 원칙이다. 등산이나 경기 순환만이 아니라 역사도 마찬가지다. 헬레니즘 시대는 그리스 문명의 절정인 동시에 쇠퇴의 시작이었다. 페르시아 전쟁과 알렉산드로스의 동방 원정을 통해 그리스 문명은 그리스 본토를 벗어나 동부 지중해 전역에 퍼졌다. 비록 '사람들이 사는 땅'을 모두 아우르지는 못했지만, 이것으로 그리스 문명은 완성되었다. 그것을 당시 또 하나의 중심으로 떠오르고 있던 지중해 서부 지역까지 포괄하는 진정한 유럽 문명의 뿌리로 키워내는 것은 그리스 문명의 몫이 아니었다. 그리스가 오리엔트 문명의 씨앗을 받아 그것을 능가하는 문명을 이루었듯이, 또 다른 청출어람이 그리스 서쪽에서 준비되고 있었다. 그것은 바로 서양 문명의 두 번째 뿌리인 로마였다.

로마가 건국된 것은 기원전 753년 4월 21일의 일이다. 그런데 까마득한 옛날 치고는 너무 정확한 날짜가 아닌가 싶다. 사실 그렇다. 이 연대와 날짜는 나중에 로마가 지중해의 패자로 성장한 뒤에 정해진 것이다. 당시 여러 개의 연대와 날짜가 후보로 올랐으나 로마인들은 기원전 753년 4월 21일을 공식적인 건국일로 선택했다. 실제로 그랬다는 게 아니라 그렇게 '선택'한 것이므로 그 연대와 일자가 정확한 것일 수는 없다. 그냥 그 무렵에 테베레 강 유역 라티움의 한 언덕에서 로마가 시작되었다는 정도로 보면 된다(오늘날까지도 로마 시는 그 날짜를 공식적인 도시 창건일로 기념하고 있다).

연대와 날짜를 정한 마당에 건국자도 정하지 못할 이유가 없다. 로마의 공식 건국자는 로물루스다. 쌍둥이 형제인 로물루스와 레무스는 갓난아기 때 산에 버려졌다. 형제를 거두어 기른 것은 사람이 아니라 늑대였다. 늑대의 젖을 먹고 자란 형제는 커서 늑대 무리처럼 주도권을 놓고 서로 다투었다. 여기서 로물루스가 레무스를 죽이고 로마를 세웠다. 레무스가 이겼다면 로마가 아니라 '레마'가 건국되었을 것이다. 이렇게 로마는 늑대 우는 언덕에서 처음부터 피비린내를 풍기며 생겨났다.

물론 이 이야기는 어느 민족에게나 있는 건국신화다. 그러나 모든 건국신화는 양면적이다. 즉 사실의 일부를 말해주는 측면이 있는가 하면 사실의 일부를 은폐하는 측면도 있다. 로마의 건국신화는 무엇을 은폐하고 무엇을 드러낼까?

무릇 건국신화의 '속임수'는 그 이전에 아무도 살지 않았거나, 적어도 문명이 없었다는 것을 암암리에 전제한다는 데 있다. 늑대가 로물루스 형제를 길렀다는 전설은 곧 그 이전에는 '사람다운 사람'이 살지 않았다는 이야기나 마찬가지다. 그러나 기원전 753년 이전에도 로마와 이탈리아 반도에는 사람이 살고 있었고 문명이 있었다. 나아가 이탈리아 북쪽, 지금의 서유럽을 이루는 프랑스와 독일 지역에도 역시 여러 민족과 문명이 있었다. 다만 그것들은 결국 로마 초기 역사에 통합되므로 로마사의 일부로서 고찰할 수밖에 없다. 역사란 늘 승리자의 기록이니까.

건국신화   로물루스와 레무스 형제가 늑대 젖을 먹고 있는 모습을 담은 기원전 5세기의 청동상이다. 로마의 건국자가 늑대의 젖을 먹고 자랐다는 이야기는, 여느 건국신화가 그렇듯이 로마가 독자적으로 성장했다는 점을 상징한다. 하지만 그런 의도와는 달리 이 청동상은 에트루리아의 기법으로 제작되어 있어 에트루리아가 초기 로마에 강력한 영향을 주었다는 것을 보여준다.

그럼 로마의 건국신화가 말해주는 사실은 무엇일까? 바로 기원전 753년 무렵부터 로마는 당시 그 부근에 존재하고 있던 여러 부족을 물리치고 '동네의 패자'로 우뚝 섰다는 사실이다. 로물루스가 골육상잔의 비극을 통해 로마를 세웠다는 신화는 그 다툼의 과정을 압축한 것일 터이다.

어쨌든 로마는 이렇게 해서 생겨났다. 그러나 아직 로마는 '지역 유지'로서 첫발을 내디딘 정도일 뿐 이탈리아 반도 전체에 명함을 내밀 만한 처지는 못 되었다.

로마를 빛내준 조연들

여러 민족과 문명이 공존하던 무렵에 이탈리아에서 최고의 선진 문명을 자랑하는 세력은 크게 둘이었다. 반도의 중부에는 에트루리아가 있었고, 남부와 시칠리아에는 옛 그리스의 상인들이 건설한 식민시들인 마그나그라이키아Magna Graecia('큰 그리스')가 있었다. 이들은 로마가 성장하는 드라마에서 훌륭한 조연의 역할을 하게 된다.

시칠리아의 시라쿠사가 알렉산드리아와 더불어 헬레니즘 세계 최대의 도시였다는 사실이 말해주듯이, 마그나그라이키아는 헬레니즘 시대에 쇠퇴기를 맞은 그리스 본토보다 훨씬 발달했다. 말이 그리스 식민시일 뿐 사실은 이탈리아로 옮겨온 그리스 문명인 셈이었다. 따라서 마그나그라이키아는 그리스 본토의 장점과 단점을 모두 가지고 있었다. 장점은 지중해 무역을 통한 경제 번영과 선진 문명의 발전이고, 단점은 폴리스들 간의 분열과 다툼이다. 그래서 마그나그라이키아는 로마의 성장에 좋은 배경이 되어주었다. 선진 문명을 전해주었으면서도 자체 통일을 이루지 못해 로마에 정치적인 위협은 주지 못했기 때문이다(만약 마그나그라이키아가 통일을 이루고 이탈리아 반도 정복에 나섰더라면 이후의 역사는 크게 달라졌을지도 모른다).

이탈리아 중부의 또 다른 세력인 에트루리아 역시 로마의 성장에 긍정적인 영향을 주었다. 상당한 수준의 자체 문명을 가지고 있었던 에트루리아인은 로마 북부, 지금의 토스카나 일대에 여러 개의 도시국가를 이루고 초기 로마를 정치적으로 지배했다. 다만 정치적으로 강력한 통일 국가를 이루지는 못했고 도시국가들 간의 느슨한 연맹체를 형성한 정도였다. 로마는 바로 이 빈 틈을 비집고 들어가 에트루리아의 자리를 대신하게 된다. 그러나 초기 로마의 형성에서 에트루리아의 관습과 제도, 문명은 로마에 풍부한 자양분으로 기능했다.[*]

마그나그라이키아와 에트루리아, 두 조연의 충실한 도움에 힘입어 로마는 점차 이탈리아 중부의 주인공으로 등장했다. 기원전 6세기 말 로마인들은 에트루리아의 독재자 타르퀴니우스를 쫓아내고 독자적인 발전의 토대를 갖추었다. 폭정을 일삼았던 타르퀴니우스는 자신의 의도와 무관하게 로마의 정치 발전에 큰 기여를 했다. 그에 대한 좋지 않은 기억 때문에 로마인들은 왕정을 지극히 혐오하게 되었고, 공화정을 정치제도로 채택했기 때문이다(이후 로마는 기원전 1세기에 제정이 성립하기 전까지 공화정 체제를 유지한다). 물론 그것은 근대적 의미의 공화정과는 큰 차이가 있고, 엄밀히 말하면 공화정이라기보다 과두정 혹은 귀족정의 성격이 강하다. 당시 로마에는 씨족을 바탕으로 한 귀족 가문들이 지배하고 있었는데, 타르퀴니우스를 쫓아내고 과두정을 이룬 것도 바로 이들이다.

그러나 과두정이 전부였다면 로마의 공화정은 후대에 그렇게 큰 역사적 의미를 남기지 못했을 것이다. 로마의 공화정은 단순히 왕정에 대비되는 의미를 가지는 것만이 아니었다. 공화정의 시동은 귀족들이 걸었으나 실제로 공화정을 밀고 나간 것은 바로 평민들이었다. 어떻게 해서 그 까마득한 고대에 평민들이 주도하는 진보적인 공화정이 성립할 수 있었던 걸까?**

● 에트루리아 문명은 당시의 세력에 비해 알려진 바가 적다. 문헌은 전혀 남아 있지 않고 유적과 미술품 등을 통해서만 어느 정도 짐작할 수 있을 뿐이다. 로마 측의 기록에 따르면, 로마인들은 에트루리아의 정치적 지배를 무척 혐오한 듯한데, 그래서 에트루리아에 관한 기록을 남기지 않았는지도 모른다. 에트루리아인의 기원도 미스터리다. 헤로도토스는 그들이 소아시아에서 왔다고 말했는데, 그렇다면 그들은 기원전 1000년 무렵에 그리스로 남하한 도리스인과 같은 계열, 아리아인의 후예일 것이다. 인도에서 그리스까지 고대의 세계사에 중요한 흔적을 남긴 아리아인의 민족이동은 이렇게 이탈리아와도 연관된다.

●● 로마의 공화정은 앞서 본 그리스의 민주주의처럼 문명의 진보가 아니라 오히려 후진성을 반영하는 것이다. 오리엔트와 중국의 역사에서 보듯이, 고대사회에서는 확실한 왕정이나 제정이 '어설픈' 공화정이나 민주정보다 발달한 정치제도였다. 결국 기원전 1세기에 로마도 공화정에서 제정으로 바뀌게 되는 사실이 그 점을 반증한다. 그러나 그리스 민주정과 로마 공화정의 경험은 이후 서양의 역사를 동양처럼 중앙집권화에 기초한 '제국의 질서'가 아닌 분권화에 기초한 '계약의 질서'로 만드는 데 기여했다. 그렇게 보면 역사에서 진정한 진보가 과연 무엇인지 모를 일이다.

로마 병사의 무장　투구, 갑옷, 창 등 무장을 제대로 갖추려면 돈이 많이 들었으므로 처음에는 경제력이 있는 귀족들이나 병사가 될 수 있었다. 그러나 로마가 에트루리아의 지배에서 벗어난 기원전 6세기경부터 평민들도 로마의 병사가 되기 시작한다.

　아무런 문제가 없는데 권력을 스스로 내줄 바보는 없다. 평민들의 정치적 힘이 커진 것은 그들이 주도한 치열한 신분 투쟁의 결과였다.

　로마 공화정은 그리스의 공화정, 특히 기원전 6세기 초 솔론의 개혁에서 큰 영향을 받았다. 물론 로마인들은 마그나그라이키아를 통해 그리스의 정치제도를 받아들였지만, 대표들을 뽑아 아테네의 정치를 직접 참관하게 할 정도로 정치 개혁에 큰 의욕을 보였다. 앞에서 보았듯이, 솔론의 개혁은 평민층의 정치적 요구를 수용하는 것을 핵심으로 하고 있었다. 그러므로 개혁의 일부가 로마에 도입되자 로마 평민층은 귀족들이 감당할 수 없을 만큼 발언권이 강해졌다.

평민들의 총파업

로마 초기 공화정은 귀족들이 주도한 과두정의 성격을 띠고 있다는 점에서 처음부터 그리스와 비슷한 문제를 안고 있었다. 솔론의 개혁도 귀족들이 모든 것을 독차지한 폐단에서 생겨났듯이, 로마에서도 귀족들이 토지와 각종 특권을 차지하고 평민들은 철저히 소외된 게 문제였다(로마의 또 다른 신분으로는 노예가 있었는데, 이들은 거의 전쟁 포로들이었다).

귀족들은 원로원*을 구성해 과두정을 공식화했고, 귀족들 중에서 다수의 정무관 magistratus(원로원에서 실무를 담당하는 운영위원)과 두 명의 집정관consul(행정 총책임자로서 정무관 중에서 뽑는다)을 임명해 정치를 맡겼다. 왕정을 지극히 혐오하던 귀족들이었으므로 정무관과 집정관은 철저히 임기제로 운영해 독재를 막았다. 국가 비상사태에는 집정관이 일시적으로 독재관dictator이 되어 전권을 장악했지만 그 기간도 6개월을 넘지 못하도록 했다. 민회가 있었지만 민회를 소집하는 권한은 집정관에게 있었으므로 평민들의 정치적 발언로는 거의 없는 것이나 마찬가지였다.

● 원로원은 라틴어로 세나투스(senatus), 영어로는 senate라고 쓰는데, 양원제를 취하고 있는 현대 민주주의 국가에서는 '상원'이라는 뜻으로 쓰인다. 나중에 보겠지만 서구 근대에 양원제가 성립한 것은 시민 계급이 성장해 신분제가 약화되면서 의회가 둘로 나뉘어 귀족들이 상원을 구성하고 시민 대표들이 하원을 구성한 데 기인한다(432~433쪽 참조). 로마 원로원 역시 귀족들의 기구였으므로 그 말을 그대로 상원의 뜻으로 쓴 것이다. 우리말로 번역하면 느낌이 달라지지만, 원로원과 상원이 원래 같은 용어라는 점에 유념할 필요가 있다.

더구나 귀족들에 비해 로마의 평민들은 성격이 단일하지 않은 게 문제였다. 평민들 중 일부는 귀족들과 피호 관계clientela를 맺고 있었다. 그들은 귀족을 보호자로 삼고 신의와 의무에 바탕을 둔 도덕적 관계를 맺고 있었으므로 일반 평민과는 달리 귀족의 편에 속할 수밖에 없었다(이런 전통이 후일 중세 시대에 영주-기사의 계약 관계로 발전하게 된다). 그들을 제외한 '평민다운 평민'은 도시 장인, 자유로운 농민, 부유한 상인, 가난한 이주민 등이었는데, 이들 역시 이해관계가 각기 달라 행동을 통일하기가 쉽지 않았다. 오늘날로 말하면, 자본가에 비해 노동자의 행동 통일이 더 어려운 것과 비슷하다.

그러나 외부의 압력이 강해질수록 내부의 통일은 더 쉬워지는 법이다. 사실 기원전 5세기 초 로마의 상황은 솔론의 개혁이 실시된 80여 년 전의 아테네보다는 드라콘의 법전이 생겨날 무렵인 200여 년 전 아테네와 비슷했다. 평민들에게 가장 큰 고통을 준 것은 정치적 발언권에 앞서 법 체계였기 때문이다. 명문화된 법전이 없었으므로 모든 법은 관습법이었고, 그러므로 귀족들이 '알아서 처리하는 식'이었다.

하지만 로마의 평민들은 법전을 만들라는 요구 정도에 만족하지 않았다. 기원전 494년 그들은 아무도 생각하지 못한, 역사상 전무후무한 저항운동을 구사한다. 바로 '철수'다. 로마의 평민들은 서로 손을 맞잡고 로마 시를 빠져나가는, 문자 그대로의 철수를 단행했다. 철수라면 파업에 비해 뭔가 소극적인 저항 같지만 실은 그렇지 않다. 철수는 지금으로 말하면 '시민 총파업'에 해당한다. 오늘날에도 기술자, 농민, 상인 등이 전부 파업에 동참하면 나라 전체가 즉각 마비될 것이다. 따라서 철수는 가장 적극적인 투쟁 방식이었다. 더구나 로마 시를 나온 평민들은 성스러운 언덕에 모여 있었으므로 정부가 함부로 군대를 동원해서 해산할 수도 없었다. 하기야, 억지로 진압하려 해도 안 되었을 것이다. 병사도 대부분이 평민이었으니까.

투쟁의 대가는 아주 컸다. 평민들은 철수를 통해 자신들의 정치 조직인 평민회와 평민의 대변인인 호민관tribunus이라는 관직을 얻어냈다. 특히 호민관의 권력은 막강했다. 호민관은 평민들의 강력한 지원을 받으며 행정·사법·군사 모든 분야에서 커다란 영향력과 발언권을 누렸다. 로마 최초의 성문법인 12표법은 바로 그들의 활약으로 이루어졌다. 그리스에서는 드라콘이라는 귀족이 법전을 만들어 베푸는 식이었으나 로마에서는 평민들이 투쟁한 결과로 법전을 얻어낸 것이다.

드라콘의 법전이 아테네의 아고라에 공시되었듯이, 기원전 451년에 12표법은 청동판으로 만들어져서 로마 광장에 공시되었다. 그 힘은 드라콘의 법전보다 더욱 강했다. 당시 로마의 청소년들은 12표법의 조항들을 외우고 다녔고, 일부 조항들은 이후 비잔티움 시대까지도 적용되었다(로마의 철학자 키케로는 12표법의 조항을 노래로 만들어 불렀다고 한다). 법전의 내용은 정확히 전해지지 않으나 소송, 가족, 상거래 등 당시 생활상의 필요와 관련된 사항들로 이루어졌을 것으로 추측된다. 내용보다 중요한 것은 이렇게 성문법전이 마련됨으로써 귀족들의 주먹구구식 법 적용이 사라졌다는 점이다.

이런 진보의 속도가 지속되었더라면 로마의 공화정은 얼마 안 가 근대적인 공화정과 비슷해졌을지도 모른다. 그러나 평민들이 주도하는 거센 신분 투쟁의 고삐가 늦추어질 수밖에 없는 상황이 닥쳐왔다. 그것은 바로 로마 전체의 존폐와 관련된 중대한 위협, 로마인들로서는 최초로 겪는 대규모의 외침外侵이었다. 위기를 맞은 로마에 다행스런 점은 신분 투쟁의 결과로 군대의 개혁이 일어난 것이었다. 로마의 평민들은 그리스로부터 중장보병 밀집대형 전술을 도입하고 상비군적 성격을 가지는 시민군을 구성했다. 갓 태어나 이제 막 골격을 갖추기 시작한 로마를 위기에 빠뜨린 외부의 적은 누구였을까?

고난 끝의 통일

인류 역사의 어느 시대에나 그랬듯이, '사람이 살고 있는 땅'은 로

전우의 시신을 넘고 넘어　그리스와 달리 주변 민족들과 치열한 생존경쟁을 벌여야 했던 로마는 일찌감치 군사적 측면이 강조된 정복 국가로 출범했다. 그러나 갈리아는 초기 로마가 감당할 수 없는 강적이었다. 기원전 4세기, 갈리아가 로마를 침공해왔을 무렵에 제작된 이 청동상은 로마 병사들이 침통한 표정으로 전우의 시신을 나르는 모습이다.

마만이 아니었고 이탈리아만도 아니었다. 에트루리아의 지배를 벗어난 기원전 5세기 무렵만 해도 로마에는 아직 경쟁자들이 많았다. 신생국 로마로서 가장 효과적인 대처 방식은 주변 민족들과 타협하는 길뿐이었다. 그래서 로마는 이웃 라티움인들과 라티움 동맹을 맺고 최초의 지역 통합을 이루었다. 이 동맹은 로마인과 라티움인이 서로 평등한 관계에서 맺은 최초의 평화조약이자 불가침조약이자 상호보호조약이었을 뿐 아니라, 이후 로마의 대외 관계가 나아갈 기본 방향을 보여주고 있었다. 훗날 정복 국가로 알려지게 되는 로마였으나 출발 무렵에는 이렇게 평화조약을 외교 노선으로 삼았다.

평등한 조약으로 출발한 라티움 동맹 내에서 로마는 곧 두각을 나타내게 되었다. 그러나 라티움 동맹은 같은 처지의 고만고만한 아이들끼리 맺은 의리 관계와 비슷했으므로 바깥에서 제법 몸집이 큰 아이가 공격해오면 마땅히 대처할 방법이 없었다. 기원전 390년 로마를 공격한 갈리아가 바로 그런 아이였다. 예전에도 갈리아인들은 반도 북부의 포 강 유역까지 자주 침범했으나 보통은 국지적인 약탈 정도에 그쳤다. 그러나 라티움 동맹으로 중부에서 제법 발언권을 얻은 로마가 그것마저 방어하려 하자 갈리아인은 로마의 기세를 꺾고자 했다.

갈리아가 침공해온다는 소식을 전해들은 로마는 서둘러 군대를 꾸려 로마 북부의 알리아에서 맞섰다. 에트루리아를 물리치고 동맹을 주도한 로마로서는 최초의 본격적인 국제전인 만큼 긴장도 되었겠지만 어느 정도 자신도 있었다. 그러나 결과는 최악이었다. 한여름의 전투에서 로마는 갈리아의 켈트 전사들에게 대패했다. 도시는 철저히 유린되고 약탈과 방화가 잇달았다. 로마 광장의 12표법 청동판도 이때 불타 없어졌다(현재 전해지는 12표법의 내용은 나중에 재구성된 것이다).[•]

로마를 위해 한 가지 다행스런 점은 갈리아가 로마를 지배하기로 마음먹지는 않았다는 것이다. 3년에 걸쳐 로마를 마음껏 유린한 뒤 갈리아는 로마를 직접 영토로 삼느니 배상금을 받고 철수하는 게 낫다고 결정했다. 그 덕분에 로마는 자칫하면 역사에 명패도 올리지 못한 채 사라질 뻔한 위기를 넘겼다.[••]

그러나 로마의 수난은 아직 끝나지 않았

● 갈리아는 로마를 최초로 정복한 이민족이었고, 이후 로마는 410년 서고트족에게 함락당하기까지 800년 동안 한 번도 이민족의 정복을 허용한 적이 없었다. 그러므로 이 사태는 로마 역사상 전무후무한 참극이었다. 그러나 이 사건을 계기로 갈리아는 로마의 철천지원수가 되었으며, 나중에 이를 잊지 못한 로마의 카이사르는 갈리아에 대한 철저한 복수에 나서게 된다.

●● 시기는 다소 차이가 있지만, 당시 로마의 사정은 기원전 3세기 말 중국 한 제국의 사정과 비슷한 데가 있다(로마와 한은 각기 서양과 동양의 고대적 기틀을 이루었다는 점에서 역사적 위상이 비슷하다). 한은 건국 초기에 북방의 흉노에 조공을 바치는 신세였다. 로마가 갈리아에 내준 배상금은 한의 조공에 해당한다. 로마는 갈리아를 야만족이라 부르며 두려워했는데, 한으로서도 역시 흉노는 공포의 대상이었다. 그리스의 '야만족'은 언어와 습속이 다르다는 뜻이 강했으나 로마의 '야만족'은 오늘날과 비슷한 의미였고 중국으로 치면 오랑캐에 해당한다(한은 흉노를 오랑캐라고 불렀다). 이 '야만의 지배'에서 벗어난 것은 로마보다 중국이 약간 빨랐다. 한은 기원전 2세기 중반 흉노의 지배에서 벗어나게 되며, 로마는 기원전 1세기 카이사르가 갈리아 정벌에 성공한다.

다. 갈리아에 치욕을 당하는 꼴을 본 라티움 동맹의 도시들은 로마의 리더십에 의문을 품었다. 특히 캄파니아 지방을 장악하고 있던 삼니움인들은 기원전 350년 별도로 삼니움 동맹을 맺고 로마와 라티움 동맹에 반기를 들었다. 그러나 로마는 아직도 같은 체급에서는 챔피언이었다. 삼니움인들은 비록 전투에 능하고 기질이 억센 산악 민족이었으나 그리스에서 도입한 로마의 선진적 밀집대형 전술을 당해내지 못했다. 이 삼니움 전쟁에서 승리한 로마는 당시 이탈리아 최대의 산업 중심지인 카푸아와 비옥한 곡창지대인 캄파니아, 그리고 중요한 무역항 네아폴리스(나폴리)를 얻는 '횡재'를 했다.

호사다마일까? 로마가 전리품을 독차지하자 동맹시들의 눈초리는 더욱 날카로워졌다. 평화조약으로 출범한 라티움 동맹의 틀을 깨지 않기 위해 동맹시들은 우선 점잖게 재분배를 요구했다. 그러나 제 코가 석 자인 로마가 그 요구를 수용할 리는 만무했다. 결국 전쟁으로 해결할 수밖에 없었다. 삼니움 전쟁이 끝난 지 얼마 되지 않은 기원전 340년에 로마는 또다시 동맹시들의 연합군을 맞아 3년 동안 힘든 전쟁을 치러야 했다.

그러나 로마의 힘은 이제 과거와는 현격한 차이가 있었다. 2년이 지나자 전쟁 수행 능력을 잃은 동맹시들은 로마에 강화를 제안했다. 사실상의 항복인 셈이었다. 정치적 지도력을 확고히 한 로마 앞에는 다시 풍성한 식탁이 차려졌다. 로마가 선택한 메뉴는 세 가지였다. 첫째, 적극 협력하는 도시들에는 완전한 로마 시민권을 부여한다. 둘째, 끈질기게 저항하는 도시들은 요새를 파괴하고 정치 지도자들을 추방한다. 셋째, 이도 저도 아닌 중립 도시들에는 정치적 자치권만 부여한다.

로마가 이탈리아 반도의 패자로 등극하기 위해서는 마무리만 남았다. 아직도 완전히 복속되지 않으려 하는 삼니움의 저항을 분쇄하는 것과 남쪽 끝자락의 마그나그라이키아를 접수하는 것이었다. 삼니움인들은 이후에도 수십 년 동안 완강하게 버텼으나 기원전 295년에 센티눔 전투에서 패배함으로써 기세가 완전히 꺾였다(이때 갈리아인도 삼니움 측에 가담해 싸웠으므로 로마로서는 갈리아에 복수한 셈이다). 이제 반도 통일은 바로 눈앞에 있었다. 그러나 그냥 접수하면 될 줄 알았던 마그나그라이키아에서 예상치 않은 사태가 발생했다.

장화처럼 생긴 이탈리아 반도의 발굽 부분에 있는 항구도시 타렌툼은 로마를 새 주인으로 맞아들이기를 거부하고 옛 주인인 그리스의 품을 찾았다. 그러나 그리스는 이미 동맹시들이 로마에 강화를 요청하던 해(기원전 338년)에 필리포스의 마케도니아에 굴복한 터였다. 따라서 타렌툼의 도움 요청에 응답한 것은 그리스도, 마케도니아도 아닌 그리스 북서부에 있는 에피루스의 왕 피로스 Pyrrhos (기원전 319~기원전 272)였다. 알렉산드로스가 죽은 뒤 제2의 알렉산드로스를 꿈꾸던 야심가인 데다 평소에 타렌툼을 위대하고 부유한 도시라고 여기던 그이니, 타렌툼의 요청은 그에게 레드카펫을 깔아주는 격이었다. 그는 원래 알렉산드로스가 죽은 뒤 이빨 빠진 호랑이가 된 마케도니아를 정복하려 했으나, 이참에 목표를 서쪽으로 돌려 이탈리아 전체를 정복하기로 마음먹었다.

코끼리 접시 전에도 코끼리 이야기를 들은 적은 있겠지만, 이탈리아인들은 피로스의 코끼리 부대에서 코끼리를 처음 구경했다. 그러니 그들이 혼비백산한 것도 무리는 아니다. 그림은 그 무렵에 이탈리아에서 만들어진 접시다.

피로스가 이끄는 그리스 용병과 마케도니아 연합군은 스무 마리의 코끼리와 함께 타렌툼이 깔아놓은 레드카펫으로 왔다. 이탈리아 내의 여러 작은 민족만 상대해온 로마로서는 처음 맞는 헬레니즘 세계의 군대였다. 그러나 큰 싸움에서 이기면 큰 것을 얻을 수 있으리라.

기원전 275년, 양측은 베네벤툼에서 맞붙었다. 승부의 핵은 코끼리였다. 코끼리 전술이 장기인 피로스로서는 이들이 제 역할을 해주면 승리는 따 놓은 당상이었다. 그러나 로마인이 코끼리를 보고 놀란 것 못지않게 코끼리들도 로마의 밀집대형을 보고 놀랐다. 결국 로마군의 창에 부상을 당해 미쳐버린 코끼리가 거꾸로 그리스 병사들을 짓밟아 죽이면서 피로스의 야망은 꺾였다(피로스의 고향은 오늘날 알바니아에 해당하는데, 알바니아 사람들은 피로스를 아직도 고대사의 영웅으로 존경한다). 피로스가 물러간 뒤 로마는 타렌툼을 접수해 기원전 272년에 마침내 이탈리아 반도의 통일을 이루었다.

귀족정＋민주정＋왕정＝로마 공화정

기원전 390년 갈리아인의 침입에서부터 통일에 이르는 전란기에도 로마 평민들의 신분 투쟁은 그치지 않았다. 조국이 위기에 처해 있는데 신분 투쟁이라니, 어찌 보면 어울리지 않은 듯하지만 그렇지 않았다. 조국을 위해 싸운 것도 바로 평민들이었으니까.

갈리아에 패배했을 때 로마는 몹시 힘든 상황이었다. 막대한 배상금도 배상금이지만 정복 활동이 중지된 게 더 치명적이었다. 그 전까지는 식민시를 건설하거나 정복으로 얻은 공유지를 분배하는 것으로 토지 없는 농민들을 달랠 수 있었는데, 그게 불가능해진 것이다. 심각한 경제난 속에서 토지는 갈수록 부족해졌고, 가난한 평민들은 점점 쌓여가는 부채에 시달렸다. 물론 토지와 부채의 임자인 귀족들은 난리 속에서도 끄떡없었다.

아무리 나라가 위기에 처했어도 개혁의 필요성은 명확했다. 오히려 나라의 위기를 타개하기 위해서도 개혁이 필수적이었다. 가난한 농민들은 빚을 얻어 살았고, 빚이 감당할 수 없는 규모에 이르면 귀족들의 노예 신세로 전락할 수밖에 없었다. 다시 한 번 옛날 그리스의 사정이 생각나는 장면이다. 12표법을 낳은 기원전 5세기 중반의 상황이 드라콘 법전을 낳은 아테네의 상황에 해당한다면, 이번의 로마는 솔론의 개혁을 앞둔 아테네의 사정과 비슷했다. 그러나 개혁의 내용은 달랐다.

솔론의 개혁에서는 빈민들이 채무 노예로 전락하는 것을 막기 위해 채무를 탕감해주는 정책이 나왔다. 하지만 로마에서는 귀족들의 대토지 소유 자체를 억제하기 위한 정책이 시행되었다. 그것이 기원전 376년의 리키니우스 법이다.● 리키니우스 법은 토지 소유 상

● 비슷한 상황에서 아테네와 로마의 처방이 서로 다른 이유는 두 가지로 볼 수 있다. 우선 개혁 주체의 문제다. 아테네는 귀족 출신의 집정관인 솔론이 개혁 주체로 나선 반면, 로마는 평민들이 개혁 추진 세력이었다(드라콘의 법전도 귀족이 주체였지만 12표법은 평민들이 주체였다). 그러므로 단순히 채무를 탕감해주는 것보다 훨씬 강력한 정책이 나올 수 있었다. 둘째는 로마와 아테네의 성격이 다르다는 데 있다. 아테네는 농경보다 대외 무역이 중심이었으므로 토지 분배의 문제가 그렇게까지 중요하지 않았다. 그러나 로마는 농경 국가였으므로 토지문제가 가장 핵심이었다. 또한 로마는 대외 식민 활동 이외에 정복 활동을 하지 않았던 그리스와는 달리 정복을 통해 공유지를 분급하는 정책을 전통적으로 사용했으므로 그게 어려워지면 토지문제가 난관에 봉착할 것은 필연적이었다.

한선을 500유게라(약 1.3제곱킬로미터)로 제한했다(농지가 아닌 목초지의 경우에는 500마리의 양이나 소를 방목할 수 있는 규모를 상한선으로 정했다). 물론 모든 토지의 면적을 일일이 잴 수 있었던 것도 아닐뿐더러 당시에도 명의 변경 같은 변칙적인 토지 소유 방법이 있었으니, 리키니우스 법이 정확하게 통용되기란 어려웠다. 하지만 그렇다 해도 토지 소유 상한선이 제도로 정해져 있다는 것은 귀족들의 대토지 겸병을 억제하는 데 기여했다. 또한 귀족들은 대부분 이미 상한선에 걸려 있었기 때문에 새로 정복지가 생겼을 경우에는 그 토지가 평민들에게 분급될 가능성이 컸다. 평민들이 노린 것도 바로 그 점이었다.

리키니우스 법은 경제적인 내용만 있는 게 아니었다. 이 법으로 평민들은 두 명의 집정관 중에서 한 자리를 차지하게 되었다. 이제부터 집정관 한 명은 평민 출신으로 임명하게 된 것이다. 곧이어 다른 고위 관직들도 점차 평민들에게 문호가 개방되었다. 심지어 귀족들이 악착같이 사수하려 했던 신관神官도 결국 평민에게 개방되었다(에트루리아의 전통으로 로마의 정치에서는 마법과 주술, 점술이 중요했으며, 따라서 신관은 상당한 정치적 권한을 가졌다).

경제적 불평등을 해소하고 참정권까지 확보한 평민들에게 이제 남은 목표는 한 가지뿐이다. 얻을 것을 다 얻었으니 이제 '이대로 영원히'만 이루면 된다. 그러기 위해서는 평민회의 권한이 강화되어야 한다. 하지만 자칫하면 최고 권력을 평민들에게 넘겨줄 판이었으므로 이번에는 귀족들의 저항도 만만치 않았다. 그래서 평민들은 다시 한 번 비장의 무기를 쓴다. 바로 철수다.

기원전 287년, 200년 만에 다시 '시민 총파업'을 감행한 평민들은 파업의 대가로 호르텐시우스 법을 얻어냈다. 이 법으로 이제

그리스풍   초기 로마의 역사는 여러 면에서
그리스를 본받는 식으로 전개된다. 한가운데
광장과 신전이 있는 로마 시가지 유적의 현재
모습(위쪽)과 옛 로마를 표현한 모형(아래쪽)
에서도 그리스 폴리스의 냄새가 물씬 풍긴다.

평민회의 결정은 원로원의 승인을 거치지 않고 그대로 법으로 시행될 수 있게 되었다. 바야흐로 평민회는 정식 입법기관이 된 것이다. 호르텐시우스 법은 기원전 494년 첫 번째 철수 이후 200여 년에 걸쳐 진행된 신분 투쟁의 대단원을 내리는 쾌거였다.

신분 투쟁 기간 동안 평민들은 거의 폭력을 사용하지 않고 모든 목표를 달성했다(철수가 가장 적극적인 저항 수단이었으니 비폭력일 수밖에 없다). 그리스에서처럼 유혈 사태로 치닫지 않았을 뿐 아니라, 처음에는 그리스보다 한 걸음씩 뒤졌던 개혁도 이제 확실히 앞서 가게 되었다. 의회, 상원(세나투스), 국민투표 등 오늘날까지 서구 민주정치에서 사용하는 용어들은 모두 이 시대 로마에서 탄생했으며, 로마의 원로원과 민회는 오늘날 양원제 민주주의의 기원이 되었다.

물론 당시 로마의 귀족들은 불만이었지만, 그리 심한 정도는 아니었다. 로마의 귀족들은 평민의 진출을 어쩔 수 없는 것으로 여기거나 심지어 환영하기도 했다. 그들은 가지고 있던 모든 특권을 잃었고 오로지 전통과 명예만이 남았지만, 그랬기에 더더욱 귀족다웠다. 그들은 그들에게 주어진 정치적 권한, 즉 원로원 활동에 충실했으며, 그 이상도 그 이하도 노리지 않았다.* 원로원의 귀족정, 평민회의 민주정, 집정관의 왕정이 조화 속에 한데 어우러진 당시 로마의 공화정은 가장 완성된 정치 형태였다.

하지만 문제는 있었다. 로마의 공화정이 완벽하게 기능하기 위해서는 로마가 이탈리아 반도 안에 머물러 있어야만 했다. 그런데

● 당시 로마 귀족의 귀족다운 자세는 노블레스 오블리주(noblesse oblige), 즉 '귀족의 의무'라는 말에 그 흔적이 남아 있다. 오늘날 이 말은 '상류층의 도덕과 책임'을 강조하는 데 주로 사용한다. 흔히 노블레스 오블리주를 상류층의 양심이라고 이해하지만, 의무(오블리주)라는 말이 붙은 데서 보듯이 도덕적 개념이라기보다 역사적으로 형성된 개념이다. 그렇기 때문에 그런 전통이 없는 사회에서는 노블레스 오블리주가 실현되기 어렵다.

로마는 애초부터 타고난 정복 국가였다. 따라서 로마의 공화정이 아름다운 조화를 이룬 것은 잠시뿐이었다. 반도의 통일을 이룬 뒤 로마는 곧장 더 큰 목표를 향해 나아가게 된다. 그것은 바로 지중해의 패자가 되는 것이다.

11장

지중해로 뻗어나가는 로마

서부를 향해

정복이라고 하면 대개 국가적인 정책의 소산이다. 칭기즈 칸의 중앙아시아 정복, 중세 유럽의 십자군 전쟁, 근대 유럽의 제국주의적 식민지 개척 등등 인류 역사에서 대표적인 정복 활동들은 모두 예외 없이 국가를 운영하는 지배층의 결정으로 이루어졌다. 그러나 로마의 경우는 다르다. 로마의 정복 활동은 평민들을 중심으로 하는 '전 국민적 지지' 속에서 전개된다. 왜 그럴까? 리키니우스 법에서 보듯이 식민지를 획득해야만 평민들이 토지를 소유할수 있었기 때문이다. 따라서 로마에 영토 확장은 단순히 국력을 키우는 의미만이 아니라 생존과 존속을 위한 것이었다. 제국으로의 팽창은 모든 로마인에게 선택의 여지없는 필연적인 노선이었던 것이다.

이렇듯 영토 확장은 사활이 걸린 문제였기에 로마의 식민시는 그리스의 식민시와 질적으로 달랐다. 그리스의 식민시들은 건설 주체들이 주로 경제적인 동기(무역)에서 스스로 모국인 그리스에서 나와 자발적으로 형성했다. 그러므로 모국의 정치적 간섭을 전혀 받지 않은 것은 물론 때로는 모국을 능가하는 번영을 누리기도 했다. 그러나 로마의 식민시들은 국가적인 차원에서 건설되었으며, 영토 개척을 통해 과잉 인구를 이주시킨다는 현실적인 필요성이 강했다. 따라서 그리스 식민시처럼 경제적인 동기보다 전략적인 의미가 더 컸다. 그리스의 식민시들이 주로 항구에 집중된 데 비해 로마의 식민시들은 내륙에 많이 조성되었다는 것은 그 점을 보여주는 예다.

또한 그리스의 식민시들은 무역을 통한 경제적인 이해관계에서만 모국과 연관을 맺었으나 로마의 식민시들은 정치적·군사적으로 모국과 분리될 수 없었다. 그렇기 때문에 로마는 새로 개척한 식민시들을 잇는 거대한 도로망을 구축했다. 그 대표적인 것이 오늘날까지도 사용되고 있는 로마에서 카푸아까지 길이 200킬로미터에 달하는 아피아 가도다. 이 도로는 남쪽의 브룬디시움(지금의 브린디시)까지 연장되어 로마 영토의 등뼈를 이루었다. 또한 북쪽으로는 아리미눔(지금의 리미니)까지 플라미니우스 가도가 건설되었고, 이것이 다시 플라켄티아(지금의 피아첸차)로 연장되어 아이밀리우스 가도를 이루었다. 오늘날 이탈리아 도로망의 골간은 무려 2000여 년 전에 형성된 것이다. 도로의 주요 목적은 군대와 보급 물자의 수송에 있었으니, 여기서도 제국의 면모는 뚜렷했다.

그러나 이렇게 해서 싹이 드러나기 시작한 '로마 제국'(정치 체제상으로는 아직 제국이 아니다)은 동양식 제국, 이를테면 비슷한 시

195

로마의 고속도로　모든 길은 로마로 통한다는 말을 여실히 보여주는 증거가 바로 이 아피아 가도 같은 로마의 도로다. 로마인들은 새로 개척한 도시와 거점들을 잇는 방대한 도로망을 건설해 장차 제국으로 발돋움하는 계기를 이루었다. 이 아피아 가도의 일부는 오늘날에도 도로로 사용되고 있으니 아주 실용적인 유적인 셈이다. 로마 시내를 관통하는 부분은 돌 벽돌을 수직으로 박아 넣어 특히 견고하다.

기 중국의 한 제국과는 달랐다. 무엇보다 식민지와의 관계가 중국처럼 수직적인 구조를 취하지 않았다. 로마와 식민지의 관계는 기본적으로 라티움 동맹의 정신을 따르고 있었다. 물론 로마의 리더십은 당연했고, 로마와의 친소 관계에 따라 대우의 차이는 있었으나, 모든 식민시에는 로마의 동맹시라는 동등한 자격과 로마 시민권이 주어졌다. 이것이 곧 '분할 통치divide and rule'라는 로마식(서양식) 제국의 원리인데, 이를테면 군사권과 외교권은 로마에 있고 식민시의 자치권은 보장하는 방식이었다.

　　이탈리아 반도를 통일하자 로마는 자연히 지중해로 진출하게 되었다. 그러나 반도 바깥의 지중해 세계의 사정은 로마가 반도 내에 머물 때와는 크게 달랐다. 반도를 통일할 때도 만만찮은 적수가 없었던 것은 아니지만, 그래도 기본적으로는 무주공산을 놓고 여러 세력이 다툰 것이라고 할 수 있었다. 그러나 지중해는 이미 구획이 정해져 있었고, '임자'가 있었다. 더구나 그 임자는 그 전까지 로마가 상대해온 적수와는 차원이 달랐다.

기원전 3세기 무렵에 지중해 세계는 동부와 서부의 둘로 나뉘었는데, 마침 이탈리아 반도는 그 한가운데 위치해 있었다. 동쪽으로 갈까, 서쪽으로 갈까? 사실 고민할 필요도 없었다. 동부 지중해는 문명의 빛이 발원한 곳이자 전통과 역사를 자랑하는 지역이었고, 당시 마케도니아와 시리아, 이집트의 헬레니즘 3강이 지배하는 헬레니즘 세계였으므로 신출내기 로마가 언감생심 끼어들기는 어려웠다. 당연히 로마는 신흥 시장으로 떠오르는 서부 지중해로 진출하기로 했다. 그러나 이곳에도 로마로서는 버거운 상대가 버티고 있었다. 바로 카르타고였다.

앞에서 본 것처럼 카르타고는 기원전 9세기에 페니키아의 식민시로 출발했다. 하지만 당시의 식민시가 으레 그렇듯이 카르타고 역시 모국인 페니키아와 무관하게 발달했으며, 페니키아가 페르시아에 통합된 이후에는 그나마 모국마저 없어졌다. 그런 상태에서 카르타고가 발달할 수 있었던 것은 지리적인 이점 덕분이었다. 동부 지중해의 많은 페니키아 식민시들은 일찌감치 페르시아나 알렉산드로스의 마케도니아에 정복되었으나 카르타고는 북아프리카(지금의 튀니스 부근)에 있었으므로 유럽과 아시아를 휩쓴 정복의 물결을 피할 수 있었다.

뿐만 아니라 카르타고에는 드넓은 미개척 시장이 있었다. 남들이 다 하는 일에 뛰어들면 잘해야 경쟁자들과 시장을 균분하는 정도에 불과하지만, 남들이 하지 않는 일을 하면 시장 독점이 가능하다(물론 그만큼 위험도 크지만). 기원전 4세기 이후 헬레니즘 세계로 통합된 동부 지중해는 전통적인 무역 도시들로 이미 만원 사례였다. 그러나 카르타고는 무주공산이나 다름없는 서부 지중해 세계의 무역을 거의 독점했다. 특히 에스파냐(에스파냐란 원래 '먼 나라'라는 뜻으로 페니키아인들이 붙인 이름이었고, 로마 시대에는 히스파니아로 불렀다)는 날로 커지는 신흥 시장으로, 카르타고의 중요한 무역과 식민의 대상이었다. 그래서 카르타고는 에스파냐와 코르시카, 사르데냐, 북아프리카 등의 서부 지중해 세계는 물론 멀리 아프리카 내륙의 콩고까지 진출했다.

그러는 동안 카르타고에 경쟁자가 전혀 없었던 것은 아니다. 이를테면 이탈리아 남부 마그나그라이키아의 그리스 식민시들은 유력한 경쟁자들이었다. 그러나 그들은 무역의 경쟁자일 뿐 정치적 위협 요소는 되지 못했다. 게다가 로마의 반도 통일로 그들의 활동이 크게 약화된 것도 카르타고에는 적잖은 이득이었다.

서부 지중해에서 카르타고의 유일한 경쟁자는 아직 로마에 정복되지 않은 시칠리아의 그리스 식민시들뿐이었다. 하지만 시칠리아를 새롭게 바라보는 것은 카르타고만이 아니었다. 지중해 진출을 시도하는 로마 역시 시칠리아를 손아귀에 넣는 게 급선무였던 것이다. 장화 모양이 이탈리아 반도가 시칠리아라는 돌멩이를 걷어차면 돌멩이는 곧장 카르타고를 맞히게 된다. 어차피 맞붙어야 할 로마와 카르타고의 대결에 불을 댕긴 것은 바로 그 돌멩이, 시칠리아였다.

예상 밖의 승리

기원전 264년 로마는 아직 지중해 진출을 꾀하기에는 힘이 부쳤다. 반도의 통일을 이룬 지 몇 년밖에 되지 않은 데다, 상대는 이제까지 로마가 싸워온 반도 내의 '오합지졸'이 아니었다. 특히 카르타고 용병들의 명성은 지중해 세계 전역에 널리 퍼져 있었다. 카르타고는 전통적으로 용병을 이용했는데, 에스파냐 출신의 보병과 누미디아 출신의 기병은 막강한 전투력과 용맹함을 갖추고 있었다(누미디아 기병은 고대 이집트 시대부터 우수한 용병으로 성가가 높았다). 무엇보다 카르타고가 자랑하는 것은 탁월한 능력을 가진 군 지휘관들과 오랫동안 해상무역으로 힘을 키워온 함대였다.

반도 통일을 이루기 전까지 로마는 카르타고와 좋은 관계를 유지하고 있었다. 기원전 508년 로마는 카르타고와 우호조약을 맺었는데, 이것은 로마가 반도 바깥의 국가와 최초로 맺은 조약이었다. 이후로도 200여 년 동안 두 나라는 조약을 계속 갱신하면서 우호 관계를 유지했다. 그러나 로마가 반도 통일을 이루면서 모든 게 달라졌다. 그럴 만도 한 것이, 그 조약은 원래 로마가 지중해 서부 무역에 진출하지 않는 대신 카르타고는 이탈리아 반도 내의 정치적 사태에 개입하지 않는다는 내용이었던 것이다. 통일을 이루기 전까지야 문제가 없었지만, 통일을 이루고 더 큰 바다로 나가야 하는 로마로서는 더 이상 그 조약을 준수할 수 없는 형편이었다.

이런 상황에서 기원전 264년 시칠리아로부터 타전된 SOS는 로마 정계를 발칵 뒤집어놓았다. 시칠리아의 메시나가 시라쿠사와 싸움이 벌어지자 로마에 구원을 요청한 것이다.

카르타고의 요새   포에니 전쟁의 시발점은 로마와 카르타고의 중간에 있는 시칠리아에서 생겨났다. 사진은 시칠리아 서부에 있는 카르타고 요새의 유적이다. 1차전에서 카르타고군은 이곳을 거점으로 게릴라전을 전개했다.

● 포에니 전쟁은 기원전 264~기원전 146년 세 차례에 걸쳐 벌어졌는데, 사실상 별개의 전쟁들이다. 그러나 세 차례 모두 로마와 카르타고가 싸웠다는 점에서, 그리고 지중해의 패자를 놓고 벌어졌다는 점에서 성격은 같다. 포에니(Poeni, 라틴어로는 Puni)란 로마인들이 카르타고인을 부르는 이름인데, 페니키아에서 나온 말이다.

사실 로마가 반도를 통일하면서 시칠리아의 상황도 복잡해졌다. 시칠리아는 자신의 의도와는 무관하게 로마와 카르타고 두 세력 간의 완충지이자 요충지가 되어버린 것이다. 어차피 시칠리아가 독자적으로 살아남아 발전하기는 어려운 형세였다. 따라서 시칠리아의 도시국가들은 전통의 카르타고에 붙을 것이냐, 신흥 세력인 로마에 붙을 것이냐를 두고 갈림길에 있었다. 시칠리아의 우두머리 격인 시라쿠사는 카르타고를 택했는데, 이에 대해 로마의 '장화' 바로 코앞에 있는 메시나는 불만이었다. 카르타고가 메시나를 공격하자 당연히 메시나의 용병들은 로마 측으로 붙었다.

메시나의 구조 요청에 자신이 없었던 로마 원로원은 망설였으나 민회는 과감히 전쟁을 결정해버렸다(역시 '정복 국가 로마'의 이미지는 평민들이 만든 것이다). 지중해의 패자를 결정하기 위한 로마와 카르타고의 3차에 걸친 포에니 전쟁은 이렇게 시작되었다.●

20여 년간 시칠리아를 무대로 전개된 1차전(기원전 264~기원전 241)에서 로마는 예상치 못한 승리를 거두었다. 특히 기원전 260년 시칠리아 북부에서 벌어진 해전에서 로마가 승리한 것은 전혀 뜻밖의 성과였다. 강력한 해군 국가 카르타고를 해전에서 물리친 경험은 로마의 정복 전쟁에서 커다란 전환점이 되었다. 비록 4년 뒤에 로마는 카르타고 본토를 공략하다가 대패했지만, 이후 시칠리아에서 재개된 연장전에서는 골든골을 넣으면서 1차전을 승리로 마무리 지었다. 물론 당시에는 누구나 그것을 결승전으로 여겼고 1차전이라고는 여기지 않았다.

로마의 전과는 막대한 배상금 이외에도 두 가지가 더 있었다. 하나는 시칠리아와 사르데냐, 코르시카를 정복했다는 것이다(시라쿠사는 개전 초기에 로마 측으로 돌아섰다). 이로써 로마는 최초로 해외 속주provincia••를 거느리게 되었는데, 이렇게 해서 시작된 속주 체제는 이후 로마의 기본적 식민지 경영 체제가 된다. 다른 하나는 해군과 함대를 육성해야 한다는 사실을 깨달은 것이다. 해군력은 뒤이어 벌어지는 2차전(사실상의 결승전)에서 로마가 대역전승을 거두게 되는 결정적인 원인이 된다.

사실 1차전에서 로마가 승리할 수 있었던 중요한 이유는 카르타고의 내부에도 있었다. 로마의 본토 공격을 저지하기 위해 시칠리아에서 본국으로 급히 송환된 카르타고의 용병들이 반란을 일으켰던 것이다. 전투력은 뛰어나지만 충성심은 아무래도 부족한 게 용병의 한계다.

반란은 진압되었으나 전쟁에서는 졌다. 카

•• 반도를 통일하기까지 로마는 반도 내의 도시들을 사실상 지배했으나 형식상으로는 동맹시로 편입시켰다. 그러나 1차 포에니 전쟁으로 해외 식민지가 생기게 되자 로마는 정책을 바꾸기로 했다. 그래서 생겨난 것이 속주 체제. 사실 속주의 모델을 제공한 것은 카르타고였다. 시칠리아 서부를 지배하던 카르타고는 지배 지역으로부터 정기적으로 공납을 받는 제도를 시행했다. 로마는 원래 이탈리아 동맹시들에서 군대를 지원받았을 뿐 공납을 받지는 않았다(경제적 관계보다 정치적 관계가 더 강했던 탓이다). 카르타고의 예를 좇아 로마는 시칠리아, 사르데냐, 코르시카를 속주로 삼고 공납을 받기로 했다. 여기서 재미를 본 로마는 이후 해외 식민지들을 획득할 때마다 속주로 만들어 제국으로 향하는 경제적 발판을 마련하게 된다. 속주를 뜻하는 프로빈키아라는 말에서 오늘날 영어의 province(지방)가 나왔고, 프랑스 남부의 고유한 명칭(프로방스)도 나왔다.

르타고의 총사령관인 하밀카르 바르카Hamilcar Barca(기원전 270년경 ~기원전 228)는 그런 사태만 없었더라면 이길 수 있는 전쟁이라고 여겼다. 그렇다면 로마와 억지로 맺은 굴욕적이고 불평등한 조약은 폐기되어야 한다. 조약을 폐기하려면 다시 전쟁을 벌이는 것밖에 없다. 하밀카르는 전쟁 준비의 일환으로 에스파냐를 쥐어짰다. 에스파냐는 카르타고의 거대한 시장이자, 광산들이 곳곳에 있는 부유한 속주이자, 질 좋은 용병들을 얻을 수 있는 중요한 군사 지역이었다(그래서 에스파냐는 '카르타고노바', 즉 '새로운 카르타고'라는 이름으로 불렸다).

　때마침 로마는 전쟁의 승리를 발판으로 삼아 강력한 팽창정책으로 나아가고 있었다. 로마는 지중해 세계의 일부를 얻은 데 만족하지 않고 알프스를 넘어 북쪽으로 영토를 확장했다. 위기가 없지는 않았다. 기원전 225년에는 다시 150여 년 전처럼 갈리아인들이 대규모로 침입했다. 그러나 이제는 과거의 로마가 아니었다. 막강한 로마 군단은 오히려 그 기회를 이용해 갈리아의 켈트 전사들을 북쪽 멀리 쫓아버리고, 그 일대에 여러 식민시를 건설했다. 이러한 로마의 팽창은 카르타고에 더욱 큰 위협이 되었다. 만약 로마군이 카르타고 최대의 식민지인 에스파냐 쪽으로 기수를 돌린다면? 당시 에스파냐의 총독이자 사실상의 왕이던 하밀카르는 카르타고의 생존을 위해 다시 칼을 뽑아들기로 결심했다. 2차전의 전운이 무르익었다.

영웅의 출현

하밀카르는 칼을 뽑아들었지만 무엇을 베지도, 도로 집어넣지도 못했다. 기원전 228년에 그만 암살당하고 만 것이다. 그의 사위인 하스드루발Hasdrubal(?~기원전 221)이 총독직을 이어받았으나 그도 몇 년 동안 에스파냐 경영에만 힘쓰다가 장인처럼 암살로 최후를 맞았다. 결국 하밀카르의 유지를 받든 것은 아들 한니발Hannibal(기원전 247~기원전 183년경)이었다.

한니발은 아버지와 매부의 뒤를 이어 에스파냐 정복 사업을 계속 전개하면서도 마음은 내내 콩밭에 가 있었다. 그것은 바로 로마에 진 빚을 갚는 일이었다. 비슷한 시기 중국에서 나온 《손자병법》에서는 "지피지기면 백전불태"라고 가르쳤다. 로마의 전쟁 방식을 철저히 연구한 뒤 그는 승리에 대한 확신을 품고 서둘러 원정 계획을 수립했다. 에스파냐에서 이탈리아로 가려면 뱃길을 이용해야 했다. 그래서 그는 대규모 함대를 편성했을까? 천만의 말씀이다.

한니발은 누구도 생각하지 못한 대담한 원정 계획을 구상했다. 육로로 로마를 침공하기로 한 것이다. 이베리아 반도에서 이탈리아까지 가는 길은 험준한 산악 지대인 데다 두 개의 큰 산맥(피레네와 알프스)을 넘어야 한다. 직선길인 해로를 놔두고 왜 그렇게 무모해 보이는 이동 경로를 택했을까?

거기에는 최소한 두 가지의 이유가 있었다. 첫째, 로마의 해군력이 문제였다. 함대로 대군을 싣고 가려면 사르데냐 섬 부근에서 로마 해군과 해전으로 한판 붙지 않을 수 없는데, 1차전 이후 로마 해군이 크게 성장했으므로 승리를 장담할 수 없었다. 둘째, 한니발이 고안한 비장의 카드를 쓰려면 육로를 택해야만 했다. 그 비장의 카드란 무엇일까? 그는 로마가 반도 통일을 이루기 직전 로마군을 괴롭힌 피로스의 코끼리 전술을 연구했다(188쪽 참조). 코끼리들이 제 역할을 했더라면 로마는 과연 피로스를 물리칠 수 있었을까? 한니발은 코끼리에 승부를 걸기로 했다. 그런데 코끼리들을 배에 태우고 항해를 하는 것은 상당한 모험이었다. 덩치가 큰 코끼리를 배에 태우는 것도 문제지만 자칫 뱃멀미에 미쳐 날뛰기라도 한다면 난감한 상황이 될 것이었다.

기원전 218년 봄, 한니발은 4만 명의 대군에 수십 마리의 코끼리까지 이끌고 역사적인 로마 원정에 나섰다. 피레네 산맥을 넘고 알프스를 앞에 두었을 때, 한니발은 미리 염두에 두었는지 어땠는지는 모르지만, 육로를 택한 데 따르는 또 하나의 이득을 얻었다. 그것은 바로 갈리아인들이었다. 몇 년 전 로마군에게 혼쭐이 나고

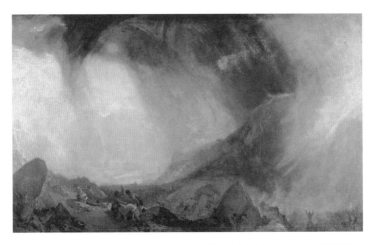

알프스를 넘는 한니발 알프스는 켈트어로 '산'을 뜻하는 말에서 나왔다. 그림은 19세기 영국 화가 터너의 작품인데, 한니발의 군대가 알프스를 넘는 광경을 비장하게 묘사하고 있다(한가운데 지평선 부근에 조그맣게 코끼리가 그려져 있다). 한니발은 한여름에 알프스를 넘었지만 꼭대기는 만년설로 덮여 있으므로 이런 폭설을 겪었을 법하다. 터너가 이 그림을 그린 것은 1812년 나폴레옹 군대가 모스크바를 침공한 시기다. 그는 한니발과 나폴레옹, 두 영웅의 운명을 하나로 본 것이다.

삶의 터전인 북이탈리아까지 빼앗긴 켈트 전사들은 한니발이 요구하지 않아도 기꺼이 용병으로 참여하고자 했다. 카르타고에는 또 하나의 뛰어난 용병 부대가 생긴 셈이었다.

비록 한여름의 등정이기는 했지만, 알프스를 넘는 것은 역시 무리였다. 갈리아의 용병들이 충원되었음에도 불구하고 한니발이 북부 이탈리아에 들어왔을 때는 보병 2만 명에 기병 6000명밖에 남지 않았다. 그 병력을 가지고 11개 군단 10만 명에 달하는 로마군을 이기기란 불가능에 가까운 일이었다. 그러나 '불가능이라는 말이 없는 사전'은 후대의 나폴레옹만 가진 게 아니었다. 한니발은 각지의 로마군을 무찌르며 로마인들이 건설한 도로를 타고 2년에 걸쳐 남진한 끝에 기원전 216년 이탈리아 남부의 칸나이에 있는 로마의 병참기지를 격파했다. 이제 로마군도 더 이상 물러날 수는 없는 노릇이었다. 그해 8월 양측은 칸나이에서 정면으로 맞붙었다.

카르타고군의 병력은 5만 명으로 늘어나 있었지만, 이에 맞서는 로마군은 8만 명이었으니 중과부적의 상황은 여전했다. 그러나 한니발에게는 풍부한 전투 경험을 자랑하는 베테랑 용병들과 초승달 포진이라는 탁월한 전술이 있었다. 한니발은 전 군대를 초승달 모양으로 포진하고 양쪽 가장자리에 베테랑 부대와 기병들을 배치했다. 여전히 밀집대형을 장기로 하는 로마의 보병들이 가운데로 쳐들어오자 중앙의 카르타고군은 뒤로 물러나며 적을 안으로 끌어들였다. 자연히 로마군은 포위당한 꼴이 되었다. 이때 베테랑과 기병 부대가 로마군의 뒤를 공격했다. 이 칸나이 전투에서 로마군은 무려 2만 5000명이 전사하고 1만여 명이 포로로 잡히는 결정적인 타격을 입었다.

또 하나의 영웅

이제 로마인들은 정면 대결에서 카르타고군에게 승리한다는 것이 불가능한 일임을 깨달았다. 특히 한니발이라는 이름은 자는 아이도 깨울 만큼 공포의 대명사가 되었다.

여기서 만약 한니발이 로마를 무너뜨리고 이탈리아 전역을 접수했다면 훗날 유럽 대신 북아프리카가 지중해 세계를 제패했을 것이다. 물론 오늘날과 같은 유럽 문명은 없었을 테고……. 그런 '사태'를 방지한 것은 세 가지였다. 첫째, 한니발은 애초부터 로마

로마의 함선　한니발에게 무너진 로마가 힘을 회복할 수 있었던 큰 이유는 해군 덕분이었다. 한니발 군대가 10년 이상이나 로마를 위협하고 있는 상황에서 로마 해군은 카르타고 본국의 군대가 지중해를 건너오지 못하도록 막았다. 결국 전쟁은 정복군에게 불리한 장기전으로 바뀌었고 로마는 최종적 승리를 거두었으니, 일등공신은 로마의 함대였다.

를 멸망시킬 의도가 없었다. 그의 목표는 로마를 제압하는 정도에서 카르타고와 로마가 공존하도록 하자는 데 있었다. 둘째, 설사 로마를 완전히 멸망시킬 의도가 있었다 해도 실제로 그렇게 하기란 쉬운 일이 아니었다. 한니발은 로마의 주력군을 궤멸시켰지만 여전히 방어망이 강력한 로마의 도시들을 빼앗을 힘은 없었다. 특히 로마 주변 중부 이탈리아의 동맹시들은 여전히 로마에 대한 신뢰를 지키고 있었다. 셋째, 로마는 아직 해상을 장악하고 있었다. 한니발이 2년 동안 이탈리아를 유린했어도 아직 카르타고 본국에서 지원군이 이탈리아로 오지 못한 것은 그 때문이었다.

　칸나이에서 대승을 거두고도 10년이 넘도록 한니발은 로마군과 대치하면서 소모전을 벌였다. 이 기간 동안에 그는 마케도니아와 연합 전선을 이루는 데 성공했지만 카르타고 본대가 오지 않는 바람에 계획에 차질을 빚고 있었다(원정 전에 한니발은 동쪽의 마케도니아, 남쪽의 카르타고 본대와 협공해 로마를 삼면으로 압박할 계획을 세워놓고 있었다). 그러나 카르타고에는 제자리걸음의 기간이었지만 로마에는 권토중래의 발판을 마련하는 기간이었다.

이 기간에 로마에서도 영웅이 탄생했다. 기원전 210년 로마는 스물다섯 살의 야심 찬 젊은이 스키피오Publius Cornelius Scipio(기원전 236년경~기원전 184)에게 에스파냐 원정군을 맡기는 모험수를 던졌다. 과연 승부수가 통했다. 스키피오는 자신의 개인적 우상이던 한니발의 초승달 포진을 모방해 카르타고 최대의 속주인 에스파냐를 5년 만에 정복하고 개선했다. 전황은 서서히 역전되기 시작했고, 한니발은 이탈리아 남부에서 고립된 형국이 되었다.

때를 틈타 로마 원로원은 총공격을 주장했으나 스키피오의 생각은 달랐다. 한니발의 전술로 한니발의 출발점인 에스파냐를 정복했으니, 이제 남은 것은 한니발이 했듯이 카르타고 본토를 공략하는 것이었다. 적을 영토 내에 두고 적의 본토를 친다는 것은 과감하기 짝이 없는 발상이었다(그 모든 게 해상을 로마가 장악하고 있었기에 가능했다). 원로원의 불신에 찬 시선을 뒤로하고 스키피오는 기원전 204년 아프리카 해안에 상륙했다. 스키피오의 전략은 적중했다. 1년에 걸쳐 스키피오가 카르타고 본토를 유린하자 마침내 한니발도 더 이상 이탈리아에 머물 수 없게 되었다.

불을 지른 스키피오와 불을 끄러 온 한니발, 기원전 202년 두 영웅은 카르타고 부근 자마의 평원에서 숙명의 결전을 벌였다. 양측의 병력은 엇비슷했으나 한니발의 기병은 스키피오의 절반 수준이었다. 바로 이 점이 자마 전투의 승패를 갈랐다. 기병의 열세로 초승달 포진을 구사할 수 없게 된 한니발은 코끼리 부대로 대

카르타고의 흔적 카르타고의 중요 도시 중 하나였던 비르사의 유적이다. 카르타고의 재기를 두려워한 로마는 카르타고의 모든 것을 철저히 파괴해버렸기 때문에 지금도 그 유적이 거의 남아 있지 않은 실정이다. 이 유적은 현재도 계속 발굴되고 있는데, 아직까지는 유적인지 흔적인지조차 알아보기 힘들다.

체했다. 그러나 로마의 도시들을 정복할 때 유용했던 그 비장의 무기는 초승달 포진에는 어울리지 않았다. 더구나 스키피오는 코끼리 부대에 대비해 나팔을 준비해두었다. 로마군의 요란한 나팔 소리에 코끼리들이 혼비백산하면서 초승달 포진은 무너졌다. 로마에서 16년간이나 싸운 베테랑 전사들이 최후의 전투에 나섰으나 로마 기병들이 카르타고 기병들을 물리친 다음 전투에 합류하자 승부의 추는 일거에 로마 측으로 기울었다.

2차전의 승부로 로마와 카르타고의 운명은 결정되었다. 평화조약이라는 이름으로 로마는 카르타고의 무장을 해제했고, 다른 나라와 전쟁을 벌이는 것을 금지했으며, 막대한 전쟁 배상금마저 물렸다.

그런데 3차전은 왜 필요했을까? 그것은 로마의 잔인한 확인 사살이었다. 카르타고를 종이호랑이로 만들어놓고도 로마는 완전히 마음을 놓지 못했다. 그만큼 카르타고는 꿈에서조차 지워버리고 싶은 대상이었다. 그런데 꿈이야 어쩔 수 없겠지만 현실에서는 지워버리는 게 가능하지 않은가? 로마는 이 기회에 카르타고를 아예 지도에서 지워버릴 음모를 꾸몄다.

더 이상의 전쟁은 해봤자 뻔한 승부였다. 단지 전쟁의 구실만 필요했던 로마는 그 구실마저도 만들어냈다. 로마는 카르타고의 인접국인 누미디아를 부추겨 카르타고를 공격하도록 했다. 조약에 따라 카르타고는 타국과의 전쟁 금지라는 조항에 묶여 있었으니, 누미디아의 공격은 공격이라기보다는 고문에 가까웠다. 고문에 못 이긴 카르타고가 호신용 칼을 빼든 것은 3차전(기원전 149~기원전 146)의 구실이 되었다.

로마의 공격은 잔인했다. 카르타고의 전 시민은 필사적으로 최후의 방어전을 펼치고는 장렬히 전사했다. 로마군은 살아남은 시민들을 학살하고 나머지는 노예로 팔았다. 그리고 카르타고 성을 완전히 부숴 두 번 다시 일어나지 못하도록 했다. 로마 제국은 그렇게 피 구덩이 속에서 자라났다.

12장

제국의 탄생

팽창하는 영토, 누적되는 모순

카르타고와 숙명의 대결을 벌이는 와중에도 로마의 정복 활동은 중단되지 않았다. 정복은 로마의 전 국민적인 활로였으므로 전쟁보다도 더 중요했기 때문이다. 처음부터 인구에 비해 토지가 부족한 상태에서 출범한 로마는 마치 달려야만 쓰러지지 않는 자전거처럼 정복을 계속하지 않으면 존속할 수 없었다.

지중해의 주인을 결정하는 중대한 2차 포에니 전쟁이 벌어지는 두중에도 로마는 정복의 고삐를 늦추지 않았다(실은 전쟁 수행을 위해서라도 늦출 수 없었다). 정복의 방향은 동부의 헬레니즘 세계, 그중에서도 일차적인 대상은 그리스와 소아시아를 장악하고 있는 마케도니아였다. 처음에는 마케도니아를 영토화하겠다는 의도까지는 없었던 로마는 두 차례의 접전(1, 2차 마케도니아 전쟁)을 통해

라티푼디움의 노예들　신분제는 세계 역사 어디서나 현대 이전까지 늘 존재했으나 서양의 신분과 동양의 신분은 의미가 약간 다르다. 서양의 신분은 사회적 역할과 일치했고, 동양의 신분은 사회적 역할과 무관하게 정치적 지배의 의미가 강했다. 이 로마 부조에 묘사된 라티푼디움의 노예들은 경제적 생산만을 담당했지만, 동양의 노예(노비)들은 주인의 명에 따라 경제만이 아니라 군사 분야에도 투입될 수 있었다.

마케도니아의 실력을 파악하게 되자 야망의 수위를 높였다. 2차 포에니 전쟁에서 승리한 뒤 거리낄 게 없어지자 로마는 전면전에 나섰다. 예정대로 마케도니아를 멸망시킨 뒤에는 내친 김에 시리아의 소아시아 영토마저 정복해 이곳에 아시아 속주를 건설했다. 이 기세에 겁을 먹은 이집트는 즉시 꼬리를 내리고 로마에 접근했다. 이로써 알렉산드로스의 후예로 자처했던 강성한 헬레니즘 3 왕국은 모두 로마의 지배하에 놓이게 되었다.

　이제 로마는 역사상 처음으로 지중해 세계를 완전히 통일하는 영광을 차지했다. 정복은 끝났다. 그렇다면 로마 시민들, 특히 늘 토지에 굶주려 있던 평민들은 과연 만족했을까? 정복의 결실이 그들에게 돌아갔다면 그랬을 것이다. 그러나 버는 자와 쓰는 자가 다른 건 예나 지금이나 마찬가지다. 로마의 평민들이 피를 흘리며

가꾼 정복의 열매는 결국 소수 귀족들의 차지였다. 로마의 귀족들은 정복으로 얻은 토지를 독점하면서 점점 대토지 소유자가 되었다. 그 결과 노예 노동으로 경작하는 대농장이 생겨났는데, 이것을 라티푼디움이라고 부른다.●

그래도 파이가 워낙 크다 보니 평민들 중에도 정복의 열매를 맛본 사람들이 있었다. 하지만 그들은 귀족들과 달리 토지 소유보다 정복의 부산물로 부를 늘렸다. 몸이 커지면 살만 늘어나는 게 아니다. 로마의 몸이 커짐에 따라 '순환기 계통'도 더욱 방대해졌다. 일부 부유한 평민들은 무역과 도로 건설, 각종 군납업과 토목공사 등을 독차지하면서 더욱 큰 재력가로 성장했다. 특히 귀족들이 신분상 손댈 수 없는 속주에서의 징세 청부업은 그들에게 가장 큰 수익원이었다.●● 이런 과정을 통해 성장한 평민들을 가리켜 에퀴테스 equites라고 불렀는데, 훗날 중세에 역사의 주인공으로 등장하는 기사騎士는 바로 이들을 기원으로 한다(이들은 자비로 무장을 담당해 기병으로 정복 전쟁에 참여했으므로 기사라는 직함을 얻었다).

그러나 에퀴테스는 어디까지나 '출세한 일부 평민들'일 뿐이었고(게다가 그들은 귀족과

● 노예는 동양과 서양의 역사에 모두 있었지만 그 성격에는 차이가 있다. 라티푼디움의 경우에서 보듯이, 서양의 노예는 주로 경제적 생산을 담당했다. 그러나 동양의 노예, 즉 노비는 주로 귀족들의 집안에서 부리는 종복이었다. 동양의 노비와 서양의 노예는 신분적으로 엄격하게 구분되고 세습되었지만, 동양의 경우는 주로 지배 - 피지배라는 정치적 의미가 강한 반면, 서양의 경우는 착취 - 피착취라는 경제적 의미가 강했다. 그 때문에 서양의 노예는 동양의 노비보다 어느 정도 신분상의 자유를 가지고 있었다. 예를 들어 한 마을에 흉년이 들어 먹고살기 힘들어지면 그 마을 주민들이 몽땅 이웃 마을의 노예로 '자원'하기도 했다. 또한 노예주도 노예를 먹여 살려야 하는 '의무'가 있었고, 그럴 능력이 없다면 노예를 해방해야 했다. 반면 동양의 노비는 주인과 생사를 같이해야 했다.

●● 상업을 천시하는 것은 동서양이 마찬가지였다. 그리스에서도 귀족 대신 평민이 무역업에 뛰어들어 부를 쌓음으로써 평민의 신분 상승과 민주정을 가져온 바 있었다. 그러나 토지가 작고 정복 활동이 없었던 그리스에 비해 로마에서는 지주 세력이 건재했으므로 그리스처럼 쉽사리 평민들에게 정치적 지배권이 넘어가지 못했다. 고대 사회에서는 뭐니 뭐니 해도 땅이 최고의 재산이었다. 한창 때의 아테네가 제국으로 발전하지 못한 이유도 지주층이 성장하지 못했기 때문이다. 한편 징세 청부업의 발달은 금융업을 탄생시켰는데, 이것은 자본주의의 원시적 형태로 볼 수 있다.

계속되는 정복　로마는 마치 정복을 중단하면 쓰러지는 자전거와 같았다. 카르타고를 물리치고 지중해의 패자가 되었는데도 로마는 정복의 발길을 멈추지 않았다. 사실 카르타고와 겨룬 것은 해상권을 확보한 것일 뿐 로마에 절실한 토지의 갈증을 풀어준 것은 아니었다. 이 부조는 로마군이 북부의 이민족(게르만)을 정복한 뒤 항복을 받는 장면이다. 오른쪽에 허리를 굽히고 있는 이민족의 우두머리는 머리털과 수염을 길게 길러 로마인과 다른 모습을 하고 있다.

다름없는 대우를 받았다), 대다수 평민들은 정복으로 나라의 영토가 늘어날수록 오히려 더욱 가난해졌다. 버는 자가 없고 쓰는 자만 남는다면 나라가 존속할 수 없다. 이런 위기감은 점차 귀족들의 일부에게도 전해졌다. 그 각성한 귀족들 중에 티베리우스 그라쿠스Tiberius Gracchus(기원전 163~기원전 133)가 있었다.

　자유농민이 몰락한다는 사실은 단순히 농업 생산량이 줄어든다는 것만을 의미하지 않았다(라티푼디움은 농업의 독점화를 뜻할 뿐이므로 총생산량에는 큰 변동이 없다). 그보다 더 중요한 것은 군사력이었다. 아무리 유능한 장군과 기사 들이 있다 해도 평민들로 이루어진 병사들이 없으면 아무 소용도 없다. 더구나 로마군의 기본 전술은 군단을 이용하는 것이었으므로 병사의 수에 절대적으로 의존했다. 포에니 전쟁에 직접 참전해 싸운 경험도 있었던 티베리우스는 평민들을 일으켜 세우지 않으면 로마의 미래는 없다고 단정 지었다.

기원전 133년, 서른한 살의 젊은 나이에 호민관으로 선출된 티베리우스는 개혁의 선례를 찾아보았다. 선례는 있었다. 멀리는 그리스의 경험이 있었고, 가까이는 250년 전 로마의 경험이 있었다. 티베리우스는 페리클레스의 민주적 개혁 정신을 바탕으로 하고 리키니우스 법을 부활시켜 대토지 소유를 억제하는 방법을 구상했다.•

하지만 이제 로마는 과거의 로마가 아닌 만큼 토지 상한선을 500유게라로 정한 리키니우스 법을 그대로 시행할 수는 없었다. 그래서 티베리우스는 토지 상한선을 1000유게라로 늘리고, 농지 분배 위원회를 구성해 무산 시민들에게 추첨을 통해 30유게라씩 토지를 분배하도록 했다(세 명으로 된 농지 분배 위원에는 티베리우스 자신과 동생인 가이우스 그라쿠스가 끼어 있었다).

물론 원로원은 잔뜩 입이 부었으나 일단은 참았다. 어차피 칼자루를 쥐고 있는 그들은 호민관의 임기가 1년이라는 것으로 불편한 심기를 달랬다. 더욱이 호민관은 한 번 임기를 지내고 나서는 재입후보하지 않는 게 관례였다. 이 관례에

• 그리스의 페리클레스가 연설에 능했듯이(132~133쪽 참조), 티베리우스도 그에 못지않은 웅변가였다. 페리클레스가 연설에서 평민들의 정치적 평등을 강조했다면, 티베리우스는 다음의 연설에서 보듯이 경제적 평등을 부르짖었다. "들판의 짐승들도 저마다 자신의 굴을 가지고 있는데, 이탈리아를 위해서 싸우다 죽어간 사람들은 공기와 햇빛 이외에는 아무것도 가진 게 없습니다. …… 그들(귀족과 장군 들)은 여러분(평민들)을 세계의 주인이라고 부르나 여러분은 자신의 것이라고 말할 수 있는 한 뼘의 땅조차도 가지고 있지 못합니다."

따랐더라면 티베리우스는 목숨을 건질 수 있었을 것이다. 하지만 그가 시동을 건 개혁은 한두 해로 끝날 수 있는 게 아니었다.

이듬해 티베리우스는 과감하게 다시 호민관에 입후보했다. 그러자 원로원 귀족들도 더 이상 놔두고 볼 수 없었다. 평민들을 위한 개혁도 거슬렸지만 이제는 그것만이 문제가 아니었다. 그리스와 로마의 전통에 따르면 참주는 용납될 수 없었다. 그리스의 페이시스트라토스와 에트루리아의 타르퀴니우스가 어떻게 쫓겨났는지를 보라! 티베리우스는 참주가 되려 하고 있다! 마침내 귀족들은 쥐고만 있던 칼자루를 흔들기로 했다. 칼날을 쥐고 모험하던 티베리우스는 결국 원로원이 사주한 폭도들의 손에 암살되고 말았다.

하지만 티베리우스의 죽음은 헛되지 않았다. 그가 남긴 선례로 인해 호민관도 재선출될 수 있다는 인식이 싹텄다. 그렇다면 장기적인 개혁도 시도할 수 있다. 그의 뒤를 이어 개혁의 총대를 멘 사람은 동생인 가이우스 그라쿠스Gaius Gracchus(기원전 153~121)였다. 형의 비참한 최후를 목격한 그는 개혁의 지지 세력이 튼튼하지 않으면 개혁을 성공시킬 수 없다고 생각했다. 기원전 123년에 호민관이 된 그는 에퀴테스를 귀족들과 분리시키기로 했다. 귀족 세력을 약화시키고 개혁 보조 세력을 강화하는 조치니 일석이조였다.

회유에 목적이 있었던 만큼 그 방법은 채찍이 아니라 당근이었다. 가이우스는 에퀴테스의 주 수입원이던 속주에서의 징세 청부권을 더욱 확대해주었다. 게다가 그들에게 속주를 다스리는 법정의 배심원 자격까지 부여했다. 이제 에퀴테스는 적어도 속주에서는 왕이나 다름없었다. 속주에서 무제한적인 착취를 할 수 있는

원로원 의원들　이름은 공화정이지만 사실 로마 공화정은 귀족정이나 다름없었다. 따라서 평민들은 귀족이 장악한 원로원과 끊임없는 투쟁을 계속해야 했다. 여기에 도전한 그라쿠스 형제는 결국 이들의 책략으로 개혁에 실패하고 말았다. 이 그림은 로마 원로원 의원들의 모습으로 이탈리아 국회에 걸려 있다.

권한을 얻은 에퀴테스는 오늘날의 재벌이 부럽지 않을 만큼 막대한 부를 쌓았다. 결국 가이우스의 개혁은 식민지 착취를 바탕으로 했다고 볼 수도 있다. 하지만 한 나라의 테두리를 벗어나 만민의 이익을 위하는 보편적인 개혁이 있을 수 있을까? 가이우스가 개혁하려는 것은 로마이지 속주가 아니었던 것이다.

　에퀴테스가 개혁의 보조 세력이라면 무산 시민들은 개혁의 주체였다. 당구으로 에퀴테스를 중립화시키는 데 성공한 가이우스는 이제 무산 시민들을 위한 적극적인 정책을 실시했다. 무산 시민들에게 필요한 것은 우선 생계를 해결하는 것, 그다음은 토지를 얻는 것이었다. 첫째 과제를 위해 가이우스는 국가가 곡물 유통에 개입해 곡물을 아주 싼 가격으로 무산 시민들에게 공급하도록 했다. 처음에는 시장가격의 반값이었으나 나중에는 아예 무상으로 식량이 제공되었다. 둘째 과제를 위해서는 해외 식민지 개척이라는 전통적인 정책을 크게 확대했다. 이에 따라 이탈리아 남부와 시칠리아, 북아프리카(특히 카르타고) 지역에 많은 식민시가 건설되거나 재건되었다(이후 이탈리아인의 대규모 해외 이주는 19세기 말 미국으로 떠나는 이탈리아 빈민들에게서나 다시 보게 된다).

물론 원로원은 티베리우스의 시절보다 더욱 분노했다. 그들이 보기에 형만 한 아우가 없다는 말은 거짓이었다. 그러나 칼자루는 여전히 그들에게 있었다. 적당한 계기만 주어진다면 그들은 가이우스를 그의 형처럼 보내버릴 자신이 있었다. 대부분의 개혁이 그렇듯이, 그 계기는 개혁 세력 내부에서 나왔다.

개혁의 바람을 타고 이탈리아의 동맹시들이 로마와 동등한 정도의 시민권을 요구하고 나서자 가이우스는 옳다구나 하고 여겼다. 이제 개혁의 물결이 전 이탈리아로 퍼지는구나 싶었겠지만, 그것은 판단 착오였다. 개혁이란 원래 한 나라의 테두리를 벗어날 수 없다. 가이우스의 지지 세력은 자신들이 가진 로마 시민권을 동맹시 시민들에게도 부여한다는 생각에 찬성하지 않았던 것이다. 개혁 세력은 찬반양론으로 분열되었고, 그 와중에 가이우스는 기원전 121년의 호민관 재선거에서 낙선했다. 간신히 피워 올린 개혁의 촛불은 심하게 흔들리고 있었다. 로마 원로원은 손을 대지 않고 코를 풀었다.

격론은 폭동으로 이어졌다. 그제야 원로원은 계엄령을 내리고 가이우스를 지지하는 세력에 대한 대대적인 숙청에 나섰다. 궁지에 몰린 가이우스는 결국 자살로 삶을 마감했다(살해되었다는 설도 있다). 평민들의 지지를 바탕으로 공화정의 이념을 부활시키려던 그라쿠스 형제의 개혁은 실패로 끝났다. 시대를 앞서간 개혁은 실패하는 걸까? 그렇지는 않다. 개혁의 실패는 제정의 씨앗을 낳았기 때문이다. 당시 로마는 이미 공화정의 보자기로 감쌀 수 있는 규모를 넘어섰으며, 강력한 중심을 가진 중앙집권적 제정을 요구하고 있었던 것이다. 그런 점에서 보면 그라쿠스 형제의 개혁은, 그 취지는 진보적이었으나 역사적으로는 오히려 시대착오적이었던 셈이다. 역사의 평가는 이렇게 양면적이다.

고대의 군사독재

티베리우스 그라쿠스가 예견했던 대로, 개혁의 실패는 곧장 군사력의 쇠퇴로 이어졌다. 로마는 지중해를 정복했으나 아직 확고한 지위를 획득하지는 못했다. 특히 북부의 강성한 갈리아인과 게르만족*은 결코 로마의 지배를 용납하지 않았다. 물론 로마 역시 지중해 세계에 안주하는 데 머물 뿐 북쪽의 중부 유럽마저 정복하려 하지는 않았다. 당시 로마의 원로원은 평민들의 지지를 등에 업은 민중파와 귀족 세력이 지원하는 벌족파로 나뉘어 당쟁을 일삼고 있던 터라 정복은커녕 내란의 위험에 직면해 있었다.

마치 군사력이 약화된 것을 추궁이라도 하듯이, 북쪽에서는 게르만족의 일파인 킴브리족과 튜턴족이 자주 이탈리아를 침략했고, 지중해 너머 북아프리카에서는 누미디아

● 게르만족은 특정한 민족의 명칭이 아니라 남유럽의 로마인들이 중부 유럽에 사는 여러 민족을 총칭하던 명칭이다(즉 게르만족이라는 민족은 없다). 동유럽의 고트족, 독일 북부의 반달족, 수에비족, 서유럽의 프랑크족 등이 다 게르만족에 속한다. 물론 그들이 게르만족이라는 정체성을 가진 게 아니라 로마인들이 그렇게 분류했을 뿐이다. 다만 갈리아인의 대다수를 차지하는 켈트족은 보통 게르만족에 포함시키지 않는다.

가 반란을 일으켰다. 난세의 영웅은 군대에서 나오는 법이다. 위기를 틈타 무능한 원로원을 제치고 로마의 지배자로 우뚝 솟은 인물은 민중파의 장군인 마리우스Gaius Marius(기원전 157년경~기원전 86)였다.

누미디아 반란의 진압으로 국민적 명성을 얻은 마리우스는 군대를 대대적으로 개편해 정복 국가 로마의 명성을 회복하고자 했다. 자유농민이 몰락한 탓에 어차피 로마의 군대는 대수술이 필요했다. 마리우스는 무산 시민 출신의 지원병들로 직업 군대를 편성했다. 새로운 군대의 병사들은 무장과 더불어 봉급도 받았으므로, 마리우스의 군대 개혁은 로마의 군사력을 회복시키는 것만이 아니라 실업난을 극복하는 데도 크게 기여했다. 병사들은 16년이나 복무해야 했지만, 퇴역하면 퇴직금으로 토지도 받을 수 있었으니 마다할 이유가 없었다. 혹독한 훈련과 치열한 전투를 치르면서 병사들은 국가에 대한 충성을 장군에 대한 충성으로 바꾸었다. 심지어 병사들은 자신을 '마리우스의 노새'라고 부를 정도였다. 기원전 102년에 킴브리족과 튜턴족의 대규모 침략을 막아낸 것은 바로 그 병사들이었다.

노새들의 공로에 힘입어 노새 주인은 네 차례나 연속해 집정관에 선출되는 신기록을 세웠다. 비록 킴브리족의 침략이라는 국가적 비상사태가 지속된 덕분이기는 하지만, 그래도 마리우스의 장기 집권은 군사독재의 가능성을 충분히 내포하고 있었다. 마리우스가 황제가 될 만한 능력과 의지를 갖추었다면 로마의 제정은 훨씬 앞당겨졌을지도 모른다. 그러나 그는 그저 군인으로서 뛰어날 뿐 정치적 능력이 부족하고 정치적 의지도 미약하고 정치적 감각도 모자랐다. 기원전 91년에 로마의 동맹시들이 반란을 일으켰을

독재자들 의회가 약해지면 군부를 기반으로 한 독재자가 등장하는 것은 동서고금의 철칙이다. 평민들의 도전으로 원로원이 약해지자 로마에도 군사독재 정권이 들어섰다. 왼쪽은 1대 독재자인 마리우스, 오른쪽은 그 뒤를 이은 술라다. 이들은 결국 제정으로 향하게 되는 로마 정치의 과도기를 지배했다.

때 노새들이 별다른 활약을 보이지 못한 탓에, 마리우스는 벌족파의 지원을 받은 부하 술라Lucius Cornelius Sulla(기원전 138년경~기원전 78)에게 밀려났다(이때 동맹시들은 결국 로마 시민권을 얻어냈으니, 가이우스 그라쿠스의 꿈은 그와 대립한 벌족파에 의해 실현된 셈이다).

마침 술라의 능력을 시험할 기회가 왔다. 밖으로는 이민족들의 침략, 안으로는 동맹시들의 반란에 시달리던 로마에 최대의 위기가 찾아온 것이다. 흑해 연안에 자리 잡은 폰투스의 왕 미트리다테스가 로마 정복을 공공연히 선언하고 나섰다.* 한니발 이래 최대의 강적인 미트리다테스는 소아시아를 근거지로 순식간에 그리스를 포함한 동부 지중해 일대를 손에 넣었다. 비록 로마가 지중해 세계를 통일했다고는 하지만, 아직도 문명의 중심지는 동부 지중

● 미트리다테스는 페르시아 왕가의 후손이라고 자처했는데, 실은 파르티아의 실력 가문 출신이었다. 파르티아는 중국 한 무제가 파견한 서역 원정대와 접촉해 중국 역사에 안식국(安息國)이라는 좋은 이름을 얻었다(《종횡무진 동양사》, 111쪽 참조). 그러나 중국에서의 이미지는 좋았으나 로마에 파르티아는 지독한 골칫거리였다. 셀레우코스 왕조가 무너진 뒤 힘의 공백을 틈타 시리아 동부까지 손에 넣은 파르티아는 이후 로마 제국의 동쪽 변방을 심하게 괴롭혔으며, 로마의 수없는 원정에도 굴하지 않은 유일한 나라가 된다.

해인 데다 발칸과 소아시아는 로마의 알짜배기 속주였다. 속주에서 착취하는 세금이 없으면 로마의 재정은 파탄이 나고 말 터였다. 원로원은 새로 집정관에 오른 술라에게 미트리다테스를 정복하라는 임무를 맡겼다. 상관으로 모셨던 마리우스를 축출하고 집정관에 오른 술라로서는 나라의 운명을 논하기 전에 장기 집권의 여부를 결정하는 중요한 기회였다.

기원전 87년에 3만 명의 군사를 거느리고 이탈리아를 떠난 술라는 탁월한 군단 전술을 선보이며 그리스를 탈환하는 빛나는 전과를 올렸다. 소아시아까지 정복한다면 로마의 지배자가 될 수 있으리라. 그러나 미트리다테스의 저항이 만만치 않았다. 결국 기원전 84년에 술라는 미트리다테스와 평화조약을 맺고 물러나야 했다. 그러나 막대한 배상금을 받아냈고 미트리다테스가 빼앗은 로마의 영토도 돌려받았으니, 일단 전과는 대성공이었다.

국민적 영웅으로 로마에 개선한 술라의 눈에는 원로원도 우습게 보였다. 그는 우선 반대파를 가차 없이 숙청하고, 부하들에게 충분한 논공행상을 마친 뒤 스스로 종신 독재관에 취임했다(독재관은 예전부터 있는 직위였으나 원래 임기가 1년이고 2차 포에니 전쟁 이래로 사실상 사라진 상태였다). 이로써 로마 공화정의 전통은 완전히 깨졌다. 1만 명의 친위대를 거느리고 막대한 부를 소유한 데다 원로원 의원들마저 마음대로 임명하는 막강한 권력을 가진 술라의 공포정치에 맞설 자는 아무도 없었다. 이 고대적 군사독재 체제는 얼마 뒤에 성립하게 될 제정의 분위기를 물씬 풍기고 있었다.

제정으로 가는 과도기

현대사회에서는 독재자의 최후가 대개 비참하지만 고대에는 그렇지 않은 경우도 많았다. 공포정치를 휘두르던 술라는, 비록 수는 충분히 누리지 못했으나 권력의 정상에서 편안하게 죽었다. 하지만 그가 남긴 군사독재의 경험은 사라지기는커녕 로마 정치의 새로운 전통으로 자리 잡았다. 그가 죽자 일단은 원로원이 권력을 되찾기는 했지만, 곧 술라의 뒤를 이어 군인 정치의 전통을 이어갈 인물이 나타났다.

술라가 그랬듯이, 폼페이우스Magnus Gnaeus Pompeius(기원전 106~기원전 48)는 술라의 부하였다가 상관의 죽음을 계기로 정치적 도약을 이루었다. 또한 술라가 미트리다테스와의 전쟁을 통해 권력을 잡았듯이, 폼페이우스 역시 군인으로서의 능력을 충분히 과시할 만한 사건을 맞이했다. 로마에서 군사적 공헌은 말하자면 권좌에 오르기 위한 '입시'와 같았다.

그 시험장은 에스파냐였다. 아시아 속주에 버금가는 로마의 금고 에스파냐에서 반란이 일어났다. 그 우두머리는 마리우스를 추종하던 세르토리우스였는데, 그는 이미 술라의 시대에 에스파냐에서 독자적 정권을 수립해 로마에 대립하는 중이었다. 기원전 76년에 원로원의 요청을 받은 폼페이우스는 에스파냐로 출장 겸 출정을 떠나 4년 만에 반란을 진압하고 로마로 개선했다. 10여 년 전 술라의 개선이 연상되지 않을 수 없는 상황이었다. 그러나 젊은 폼페이우스는 술라만큼 카리스마가 강력하지 못했고, 또 로마원로원은 술라의 공포정치를 생생하게 기억하고 있었다. 게다가 폼페이우스는 집정관에 오를 수 있는 법적 연령에도 미치지 못하는 나이인 데다 필요한 공직 경력도 모자랐다.

그렇잖아도 1인 집권이 어려운 분위기였는데, 마침 폼페이우스에게는 강력한 경쟁자도 있었다. 바로 크라수스Marcus Licinius Crassus(기원전 115년경~기원전 53)라는 재산가였다. 부유한 가문 출신인 크라수스는 술라의 시대에 숙청된 사람들의 재산을 사들여 로마 최대의 부자가 되었다.*

사실 폼페이우스와 크라수스는 경쟁자라기보다는 협력자였다. 둘 중 누구도 술라의 빈자리를 메울 만한 힘은 없었기 때문이다. 두 사람의 공동 작품은 고대사회 최대의 노예 반란인 스파르타쿠스 반란을 진압한 것이었다.

라티푼디움이 발달하면서 로마로 유입되는 노예의 수가 크게 늘어났다. 이에 따라 노예의 용도와 종류도 다양해졌다. 스파르타쿠스 반란을 일으킨 노예들은 바로 로마의 경기장에서 목숨을 걸고 싸움을 벌이는 검투사들이었다.

기원전 73년에 검투사들은 트라키아 출신의 스파르타쿠스를 지도자로 삼아 반란을 일으켰다. 프로 싸움꾼들이 일으킨 반란이니 무력이 만만치 않았다. 봉기의 횃불이 치솟자 다른 노예들도 속속 참가해 반란 세력은 순식간에 불어났다. 한동안 이탈리아 중부 일대를 유린하던 노예들은 고향으로 돌아가겠다는 목표를 정하고 북쪽으로 향했다. 전쟁에서 포로로 잡힌 킴브리족과 튜턴족이 많았을 뿐만 아니라 주동자인 스파르타쿠스도 자기 고향인 트라키아로 가려면 북쪽으로 가야 했다.

제2의 로마　에스파냐는 로마 시대 전체를 통해 로마의 가장 부유한 속주였다. 아시아 속주가 지중해 무역의 측면에서 소중했다면, 에스파냐는 풍부한 광산과 노예 노동력으로 중요했으며, 사실상 로마의 일부나 다름없었다. 사진은 에스파냐의 세고비아에 남아 있는 로마의 수도(水道) 시설이다. 아치형의 구조물 위로 물이 흘러가도록 만들었다.

　폼페이우스가 로마에 있었더라면 당연히 원로원은 그에게 진압을 맡겼을 것이다. 그러나 당시 그는 에스파냐에서 세르토리우스와 전쟁을 벌이고 있었으므로 초기 진압은 크라수스의 몫이었다. 전쟁에서 이기려면 강력한 군대가 있어야 하지만, 크라수스에게는 군대가 없었다. 하지만 그에게는 돈이 있었다. 돈으로 군대를 사면 된다. 크라수스는 대규모 용병대를 구성해 반란의 진압에 나섰다. 때마침 에스파냐에서 전공을 세우고 돌아온 폼페이우스도 스파르타쿠스의 잔당을 토벌했다. 당시 사로잡힌 노예군 전사 6000명은 아피아 가도를 따라 십자가에 묶여 처형되었다.

죽음의 결투　　로마인들은 신체가 건장한 노예들을 뽑아 검투사로 양성했다. 물론 로마 군단의 병사로 쓰려는 것은 아니었다. 검투사들은 경기장에서 맹수들과 싸우거나 자기들끼리 목숨을 건 대결을 벌여 로마 시민들의 눈과 귀를 즐겁게 하는 역할이었다. 이들이 스파르타쿠스의 반란을 일으켰을 때 로마인들은 마치 사자들이 우리를 뛰쳐나온 것처럼 공포에 사로잡혔을 것이다.

이 전공으로 폼페이우스와 크라수스는 기원전 70년 함께 집정관에 올랐다. 그러나 문제는 두 사람 다 여전히 자격 미달이라는 점이다. 민중파의 지지를 바탕으로 집정관에 선출되었으나 폼페이우스는 아직도 자신의 기반이 취약하다고 여겼다. 크라수스는 돈이 많으니 어떻게든 자격을 얻어내겠지만 폼페이우스는 처지가 달랐다. 그래서 그는 크라수스가 그랬듯이 자신의 장점을 최대한 활용하기로 결심했다. 더 큰 전공을 세우는 것이다. 없는 전쟁이라도 만들어야 할 판에 폼페이우스의 눈에 아직 로마에 저항하고 있는 미트리다테스와 아직 로마가 정복하지 않은 시리아가 들어왔다. 게다가 로마가 잠시 관리를 소홀히 한 틈을 타서 지중해에는 해적들이 들끓었다.

다시 칼을 뽑아든 폼페이우스는 기원전 67년 해적 소탕에 나섰고, 이듬해에는 미트리다테스를 완전히 굴복시켰다(풍운아 미트리다테스는 로마의 포로가 되는 대신 부하의 손을 빌려 자살했다). 곧이어 기원전 64년에는 예루살렘을 정복해 셀레우코스 왕조를 멸망시키고 시리아를 로마의 속주로 만들었다. 불과 3년 만에 로마의 골칫거리를 모조리 제거한 것이다.

이처럼 빛나는 업적에도 폼페이우스의 불운은 끝나지 않았다. 로마로 개선한 그는 자신의 충직한 군대마저 해산하고 원로원에 충성할 뜻을 보였으나 반대파는 좀처럼 그를 승인하려 들지 않았다. 하긴, 아무리 호랑이에게 은혜를 입었다고 해도 호랑이를 자기 집에 들일 사람은 없으리라.

폼페이우스의 좌절을 절대적인 호기로 삼은 사람은 바로 율리우스 카이사르Gaius Julius Caesar(기원전 100~기원전 44)였다. 우직한 폼페이우스와 달리 판단력이 뛰어나고 영민한 카이사르는 사실상의 실력자이면서도 마땅한 대우를 받지 못하고 있는 폼페이우스와 크라수스를 끌어들여 3두 정치 시대를 열었다(3두 정치라는 말은 원래 그들의 정적들이 그들을 '머리가 셋 달린 괴물'이라는 뜻으로 부른 데서 나온 경멸적인 명칭이다).

대권 후보의 등장

사실 카이사르는 마리우스의 친척이고 명문 귀족 출신이라는 점이외에는 별로 내세울 게 없는 처지였다. 게다가 다른 두 사람에 비해 나이도 가장 어렸다. 그러나 폼페이우스에게는 군대, 크라수스에게는 돈이 있다면, 카이사르에게는 신분과 자질, 그리고 탁월한 정치적 감각이 있었다.

'3두'의 한 사람이라는 후광을 이용해 기원전 59년에 집정관이 된 카이사르는 원로원을 무시하고 민회를 통해 정책을 처리했으며, 때로는 민회마저 무시하기도 했다. 일찍부터 그는 독재의 본능을 드러낸 셈이다(집정관은 두 명이었으나 다른 한 명은 전혀 권력이 없었다. 심지어 '카이사르와 율리우스가 집정관'이라는 우스갯소리가 나돌 정도였다). 그 바로 전에 집정관을 지냈고 후대에 철학자로도 잘 알려진 로마의 정치가 키케로Marcus Tullius Cicero(기원전 106~기원전 43)는 당시 카이사르의 전횡을 사실상의 '왕정'이라고 불렀다.

그러나 카이사르에게는 아직 '왕'이 되기에 부족한 측면이 있었다. 활발한 정치 활동으로 로마 시민들의 폭넓은 인기를 얻기는 했으나 아직 내세울 만한 업적이 없는 게 문제였다. 당시의 업적이라면 무엇보다 군사적 부문의 업적을 가리키는 것이었다. 그런데 카이사르는 젊은 시절의 군 복무 경험 이외에는 지휘관으로서 활동한 경력조차 없었다.

카이사르가 집정관에서 물러난 기원전 58년에 로마 원로원은 가급적 그를 로마에서 멀리 떠나보내기 위해 갈리아 총독으로 임명했다. 하지만 그것은 카이사르로서도 바라 마지않는 명령이었다. 전공을 올릴 좋은 기회였으니까. 오늘날에도 야전군 지휘관의 경력이 없으면 군직에서 성공할 수 없는데, 당시에는 말할 것도 없었다. 원로원은 그가 변방에서 전사하기를 바랐겠지만, 카이사르는 오히려 야망에 부풀었다.

카이사르의 타고난 재능은 경험이 거의 전무한 군사 부문에서도 꽃을 피웠다. 그는 순식간에 휘하 장교들을 장악하고 탁월한 전술 운용과 리더십을 발휘했다. 그러나 갈리아인들은 예로부터 로마의 껄끄러운 상대인 데다 드넓은 지역에 수많은 부족이 산재해 있어 결코 정복하기가 쉽지 않았다. 지중해 세계를 정복하던 한창 때의 로마군도 갈리아를 정복할 생각은 언감생심이고 변방을 방어하는 데만 급급할 정도였다. 사실 갈리아의 부족들이 로마처럼 정치적 통일을 이루었더라면 로마가 지중해의 주인이 되는 것조차 애초부터 불가능했을지도 모른다.

고뇌의 표정 카이사르가 암살되기 6년 전, 그러니까 그가 쉰 살 때 만들어진 흉상이다. 당시 그는 대머리였다고 알려져 있으나 여기서는 영화배우 같은 인상적인 미남으로 묘사되어 있다. 자신이 장차 암살될 운명이라고는 전혀 생각지 못했을 테니, 이 표정은 혹시 어떻게 제위에 오를 것인가를 고민하는 게 아니었을까?

갈리아에 온 카이사르는 초장부터 공세를 펼쳤다. 신속하게 전공을 세워 로마의 권력을 손 안에 넣겠다는 그의 야심으로 미루어보면 당연했다. 2년 만에 로마군은 갈리아의 부족들을 라인 강 너머로 몰아내는 데 성공했고, 곧이어 벨기에의 벨가이족과 프랑스 서해안의 베네티족을 정복했다. 갈리아인이 북쪽으로 도망치자 로마군은 추격에 나섰다. 기원전 55년에 카이사르는 영국 해협을 건너 브리타니아(지금의 영국)까지 공략했다.* 드디어 로마의 영향력은 세계의 서쪽 끝에까지 다다른 것이다.

비록 브리타니아를 완전히 정복하는 데는 실패했지만, 카이사르는 최소한 대륙의 갈리아인들만큼은 확실히 제압하는 전과를

● 카이사르의 브리타니아 침공은 비슷한 시기 우리 역사와 닮은 데가 있다. 동양에서 로마의 역할을 한 나라는 중국의 한 제국이다. 당시 한은 한반도 북부와 랴오둥을 정복하고 한4군을 세웠다. 브리타니아인들이 로마군에 거세게 저항했듯이, 한반도인들 역시 한4군의 지배에 저항했고, 마침내 한4군을 멸망시켰다. 오늘날 영국사의 첫 부분이 로마의 브리타니아 침공으로 시작하듯이, 우리 역사의 첫 부분(고구려의 건국)도 그 무렵에 시작한다. 그러나 한 가지 크게 다른 점은, 오늘날 영국인들은 로마와의 접촉으로 영국 역사시대가 시작되었다는 점을 부정하지 않지만, 우리는 대한민국도 중화인민공화국도 없었던 고대에 중국의 영향을 받았다는 것을 부끄럽게 여긴다는 점이다.

올렸다. 초보 지휘관으로서는 믿기 어려운 대성공이었다. 카이사르의 업적이 로마에 알려지자 그의 인기는 더욱 높아졌다. 원로원은 당연히 기분이 꺼림칙했지만, 더 좌불안석인 것은 폼페이우스와 크라수스였다. 이대로 가면 3두라는 말이 무의미해질지도 모른다.

그러나 영리한 카이사르는 아직 그들의 용도가 있다는 것을 잘 알았다. 그는 폼페이우스와 크라수스를 내치기는커녕 갈리아로 불러 다시금 3두의 위상을 굳게 다졌다. 그들은 카이사르가 갈리아를 맡고, 폼페이우스가 에스파냐를, 크라수스가 시리아를 맡는 선에서 공동의 이해관계를 확인하고 헤어졌다(당시 크라수스는 지중해 무역을 장악하기 위해 동부에 주력하고 있었다). 물론 로마의 원로원은 셋이 함께 공동으로 견제한다는 방침이었다.

그러나 노회한 원로원은 그냥 앉아서 당하려 하지 않았다. 사슬을 끊으려면 가장 약한 고리를 찾아라! 그 약한 고리는 바로 폼페이우스였다. 카이사르보다 고분고분한 폼페이우스를 권좌에 앉히면 원로원이 실권을 계속 장악할 수 있을 것이다. 그런데 원로원이 행동에 나서려는 순간 동쪽에서 희소식이 들려왔다. 파르티아와의 전쟁에서 크라수스가 군기마저 빼앗기는 치욕스런 참패를 당하면서 전사하고 만 것이다. 이제 3두 체제는 깨졌다. 다시 손을 대지 않고 코를 푸는 데 성공한 원로원은 예정대로 폼페이우스에 대한 공작을 개시했다. 기원전 52년 원로원은 그를 단독 집정관에

갈리아 정복   동쪽에는 파르티아, 서쪽에는 갈리아. 이들은 로마의 숙적이었다. 로마의 군사력이
최강이었던 기원전 1세기 카이사르는 드디어 갈리아 정복에 성공하고 《갈리아 전기(戰記)》라는
책을 썼다. 사진은 로마 병사들이 갈리아인을 도륙하는 장면이다.

앉혀 카이사르를 배제하겠다는 의도를 분명히 했다(앞서 술라의 종
신 집정관처럼 단독 집정관도 전례가 없는 것이었다. 이미 로마의 전통적인
공화정 정치 체제가 무너졌다는 것을 보여주는 사례다).

권력과 죽음을 함께 얻은 카이사르

기원전 52년에 갈리아의 영웅 베르생제토릭스의 반란을 어렵사리 진압한 것을 끝으로 카이사르는 군사적 임무를 완수했다. 로마의 영토는 라인 강과 영국 해협까지 확장되었다. 라인 강 너머의 이민족과 브리타니아인에 대해서는, 비록 정복하지는 못했어도 최소한 로마의 영향력 아래 제압했으므로 카이사르의 갈리아 정복은 대성공이었다.

예상한 대로 로마에서 카이사르의 주가는 천정부지로 치솟았다. 그가 개선한다면 과거에 폰투스를 정복한 술라나 에스파냐 반란을 진압한 폼페이우스의 개선보다 훨씬 무게가 있을 터였다. 그러나 그의 공이 높은 만큼 원로원의 경계와 반발도 컸다. 그렇다면 어떤 방식으로 개선해야 할까?

로마의 법에 따르면, 카이사르는 군대를 거느린 채 개선하면 안 되었다. 그 때문에 예전에 에스파냐에서 개선한 폼페이우스도 먼저 군대부터 해산시킨 것이었다. 기원전 49년 갈리아와 로마의 경계선인 루비콘 강까지 온 카이사르는 판단을 내려야 했다. 이대로 강을 건널 것이냐, 아니면 군대를 해산하고 로마에 입성할 것이냐?

물론 카이사르는 알지 못했지만, 1400년 뒤 한반도 북부 압록강에서는 이성계가 최영의 명령을 받고 랴오둥 정벌에 나섰다가 같은 고민을 하게 된다. 당시 이성계는 철군을 결정했고, 그 군대로 고려의 수도 개경을 함락시켜 조선이라는 새 나라를 열었다. 카이사르는 이성계의 쿠데타 선배가 되기로 결심했다. 사실 원로원은 이미 그해 초에 카이사르를 소환하고 그의 군대를 그의 정적인 다른 장군에게 넘겨준다는 결의를 했으니, 바보가 아니라면 누구나 카이사르처럼 행동했을 것이다. 군대를 거느리고 루비콘 강을 건너는 그의 입에서 "주사위는 던져졌다!"라는 부르짖음이 나왔다(루비콘 강은 강이라기보다 작은 시내였으나 카이사르의 중대 결정으로 역사에 유명해졌다).

주사위를 던진 이상 카이사르는 원로원, 나아가 로마 공화정의 명맥을 끊어야 했다. 로마는 제국으로 가야 했다. 8년 동안이나 갈리아의 오지에서 숱한 전투 경험을 쌓은 카이사르와 그의 군대는 거칠 것 없이 로마로 쳐들어갔다. 쿠데타라기보다는 정권의 '접수'였다. 원로원 의원들과 폼페이우스는 남쪽의 브룬디시움으로 가서 아드리아 해를 건너 그리스로 도망쳤다.

폼페이우스는 자신의 세력 근거지인 에스파냐와 북아프리카에 굳게 의지하고 있었다. 이 지역의 세력들만 다시 규합한다면 카이사르를 물리칠 수 있으리라. 그러나 카이사르의 행마는 그의 예상보다 훨씬 빨랐다. 카이사르의 군대는 불과 6주일 만에 에스파냐로 진군해 폼페이우스의 손발을 모조리 끊었다. 이제 남은 것은 폼페이우스의 목숨을 거두는 것뿐이었다.

기원전 48년, 카이사르는 바다를 건너 그리스로 진군했다. 폼페이우스는 이집트로 야반도주했다. 그러나 이집트의 지배자들은 이제 어느 편에 붙어야 하는지 분명히 알고 있었다. 폼페이우스는 결국 그들의 손에 붙잡혀 살해되었다. 급한 불을 끈 카이사르는 여유를 가지고 이후 2년여 동안 나머지 반대파를 숙청했다.

로마의 유일한 지배자가 된 카이사르는 이제 종신이든 단독이든 집정관에 만족할 수 없었다. 그래서 기원전 46년에 그는 국가 비상사태에만 임시로 임명하던 독재관이라는 감투를 임기 10년으로 늘려 자기 머리에 씌웠다. 그리고 2년 뒤에는 아예 종신 독

로마의 어린이들　어린이가 어른을 닮는 것은 동서고금의 진리. 로마의 어린이들은 로마의 어른 들처럼 병정놀이를 즐겼다. 이 모자이크 벽화에 등장한 로마의 어린이는 특이하게도 새들을 말로 삼아 전차를 끌게 하고 있다. 이 어린이가 자라서 뛰어난 군인이 되었는지는 밝혀져 있지 않다.

재관에 올랐다. 사실상의 왕이 된 것이다.

참주를 그렇게 싫어하던 로마 시민들에게 한 가지 다행스런 사 실은 카이사르가 왕이 될 자질과 역량이 충분한 인물이었다는 점 이다. 그는 무관 출신인 술라처럼 무식한 공포정치를 하는 대신 공화정에 못지않은, 아니 공화정 시절보다 더 훌륭한 정치를 펼쳤 다. 그는 먼저 자신의 병사들을 비롯해 군대에 충분한 보상을 내 려 권력의 물리적 기반을 안정시킨 뒤, 로마 시민권을 대폭 확대 해 전 로마 영토의 통합을 도모했다(그가 피바람을 뿌렸던 갈리아에 도 이때 시민권이 부여되었다).

그의 업적 가운데 당시 로마 시민들에게보다 오늘날 우리에게 더 큰 영향을 미친 것은 달력이다. 카이사르는 지역마다 달랐던 달력을 통합해 새 달력을 만들었다. 이 달력은 그의 이름을 따서 율리우스력이라고 부른다.* 그전까지 로마의 전통적인 달력에서는 1년을 12개월로 하고 4년에 한 번씩 13개월로 했는데, 율리우스력에서는 오늘날처럼 1년을 12개월, 365일로 하고 윤년마다 2월을 29일로 하는 방식으로 바뀌었다.**

오랜만에 고대하던 정치의 안정을 되찾은 로마는 급속도로 번영했다. 당시 로마 시의 인구는 무려 100만 명에 이를 정도였다. 후대에도 인구 100만 명 급의 도시는 19세기 세계 최대의 도시인 영국 런던에서나 볼 수 있게 된다.

원로원은 형식적인 기관으로 전락했지만 그래도 명맥은 유지되었다. 원로원 의원 수는 900명으로 늘어났으나 거의 대다수를 카이사르가 임명했으므로 정치적으로는 있으나 마나 한 존재였다. 그러나 정치적으로는 그랬어도 상징적으로는 그렇지 않았다. 원로원이 존재한다는 것은 과거 공화정의 전통이 존재한다는 것이었다. 사실 제정을 거의 이루고 권력을 독점한 카이사르는 원로원을 없애야 했다. 그는 원로원의 기능만 마비시키면 될 줄 알고 마음을 놓았지만, 원로원이 가진 상징성은 결국 그의 목숨을 앗아가게 된다.

기원전 44년 3월, 카이사르의 마음속에는 오로지 파르티아뿐이었다. 크라수스가 죽은 뒤 로마에서 크라수스의 복수를 하자는 운동이 크게 일어나기도 했지만, 재정상의 이유에서도 카이사르는

● 고대국가에서 달력은 대단히 중요했다. 무릇 국가에는 행사가 따르는 법인데, 달력이 없으면 불가능하기 때문이다. 달력이 없다면 국가 행사 중 가장 중요한 제사는 물론 왕의 생일이나 각료들의 회의, 군대 소집일도 정할 수 없을 것이다. 동양의 역사에서도 마찬가지였다. 중국의 경우 새로 왕조가 들어서면 즉시 달력을 만들고 연호(年號)를 정해서 주변의 조공국들에 배포했다. 달력은 천문학의 지식이 있어야 하므로 만들기도 어려웠지만, 동양의 경우에는 달력을 만들 수 있는 권리를 아무나 가지지 못했다. 하늘의 움직임을 살피는 것은 천자만이 할 수 있는 특권이었기 때문이다.

●● 하지만 그때까지 누적된 날들의 오차를 상쇄하기 위해 카이사르는 율리우스력을 만든 기원전 46년에 90일을 추가해야 했다. 그래서 그해의 날수는 모두 445일이 되었다. 카이사르는 더 이상 오차가 없을 줄 믿고 이해를 '혼돈의 마지막 해'라고 불렀는데, 4년마다 하루를 추가해도 오차는 조금씩 늘어날 수밖에 없다. 지금의 달력은 16세기에 율리우스력을 개정한 그레고리력인데, 이것도 먼 훗날에는 오차가 누적되어 개정되어야 한다.

시리아를 도저히 놓칠 수 없었다. 그러나 종신 독재관에 오른 지 두 달밖에 안 된 시점에서 국가 중대사를 처리하기는 무리였다. 그 두 달 동안 참주정치에 대한 두려움과 공화정의 옛 꿈을 마음 속에 간직하고 있는 사람들은 카이사르에 대한 분노와 우려를 극대화했다.

브루투스Marcus Junius Brutus(기원전 85~기원전 42)를 비롯한 원로원 귀족들은 3월 15일에 연설을 하기 위해 원로원에 온 카이사르를 암살했다(회랑 앞에서 귀족들에게 둘러싸여 무차별적인 단도 공격을 받은 카이사르는 모두 23군데의 상처를 입고 죽었다). 카이사르는 며칠 뒤 파르티아 전선으로 출정을 떠날 예정이었다. 결국 카이사르에게 권력을 안겨준 루비콘 강의 주사위는 그에게 죽음마저도 안겨주었다.

정답은 제정

카이사르의 암살자들은 카이사르가 죽으면 공화정이 회복될 것으로 여겼다. 그러나 상황은 그렇게 전개되지 않았다. 무엇보다 카이사르에게 충성을 바치던 군대가 있었다. 카이사르의 죽음은 오히려 군대를 장악하고 있던 그의 부관 안토니우스Marcus Antonius (기원전 82년경~기원전 30)에게 뜻하지 않은 권력을 가져다주었다.

안토니우스는 먼저 암살자들을 처벌하고 싶었으나 아직은 절대 권력자가 죽은 충격으로 인해 상황이 매우 혼란스러웠다. 이를 틈 타 브루투스의 무리는 후일을 도모하기로 하고 예전에 폼페이우스가 그랬던 것처럼 그리스로 달아났다. 안토니우스는 갓 잡은 권력부터 안정시키기 위해 카이사르의 기병대장이던 레피두스Marcus Aemilius Lepidus(기원전 ?~기원전 13)와 손을 잡았다. 두 사람의 공동 집권이 예상되는 순간 예기치 않은 인물이 끼어들었다.

파르티아 출정을 앞두고 카이사르는 유언장을 다시 작성해두었다(암살을 대비한 게 아니라 곧 전장에 나가게 되었기 때문이다). 유언장에서 그는 누이의 외손자인 옥타비아누스Octavianus(기원전 63~기원후 14)를 양자로 지정해 유산을 물려주겠다는 내용을 남겼다. 일리리쿰(지금의 유고슬라비아 서부)에 있던 옥타비아누스는 카이사르가 죽었다는 소식을 듣고 유산을 물려받기 위해 즉각 로마로 왔다.

옥타비아누스는 겨우 열아홉 살의 청년이었으나 카이사르의 상속자라는 신분이었으므로 안토니우스와 레피두스는 그를 무시할 수 없었다. 물론 그렇다고 해서 카이사르의 권력을 그에게 내줄 생각은 눈곱만큼도 없었다. 이런 불가피한 사정으로 인해 세 사람은 카이사르의 시대처럼 3두 체제를 이루었다.

그러나 이번의 3두 체제는 카이사르 시대의 3두 체제와 성격이 크게 달랐다. 무엇보다 세 사람은 모두 카이사르의 강력한 카리스마를 등에 업고 있는 상태였다. 당연히 이들의 위상은 균등하지 않았다. 로마 시민들이 신격화하는 카이사르의 혈육보다 더 정통성을 갖춘 인물이 어디 있겠는가? 옥타비아누스가 젊은 나이에 경력도 보잘것없음에도 혜성처럼 떠오른 것은 바로 그 점 때문이었다.

사실 잿밥(카이사르의 유산)을 더 중시한 옥타비아누스에 비해 안토니우스는 죽은 카이사르에게 더 충직했다. 권력이 얼추 안정되자 그는 만사를 제쳐두고 카이사르의 복수에 나선 것이다. 기원전 42년에 안토니우스는 마케도니아까지 가서 브루투스 일당을 격파했다(브루투스는 공화정의 꿈을 안은 채 자살했다). 그동안 이탈리아에 머물러 있던 옥타비아누스는 자연스럽게 벌어지는 안토니우스 격하 운동을 젊은이답지 않은 느긋한 시선으로 바라보고 있었다. 그해 그는 스물도 안 된 나이로 집정관에 올랐다.

기반이 취약했던 3두 정치는 예상외로 오래갔다. 그러나 그 기간은 옥타비아누스가 정치적으로 (또 신체적으로도) 성장한 기간이나 다름없었다. 기원전 40년 안토니우스는 동부, 레피두스는 북아프리카, 옥타비아누스는 서부를 맡아 3두 정치를 순탄하게 이끌었다. 그러나 20년 전의 3두 정치에서도 서부를 차지한 카이사르가 결국 승리하지 않았던가?

영화에서는 '내일 사는 자가 오늘만 사는 자에게 죽는다.'고 말하지만, 현실에서는 '상황에 만족하는 자가 만족하지 않는 자에게 죽는다.' 안토니우스는 3두 정치에 만족했으나 옥타비아누스는 그렇지 않았다. 기원전 36년 그는 레피두스의 군대를 설득해 자기 편으로 만드는 데 성공했다. 이로써 손발을 제거당한 레피두스는 자연히 3두에서 떨어져나갔고, 남은 두 사람의 경쟁이 더욱 노골화되었다. 하지만 승부의 추는 급속히 기울었다. 옥타비아누스는 동갑내기로 절친한 친구 아그리파Marcus Vipsanius Agrippa(기원전 63년경~기원전 12)와 같은 뛰어난 참모들을 거느리고 한창 성장하는 중이었고, 안토니우스는 자신의 처지에 만족한 데다 파르티아 전쟁에서도 패했던 것이다.

가뜩이나 안토니우스는 이집트로 가서 9개월 동안이나 클레오파트라Cleopatra(기원전 69~기원전 30)의 치마폭에서 지냈다. 클레오파트라는 일찍이 카이사르가 폼페이우스를 추격하면서 이집트에 갔을 때 그의 아이까지 낳은 여인이었다. 안토니우스는 그것마저

최초의 황제　약삭빠른 젊은이 옥타비아누스는 양아버지 카이사르가 물려준 유산을 최대한 활용해 로마의 황제가 되었다. 왼쪽은 악티움 해전을 기념한 메달이며, 오른쪽은 악티움 해전을 승리로 이끈 로마의 함선이다. 이집트의 함선은 큰 데 비해 로마의 함선은 작고 속도가 빨랐다.

옛 상관을 본받으려 했던 걸까?

안토니우스가 이집트에 머물러 있는 것은 옥타비아누스에게 좋은 기회였다. 아직 미정복지로 남아 있던 이집트를 향해 선전포고를 할 수 있었고(당시 이집트는 사실상 로마의 지배를 받고 있었으나 형식적으로는 속주가 아니었다), 여기서 승리하면 안토니우스는 저절로 제거될 것이었다.

기원전 31년 가을에 옥타비아누스가 이끄는 함대와 안토니우스·클레오파트라의 연합함대는 그리스 부근의 악티움에서 해전으로 맞섰다. 교전이 시작되기도 전에 클레오파트라는 뱃머리를 돌려 달아났고, 안토니우스는 그녀를 뒤쫓아가 그 배에 올랐다. 지휘관이 없는 전투의 승패는 뻔했다. 옥타비아누스는 별다른 접전 없이 안토니우스 군대의 투항을 받아들여 악티움 해전을 승리로 끝냈다.

이듬해 옥타비아누스가 이집트까지 추격해왔다는 소식을 들은 안토니우스는 자살로 영욕에 찬 삶을 마감했다. 클레오파트라도 며칠 뒤에 연인의 뒤를 따랐다. 클레오파트라의 죽음으로 이집트의 프톨레마이오스 왕조는 대가 끊겼다. 역사적으로 더 중요한 것은 그것으로 수천 년에 이르는 이집트 왕국의 역사도 끝났다는 사실이다. 메네스 왕이 첫 이집트 왕국을 세운 이래(32쪽 참조) 3000년이 조금 넘는 시점이었다.

영웅의 싹은 청년기에 만개하는 걸까? 알렉산드로스가 동방을 원정한 것과 같은 서른셋의 나이에 옥타비아누스는 세계 제국 로마의 일인자가 되었다. 이제 남은 일은 사실상의 제국 로마를 명칭상으로도 제국으로 만드는 것이었다.

기원전 27년, 옥타비아누스는 원로원으로부터 월계수관과 방패, 그리고 군대 지휘권을 포함해 로마와 속주들의 모든 지배권을 받았다. 그보다 더 중요한 것은 그의 신분과 호칭이다. 그는 사실상의 황제였으나, 참주를 싫어하는 로마 시민들의 감정을 자극하지 않기 위해 원로원은 그에게 프린켑스princeps('최고 시민')라는 공식 직함을 헌정하고, 아울러 아우구스투스Augustus('존엄한 분')라는 존칭을 바쳤다.● 또한 그의 양아버지 카이사르의 이름은 7월의 이름이 되었고(July는 율리우스Julius의 영어식 표현이다), 아우구스투스는 8월의 이름이 되었다(8월을 뜻하는 영어 단어 August는 여기서 나온 말이다. 이들 부자 덕분에 원래 7월에서 10월까지의 이름들은 오늘날 모두 두 달씩 뒤로 밀려 9월에서 12월까지의 이름이 되었다는 설이 있다. 그런데 원래 로마의 달력은 3월부터 시작했으므로, 그들 때문에 7월이 9월이 된 것은 아니다).

● 그가 받은 정식 명칭은 Imperator Caesar divi filius Augustus였다. Imperator는 '임페리움(Imperium: 명령권 혹은 행정권)의 소유자'라는 뜻으로, 원래 정복의 임무를 완수한 사령관을 가리키는 호칭이었는데, 이것이 나중에 황제라는 직함이 된다(영어의 emperor는 여기서 나왔다). divi filius는 '신의 아들'이라는 뜻이다. 또 Caesar는 새로 바뀐 그의 이름이다. 원래 그의 이름은 가이우스 옥타비우스였는데, 카이사르의 유언으로 상속자가 된 뒤 그는 재빨리 자기 이름에다 그의 이름을 합쳐 가이우스 율리우스 카이사르 옥타비아누스라는 이름으로 바꾸었다.

드디어 로마는 제국이 되었다. 이 시기의 제정을 원수정principatus 이라고 부르지만, 공화정의 전통을 존중하기 위해 명칭을 그렇게 붙였을 뿐 사실상은 제정이었다. 로마가 이탈리아의 틀 내에 머무른 시대에 어울리는 정치 체제가 공화정이었다면, 지중해 세계를 통일한 로마에 어울리는 정치 체제는 바로 제정이었다.

13장

팍스 로마나

더 이상의 정복은 없다

아우구스투스는 정치적 감각과 리더십이 뛰어났고, 45년이나 재위할 만큼 건강도 좋았다. 하지만 그에게는 그런 자질보다도 더욱 강력한 무기가 있었다. 그것은 바로 돈이었다. 제정을 이루면서 로마 제국도 평화를 되찾고 번영을 구가했으나, 아우구스투스의 재산이 불어나는 속도는 제국이 성장하는 속도보다 훨씬 빨랐다. 특히 이집트의 정복으로, 그렇잖아도 로마 최대의 부자인 그는 엄청난 거부가 되었다.* 이집트는 아우구스투스가 직접 군대를 거느리고 정복한 지역이므로 황제의 개인 재산이 된 것이다(그는 프톨레마이오스 왕가의 계승자라는 신분으로 이집트를 지배했다). 그 밖에 로마 속주들 가운데서도 황제 직속 관할로 편입된 곳에서는 모든 세금이 황제의 몫이었다.

이제 아우구스투스는 신분상으로만이 아니라 경제적으로도 최고의 지위에 있었다. 이 점을 가장 다행스럽게 생각한 것은 원로원이었다.[**] 그를 황제로 만들어준 대가로 원로원은 아우구스투스에게 여러 차례 부탁해 국가 운영에 필요한 경비를 얻어내곤 했던 것이다. 물론 아우구스투스 자신도 기꺼이 사재를 출연했지만.

아우구스투스는 재위 시절의 상당 기간을 속주들의 순방으로 보냈다. 그러나 제국의 영토를 더욱 확장하기 위해서는 아니었다. 그랬다면 수많은 로마 병사가 뼈를 묻은 파르티아부터 쳤을 것이다. 시리아까지 간 아우구스투스는 당시 파르티아에 심각한 내분이 있었음에도 불구하고 더 이상 모험할 필요가 없다고 생각했다. 이미 얻을 것은 다 얻었다고 판단한 그는 파르티아와 평화조약을 맺고 국경을 다지는 데 만족했다.

그런 아우구스투스가 유일하게 욕심을 낸 지역은 북쪽이었다. 갈리아까지는 이미 로마

● 이렇게 황제를 최대의 부자라고 부르는 것 자체가 로마 황제와 비슷한 시기 중국 황제의 차이를 말해준다. 중국 황제는 제국 전체의 주인이었고, 천자라는 칭호처럼 하늘의 아들이었으므로. 부자라는 용어 자체를 쓸 수 없다. 그에 비해 로마 황제는 어디까지나 '제국의 서열 1위 시민'이라는 신분이었고, 중국 황제처럼 모든 것을 소유하지는 못했다. 그래서 중국 황제는 정치적 권위와 권력만으로도 제국을 지배할 수 있었으나 로마의 황제는 명실상부한 황제의 권력을 지니기 위해 늘 개인 재산을 소유해야 했다. 오늘날의 용어로 비유하면, 중국 황제는 제국의 주인이었고, 로마 황제는 제국의 최고 경영자였다.

●● 제정하에서도 로마 원로원은 사라지지 않고 로마 제국이 멸망할 때까지 존재했다. 집정관, 법무관, 정무관, 호민관 등 공화정 시대의 주요 관직들도 마찬가지로 제정 시대에 계속 유지되었다. 그러나 공화정 시대에 정치의 주체였던 원로원은 제정 시대에 들어 황제의 통치 도구로 위상이 하락했다. 나중에는 원로원 의원직도 거의 세습되면서 로마 제국의 고위직 관료를 충원하는 주요 기관이 되었다.

의 속주였으나 그는 거기서 조금 더 동쪽, 라인 강 너머 게르마니아를 제국의 북쪽 국경선으로 만들고 싶었다. 구체적으로 말하면 라인 강이 아닌 엘베 강을 경계로 삼으려는 것이었다. 기원전 13년 그는 제위에 오른 뒤 처음으로 원정군을 북쪽으로 보냈다. 그러나 게르만족의 저항은 완강했다. 개전 초기 연승을 거두면서 게

르마니아의 삼림지대를 거쳐 엘베 강까지 진군한 로마군은 대장인 드루수스가 말에서 떨어져 죽으면서 사기를 잃고 후퇴했다.

그 뒤부터 로마는 계속 북벌을 준비했으나 판노니아(지금의 헝가리)와 일리리쿰에서의 반란 때문에 실행에 옮기지 못했다. 그러다 9년에는 오히려 라인 강 주둔군이 게르만족의 공격을 받아 3개 군단이 전멸당하는 참사를 겪었다. 그제야 비로소 제국은 북벌을 포기했다. 라인 강과 엘베 강 사이는 지금의 독일에 해당하므로, 만약 당시 로마가 엘베 강 유역까지 손에 넣었다면 프랑스만이 아니라 독일도 라틴 문화권에 속했을지도 모른다(언어적으로도 프랑스어는 라틴어족이지만 독일어는 게르만어족으로 분류된다). 아우구스투스 시대의 로마군이 갈리아를 정복하던 카이사르 시대의 로마군보다 약했던 탓일까, 아니면 게르만족의 저항이 갈리아인보다 강했던 탓일까? 그보다는 황제의 정복 의지가 카이사르보다 약했을 것이다.

어쨌든 그것으로 로마의 영토는 확정되었다. 로마 제국이 최대 영토에 이르는 시기는 2세기 초 트라야누스 황제의 치세지만, 아우구스투스의 시대에 이미 로마는 유럽과 아시아, 아프리카의 세 대륙에 걸쳐(아울러 브리타니아 섬의 절반까지) 지중해를 완전히 한 바퀴 도는 거대한 제국을 완성했다.* 이제 더 이상의 정복은 없다.

● 로마 영토가 지중해를 한 바퀴 돌게 되는 과정에서 있었던 주요한 정복들을 정리해보자. 기원전 272년 이탈리아 반도의 통일을 이룬 로마는 기원전 146년 카르타고를 정복하면서 서부 지중해의 패자가 되었다. 카르타고의 식민지였던 에스파냐는 자연히 로마의 속주가 되었고, 카르타고 서쪽의 북아프리카도 로마의 영향권에 들었다. 기원전 64년 폼페이우스가 미트리다테스를 정벌하고 시리아를 정복함으로써 로마는 소아시아에서 이집트 동부에 이르는 영토를 획득했다. 마지막 남은 지중해 세계의 한 곳인 이집트는 아우구스투스가 기원전 31년 악티움 해전에서 승리하면서 로마의 수중에 떨어졌다(기원전 52년에는 카이사르가 갈리아를 정복해 영토 팽창에 한몫 거들었다).

내실 다지기

약관의 나이에 로마 정계의 거물이 되었고 서른이 채 못 되어 제위에 오른 뒤 45년을 최고 권력자이자 재산가로 살았던 복 많은 사나이 아우구스투스는 14년, 유일하게 이루지 못한 꿈인 게르마니아 정복을 포기하라는 내용을 유서로 남기고 죽었다.

정복이 끝났으니 이제 로마는 어떻게 될까? 원래 로마는 정복이 멈추면 쓰러지는 자전거가 아니었던가? 그러나 그것은 로마가 유년기일 때의 이야기일 뿐이다. 당시의 로마는 힘도 약했고, 곳곳에 적도 많았다. 하지만 이제 로마는 장성했고, 주변의 적들을 모조리 물리쳐 이제부터는 정복이 없어도 제국을 유지할 만큼 힘을 갖추고 있었다.

덩치만 크다고 어른이 아니듯이 영토만 넓다고 제국인 것은 아니다. 무늬만 제국이 아니려면 제국 내의 모든 영토에 단일한 행정력을 행사할 수 있어야 한다. 이 점은 아우구스투스도 이미 깨닫고 있었다. 그러나 나라로서의 로마는 청년기였어도 제국으로서의 로마는 유년기였다. 무엇보다 큰 문제는 영토가 엄청나게 커졌는데도 인구, 특히 로마 본토의 인구는 적다는 점이었다. 우선 사람이 있어야 행정을 하든 무엇을 하든 하지 않겠는가?

그래서 아우구스투스는 적극적인 인구 증가 정책을 실시했다. 결혼을 장려하고 가족을 중시하는 것을 아예 법으로 정했다. 독신자에게는 대단히 불리한 조치였고, 결혼을 해도 자식이 없으면 큰 불이익을 받았다. 반면 자식의 수가 많은 부모에게는 각종 혜택이 주어졌다. 심지어 오늘날 대다수 서구 국가들에서는 폐지된 간통 금지법이 제정된 것도 그 무렵이다.

또 한 명의 '황제' 신생 제국이 차츰 자리를 잡아가고 신생 황제가 차츰 권력을 안정시켜갈 즈음인 기원전 4년 무렵, 제국의 동쪽 끝에서 또 한 명의 황제가 태어났다. 그는 황궁이 아니라 베들레헴의 더러운 마구간에서 태어났는데, 세속의 황제가 아니라 신성의 황제이니 당연했다. 나중에 보겠지만 로마 제국의 황제와 그리스도교의 황제, 이 두 황제는 이후 서양의 중세를 이끄는 쌍두마차가 된다.

아우구스투스가 역점을 둔 또 하나의 개혁은 군대였다. 사실 공화정 시대에 군대는 상비군이라고 할 수 없었다. 술라나 폼페이우스 등 군사령관들이 권력에 다가설 수 있었던 이유도 당시 로마의 군대가 국민군이라기보다는 사병私兵이나 다름없었기 때문이다. 물론 제위를 보위하기 위해서는 황제도 사병이 필요했다. 하지만 황제의 '사병'은 근위대나 친위대라는 그럴듯한 이름을 가진다. 아우구스투스는 먼저 1000명씩의 병력으로 9개 부대의 친위대를 구성한 다음, 본격적인 군대 개혁에 나섰다.

정복 전쟁이 끝난 이상 군대의 임무도 달라져야 했다. 이제부터 군대는 속주의 치안을 유지하고 국경을 지키는 일이 중요했다(이

때부터 로마 시에는 군대의 주둔이 법으로 금지되었다). 각 속주에는 속주민들로 충원한 별도의 군대가 창설되었다. 게르마니아 정복에 나섰던 갈리아 군단이 대표적인 예다. 로마 병사들은 봉급도 대폭 인상되었다. 하지만 복무 기간이 무려 16년이었고, 나중에는 20년으로 더 늘어났다.

　이제 제국으로서의 내실을 다지기 위한 중요한 과제로는 하나가 남았다. 바로 제위의 승계 문제다.

　가족법을 제정해 인구 증가를 꾀한 아우구스투스는 일흔여섯 살까지 살면서도 자기 자식은 남기지 못했다. 당연히 후계 문제가 대두될 수밖에 없는 상황이다. 쉰 살이 넘으면서 후계 문제에 부심한 그는 점찍어놓은 후보들이 하나같이 일찍 죽는 바람에 후계자 선정에 어려움을 겪었다. 그가 가장 사랑한 조카 마르켈루스, 아내 리비아가 데려온 전 남편의 아들 드루수스, 친구인 아그리파와 딸인 율리아 사이에서 얻은 두 외손자가 모두 창창한 젊은 나이에 죽었다.

갓 태어난 로마 제국을 온전히 유지하려면 제위의 첫 번째 승계가 가장 중요했다. 그래서 아우구스투스는 어떻게든 자신이 살아 있을 때 후계자를 정하기로 마음먹었다. 그 자신도 영 마뜩잖게 여기던 드루수스의 형 티베리우스Tiberius Caesar Augustus(기원전 42~기원후 37)가 후계자가 된 것은 바로 그 덕분이었다. 4년에 아우구스투스는 마흔다섯 살이나 된 티베리우스를 양자로 삼고 후계자로 선포했다(자신과 아무런 피도 섞이지 않은 사람을 후계자로 삼았다는 점에서도 로마 황제는 중국 황제만큼 혈연적인 세습을 중시하지 않았다는 점을 알 수 있다).

초기 황제들

쉰다섯의 나이에 제위에 오른 늙은 황제 티베리우스는 애초부터 자신이 아우구스투스의 카리스마를 이을 능력이 없다고 판단했다. 그래서 그는 얼마 안 가 친위대장인 세야누스에게 정치를 맡긴 채 나폴리 앞바다의 카프리 섬으로 들어가 은거했다.

하지만 고양이가 생선을 잘 관리할 리는 만무하다. 세야누스의 전횡으로 로마 정치는 엉망이 되었으며, 그 욕은 티베리우스가 고스란히 얻어먹었다. 덕분에 황제가 죽자 로마 시민들은 환호를 올렸고, 타키투스Cornelius Tacitus(56년경~120년경)를 비롯해 후대의 역사가들은 티베리우스에 대한 혹평에 열을 올렸다.

티베리우스에 뒤이어 조카의 아들인 가이우스Gaius(12~41)가 잠시 제위를 계승했지만 그는 정신 질환에 걸려 잔혹한 짓을 일삼다가 암살당함으로써 황제가 암살되는 전통의 첫 희생자로 기록되었다(그는 칼리굴라라는 이름으로 역사에 더 잘 알려져 있다). 그의 숙부로서 제위를 이은 클라우디우스Claudius(기원전 10~기원후 54) 때에 이르러 비로소 아우구스투스의 전통이 다시 회복된다.

다리를 절고 말을 더듬는 장애를 가진 데다 작고 깡마르고 볼품없는 노인이었던 클라우디우스는 원로원을 무시하고 독재를 펼쳤으나 대외적으로는 사뭇 진취적이었다. 아우구스투스도 포기했던 영토 확장 정책을 재개한 게 그런 예다. 그는 동쪽으로 트라키아를 정복하고 흑해 연안까지 영토화했으며, 남쪽으로는 북아프리카의 마우레타니아(지금의 모로코 북부와 알제리 중서부에 해당함)를 속주로 만들었다. 그러나 뭐니 뭐니 해도 가장 큰 업적은 브리타니아 정복이다. 카이사르가 로마인으로서는 처음으로 브리타니아에 발을 디딘 이후 100년이 넘도록 로마는 브리타니아를 방치해두고 있었다(40년에 가이우스가 갈리아로 가서 브리타니아 공격을 준비하다가 중단한 적이 있었을 뿐이다).

43년에 클라우디우스의 명령을 받은 플라우티우스가 이끄는 4만 명의 로마군은 브리타니아의 여러 부족을 파죽지세로 격파하면서 템스 강에 이르렀다. 클라우디우스는 직접 브리타니아로 건너가 독전했다. 황제의 왕림에 사기를 얻은 로마군은 콜체스터까지 밀고 올라가 100년 전처럼 다시 브리타니아 남부를 장악하고 속주를 설치했다. 브리타니아가 로마화되기 시작하는 것은 이때

폭군 네로 네로 황제는 정치적으로도 문제가 있었으나 특히 그리스도교를 탄압한 것 때문에 후대의 역사가들에게 더욱 나쁜 평점을 받았다. 그림은 시칠리아의 팔레르모에 있는 모자이크화인데, 사마리아의 마술사 시몬이 베드로와 바울을 네로에게 고발하는 장면이다. 시몬은 그리스도교 최초의 이단으로 불리는 그노시스파의 창시자로 간주된다.

부터다(아울러 영국의 '알려진 역사'가 시작되는 시기도 이때부터다).

정치적으로는 독재였으나 내치에서 황제의 업적은 눈부셨다. 대규모 토목공사를 통해 많은 도로와 수도, 항만 시설 등을 건설했을 뿐 아니라 행정에 에퀴테스 층을 적극 참여시켜 행정력을 강화했다. 또한 로마 시민권을 갈리아, 그리스, 에스파냐 등지로 대폭 확대했다. 이 조치가 없었다면 갈리아와 에스파냐의 로마화는 훨씬 지연되었을 테고, 이후 이 지역이 라틴 문화권으로 통합되는 일도 없었을지 모른다.

그러나 치국과 평천하보다 어려운 게 제가일까? 10여 년의 짧은 재위 기간 동안 로마의 제국화를 공고히 다졌던 클라우디우스도 그가 존경해 마지않는 아우구스투스처럼 가정 문제에는 완전히 실패했다. 슬하에 아들도 없었지만 더 큰 문제는 아내들이었다.

그의 아내 메살리나는 야심이 크고 방탕한 여자였다. 야심과 방탕이 합쳐지면 어떤 결과가 나올까? 그녀는 자신의 정부와 손잡고 황제를 암살하려 했다. 결국 음모가 탄로나 처형되고 말았으나 클라우디우스의 처복은 정상으로 돌아오지 못했다. 그다음 아내인 아그리피나는 자기 정부와의 사이에서 낳은 아들을 제위에 앉히기 위해 황제를 암살하는 데 성공했다.

사필귀정일까? 아들을 황제로 만들어 섭정으로 권력을 휘두르려던 아그리피나는 결국 아들의 손에 죽임을 당했다. 그 아들이 바로 악명 높은 네로Nero(37~68)다. 아들의 인물됨을 잘 알고 있었던 아그리피나는 네로에게 철학자 세네카Lucius Annaeus Seneca(기원전 4년경~기원후 65)*를 스승으로 붙였다. 그러나 열여섯 살의 나이로 제위에 오른 역대 최연소 황제 네로는 누구의 간섭도 귀찮을 따름이었다. 어머니에 이어 아내까지 살해한 그는 64년 또 하나의 중범죄를 저질렀다.

● 세네카는 부자(父子)가 모두 철학자로 이름을 날렸는데, 네로의 스승이 된 세네카는 아들, 즉 소(小)세네카다. 그는 인생론과 도덕론에 관한 책을 후대에 남겼지만 황제 – 제자인 네로에게만은 인생과 도덕을 가르칠 수 없었다. 어린 네로에게는 잠시 그의 가르침이 먹혔으나 이내 네로는 스승을 싫어하게 되었다. 결국 세네카는 반역을 꾀했다가 탄로가 나 자살하고 말았다.

로마 시에 큰 화재가 났을 때 그리스도교도들을 방화범으로 꾸며 탄압한 것이다(당시 그리스도교는 불법이었다). 수백 년 뒤 그리스도교가 전 유럽을 지배하게 되리라는 것을 당시 그가 알 수 있었을까? 그 때문에 가뜩이나 평판이 좋지 않았던 네로는 이후 수천 년 동안 서구의 역사가들에게서 폭군의 대명사로 불렸다. 반면 그가 예술적 재능과 감각이 뛰어났으며, 노래와 하프 연주 솜씨가 탁월한 예술가 황제였다는 사실은 제대로 알려지지 않았다.

평화와 번영의 준비

제정이 시작된 지 100년이 지났지만 그 기간 중 아우구스투스의 치세가 워낙 길었고 그의 업적이 워낙 화려했던 탓에, 후대의 황제들은 그 빛에 가려 강력한 권력을 가지지 못했다. 황제라 해도 시민들의 인기를 잃으면 제위를 유지하기 어려울 정도였다. 그런 점에서 네로의 운명은 뻔했다. 다만 20대의 젊은 나이에 그 운명이 닥쳤다는 것은 개인적으로 안타까운 일이지만.

68년 참다못한 군대가 그에게 반항했고, 여기에 힘을 얻은 원로원이 황제를 로마의 적으로 규정했다. 네로가 할 수 있는 일이라고는 예전 황제들처럼 살해당하기 전에 자살을 택하는 것뿐이었다.

네로의 죽음은 다시 로마의 제위에 심각한 문제를 가져왔다. 그 전까지의 황제들은 카이사르와 클라우디우스의 혈통을 가지고 있었는데 이제 황제의 계보가 끊기게 된 것이다. 그렇다면 제위는 다시 처음처럼 힘에 의해 결정될 수밖에 없다. 네로가 죽은 이듬해인 69년은 무려 황제로 자처하는 인물이 네 명이나 등장한 탓에 '네 황제의 해'라고 불린다.

원래 대권 후보로 나선 군벌은 세 명이었는데, 그중 한 명이 실각하고 다른 한 명이 나섰기 때문에 네 명이 되었다. 그렇다면 이 세 후보의 세력 근거지는 어디일까? 알기 어렵지 않다. 당시 가장 중요한 속주들이었던 에스파냐, 갈리아, 이집트다. 세 후보는 각자 자기 지역에서 후보 등록을 하고 황제로 자처했다.

모든 길은 로마로! 로마 시에서 그들은 격렬한 시가전을 펼쳤다. 그 결과 이집트에서 일어난 베스파시아누스Titus Flavius Vespasianus(9~79)가 최종 승리를 거두었다. 그는 클라우디우스 시대에 플라우티우스와 더불어 장군으로서 명성을 떨친 바 있었으니 로마 제국의 미래를 위해서는 그의 승리가 다행스런 일이었다. 다만 힘으로 제위를 얻은 전례가 생긴 것은 장차 로마의 앞날에 어둠의 그림자를 드리우게 된다.

에퀴테스 층의 평범한 가문 출신인 베스파시아누스는 과연 평민의 후손답게 성실하고 검소한 인물이었다. 최고 부자인 로마 황제라는 직함에 어울리지 않게 그는 치세 내내 긴축재정을 유지했으며, 황실의 경비도 대폭 감축했다. 가끔씩 이런 황제가 나오지

마사다의 비극　수난의 민족 이스라엘인들은 로마 시대에도 또 한 차례 수난을 당한다. 예루살렘이 로마군에 의해 함락되자 그들은 사진에 보이는 마사다(지금의 이스라엘 사해 서안) 요새로 가서 2년 동안 저항하다가 끝내 전원 자살했다. 당시 이 천연의 요새에는 거대한 저수조와 곡물 창고가 있었다.

않았더라면 로마는 일찌감치 재정난에 허덕였을 것이다.

그러나 중앙은 안정되었어도 변방은 그렇지 않았다. 마치 중앙 권력이 불안한 것을 감지하기라도 한 듯 변방에서는 대규모의 반란이 잇달았다. 갈리아의 반란을 어렵사리 진압하자 이번에는 팔레스타인에서 반란이 일어났다. 유대인들의 저항은 매우 거셌다. 하지만 그 때문에 그들은 바빌론의 유수 이래 또다시 성서에 기록되는 수난을 당하게 된다. 로마군의 포위 속에서 예루살렘을 139일 동안 사수하던 유대인들은 예루살렘이 함락되자 부근의 마사다 요새에서 2년 동안 항전하다 로마군의 총공격을 앞두고 960명 전원이 스스로 목숨을 끊었다.[*]

베스파시아누스의 불운은 아들들에게도 이어졌다. 그의 뒤를 이은 아들 티투스Titus Flavius Vespasianus(39~81)는 2년간의 짧은 재

빵장수 부부　당대의 사람들에게는 슬픈 비극이었지만, 79년 8월 24일 베수비오 화산의 폭발로 폼페이가 통째로 매몰되지 않았다면 지금 우리에게 전해지는 로마인들의 생활상은 훨씬 적어졌을 것이다. 폼페이는 수천 년 동안 땅속에 묻혀 있다가 18세기 중반부터 발굴되기 시작했으며, 현재까지도 발굴이 계속되고 있다. 그림은 폼페이에 살았던 어느 빵장수 부부의 초상이다.

● 이후 유대인들은 유럽 각지로 흩어져 살았다. 이것을 디아스포라(Diaspora)라고 부르는데, '분산'이라는 뜻의 유대어다. 유대인들은 나라를 잃고 흩어졌으나 자신들의 신앙과 관습을 늘 유지했다. 그랬기 때문에 유럽 각국에서 온갖 박해와 설움을 받기도 했다(유럽인들은 유대인들이 선민의식과 민족적 정체성을 강력히 보존하는 것을 싫어했으며, 더구나 예수를 죽음으로 내몬 유다가 유대인이라는 이유로 유대인을 탄압했다). 19세기부터 유대인들은 고향으로 돌아가자는 시온주의로 단결했고, 그 성과로 결국 1948년 이스라엘 공화국을 세웠다.

위 기간에도 불구하고 끔찍한 재난을 겪어야 했다(이때까지의 로마 황제들 중 아버지의 제위를 아들이 잇는 정상적인 제위 세습은 티투스가 처음이다). 화려한 상업 도시 폼페이를 매몰시킨 유명한 베수비우스 화산의 대폭발이 발생했던 것이다.

티투스의 동생으로 황제가 된 도미티아누스Titus Flavius Domitianus(51~96)는 뛰어난 행정 능력을 가진 인물이었으나 원로원을 약화시키고 전제정치를 확립하려 했다. 전제정치가 공포정치로 바뀐 계기는 88년에 일어난 사투르니누스의 반란이었다. 이 사건 때문에 그는 수많은 귀족을 처형했는데, 결국 그 화살은 그에게로 돌아왔다. 자기 궁전에서 원로원의 하수인에게 암살되고 만 것이다.

황제의 혈통은 또다시 단절되었다. 원로원으로서는 실로 오랜만에 권력을 쥐게 된 것이지만 제정의 시대에 원로원은 이미 설 자리가 없었다. 전제라도 막으려고 원로원은 의원들 중 '원로'이자 무난하고 원만한 성품의 노인인 네르바Marcus Cocceius Nerva(30~98)를 황제로 앉혔으나, 아무래도 임시변통의 성격이 강했다. 네르바 자신도 그 점을 알고 있었으므로 2년 만에 성실하고 유능한 군인을 양자로 삼아 제위를 물려주었다. 그가 바로 트라야누스Marcus Ulpius Trajanus(53~117)다.

로마의 평화

네르바의 치세에서 마르쿠스 아우렐리우스의 치세까지 100년 가까운 기간을 흔히 '5현제五賢帝 시대'라고 부른다. 다섯 명의 현명한 황제가 연이어 다스렸다는 데서 나온 말인데, '팍스 로마나Pax Romana(로마의 평화)'라는 유명한 말을 낳은 시대이기도 하다. 그 한복판에 트라야누스가 있다.

트라야누스는 에스파냐 출신인데, 속주 출신으로서는 최초로 황제가 된 사람이다. 그런 만큼 그는 속주의 운영과 행정에서 뛰어난 능력을 선보였다. 그의 치하에 속주들은 로마 본토의 수준에 이를 정도로 발전했다. 속주가 발달해야 제국의 면모가 제대로 선다는 점에서 트라야누스는 진정한 로마 제국을 성립시킨 황제였다.

물론 트라야누스가 속주 경영에만 힘썼다면 로마 시민들은 섭섭했을 것이다. 그는 시민들에게 잊지 못할 선물을 안겼다. 그것은 알리멘타alimenta라고 불린 사회복지 프로그램이었다. 이 계획으로 로마의 빈민들과 소년·소녀 가장들은 오늘날 복지국가의 수준에 뒤지지 않는 혜택을 누렸다. 더구나 과도한 사회복지 정책으로 국가 재정이 취약해지는 오늘날 복지국가들의 골치 아픈 문제도 없었다. 국가가 농민들에게 빌려준 토지에 대해 농민들이 내는 이자를 재원으로 삼았기 때문이다. 군인 출신답지 않게 트라야누스는 제국 전체의 경제와 속주들의 재정을 꼼꼼하게 감독하고 통제했다. 속주에는 정기적으로 황제 직속 감사관을 보내 철저한 회계 감사를 실시했다.

이렇게 대내적으로 뛰어난 행정관의 면모를 보였는가 하면, 대외적으로는 군인다운 풍모를 유감없이 발휘했다. 로마 제국은 한동안 끊겼던 정복의 고삐를 다시금 거머쥐었다. 도미티아누스 때부터 로마에 저항한 다키아(지금의 루마니아)를 정복한 사실은 유명한 트라야누스의 기둥에 조각으로 상세히 전해진다. 더 큰 군사적 업적은 파르티아 정벌이었다.

파르티아라면 일찍이 150년 전 크라수스가 군기를 빼앗기고 전사한 뒤부터 로마가 복수의 칼을 갈던 곳이다. 트라야누스는 직접 군대를 거느리고 파르티아 원정을 떠나 페르시아 만까지 적을 밀어냈다(그래도 파르티아는 멸망하지 않았고 3세기 초반에 유럽의 로마가 아니라 아시아의 사산 왕조 페르시아에 의해 멸망한다. 당대 세계 최강 로마를 끊임없이 괴롭힌 로마의 숙적이었다). 그러나 로마의 동방 진출에는 역시 한계가 있었다. 잠시 알렉산드로스 대왕의 꿈을 꾼 것까지는 좋았으나 트라야누스는 개인의 운명조차 대왕을 따르고 말았다. 원정을 마치고 귀국하는 도중 소아시아에서 죽은 것이다.

황제가 급사했어도 제위 계승은 별 문제가 없었다. 그 이유는 양자 상속제를 채택했기 때문이다. 로마인들은 황제의 혈통이 자주 끊어지는 것을 보았고, 혈통을 따른다고 해서 늘 현명한 군주만 나오는 게 아니라는 사실을 깨달았다. 다섯 명의 현명한 황제들이 연이어 등장할 수 있었던 것은 이 양자 상속제 덕분이 컸다(같은 시기 중국인들이라면 꿈도 꾸지 못했겠지만*).

트라야누스의 제위는 그와 동향 사람인 하드리아누스Pablius Aelius Hadrianus(76~138)가 이었다. 트라야누스가 행정관의 풍모를 지녔다면, 하드리아누스는 서민적 풍모에 가까웠다. 그는 군대와

최대의 영토 　트라야누스는 중앙 권력을 안정시킨 뒤 북부의 정복에 나섰다. 이 정복의 과정은 현재 로마에 높이 40미터, 지름 4미터의 거대한 트라야누스 기둥의 벽면에 조각으로 기록되어 있는데, 사진은 그 일부다. 트라야누스 시대에 로마 제국은 역사상 최대의 강역을 자랑한다.

● 로마의 황제들은 아들이 없어 제위 계승에 애를 먹었지만, 중국의 황제들은 오히려 아들이 너무 많아 제위 계승이 혼란스러웠다. 맏아들이 계승하는 전통이 있었으므로 평상시에는 순탄했으나 언제든지 제위를 놓고 분쟁이 일어날 가능성이 있었고, 실제로 역사의 중요한 고비마다 그런 분쟁이 자주 일어났다. 6세기 말 당 태종이 형과 아우를 죽이고 황제가 된 것이나, 15세기 초 명나라에서 영락제가 조카인 건문제를 폐위시키고 즉위한 게 그런 예다. 그러나 중국 역사에서도 로마의 양자 상속제에 못지 않게 현명한 제위 계승 제도가 출현한 적이 있다. 18세기 초 청의 옹정제는 태자밀건법이라는 제도를 만든다(《종횡무진 동양사》, 341~342쪽 참조). 미리 황태자를 책봉하지 않고 평소에 점찍어두었던 아들의 이름을 써서 상자에 밀봉해두고 황제가 죽은 뒤 개봉하는 방식이다. 양자 상속제보다는 제한적이지만 혈통과 장자 상속을 크게 중시한 중국 사회에서는 파격적인 조치였는데, 한족 왕조가 아니라서 가능했을 것이다.

함께할 때도 일반 병사와 똑같이 먹고 잤다. 그러나 트라야누스의 대내 정책은 그대로 계승하면서도 대외적 정책은 정반대로 바꾸었다. 즉 속주의 개혁은 지속적으로 추진하면서 더 이상의 정복 활동은 하지 않았다(그는 역대 황제들 중 가장 많이 속주를 순방한 황제였다).

하드리아누스의 정책은 기본적으로 현상 유지였다. 삼킬 수 없는 것은 모조리 버린다. 이에 따라 오랫동안 숙제로 남아 있던 파르티아 정벌은 완전히 포기했다. 또한 브리타니아 섬을 전부 손에 넣겠다는 해묵은 꿈도 버렸다. 그는 기존의 브리타니아 속주(지금의 잉글랜드)만을 온전히 유지하기로 마음먹고 칼레도니아(지금의 스코틀랜드)와의 경계선에 길이 120킬로미터나 되는 장성을 쌓았다(당시 브리타니아 남부에서 쫓겨난 켈트족은 북부 칼레도니아와 아일랜드로 이주해 있었다). 이것을 하드리아누스 장성이라 부르는데, 오랜 기간 동안 석재가 다른 건축물에 이용되어 지금은 높이가 1미터 정도만 남아 있다. 이 장성이 아니었다면 중세를 거쳐 오늘날에 이르는 잉글랜드와 스코틀랜드의 구분은 없었을 것이다.

하드리아누스의 뒤를 이은 안토니누스 피우스Antoninus Pius (86~161)는 온화한 성품에다 대부호이면서도 근검절약에 힘쓴 황제였으나 다른 '4현제'에 비해 업적은 다소 처진다. 그러나 23년의 치세 동안 덩치 큰 제국을 무사히 이끌었다는 것은 그만큼 선

영국의 '만리장성'   트라야누스의 정복 사업은 하드리아누스에게로 이어졌다. 그는 브리타니아
의 절반을 정복하여 사진에서 보는 것과 같은 기다란 하드리아누스 장성을 쌓았다. 이 장성이 아
니었다면 이후 영국의 중세사는 크게 달라졌을 것이다. 이 장성으로 잉글랜드와 스코틀랜드의 구
분이 이루어졌기 때문이다. 이 장성은 중국의 만리장성보다 길이도 훨씬 짧고 높이도 4.5미터로
만리장성의 절반 정도다.

정을 펼쳤다는 이야기다. 전임 황제처럼 안토니누스도 브리타니
아에 장성을 쌓았는데, 길이는 70킬로미터로 더 짧았지만 위치는
10킬로미터나 더 북쪽이었다. 이 안토니누스 장성 덕분에 브리타
니아 속주의 영토는 섬의 80퍼센트를 넘었다. 그러나 로마는 끝내
섬 전체를 식민지화하지는 못했다. 황제가 죽었을 때 원로원은 그
의 높은 덕을 기려 '경건Pius'이라는 수식어를 이름 뒤에 붙여주었
고, 수많은 사람이 그를 칭송하며 기념비와 신전을 건축했다.

브리타니아
론디니움(런던)
루테티아(파리)
빈도보나(빈)
대서양
갈리아
라인 강
다키아
다뉴브 강
흑해
카스피 해
마실리아(마르세유)
트라키아
비잔티움
히스파니아
로마
폰투스
로마 제국
악티움
마우레타니아
지중해
알렉산드리아

로마 세계   팍스 로마나 시대 지중해를 한 바퀴 두른 로마 제국의 영토다. 오늘날 유럽 세계의 원시적 형태를 보는 듯하다. 오늘날의 지명과 같은 곳도 있고 다른 곳도 있는데, 한번 비교해보는 것도 재미있을 것이다.

    결과를 놓고 말한다면 안토니누스의 최대 업적은 후계자 선정일 것이다. 후대의 역사가들이 로마의 모든 황제 중 최고로 꼽는 마르쿠스 아우렐리우스Marcus Aurelius Antoninus(121~180)가 바로 그의 후계자였기 때문이다(실은 하드리아누스가 이미 마르쿠스의 사람됨을 알아보고 안토니누스에게 양자로 삼을 것을 권고했다). 스토아학파의 철학자-황제로서, 또《명상록Tōn eis heauton diblia》의 지은이로서 유명하지만, 마르쿠스는 사실 걸출한 정복 군주의 면모도 지니고 있었다(《명상록》도 궁전에서 한가로이 명상하면서 쓴 책이 아니라 전쟁터의 막사에서 썼다).

파르티아가 다시 변방을 공략하자 아우렐리우스는 즉각 원정군을 파견했다. 이참에 아예 파르티아를 지도에서 지워버릴 셈이었다. 그러나 파르티아는 로마의 손에 멸망하지 않을 운명이었다. 뜻하지 않은 파르티아의 구원군이 온 것이다. 그 구원군은 아주 작았으나 무시무시했다 바로 페스트였다. 앞서 본 페리클레스의 죽음처럼(137쪽 참조) 서양사의 물줄기를 여러 차례 바꾼 페스트는 철군하는 로마군의 몸에 실려 이탈리아까지 퍼졌다(일부 역사가들은 이 페스트가 로마 제국의 쇠퇴에 결정적인 요인이었다고까지 말한다).

엎친 데 덮친 격으로 국경 북쪽의 중부 유럽에서는 게르만족이 대거 제국을 침략했다. 이래저래 곤란한 처지였으나 호전적인 아우렐리우스는 오히려 그것을 북벌의 기회로 받아들였다. 위기를 기회로 삼아 로마의 국경을 다시 엘베 강까지로 넓힐 참이었다. 그러나 불행히도 그는 언제나처럼 직접 군대를 이끌고 나섰다가 전장에서 병사했다. 당시 그의 북벌이 성공했더라면, 로마는 5세기 말에 적어도 게르만족에 의해 멸망하지는 않았을 것이다.

서양 문명의 뿌리

카르타고를 물리치고 지중해 세계의 패자가 되었을 때만 해도 로마는 달리지 않으면 쓰러지는 자전거였다. 그러나 아우구스투스가 정복의 중단을 유언으로 남겼을 무렵, 이미 로마는 더 이상의 정복이 필요 없는 제국이 되었다. 클라우디우스의 브리타니아 정복은 밀린 숙제를 해결한 것일 뿐 예전처럼 정복의 절실한 필요성에서 강행한 것은 아니었다.

이제 로마는 정복하지 않아도 번영할 수 있는 토대를 마련했다. 그 하나의 예가 라티푼디움이다. 노예 노동으로 경작하던 라티푼디움은 처음 생겨날 때만 해도 정복이 계속되지 않으면 존속할수 없었다. 노예는 주로 정복에서 획득한 전쟁 포로들로 충원했기 때문이다. 정복이 줄어듦에 따라 노예도 줄어들었다. 심지어 아우구스투스 시대에는 수시로 노예해방이 이루어졌다.

그럼 라티푼디움은 사라졌을까? 그렇지 않다. 로마는 지중해를 통일했어도, 제국을 이루었어도 여전히 농업 국가였으며(이 점이 그리스와 큰 차이다), 농업의 중심은 여전히 라티푼디움이었다. 이가 없으면 잇몸으로 버틴다. 라티푼디움을 존속하게 해준 잇몸은 콜로나투스colonatus(소작제)였다. 노예가 줄어들면서 지주들은 콜로누스colonus(소작농)에게 토지를 분급하고 소작료를 받아먹는 것으로 경영 방식을 전환했다. 이것이 나중에 중세 장원으로 발전하게 된다.

또 한 가지, 로마 제국에서 중세를 예감하게 해주는 것은 에퀴테스다. 정복을 끝내고 제국으로 발전한 로마에 가장 필요한 인력은 군대보다 행정 관리였다. 소수의 원로원 귀족들이나 라티푼디움을 경영하는 지주들이 담당할 수는 없으므로 자연스럽게 에퀴테스 계층이 관리 인력으로 충원되었다. 제정이 성립하면서 에퀴테스는 공식적으로 제2의 계층임을 인정받았다. 특히 아우구스투스는 자신의 개인 소유인 이집트 속주의 총독으로 에퀴테스를 임명했을 만큼 에퀴테스에 대한 신임이 두터웠다(황제인 그로서는 '정치가'보다는 '행정가'가 더 필요했을 터이므로 귀족보다 에퀴테스를 더 신임한 것은 당연했다). 이들이 나중에 중세의 주요 신분 가운데 하나인 기사 신분을 이루게 된다.

정치적 평화와 경제적 번영을 바탕으로 로마 제국은 하나의 거대한 라틴 문화권을 형성했다. 지중해는 로마의 앞바다가 되었고(로마인들은 지중해를 마레 노스트룸Mare Nostrum, 즉 '우리 바다'라고 불렀다), 이탈리아와 속주들, 그리고 속주와 속주를 잇는 방대한 도로망이 건설되었다. 교통망의 발달은 무역의 증대를 가져왔다. 로마는 기본적으로 농업 국가였지만 속주들은 다양했다. 특히 그리스와 아시아 속주들의 전통적인 무역 활동은 로마 제국이 단일한 문화권을 이룬 덕분에 더욱 활성화되었다. 아라비아 대상隊商 무역이 생겨난 것은 바로 이 시기였다. 아라비아의 상인들은 낙타를 이용해 동방의 물품들을 부지런히 지중해 세계로 실어 날랐다. 특히 중국의 비단과 인도의 향료는 유럽인들의 마음속에 '신비한 동양'의 이미지를 심었다. 이때 향료를 처음 맛본 유럽인들은 1000여 년 뒤에 향료를 찾아 동양으로 활발히 진출하게 된다.

로마 세계에는 약 7000만 명에 달하는 인구가 수백 개의 민족들을 이루어 살고 있었지만, 그 다양성의 근저에는 제국의 통합성이 흐르고 있었다. 우선 로마어(라틴어)만 알면 로마 세계 어느 곳이든 다닐 수 있었다(문명의 전통이 오랜 동부 지중해 세계에서는 라틴어보다 그리스어가 많이 쓰였지만 그래도 라틴어면 다 통했다). 또한 통화 체계나 법률, 무역 관습도 어디서나 동일했다.

단 한 가지, 종교만은 예외였다. 로마의 전통 종교는 어느 속주에도 깊숙이 침투하지 못했다. 종교의 속성상 그럴 수밖에 없기도 하겠지만, 제국의 중앙정부 역시 로마의 종교를 굳이 다른 민족들에게 강요하려 하지 않았고 대체로 종교적 관용 정책을 펼쳤다. 탄압을 받은 종교는 드루이드교, 유대교, 그리스도교뿐이었다. 드루이드는 켈트족의 사제를 말하는데, 자연신을 믿는 그들은 사람의 머리를 신에게 바쳤으므로 문명 세계에는 어울리지 않았다. 또한 유대교와 그리스도교는 특유의 배타성 때문에 종교적 관용 정책으로 용납하기 어려웠다. 그러나 장차 제국의 말기에 그 그리스도교가 로마의 명맥을 쥐고 흔들게 될 줄은 아무도 몰랐다.

라틴 문화권의 통일성은 특히 도시의 발달에서 두드러지게 나타났다. 동유럽과 아시아 속주의 도시들은 대부분 로마 이전 시대부터 있었지만, 서유럽의 도시들은 대부분 로마 시대에 창건되어 오늘날에까지 이른다. 일찍부터 로마의 식민시로 출발한 독일의 퀼른을 비롯해 프랑스의 파리·랭스·아비뇽·보르도·스트라스부르, 스위스의 제네바, 오스트리아의 빈, 영국의 런던·콜체스터·링컨·요크·세인트올번스, 에스파냐의 사라고사·톨레도·코르도바 등 현대 유럽의 많은 주요 도시가 모두 로마 속주의 도시로 출발했다(독일의 도시들이 적은 이유는 게르만족의 강력한 저항에 가로막혀 로마 국경이 엘베 강에 이르지 못했기 때문이다).

이처럼 언어, 사회 체계, 산업, 관습, 문화, 도시 등 문명의 주축을 이루는 여러 가지 요소에서 로마는 그리스에 이어 서양 문명의 두 번째 뿌리를 이루었다. 그러나 로마의 평화로 대변되는 '뿌리의 성숙기'를 지나자마자 로마 제국은 기초공사가 부실한 건물처럼 일거에 무너져 내리게 된다.

14장

추락하는 제국

몰락의 시작

번영과 몰락의 교체는 한순간이었다. 5현제의 끝, 그러니까 마르쿠스 아우렐리우스를 끝으로 로마 제국은 순식간에 쇠퇴 일로를 걷게 된다. 그러나 그 단초는 역설적이게도 아우렐리우스가 제공했다.

아우렐리우스는 5현제 중에서 유일하게 아들을 낳은 황제였다(로마 황제 모두를 통틀어도 아들을 낳은 경우는 상당히 드물다). 인지상정일까? 그는 몇 대째 지속되어온 양자 상속제를 파기하고 싶은 유혹에 빠져들었다. 그러나 그는 그것이 몇 대째 지속되어온 로마의 평화를 파괴하는 결과를 빚게 될 줄은 알지 못했다.

아버지가 현명하다고 아들도 현명할 수는 없다. 마르쿠스의 아들로 제위를 계승한 콤모두스Commodus(161~192)는 우선 아버지

철학자 황제　이 위풍당당한 모습의 마르쿠스 아우렐리우스는 팍스 로마나의 마지막을 장식한 황제였다. 그 자신이 철학자였으면서도 그는 양자 상속의 전통을 깨고 자신의 피붙이에게 제위를 물려주는, 현명하지 못한 짓을 저질렀다. 그것은 곧 제국의 몰락을 앞당기는 결과를 빚었다.

가 시작한 모든 정복 사업을 포기해버렸다. 하드리아누스처럼 내치에 주력하기 위해서? 천만의 말씀, 화려하고 사치스럽고 방탕한 생활을 즐기기 위해서다. 이런 지배자가 대개 그렇듯이, 그는 공포정치로 일관했다. 또한 그런 지배자가 대개 그렇듯이, 그는 얼마 못 가 친위대장에게 살해되었다.

여러모로 네로와 닮은 콤모두스, 그렇다면 그의 사후에 벌어지는 일도 네로와 닮아야 할 것이다. 과연 이번에도 제위 계승을 놓고 치열한 내전이 벌어졌다. 네로 시대에 베스파시아누스의 역할을 한 것은 아프리카 출신으로 처음 제위에 오른 세베루스Lucius Septimius Severus(146~211)였다. 무관 출신인 그가 군사독재를 꾀한 것은 당연하지만, 군사독재는 무력으로 집권한 것이기에 대개 정통성이 취약한 법이다. 그런데 세베루스가 권력의 정통성으로 삼은 것은 특이하게도 300년 전의 로마였다. 그는 마리우스와 술라를 계승하겠다고 공공연히 주장한 것이다.

어쨌든 세베루스는 군인으로서는 유능한 인물이었다. 그는 친위대를 개편해 권력의 물리적 기반을 다진 다음, 멀리 제국의 동쪽으로 달려가 여전히 로마에 굴복하지 않는 파르티아를 물리쳤다. 그리고는 숨 돌리기가 무섭게 이번에는 서쪽 끝으로 달려갔다. 브리타니아에서 반란이 일어난 것이다.

잊을 만하면 터져 나오는 속주 접경지대에서의 반란, 그러나 사정은 예전과 달랐다. 로마는 약해지고 있었고, 그에 반비례해 이민족들은 강해지고 있었다. 칼레도니아의 스코트족과 픽트족은

황제의 사치   5현제 시대 동안 억눌려왔던 황제의 사치와 방탕은 그 시대가 끝나자마자 화산처럼 분출했다. 그림은 오로지 자신의 군대만 특별히 배려하며 공포정치를 일삼았던 카라칼라가 지은 공중목욕탕의 복원도다. 황제의 품성과는 무관하게 이 목욕탕은 로마의 뛰어난 건축술을 보여주며, 당시 로마 시의 종합 오락 센터였다.

하드리아누스 장성을 부수고 브리타니아 남부까지 치고 내려왔다. 분노한 세베루스는 이 기회에 칼레도니아까지 점령해 브리타니아를 완전히 영토화할 마음을 먹었는데, 이것이 의욕 과잉이자 판단 실수였다. 그는 요크에서 전사함으로써 브리타니아에서 죽은 유일한 황제가 되고 말았다. 결국 브리타니아 속주의 경계선은 하드리아누스 장성으로 확정되었다(오늘날의 하드리아누스 장성은 당시 파괴된 이후에 재건된 것이다).

군사적 측면에서 세베루스는 베스파시아누스와 같은 역할을 담당했지만, 다른 면에서는 전혀 그렇지 못했다. 뛰어난 행정 능력을 겸비한 베스파시아누스와 달리, 세베루스는 오로지 군인이었다. 두 아들에게 전해진 그의 유언장에는 "서로 합심해라, 병사들을 후대하라, 나머지는 모두 무시하라."라고 되어 있었다.

세베루스의 아들 카라칼라Caracalla(188~217)는 첫째 유언을 무시하고 둘째와 셋째 유언만 지켰다. 몇 개월 동안 공동 황제로 있던 동생 게타를 죽이고 단독 황제가 되었고(그전에 그는 자기 장인도 살해한 터였다), 자신의 병사들을 비밀경찰로 만들어 공포정치를 실시했던 것이다. 짧은 재위 기간 내내 알렉산드로스 대왕의 계승자로 자처하며 동방 정벌을 계획한 그는 그것을 실행에 옮기지도 못하고 군대의 손에 살해되었다. 그가 남긴 유일한 업적은 212년에 로마 시민권을 무제한으로 모든 속주민에게 확대 부여한 것인데, 실은 그 목적도 세금을 많이 거두어 자신의 병사들에게 봉급을 충분히 주기 위해서였다. 어쨌든 이것을 계기로 로마 본토 주민과 속주민 사이에 지위상의 구별이 완전히 사라진 것은 그가 의도하지 않은 발전이었다.

위기는 위기를 부르고

지금까지 우리는 로마 황제들의 치적을 소상히 밝혀가며 로마의 역사를 더듬어왔지만, 이제부터는 그럴 필요가 없다. 말기적 증상을 완연하게 보이는 3세기 이후의 로마 제국에서는 황제가 거의 무능력하고 무의미한 존재였기 때문이다. 우선 재위 기간이 극히 짧고 권력이 대단히 불안정했다. 카라칼라의 제위를 이은 마크리누스Marcus Opellius Macrinus(164~218)는 겨우 1년, 그다음 황제인 헬리오가발루스Heliogabalus(204~222)는 겨우 4년밖에 재위하지 못했다. 심지어 235년부터 284년까지 50년 동안 로마 황제는 무려 26명이었으니, 평균 재위 기간이 2년도 채 안 된 셈이다. 가히 '황제 인플레이션'의 시대였다(세베루스가 제위에 오른 193년부터 284년까지의 기간 동안에는 군인 출신 황제들이 연이어 나왔기 때문에 군인황제시대라고 부르기도 한다).

이 기간 동안 로마는 급속도로 힘을 잃어갔다. 부자들은 재산이 크게 줄어들었고, 서민들은 가난해졌다. 무역이 위축되었고, 농토가 버려졌다. 게다가 전염병이 나돌았고, 아시아 속주에서는 지진이 자주 발생했다. 이것만 해도 총체적인 위기였으나 더욱 큰 위기가 몰려오고 있었다. 그것은 바로 로마 세계를 둘러싼 바깥의 정세 변화였다.

동쪽에서는 수백 년 동안 로마에 대항하던 파르티아가 마침내 226년에 멸망했다. 그렇다고 로마가 기뻐할 일은 아니었다. 그보다 더 강력한 사산 왕조 페르시아가 일어나 파르티아를 멸망시킨 것이기 때문이다. 로마의 북쪽에는 더 직접적인 위협이 도사리고 있었다. 그것은 바로 고트족이었다. 지금의 루마니아가 고향인 그들은 257년 소아시아 북부를 점령해 로마 제국의 중요한 육로를 봉

페르시아의 부활   로마를 그토록 괴롭히던 동쪽 변방의 파르티아는 동방의 또 다른 강국으로 성장한 사산 왕조 페르시아에 의해 멸망했다. 사진은 사산 왕조 페르시아의 은 접시인데, 페르시아의 왕이 활로 사자를 사냥하면서 발밑에 사자 한 마리를 짓밟고 있는 그림이 그려져 있다. 이 그림을 로마인들이 봤다면 차라리 파르티아가 있는 게 낫겠다고 말하지 않았을까?

쇄했다. 바깥에서 일어난 불길은 금세 내부로 번졌다. 중앙정부를 믿고 의지할 수 없게 된 속주들이 저마다 독립을 부르짖고 나선 것이다.

그러자 로마 황제는 기발한 방법을 구사하기 시작했다. 변방에 위치한 속주들의 군대를 아예 승인해버린 것이다. 이미 로마 시민권이 제국 전체로 확대된 상태이므로 구실도 좋았다. 모든 로마 시민은 로마 제국을 수호할 의무가 있으니까. 이 방법이 효과를 본 덕분에 268년부터 282년까지 3대에 걸쳐 제위에 오른 일리리쿰 출신 황제들은 속주군을 이용해 고트족을 몰아내는 데 성공했다. 그러나 상황이 호전된 것은 잠시뿐이었고, 로마의 국력은 좀처럼 회복되지 않았다. 게다가 속주를 승인한 결과 전통의 막강한

지에서 사병 조직을 거느린 군벌들이 생긴
다. 중국의 경우에서도 그 점을 확인할 수
있다. 기원전 2세기에 진 제국을 멸망시킨
항우와 유방도 그랬고, 8세기 당 제국 말기
변방의 번진(藩鎮)들은 그 대표적인 예다.
또 20세기 초 청의 멸망으로 중국의 제국
사가 끝난 직후 북양군벌들은 사병 조직을
기반으로 중앙 정권을 위협했다.

로마 군단은 유명무실해졌고, 오히려 속주군
이 군벌을 이루어 로마의 용병과 같은 지위
를 가지게 되었다.●

　로마는 결국 용병으로 망하게 되지만, 아직
은 때가 아니었다. 3세기에 망했어야 할 늙은
제국의 수명이 200여 년 더 늘어나게 된 것은
제국 말기에 등장한 두 명의 걸출한 황제 덕
분이었다. 그중 첫 번째는 디오클레티아누스
Gaius aurelius Valerius Diocletianus(245~316)다.

수명 연장 조치

말기 암 환자를 앞에 둔 디오클레티아누스는 최후의 수단인 수술
에 의지하기로 했다. 첫 번째 수술은 권력을 안정시키는 것이었
다. 의사로 있는 기간이 최소한 어느 정도는 확보되어야 수술이든
무엇이든 할 게 아닌가? 그러기 위해서는 무엇보다 각지에서 사
병을 거느리고 있는 군벌들을 달래야 했다. 이를 위해 디오클레티
아누스는 모험에 가까운 시도를 했다. 그것은 제국을 분할하는 것
이었다.

　286년에 디오클레티아누스는 동료인 막시미아누스를 서방 황
제로 삼고 자신은 동방 황제가 되었다.●● 그리고 두 황제가 각자
한 명씩 제위 계승자를 미리 정하기로 했다. 정제正帝 두 명에 부
제副帝 두 명을 두는 방식이었는데, 사실상 황제가 네 명인 셈이었
으므로 이것을 테트라르키아tetrarchia(4두 정치)라고 부른다. 정제의

정식 명칭은 아우구스투스였고, 부제의 정식 명칭은 카이사르였다는 데서 그 변형된 제정의 지향점을 짐작할 수 있다.

황제가 네 명이니 자연히 수도도 네 곳으로 늘었다. 디오클레티아누스는 소아시아의 니코메디아(지금의 터키 이즈미트)를 수도로 삼고 소아시아에서 이집트까지 제국의 동부를 다스렸다. 그의 부제인 갈레리우스는 판노니아의 시르미움에서 발칸을 지배했다. 또 막시미아누스는 메디올라눔(밀라노)을 수도로 정하고 이탈리아와 북아프리카를 맡았으며, 그의 부제인 콘스탄티우스는 갈리아의 트리어에서 에스파냐, 갈리아, 브리타니아를 맡았다.

●● 로마 제국이 동서로 구분될 수 있다는 것은 지도만 봐도 알 수 있다. 그러나 동방 제국(지중해 동부와 소아시아, 이집트)과 서방 제국(이탈리아, 갈리아, 에스파냐, 북아프리카)의 차이는 로마 초기부터 뚜렷했다. 동방은 오리엔트, 그리스의 역사를 이어받은 전통적인 문명 세계였고, 서방은 그 씨앗을 받아 키운 데 지나지 않았던 것이다. 따라서 제국의 동부에 관한 한 로마는 관리와 행정만이 가능했을 뿐 더 앞선 문명을 전달하지는 못했다. 디오클레티아누스가 동방 정제를 맡은 것도 그 자신이 달마치야(지금의 유고슬라비아) 출신인 탓도 있겠지만, 동방이 문명의 중심지이기 때문이기도 했을 것이다.

이처럼 기묘한 제정을 낳은 테트라르키아는 권력의 안정을 가져올 수는 있지만 자칫하면 서열이 무너져 제국이 분열될 가능성이 있었다. 그 점을 우려한 디오클레티아누스는 자신이 최고 권력자임을 처음부터 분명히 했다. 동방 정제가 최고 서열이라는 사실은 이후 로마의 향방(아울러 중세 초기의 구도)을 결정하는 중요한 요소가 된다.

최고 권력자에 어울리게, 또한 동방의 정제답게 디오클레티아누스는 동양식 전제군주로서의 위상을 확립하려 애썼다. 그는 자신이 신의 대리인이라고 선언하고, 의장과 예식도 페르시아풍으로 바꾸었다. 이로써 로마 제정은 전제군주정dominatus이라는 새로운 형태로 변형되었다. 바야흐로 로마 황제는 이집트의 파라오나 중국의 천자 같은 절대 권력의 화신이 된 것이다.

권력의 분산이 오히려 권력의 집중을 가져왔으니 역설적인 일이기는 하지만, 어쨌든 이것으로 큰 권력의 문제는 해결되었다. 이제 남은 것은 작은 권력, 즉 속주 총독들이었다. 디오클레티아누스는 속주 총독이 함부로 군대를 일으키지 못하도록 그들에게서 군사 지휘권을 빼앗았다. 게다가 속주의 크기도 아주 작게 세분하고, 전체를 12개의 큰 관구로 묶어 통제하기 쉽게 만들었다. 명백한 행정 편의주의였지만 황제에게는 국가 비상사태라는 근거가 있었다.

4두의 상징 병든 로마 환자를 치료하기 위해 의사인 디오클레티아누스는 환자의 몸을 네 조각으로 나누기로 했다. 이 조각상은 그것을 나타내는 《4황제상》이다. 네 명의 황제(두 명의 정제와 두 명의 부제)는 이렇게 서로 부둥켜안고 있으나 실은 저마다 욕심이 달랐다. 로마의 분열은 이제 필연적이다.

이렇게 권력을 수술한 다음에는 군대를 손볼 차례였다. 앞에서 보았듯이, 아우구스투스 이래 로마군은 변방을 지키는 것을 늘 주요 과제로 삼았으며, 그에 따라 로마 본토에는 군대의 주둔이 허용되지 않았다. 그러나 수십 년 동안 이민족의 침략을 호되게 겪은 결과 중앙군의 필요성이 명백해졌다. 300년 전 아우구스투스는 제위를 노리는 군대 사령관들을 경계하기 위해 군대를 억제했으나(게다가 그는 정복도 중단했다), 이제 제위가 아니라 제국 전체가 위험해진 상황이므로 비상조치가 필요했다.

하지만 새로 군대를 육성하는 데는 무엇보다 돈이 필요했다. 더구나 디오클레티아누스가 육성하려는 군대는 일반 보병이 아니라 중무장의 기병대였다. 보병을 기초로 한 로마 군단 전술은 이미 낡았다. 기병대를 기동타격대로 삼고 변방에서 문제가 생기면

272

고난의 신앙 그리스도교는 많은 박해와 탄압을 받은 것처럼 알려져 있지만, 실은 그렇지 않다. 로마 시대 내내 그리스도교는 신앙과 포교의 자유를 누렸다. 그러나 제국 분열의 조짐 속에서 강력한 황권을 확립하려 한 디오클레티아누스 시대에 그리스도교도들은 곤욕을 치러야 했다. 당시 그리스도교도들은 지하 무덤 속에 숨어 신앙을 보존했는데, 이것이 사진에서 보는 것과 같은 카타콤이다.

즉각 지원에 나서는 것이 선진 전술이었다. 그러자면 병력이 많이 필요했다. 그런데 병력이야 게르만족 용병으로 충원하면 된다지만 가뜩이나 어려운 나라 살림에 막대한 군비는 어디서 구할까? 더구나 기병은 돈이 많이 들었다.

황제가 개인 재산으로 국가 재정을 충당하던 것은 낡은 방식이기도 했지만, 빈농 출신에다 발난 명사에서 시각에 제위에 오른 디오클레티아누스로서는 꿈도 꾸지 못할 일이었다. 하지만 그에게는 돈 대신 새로 강화한 권력이 있었다. 원래 황제란 재산이 아니라 권력으로 말하는 존재가 아니던가?(이런 점에서 디오클레티아누스는 중국 황제에 가장 가까운 지배자였다).

디오클레티아누스는 돈으로 사야 할 것들을 권력으로 징발하기로 했다. 기술자들은 무상으로 국가에 부역해야 했고, 변방을 지키는 군인들은 대를 이어 병역 의무를 수행해야 했다. 콜로나투스도 더욱 강화되어 농민들은 아무리 무거운 세금에 시달려도 마음대로 농토를 버리고 떠날 수 없었다. 기술자나 상인이나 군인이나 농민이나 모두 거주 이전의 자유 같은 것은 없었다.

그러나 사람들의 자유를 묶어놓는 데는 한계가 있었다. 국가적 어려움 속에서도 아직 로마 시민들에게 양곡을 무상으로 공급하는 전통은 유지되었지만, 번영의 시대와 자유의 맛을 기억하는 시민들은 빵만으로 살 수 없었다. 그렇게 보면 디오클레티아누스의 수술은 문제를 해결한 게 아니라 봉합해놓은 데 불과했다. 더구나 그런 임시방편의 조치는 강력한 권력이 뒷받침할 때만 효력을 발휘할 수 있었다.

두 번째 의사

과연 강력한 권력이 사라지자 즉각 그 체제는 무너졌다. 체질상 전제군주에 맞지 않았고 정치적 야심도 크지 않았던 디오클레티아누스는 305년 홀연히 정계 은퇴를 선언하고 고향인 달마치야의 해변에 집을 짓고 은거해버렸다(그 무렵 그는 비록 예순 살의 노인이기는 했으나 권력의 절정에 있었고 경쟁자도 없었던 터라 그의 돌연한 은퇴는 세상을 깜짝 놀라게 했다).

기둥이 빠져나갔으니 체제가 온전하기는 어려웠다. 그전부터 기미를 보이던 인플레는 더욱 걷잡을 수 없는 사태로 바뀌었다.

사람들은 화폐를 믿지 않고 현물 거래에 나섰다. 심지어 세금마저도 현물로 납부했다. 이 상태가 지속된다면 통화 체계가 무너질 테고, 제국의 경제가 송두리째 붕괴할 게 뻔했다.

그러나 더 직접적인 위협은 권력 승계의 문제였다. 최고 권력자가 사라진 마당에 4두 정치를 유지할 의지는 나머지 3두에게 없었다. 그렇다면 유일한 정제인 서방 황제 막시미아누스가 최고 서열이 아닐까? 그러나 그는 그럴 깜냥이 되지 못했다. 형님처럼 받들던 디오클레티아누스가 은퇴하자 마음도 허전하고 권력에도 불안을 느껴 곧장 그의 뒤를 따랐다(그는 2년 뒤 아들과 함께 다시 제위를 노리지만 콘스탄티누스에게 제압을 당한다).

부제 두 명, 즉 갈레리우스와 콘스탄티우스가 정제에 오르는 데는 별 문제가 없었다. 그러나 부제의 후계자들, 즉 다음 부제를 임명하는 데는 격렬한 다툼이 있었다. 여기서 혜성처럼 등장한 인물이 바로 콘스탄티우스의 아들 콘스탄티누스Constantinus(280년경 ~337)였다.

니코메디아에 인질로 살고 있던 콘스탄티누스는 갈레리우스가 니코메디아의 주인이 되자 생명의 위협을 느끼고 즉각 궁성을 탈출해 멀리 아버지가 있는 갈리아의 불로뉴로 갔다(지금의 터키에서 프랑스까지 간 셈이다). 그의 아버지는 마냥 반가웠다. 브리타니아 원정을 계획하고 있는 판에, 디오클레티아누스를 따라 이집트와 페르시아 원정에도 참가했던 베테랑 아들이 돌아온 것이다. 그러나 306년 콘스탄티우스는 아들과 함께한 브리타니아 원정에서 사망했다. 휘하 병사들과 갈리아 여러 속주의 총독들은 일제히 아들 콘스탄티누스를 황제, 그것도 서방 정제로 추대했다.

화가 난 갈레리우스는 그것을 인정하지 않고 별도로 서방 정제

밀비우스 전투   전투 자체는 중요하지 않지만 밀비우스 전투는 로마 제국의 수명 연장을 위해,
더 중요하게는 유럽 문명의 '줄기'를 위해 역사적으로 중요한 사건이었다. 여기서 콘스탄티누스가
승리하지 않았다면 로마 제국은 일찌감치 분해되었을 테고, 그리스도교의 공인도 훨씬 늦어졌을
것이기 때문이다.

와 부제를 임명했다. 이제 권력투쟁은 불가피해졌다. 하지만 아직
열세라고 느낀 콘스탄티누스는 갈리아와 브리타니아에 머물면
서 힘을 길렀다. 311년 갈레리우스가 병사한 것은 그에게 신호탄
이 되었다. 그 이듬해 로마 정복을 결심한 콘스탄티누스는 밀비우
스 다리의 전투에서 예상을 뒤엎고 승리함으로써 실력으로 서방
정제의 자리를 차지했다. 뒤이어 324년에 그는 동방 정제인 리키
니우스마저 죽이고 제위에 올랐다. 디오클레티아누스의 4두 정치

콘스탄티누스의 노력　역사적 의의로는 그리스도교를 공인한 게 최고의 업적이겠지만, 그 밖에도 콘스탄티누스는 솔리두스라는 금화를 만들어 물가를 안정시켰고, 콘스탄티노플을 건설해 제국의 수도를 동유럽으로 옮겼다. 그러나 결국 그의 조치는 제국의 수명을 잠시 연장한 임시방편에 불과했다. 왼쪽은 그의 시대에 제조된 금 펜던트이고 오른쪽은 콘스탄티누스의 흉상이다.

이후 무려 40년 만의 단독 황제였다.

　세력의 근거지를 서방에 두고 있던 콘스탄티누스였으나 그의 마음은 늘 동방에 있었다. 그도 그럴 것이, 행정의 중심은 수백 년 동안이나 서방(로마 시)에 있었음에도 불구하고 아직도 경제와 문물의 중심은 동방이었던 것이다(더구나 그의 고향은 발칸의 나이수스였다). 그가 보기에 그간 로마가 수없은 어려움과 위기를 겪었던 이유는 정치적 중심과 경제적 중심이 달랐기 때문이다. 그래서 330년에 그는 로마 제국 역사상 처음으로 천도를 결심하기에 이르렀다. 새 수도는 동방에 있어야 하고 기존의 대도시가 아니어야 한다는 게 천도의 원칙이었다. 그렇게 해서 결정된 새 수도는 유럽과 아시아의 중간인 옛 비잔티움의 터전에 건설되었으며, 황제의 이름을 따 콘스탄티누스의 도시, 즉 콘스탄티노플(지금의 이스탄불)이라고 불리게 되었다.

콘스탄티누스의 지배 체제는 기본적으로 디오클레티아누스와 다르지 않았다. 오히려 그는 전제 체제를 더욱 강화하고 게르만 용병 부대로 이루어진 친위대를 증강해 처음부터 반란의 가능성을 차단하고자 했다. 행정제도에서는 추밀원을 새로 구성했다. 그 전까지는 황제의 임명으로 구성되는 자문 기구가 있었으나 추밀원은 정부 각 부서의 장들이 참여하는 회의체였으므로 오늘날의 내각처럼 한층 발달한 관료 기구였다.

경제적인 측면에서는 무엇보다 인플레이션을 잡는 게 급선무였다. 콘스탄티누스는 유명무실해진 은화를 버리고 솔리두스라는 금화를 새로 만들었다. 현물 경제는 여전히 지속되었지만 솔리두스는 금화인 덕분에 통화 가치를 잃지 않았으므로 그런대로 인플레이션을 억제하는 효과가 있었다.

정치적 무기가 된 종교

디오클레티아누스와 콘스탄티누스라는 뛰어난 의사가 연이어 출현한 덕분에 로마 제국은 늙고 병든 몸으로나마 목숨을 부지할 수 있었다. 하지만 디오클레티아누스에 비해 콘스탄티누스의 개혁은 그다지 새로울 게 없었고, 제국의 골간을 이루는 농민들의 삶을 낫게 해준 것도 없었다(오히려 그는 세금 부담을 늘렸고, 콜로나투스를 더욱 강화했다). 그런데도 후대의 역사가들은 콘스탄티누스를 그냥 황제라고 부르지 않고 대제大帝라고 부른다. 디오클레티아누스는 물론 카이사르와 아우구스투스도 그런 호사스런 칭호를 얻지는 못했다. 그 이유는 무엇일까?

313년의 밀라노 칙령이 없었다면 콘스탄티누스는 그저 그런 황제로 역사에 남았을 것이다. 밀비우스 전투에서 승리해 서방 정제가 된 이듬해에 그는 밀라노 칙령을 내려 그리스도교를 공인했다. 이것은 로마 제국이 서양 문명의 뿌리로서 마지막으로 기여한, 그러나 가장 중요한 공헌이었다.

전하는 바에 따르면, 밀비우스 전투를 앞둔 312년 10월 28일 저녁에 콘스탄티누스는 하늘에서 저무는 해의 바로 위에 십자가가 나타난 것을 보았다고 한다. 그 십자가에는 'Hoc Vince(정복이 끝났노라)'라는 글자가 쓰여 있었다. 병사들과 함께 있었으니 본 사람이 아주 많은데, 훗날 콘스탄티누스는 에우세비오스라는 신학자(그는 콘스탄티누스의 전기를 썼다)에게 자기가 본 것이 사실이라고 맹세까지 했다. 그렇다면 그리스도교 학자들이 기적이라고 부르는 것도 당연하다.

이것이 사실인지 거짓인지, 아니면 환영인지 사기극인지는 확인할 길이 없으나, 어쨌든 콘스탄티누스는 그리스도교를 공인함으로써 이후 서구의 역사, 특히 중세의 형성에 결정적으로 기여했다. 그러나 그가 밀라노 칙령을 내린 배경에는 그렇게 종교적인 요소만이 있었던 게 아니다.

그리스도교 역사가들 덕분에 콘스탄티누스가 대제로 기록되었듯이, 그들 덕분에 폭군의 대명사로 기록된 네로가 로마 황제로 있던 시절(1세기)에 그리스도교는 팔레스타인에서 유대교를 모태로 탄생했다(물론 그리스도교의 창시자인 그리스도는 아우구스투스 시대에 태어났지만 그리스도교가 종교의 골격을 갖추고 전파되기 시작한 것은 그의 사후부터다). 생겨날 당시만 해도 그리스도교는 성서에 나오는 12사도 등 일부 마니아들만 믿는 컬트적 종교였고, 유대교도들로부터도 인정을 받지 못했다. 12사도보다 그리스도교의 포교에 더욱 큰 공헌을 한 인물은 바울(바오로)이었다. 그는 유대교에서 그리스도교로 개종한 뒤 지중해 동부 일대를 돌아다니며 이 신흥 종교를 널리 알렸다(후대에 바울은 그 공로로 사도와 동급의 반열에 오르게 된다).

역설적인 이야기지만, 바울이 그렇게 하지 않았다면 그리스도교는 박해를 받지 못했을 테고 세계 종교로 자라나지도 못했을 것이다. 로마는 전통적으로 다른 종교에 관용적이었으나 그리스도교가 크게 세력을 키우자 아연 긴장하고 3세기부터는 대대적인 탄압에 나섰다. 교세가 확장될수록 탄압의 강도도 심해졌다. 무릇 종교란 탄압이 심할수록 더욱 확산되게 마련이다. 순교자의 수가 늘어날수록 그만큼 그리스도교의 기반은 공고해졌다.● 교회와 사제, 주교, 부제 등의 교직도 생겨났다. 초기의 어려움은 순전히 신앙의 힘만으로 이겨내야 했으나 그다음부터는 조직으로 버틸 수 있게 되었다. 바야흐로 그리스도교는 이제 세계 종교로서 첫발을 내딛기 시작한 것이다.

그러나 박해는 끊이지 않았다. 303년 디오클레티아누스는 칙령을 내려 그리스도교도들을 대량 학살했는데, 이것이 최대의 박해

● 당시 순교자들은 후대에 '그리스도교 세상'이 되었을 때 성인으로 존경받게 된다. 그래서 그들의 이름은 오늘날 서양인의 이름에도 전승되었다. 편의상 영어식 이름만 살펴보면, 비틀스 멤버들의 이름인 존, 폴, 조지를 비롯해 피터, 지미, 조셉, 톰, 스티븐, 그레그, 샘, 앤디, 데이비드, 크리스, 앤터니, 니컬러스, 저스틴, 패트릭, 메리, 제인, 앤, 루시, 실비아, 캐서린 등등 그리스도교와 관련된 남녀의 이름들은 극히 많다. 서양 이름의 또 다른 계통은 중세의 왕들에게서 비롯되었다. 헨리(앙리, 하인리히, 엔리케), 찰스(샤를, 카를, 카를로스), 윌리엄(빌헬름, 기욤, 빌), 에드워드(에두아르, 에드바르트, 에디), 리처드(리하르트, 리치), 앨프레드(프레드, 프레디) 등의 이름들이 그것이다.

로 기록된 사건이다. 자신을 살아 있는 신이라고 주장하고 전통 종교의 최고신인 유피테르가 현신한 존재라고 선언한 디오클레티아누스로서는 그리스도교를 도저히 용납할 수 없었을 것이다 (로마 제국을 위해서는 더 공적이 컸던 그가 대제라는 호칭을 콘스탄티누스에게 빼앗긴 이유는 여기에 있다).

그로부터 불과 10년 만에 그리스도교가 공인되었다는 것은 무엇을 뜻할까? 권력투쟁의 후발 주자로서 위험한 승부를 벌이고 있었던 콘스탄티누스는 신흥 세력에 의지하지 않으면 승리할 수 없다고 판단했을 것이다. 하늘에서 십자가를 목격한 사건은 그 목적을 위해 조작되었을 것이다. 그렇게 보면 밀라노 칙령은 고도의 정치적 게임이었다.

콘스탄티누스의 측근들 중에 그리스도교도가 많은 것은 사실이었으나 정작 그 자신은 죽기 직전에 세례를 받았다. 또한 그는 개인적으로 그리스도교에 관심이 크고 우호적이었으면서도 다른 종교들에 관해서도 관용을 취했다. 어쨌든 그리스도교를 공인한 만큼 그는 이 신흥 종교를 널리 전파하기 위한 여러 가지 후속 조치를 시행했다. 성직자가 행정상의 의무에서 면제된 것이라든가, 교회 건축이 활성화된 것이 그런 예다. 하지만 초기 그리스도교에 대한 그의 공헌은 따로 있었다. 밀라노 칙령에 뒤이어 그의 두 번째 종교적 공로는 단독 황제에 오른 이듬해인 325년에 개최한 니케아 공의회였다.

그리스도교의 역사가 수백 년에 이르자 자연히 종파도 여럿이 생겨나게 되었다. 어려운 시절에는 종파의 대립이 두드러지지 않았으나 오히려 공인을 받은 뒤부터 종파들 간에 첨예한 대립이 생겨났다. 특히 4세기 초의 사제인 아리우스Arius(250년경~336)는 신과 그리스도가 본질적으로 같지 않다는 문제를 제기했다. 그리스도는 아버지 신처럼 영원한 존재가 아니라 특정한 시대에 신이 세계의 구원을 위한 '도구'로 창조한 존재라는 주장이었다. 말하자면 그리스도는 《구약성서》에 자주 등장하는 예언자 급의 '인물'일 뿐 신과 혈통적 관계는 없다는 것이었다.

그렇다면 그리스도는 신격을 유지하지 못하게 될뿐더러 처음부터 선을 긋고 출발한 유대교와 다를 바가 없어지므로 아리우스의 주장은 커다란 문제였다. 반격이 필요할 때 총대를 멘 사람은 알렉산드리아의 주교인 아타나시우스Athanasius(293년경~373)였다. 그는 아버지인 신(성부)과 그 아들인 그리스도(성자), 성령의 세 위격位格이 본질적으로 하나라는 삼위일체설을 주장했다.

그러나 콘스탄티누스는 종파들 간의 대립이 격화되자 조바심을 느꼈다. 거센 반대를 무릅쓰고 자신이 공인한 그리스도교가 분열과 대립으로 약화된다면 그로서도 큰 위기였던 것이다. 교회가 단일 제국의 정신적 지주로서 역할하려면 결코 분열되어서는 안 되었다. 그에게 중요한 것은 교리상의 문제가 아니라 단결과 통합이었다.* 그래서 그는 최초의 종교회의인 니케아 공의회를 열기로 했다(지역적 종교회의는 그 전에도 있었으나 전 지역을 한데 모은 종교회의는 처음이었다).

아리우스파든 아타나시우스파든 아무래도 좋다. 중요한 건 이 자리에서 결론을 봐야 한다는 거다. 이런 마음으로 콘스탄티누스는 회의의 개회사를 하고 중립적 진행을 맡았다. 한 달간의 격론 끝에 승리한 것은 아타나

* 324년 콘스탄티누스가 아리우스에게 보낸 친서에는 이 종교 논쟁을 바라보는 그의 시각이 드러나 있다. "양측의 차이점이 생겨난 근원과 토대를 성실하게 연구한 결과, 나는 그 원인이 그렇게 격렬한 다툼이 필요 없을 만큼 아주 사소하고 보잘것없는 것이었음을 깨닫게 되었습니다. …… 그러니 이제 양측은 인내심을 발휘하여 여러분의 동료[콘스탄티누스]가 보내는 충고를 받아여주십시오."

최초의 종교회의　콘스탄티누스가 소집한 니케아 공의회는 최초의 대규모 종교회의였다. 로마 제국 전체의 주교들이 모인 것은 아니었고 동방교회의 성직자들이 대부분이었으나, 이 회의는 콘스탄티누스의 목적을 충족시켜주기에 충분했다. 그림은 6세기에 그려진 니케아 공의회의 장면이다.

시우스파였고, 패배한 아리우스파는 이단으로 몰렸다. 그러나 아타나시우스파는 종교적 승리자일 뿐이었고, 진정한 승리자는 콘스탄티누스였다. 어쨌든 결론이 났으니까. 그가 가장 우려한 사태는 무승부였을 뿐이다(그는 죽기 직전에 아리우스파의 세례를 받았다고 한다).＊＊

　이단으로 판정받고 로마 제국에서 추방된 아리우스파는 이후 게르만족에게 퍼졌다. 그러나 나중에 게르만족이 로마를 멸망시

으며, 유럽 전역에서 약 300명가량의 주교
들이 참석했다. 회의에서는 이단 문제 이외
에도 부활절의 날짜를 확정하는 문제 등이
논의되었다. 회의가 끝난 뒤 콘스탄티누스
는 성대한 연회를 열어 주교들의 노고를 치
하했으며, 돌아가는 주교들에게 선물 꾸러
미를 한 아름씩 안겼다. 콘스탄티누스는 선
물을 받은 주교들보다 더 기뻤을 것이다. 아
타나시우스파의 주교들보다 더 큰 성공을
거둔 것은 바로 그였으므로.

키고 역사의 방향키를 쥐게 되는 것을 고려
한다면, 아타나시우스파보다 오히려 아리우
스파가 그리스도교 세계의 형성에 더 큰 공
헌을 한 셈이다.

제국의 최후

의사가 담당 환자보다 먼저 죽는다면 그 환
자의 앞날은 뻔할 것이다. 콘스탄티누스가
죽자 로마 제국은 걷잡을 수 없이 무너졌다. 그 뒤로도 제국은
150년 가까이 더 존속하지만, 산소 호흡기로 겨우 명맥을 유지했
을 뿐 제대로 산 것은 아니었다. 무엇보다 이제는 세상의 어느 누
구도 로마를 두려워하지 않았다. 병든 사자를 공격하는 하이에나
들의 이빨은 더욱 날카로워졌다.

4세기 후반부터 이민족들은 로마를 거세게 물어뜯었다. 367년
에 브리타니아의 여러 부족은 서로 힘을 합쳐 브리타니아 속주를
대대적으로 공격했다. 브리타니아야 원래부터 반란이 끊이지 않았
지만, 아직 단일한 정체성이 없던 픽트족과 색슨족, 스코트족이 연
계해 로마에 대항한 것은 처음이었다. 그러나 이것은 서곡일 뿐이
었다. 주제곡은 375년부터 시작된 게르만족의 대이동이었다.●

중앙아시아의 강성한 민족인 훈족이 침략해오자 도나우 강 하
류에 살던 게르만족의 일파인 서고트족은 큰 두려움을 느꼈다(고
트족은 원래 스칸디나비아가 고향이었는데, 기원 전후 무렵에 남쪽으로 이
동하면서 동고트족과 서고트족으로 나뉘었다. 고트라는 명칭에서 중세 예

술 양식인 '고딕'이라는 용어가 나왔다). 동방 출신답게 훈족의 병사들은 말을 잘 다루었고, 개인 전술에 능했으며, 특히 활 솜씨가 뛰어났다. 게다가 그들의 옆으로 찢어진 눈, 큰 광대뼈, 강인하고 무시무시한 인상은 서고트족이 고향을 버리고 달아나게 만들기에 충분했다.

훈족에게 쫓겨난 서고트족의 한 무리는 서쪽으로, 다른 한 무리는 남쪽으로 이동을 시작했다. 남쪽에는 콘스탄티노플로 옮긴 지 얼마 안 되는 로마 제국의 심장부가 있었다. 로마는 이들이 영토 내로 들어오는 것을 허락하면서 각종 조건을 달았는데, 이게 서고트족의 심기를 건드렸다. 그들은 훈족에게서

● 이 게르만족의 대이동은 수백 년에 걸친 세계적 민족대이동의 결과다. 근원은 기원전 2세기 한 무제의 흉노 공격에서 시작된다(《종횡무진 동양사》, 111~113쪽 참조). 여기서 밀려난 흉노는 중앙아시아로 진출해 그 지역의 주인으로 자리 잡았다(흉노에 쫓겨난 대월지의 부족들은 인도로 남하해 쿠산 왕조를 열었다). 계속해서 서쪽으로 동유럽까지 진출한 흉노의 일파는 훗날 유럽 역사가들에게 훈족(Hun)이라는 이름으로 불리게 된다. 375년 이 훈족이 다키아 일대에 살던 서고트족을 공격해 서고트족이 남쪽의 모에시아로 이동한 게 게르만족 대이동의 시작이다. 이후 유럽의 여러 민족은 마치 도미노 게임처럼 연쇄 이동을 벌이게 되는데, 그 와중에 로마 제국이 멸망한다. 고대의 동양과 서양은 500여 년에 걸친 기나긴 시차를 두고 세계사적 사건을 '합작'한 셈이다.

맞은 뺨을 로마에 대한 화풀이로 돌렸다. 378년에 로마는 서고트군에게 대패한 뒤 교통의 요지인 마케도니아의 아드리아노플을 잃고 황제인 발렌스Flavius Iulius Valens(328년경~378)마저 전사하는 참극을 겪었다. 콘스탄티누스가 제국의 중심을 동방으로 옮긴 뒤 처음으로 당하는 굴욕이었다.

새 황제 테오도시우스Theodosius(347~395)의 해결책은 하나뿐이었다. 서둘러 서고트족과 평화 관계를 맺고 그들을 용병으로 삼을 수밖에 없었다. 한때 막강했던 로마 군단은 자취도 없이 사라졌으며, 이제 로마 본대보다 용병 부대가 더 많고 더 강력해졌다. 테오도시우스는 392년에 그리스도교를 국교로 삼고, 제국의 전체 영토를 얼추 통합해 꺼져가는 제국의 촛불을 되살리기 위해 애썼다.

원로원의 명맥 　 제국 시대에도 로마 원로원은 존속했다. 물론 공화정 시대와 같은 의사 결정 기구는 아니었고, 황제를 보좌하는 정도의 역할로 축소되었다. 제국의 중심을 동방으로 옮긴 콘스탄티누스는 콘스탄티노플에 새로 원로원을 구성하고 이것을 추밀원이라는 정식 관료 기구로 재편했다. 사진은 로마에 있는 원로원 건물이다.

그러나 결국 그는 통일 제국의 마지막 황제가 되고 말았다. 그가 죽은 뒤 제국은 다시 동방 제국과 서방 제국으로 나뉘었고 두 번 다시 통합되지 못했기 때문이다. 게다가 테오도시우스 이후의 황제들은 지극히 무능했기 때문에 그는 실제적인 마지막 황제라고도 할 수 있다.

강국을 유지하려면 정치와 경제가 살아야 하고, 국가의 꼴이라도 유지하려면 군대가 살아야 한다. 그러나 로마는 최후의 보루인 군대마저 무너졌다. 로마 안에서는 게르만족 용병들이 군대의 실권을 잡고 있었고, 로마 밖에서는 게르만족의 강성한 민족들이 로마 침공을 노리고 있었다(둘 다 게르만족이니 같은 민족이라고 생각하기 쉽지만, 앞에서 말했듯이 게르만족이란 로마인들이 중부 유럽의 여러 민족을 통칭한 것일 뿐 단일한 민족이 아니다).

이제 세상은 게르만족의 것이었다. 406년 로마 안의 게르만족과 로마 밖의 게르만족이 게르마니아에서 서로 맞붙었다. 승자는 바깥의 게르만족이었다. 서고트족은 순식간에 갈리아와 에스파냐까지 정복했고, 반달족은 바다를 건너 북아프리카로 진출했다. 그렇잖아도 로마의 영향력에서 벗어나는 중이던 브리타니아는 그런 변화를 계기로 로마에서 영영 멀어졌다. 그 와중에 410년에는 서고트의 왕 알라리크가 이탈리아 반도를 침략하고 로마 시를 점령했다.* 수도 로마를 유린당한 것은 기원전 390년 갈리아인의 침략 이후 800년 만에 당하는 치욕이었다. 다행히도 알라리크는 로마를 통치하려 들지 않고 황제와 평화조약을 맺은 뒤 에스파냐 쪽으로 기수를 돌렸다.

온갖 수모를 겪은 로마에 또 한 가지 다행스런 일이 있었다. 배불리 먹었다 싶은 게르만족은 이후 수십 년 동안 로마를 괴롭히지 않았다. 에스파냐에 서고트 왕국, 북아프리카에 반달 왕국, 갈리아에 부르군트(부르고뉴) 왕국, 프랑크 왕국 등이 자리를 잡은 뒤에는 판세가 이렇게 굳어지는 것처럼 보였다. 로마는 서방 속주들을 거의 다 잃었지만 더 이상의 참화는 없는 듯했다.

그러나 451년 이번에는 민족대이동의 첫 도미노를 쓰러뜨렸던 민족이 로마를 침략해왔다. 훈족이 쳐들어온 것이다. 아틸라Attila

● 당시 서방 제국의 황제는 호노리우스(Flavius Honorius, 384~423)였는데, 무능한 황제의 전형을 보여주는 일화를 남겼다. 닭을 기르는 데 광적인 취미를 가지고 있던 그는 아끼던 닭의 이름을 '로마'라고 지었다. 서고트군이 로마 시를 함락시키자 부하가 황급히 그에게 달려와 보고했다. "폐하, 로마를 잃었습니다." 호노리우스는 거의 사색이 되었으나 잃은 것이 병아리 로마가 아니라 수도 로마였다는 사실을 알게 되자 안정을 되찾았다. 이런 황제가 40년 동안이나 제위에 있었으니 그렇잖아도 어려운 로마의 부흥을 기대하는 것은 불가능했을 것이다. 그 덕분에 호노리우스는 로마 역사상 가장 나약한 황제라는 평가를 받았다.

훈족의 병사　수백 년 동안 로마의 '밥'이었던 게르만족은 이제 늙고 병든 로마를 마구 물어뜯기 시작했다. 그러나 로마도, 게르만도 가장 두려워한 것은 바로 동방의 강맹한 민족인 훈족이었다. 게르만의 민족대이동을 촉발시킨 훈족은 5세기 중반 드디어 로마 본토에까지 침공한다. 그림은 이탈리아 전역을 공포로 떨게 한 훈족의 왕 아틸라가 부하들에 둘러싸여 있는 모습이다.

(406년경~453)가 이끄는 훈족의 침략은 그때까지 로마가 겪은 어떤 시련보다도 참혹한 결과를 초래했다. 게르만족이 게임을 즐기는 수준이었다면, 훈족은 직업적인 약탈자였다. 오죽하면 로마인들이 아틸라를 '신의 채찍(혹은 신의 재앙)'이라고 불렀을까?

처음에는 서고트와 프랑크, 부르고뉴 등이 훈족의 침략을 어느 정도 저지했다. 그러나 '신의 채찍'을 막아낸 것은 '신의 사자'였다. 교황 레오 1세Leo I(?~461)가 아틸라를 설득해서 철군하게 한 것이다.●

훈족의 침략에서 배웠을까? 455년 또 다른 이민족이 로마 시를 점령했다. 이번의 주인공은 유럽에서 북아프리카로 쫓겨난 반달족이었다. 당시 반달족은 몇 년 전의 훈족처럼 점잖게 행동하지 않았다. 그들이 로마를 무

● 아틸라는 동양인 최초로 서양의 유명한 문학작품에 등장하기도 했다. 독일 중세의 서사시 《니벨룽겐의 노래(Das Nibelungenlied)》가 그것이다. 여기서 에첼이라는 이름으로 나오는 아틸라는 여주인공 크림힐트를 아내로 삼는데, 그녀는 죽은 연인 지크프리트의 복수를 위해 친정인 부르군트 왕족을 몰살시킨다. 실제로 부르군트 왕국은 훈족에게 멸망당했는데, 중세 독일인들에게는 이민족의 침략을 크림힐트의 이야기로 각색하는 게 위안이 되었을 것이다. 이 작품은 이후 19세기에 독일 민족주의를 고취하려 한 바그너에 의해 〈니벨룽겐의 반지〉라는 악극으로 만들어졌다.

참히 파괴한 사건을 계기로 후대에 반달리즘vandalism이라는 말이 생겨났는데, 바로 '야만적인 파괴 행위'라는 뜻이다.

이렇게 제국이 허수아비가 되어가는 가운데서도 로마의 황제는 여전히 두 명씩 존재했다. 그러나 동방 제국이나 서방 제국이나 모두 실권은 황제에게 있지 않고 이민족 출신의 장군들에게 있었다. 그래도 굳이 비교한다면, 속주들을 모두 잃은 서방 제국보다는 그런대로 영토를 유지하고 있던 동방 제국의 형편이 더 나았다. 속주들의 독립으로 서방 제국은 제국이 아니라 왕국의 수준으로 하락했다. 게다가 황제마저 장군이 마음대로 '임명'했으니 왕보다도 못한 존재였다.

그러던 중 서방 제국의 장군인 오도아케르Odoacer(433~493)는 선배인 오레스테스 장군이 자기 아들을 황제로 옹립하자 이런 허수아비 짓을 그만두어야겠다고 생각했다. 그래서 그는 오레스테스를 죽이고 어린 황제를 폐위시켰다. 이때 폐위된 서방 제국의 마지막 황제 이름은 로물루스 아우구스툴루스Romulus Augustulus였다. 우연의 일치겠지만 로물루스는 로마의 건국자요 아우구스투스는 제국의 건국자였으니 공교로운 이름이었다(아우구스툴루스는 '어린 아우구스투스', 즉 '어린 황제'라는 뜻이다).

이리하여 476년에 서방 로마 제국은 멸망했다. 동방 제국(비잔티움 제국)은 그 뒤에도 1000년 이상 더 존속했지만, 사실상 유럽 문명의 뿌리를 키운 로마는 서방 제국이었다. 그래서 로마 제국은 476년에 멸망했다고 말하는 게 일반적이다.

4부

줄기

:
:
:
:
:
:
:

정치적으로는 분권적이고 종교적으로는 통합적인 기묘한 사회가 서양의 중세다. 하나의 '신성한 정부'를 둘러싸고 여러 '세속의 정부'가 경쟁과 다툼을 벌이면서 서서히 오늘날의 유럽 세계가 모습을 보이기 시작한다. 프랑스, 독일, 영국 등 서유럽 국가들의 원형이 생겨난 것도 바로 이 시기다. 아직도 힘에서는 동방에 뒤져 있던 서유럽 세계는 십자군 전쟁으로 그리스도교권을 확대하고자 한다. 목적을 충분히 달성하지는 못했지만 이 전쟁으로 유럽은 하나의 문명권이 된다. 여기에 이베리아와 스칸디나비아 등 '변방' 지역들까지 차례로 유럽 세계의 일원으로 참여한다. 그러나 후기로 접어들어 교황권이 쇠퇴하면서 중세는 뚜렷한 해체의 조짐을 보인다. 이제 서양 문명의 굳건한 줄기는 화려한 개화를 준비하기 시작한다.

15장

유럽 세계의 원형

포스트 로마 시대

로마 제국이 무너진 후유증은 그리 오래가지 않았다. 그 이유는 이미 3세기부터 로마가 멸망한 것이나 다름없는 상태에 빠졌기 때문일 것이다. 디오클레티아누스가 제국을 동과 서로 나눔으로써, 그리고 콘스탄티누스가 로마의 본체를 포기하고 동방 제국을 중시함으로써 제국의 수명을 연장했으나 제국을 되살리지는 못했다. 결국 이 응급조치들이 시효를 다하면서 로마는 최종적으로 멸망한 것이다.

로마가 멸망한 시점에서 유럽의 판도를 한번 그려보면 재미있는 사실이 나타난다. 이 무렵이면 벌써 현대 유럽 세계의 원형이 보이기 시작하는 것이다. 오늘날의 서유럽과 동유럽은 멀리 보면 로마 제국의 분열과 서방 제국의 멸망에 그 기원을 두고 있다. 서방 제국의 자리를 대신한 게르만족의 여러 민족은 장차 서유럽 세계를 이루게 되며, 홀로 남은 동방 제국은 동유럽 세계의 모태가 된다.

만약 게르만족이 통합적인 하나의 민족이었다면, 로마 제국의 해체는 곧장 '게르만 제국'의 성립으로 이어졌을 것이다. 그러나 게르만족은 로마인들이 제국의 북쪽에 사는 '야만인'들을 총칭하던 이름이었을 뿐 실은 구성이 매우 다양했다. 공통점이라면 문자가 없었다는 것(있었다 해도 후대에 전하지 않았다), 그리고 농업 국가인 로마와 달리 반농반목半農半牧 문화였다는 것 정도다.

물이 높은 데서 낮은 데로 흐르듯이, 문명은 밝은 곳에서 어두운 곳으로 흐른다. 게르만족은 로마 제국이라는 밝은 문명의 중심에 힘입어 자체 문명을 발전시켰다. 적어도 문명화의 가장 중요한 두 가지 요소인 문자와 종교(아리우스파 그리스도교)를 로마에서 수입했다는 사실은 게르만족이 서양 문명의 적통을 물려받았음을 말해준다. 일찍이 오리엔트 문명이 씨앗의 형태로 그리스와 로마에 전해질 때도 문자(페니키아 알파벳)와 종교(그리스도교)가 가장 핵심적인 요소였다.

게르만족이 사는 지역은 원래 로마의 속주였으나, 제국 후기에 접어들면서 속주들이 거의 독립 왕국처럼 변모했다(로마가 속주군을 로마군으로 완전히 편입시키지 못하고 용병이라는 계약관계를 맺게 된 것이 그 증거다). 그러므로 로마 제국이 해체되었다고 해서 크게 달라질 것은 없었다. 훈족의 침략이 게르만족의 대이동에 결정적인 영향을 준 것은 사실이지만, 설령 그 침략이 없었다 해도 어차피 로마의 멸망은 가시화되고 있었고, 게르만족의 국가들이 탄생하는 것도 조만간 현실화될 터였다. 다만 훈족의 침략이 가져온 변

승자가 임자　로마 제국이 무너진 뒤 서로마는 무주공산이 되었다. 그림은 비잔티움 황제 제논의 명령으로 이탈리아에 온 테오도리쿠스(왼쪽)가 오도아케르(오른쪽)와 대결하는 장면인데, 둘다 게르만족이었으므로 서로마는 어차피 게르만족의 수중에 떨어질 참이었다. 이 대결에서 승리한 테오도리쿠스는 제논의 뜻과 달리 이탈리아에 동고트 왕국을 세우고 딴살림을 차렸다.

수는 원래의 속주민들이 자기 고향인 속주를 그대로 나라로 만들지 못하고 먼 타향까지 이동해 나라를 세우도록 했다는 점이다(게르만족이 농경민족이었다면 그런 일은 없었을 것이다. '난리'가 끝나면 고향으로 돌아오는 게 농경민족의 본성이니까).

　로마가 멸망한 뒤 게르만족은 유럽 각지에서 로마 문명의 한 조각씩을 이어받아 문명을 이루고 정식 국가를 건설했다. 도나우 강연안에 살던 시고트족은 이베리아 반도에서 서고트 왕국을 세웠고, 엘베 강 유역에 살던 반달족은 북아프리카까지 건너가 나라를 건설했으며, 흑해 연안에 살던 동고트족은 이탈리아 반도로 들어가 로마의 공백을 메웠다(반달족과 같은 고향의 롬바르드족은 6세기 후반에 이탈리아로 이동한다). 또 지금의 벨기에와 독일 북부에 살던

● 앵글은 나중에 잉글랜드라는 말의 어원
이 되고, 색슨은 독일의 작센과 같다. 여기
서 보듯이 오늘날 유럽에서 사용되는 여러
언어는 어원을 같이하는 어휘가 많은데, 특
히 지명이나 인명이 그렇다. 일종의 사투리
처럼 지역에 따라 발음이 약간씩 달랐을 뿐
이다. 이 점은 중세 유럽을 이해하는 데 중
요한 요소다.

앵글족과 색슨족, 유트족은 브리타니아로 건
너가 초기 영국사에 등장하는 여러 개의 왕
국을 세웠다.● 물론 이 나라들이 그대로 후대
에까지 이어지지는 않지만, 이미 여기서 오
늘날 서유럽 세계의 원형이 나타나고 있다
(북유럽의 스칸디나비아족은 9세기에 바이킹의 이
동으로 알려진 제2차 민족대이동 시기에 유럽 세계
의 일원으로 편입된다).

갈리아의 판도

서유럽에 있던 로마의 속주들 가운데서 가장 주목해야 할 곳은
갈리아였다. 갈리아는 제국의 변방이면서도 멀지 않은 곳에 위치
해 있어 전략적으로 중요했고, 속주들 가운데 가장 역사가 길고
가장 로마화되었던 곳이다. 그러므로 로마의 멸망으로 서유럽 세
계의 원형이 생겨난다면 당연히 갈리아는 그 중심이야 할 것이며,
동시에 로마 문명의 상속자가 되어야 할 것이다.

갈리아는 기원전 1세기에 카이사르에게 정복된 이래로 수백 년
동안이나 로마의 속주였고 로마의 '특별 관리'를 받았으므로 제국
이 멸망할 무렵에는 로마와 다를 바 없는 문명의 수준을 자랑했
다. 하지만 갈리아도 작지 않은 지역이므로 갈리아 내에서도 편
차가 심했다. 크게 가름하면, 이탈리아에 가까운 남부는 로마화가
크게 진척되었으나 북부는 그렇지 못했다(오늘날 남프랑스를 가리키
는 프로방스라는 명칭은 고대에 로마의 속주였다는 것을 나타낸다).

로마 제국이 멸망하면서 갈리아의 북부에는 동쪽에서 온 게르만족의 일파인 부르고뉴족과 프랑크족이 각기 나라를 세웠다. 그러나 남부는 로마의 영향력이 워낙 강하게 남아 있었으므로 제국이 멸망하자 곧 힘의 공백 상태가 생겨났다. 갈리아 동남부의 프로방스는 로마의 일부나 다름없었으므로 주인 없는 땅이 되었고, 서남부의 아키텐에는 서고트족이 자리를 잡고 툴루즈 왕국을 세웠으나 그들의 주력이 에스파냐 쪽으로 빠져나간 터라 툴루즈는 새로운 힘의 중심을 형성하지 못했다.

따라서 북부를 지배하는 자가 갈리아 전체의 주인이 될 것은 분명했다. 《니벨룽겐의 노래》에서처럼 훈족의 공격으로 부르고뉴 왕국이 무너지자 이제 갈리아 북부를 호령하는 세력은 프랑크 왕국 하나만 남았다. 프랑크는 포스트 로마 시대에 힘의 중심이 되고 있었다.

갈리아에는 점차 통일의 기운이 무르익었다. 이제 대세를 탄 인물만 나오면 된다. 그 인물이 바로 클로비스Clovis(465년경~511)였다. 그는 로마의 장군 시아그리우스를 물리친 다음, 알라만족을 내쫓고 갈리아의 중부와 알프스 이북 일대를 손에 넣었다.** 마지막 남은 것은 아키텐의 툴루즈 왕국, 이곳을 정복해야만 갈리아를 완전히 통일할 수 있다. 그런데 서고트족은 프랑크보다 한 수 위의 강성한 민족이므로 힘만으로 물리치기에는 버거운 상대였다. 그래서 클로비스는 속세의 힘 대신 신성의 힘에 도움을 청하기로 했다. 496년에 그는 스스로 세례를 받고 로마 가톨릭으로 개종한다.

●● 당시 프랑크는 알라만족의 고향인 현재 독일의 프랑크푸르트 부근을 알레마니아라고 불렀다. 여기서 비롯되어 프랑스에서는 지금도 다른 언어권과는 전혀 다르게 독일을 알마뉴(Allemagne)라고 부른다. 독일의 명칭은 어느 언어에서든 지금의 영어명(Germany)처럼 게르만이라는 어원에서 나왔는데, 유독 프랑스에서만 다른 어원을 사용하는 데는 그런 역사적 배경이 있다.

프랑스의 건국자 메로빙거 왕조의 문을 연 클로비스의 네 아들 모습이다. 이때부터 프랑스 땅에 로마-게르만의 역사가 시작되었기에 오늘날 프랑스에서는 클로비스를 초대 국왕으로 삼고 있다. 이들의 옷에 그려진 꽃은 백합인데, 중세 프랑스 왕가의 상징화다. 아직 중세의 문턱인데 어떻게 그럴 수 있을까? 가능하다. 이 그림은 1000년 뒤인 15세기에 그려진 상상의 초상화니까.

당시 게르만족의 거의 모든 민족은 아리우스파였으므로(복잡한 삼위일체의 개념을 받아들이기보다는 그리스도의 신성을 부정하는 게 훨씬 쉬운 교리였기 때문이다) 클로비스의 행동은 상당한 정치적 모험이었다. 그의 승부수는 통했다. 다행히 아키텐에는 아직 로마의 영향력이 많이 남아 있었다. 서고트 지배층은 이단으로 규정된 아리우스파였으므로 클로비스의 개종은 지배층과 원주민들을 분열시키는 효과를 낳았다. 아키텐의 주교와 원주민들이 합세하면서 클로비스는 서고트족의 지배자들을 거뜬히 추방해버릴 수 있었다.

이처럼 로마의 텃밭에서 시작했고 로마의 영향력을 적절히 이용했기에, 프랑크 왕국은 다른 게르만 왕국들과 달리 단명하지 않고 오래 지속되었다(로마와 밀접했던 갈리아가 아닌 다른 지역이라면 불가능했을 것이다). 더 중요한 사실은 클로비스의 개종으로 프랑크 왕국은 로마의 문화적 전통만이 아니라 종교적 전통까지 이어받으면서 옛 로마 문명의 적통으로 떠올랐다는 점이다. 사실 프랑크 왕국이 오래 존속할 수 있었던 이유도 바로 그 점과 관련이 있었다.

이단인 아리우스파를 따르지 않았기 때문에 프랑크 왕국은 당시 서유럽 일대에 막강한 영향력을 행사하기 시작한 로마 교황과 돈독한 관계를 유지할 수 있었다.● 이후 역사까지 고려한다면 프랑크 왕국이 서유럽 세계의 중심이 될 수 있었던 것도 바로 그 덕분이었다.

혹시 클로비스는 그런 점을 미리 염두에 두고 종교적 개종이라는 '정치적 도박'을 한 것은 아니었을까? 설령 그랬다고 해도 프랑크는 당시 작은 왕국에 불과했으므로 그는 자신이 수천 년 뒤 프랑스 공화국의 국민들에 의해 프랑스 역사상 첫 번째 왕으로 간주되는 영광까지 누리게 될 줄은 몰랐을 것이다. 그의 아버지인 메로비스의 이름을 딴 메로빙거Merovinger 왕조는 프랑스 역사에서 공식적인 첫 번째 왕조가 된다.

홀로 남은 로마

● 그리스도교에서는 초대 로마 교황을 그리스도의 수제자인 베드로로 간주한다(오늘날 로마의 성베드로 대성당은 그의 무덤 위에 건립되었다고 한다). 하지만 베드로 자신도 당대에는 자기가 교황인 줄 알지 못했을 뿐만 아니라 2대 교황부터 5세기 중반까지는 교황들의 이름만 전해질 뿐 활동 내역이나 업적이 없다. 그래서 역사적으로는 레오 1세를 초대 교황이라고 봐야 한다. 이때부터 로마 교황은 종교에서만이 아니라 세속적인 영향력을 가지게 된다. 레오 1세는 로마 제국의 정치적 권력이 콘스탄티노플의 황제에게 있다면 최고의 종교적 권위는 교황에게 있다고 주장했다. 이 종교적 권위를 세속적 권력으로 연결시키는 일은 어렵지 않았다. 유럽의 중세에 로마 교황이 교리상으로는 부정된 정치권력을 누릴 수 있었던 것은 중세 초기에 프랑크 왕국이 '세속의 권력'으로서 교황을 뒷받침해준 덕분이 크다.

유럽 전역에서 오늘날 유럽 국가들의 원형이 생겨나기 시작할 즈음, 로마도 그 물결에 합류했다. 물론 과거와 같은 통일 제국의 로마도 아니고 서방 제국도 아닌 동방 제국, 즉 동로마다. 제국의 중심을 동방으로 옮긴 두 명의 의사(디오클레티아누스와 콘스탄티누스)의 판단은 절반만 옳았다. 제국의 수명을 늘리는 데는 성공했으나 결국 서방 제국을 잃음으로써 우후죽순처럼 생겨나는 유럽 신흥 왕국들과 경쟁하는 고만고만한 수준으로 전락했기 때문이다. 그래서 후대의 역사가들은 동방 로마 제국을 로마의 연장선상에서 보지 않고 비잔티움 제국이라는 새 이름을 붙여 부른다(수도인 콘스탄티노플의 옛 이름이 비잔티움인 데서 나온 이름이다).

옛 로마의 화려한 영광은 잃었어도 비잔티움 제국은 여전히 강국이었다. 게르만족의 이동과 건국 운동이 어느 정도 자리를 잡은 6세기에 비잔티움 제국에서는 정말 오랜만에 유능한 군주가 등장했다. 그는 바로 유스티니아누스Justinianus(483~565)였다.

아직 로마 제국이 멸망한 지 100년도 채 못 되는 시점에 즉위한 유스티니아누스는 당연히 로마의 부활을 꿈꾸었다. 그러나 그러기 위해서는 우선 나라 안을 안정시켜야 했고, 안정을 위해서는 사회의 기강을 바로잡아야 했으며, 기강을 바로잡으려면 법을 정비해야 했다. 그래서 그가 맨 먼저 한 일은 법전을 편찬하는 것이었다. 그 성과가 기존의 로마법을 집대성한 유스티니아누스 법전이다. 그 자신의 이름에도 가장 걸맞은 작업이었다(로마어로 유스jus는 '법'인데, 여기서 법적 정의를 뜻하는 영어의 justice라는 말이 생겼다).

유스티니아누스가 이렇게 디딤돌을 마련한 이유는 로마의 영광을 회복하려는 데 있었다. 어디부터 손을 대야 할까? 이탈리아가 목표지만 동고트족은 강하다. 갈리아와 브리타니아는 너무 멀다. 황제는 아프리카 쪽으로 시선을 돌린다. 비교적 약한 반달 왕국이 옛 카르타고 땅을 지배하고 있다. 게다가 반달족은 수십 년 전 로마 시를 함락시키고 잔인한 살육과 파괴를 저질렀으니, 그곳은 사슬의 '약한 고리'만이 아니라 복수의 대상이기도 하다. 533년에 유스티니아누스는 당대의 영웅 벨리사리우스Belisarius(505년경~565)를 사령관으로 삼고 기병 5000명과 보병 1만 명으로 아프리카 원정군을 편성했다(유스티니아누스는 벨리사리우스를 질시하고 있었으므로 원정 겸 추방이었을 것이다).

수적으로 보면 보잘것없는 원정군이었으나 이들에게는 '무형의

법을 만든 황제 　중세 초기만 해도 비잔티움 제국은 유럽 세계의 중심이자 최강국이었다. 비잔티움 황제들은 이민족에게 빼앗긴 이탈리아를 되찾기 위해 애썼다. 그림에 나오는 유스티니아누스가 그 대표적인 인물이다. 그는 법전을 만들어 제국을 정비하고 이탈리아를 절반쯤 '수복'하는데 성공한다. 이 그림은 6세기 중반 라벤나의 산 비탈레 성당에 그려진 모자이크화니까 실제로 당시 유스티니아누스의 모습을 닮았을 것이다.

큰 무기'가 있었다. 그건 바로 대부분이 훈족 출신의 용병이었다는 점이다. 반달족이 고향을 버리고 머나먼 아프리카까지 오게 된 이유가 바로 훈족의 침략 때문이 아니었던가? 과연 꿈에서도 무서운 훈족 병사들이 아프리카에까지 쳐들어온 것을 보자 반달군은 사기를 잃고 도망치기에 바빴다. 비잔티움군은 카르타고를 공략한 지 불과 사흘 만에 거뜬히 점령했다.

벨리사리우스는 빛나는 전공을 세우고 534년 봄에 금의환향했다. 그러나 황제는 벌써 그다음 프로그램을 짜놓고 있었다. 로마가 없는 로마 제국은 없다! 이게 황제의 생각이었으니 다음 목표는 당연히 이탈리아였다. 그해 가을 벨리사리우스는 황제의 독촉으로 또다시 원정을 떠나야 했다. 이번에는 유럽 전선으로.

원정군은 시칠리아를 통해 이탈리아 반도로 들어갔다. 비잔티움군은 오래전부터 동고트족과의 전쟁을 준비해왔지만, 예상한 대로 그들은 만만치 않았다. 나폴리까지는 그런대로 정복했으나 더 이상의 북진은 어려웠다. 2년간의 악전고투 끝에 로마를 손에 넣었지만, 돌아갈 고향도 없어진 고트족은 필사적으로 저항했다. 로마 제국의 고향에서 비잔티움군은 동고트족과 20년에 걸쳐 치열한 싸움을 벌였다(벨리사리우스는 그 도중에 본국에서 일어난 반란마저 진압해야 했다). 이윽고 554년 비잔티움군은 동고트를 섬멸하는 데 성공했으나 그것은 상처뿐인 영광이었다. 오랜 전란으로 이탈리아 전역이 황폐화되었던 것이다. 비잔티움군은 동고트의 수도였던 라벤나에 총독을 둠으로써 로마와의 연관성을 유지하는 정도로 만족해야 했다.

어쨌든 유스티니아누스는 다시 이탈리아에 대한 지배권을 선언할 수 있었고, 에스파냐의 일부까지 손에 넣었다. 이제 로마의 부활은 서광이 비치는 듯했다. 그러나 죽은 과거를 되살리기에는 제국의 힘이 모자랐고, 더욱이 황제는 이미 일흔이 넘은 노인이었다. 결국 유스티니아누스는 로마의 부활을 위해 신명을 바친 황제이자 라틴 문화권이 배출한 마지막 로마 황제라는 기록을 역사에 남기고 죽었다.

유스티니아누스가 죽은 지 겨우 3년 만에 이탈리아는 다시 이민족의 손에 넘어갔다. 롬바르드족이 이탈리아에 침입하여 롬바르드 왕국을 세우자 제국의 이탈리아 근거지는 반도 남부와 시칠리아로 축소되었다. 그러나 그나마도 비잔티움 본국이 위기에 처하는 사태가 계속되는 바람에 관리가 불가능해졌다. 북쪽에서 아바르족과 슬라브족이 침략해온 데다 동쪽에서는 사산 왕조 페르시아가 일어나 이집트와 시리아를 빼앗아간 것이다.

이미 정치적·문화적·인종적으로 끝난 로마 제국을 부활시키려는 유스티니아누스의 계획은 애초부터 실현 불가능한 꿈이었다. 이 점을 잘 깨달았던 후대의 비잔티움 황제들은 두 번 다시 그런 꿈을 꾸지 않았다. 사실은 꾸려고 해도 꿀 수 없었다. 제 한 몸 꾸려나가기에도 벅찼으니까. 이미 문명 세계는 지중해권을 벗어나 북쪽으로 확대일로에 있었고, 비잔티움 제국은 옛 로마 제국과는 다른 역할을 부여받고 있었던 것이다.

16장

또 하나의 세계 종교

사막의 바람

로마 제국의 멸망은 유럽에만 큰 파장을 남긴 게 아니었다. 유럽이 프랑크 왕국을 중심으로 하는 서유럽 세계와 비잔티움 제국이 지배하는 동유럽 세계로 분립하기 시작할 무렵, 문명의 옛 고향인 오리엔트에도 변화의 바람이 거세게 불었다. 하지만 이번에 오리엔트의 주역으로 떠오른 곳은 유서 깊은 메소포타미아나 이집트가 아니었다. 아득한 옛날 인류 문명을 탄생시킨 그 지역들은 이미 수백 년 동안 로마의 속주로 역사를 쌓아온 곳이었으므로 새로운 변화의 주역이 되기는 어려웠다.

바람의 진원지는 아라비아 사막, 정확히 말하면 사막의 군데군데에 발달한 오아시스였다. 이집트와 메소포타미아에서 인류 문명이 태어날 때도, 알렉산드로스의 동방 원정으로 헬레니즘 세계가 구축될 때도, 로마 제국이 바로 인근인 시리아와 팔레스타인까지 지배할 때도, 아라비아의 사막지대는 별로 변하지 않았다. 이 지역은 여전히 정치적 통일을 이루지 못했으며, 원시 신앙에 가까운 다신교의 종교에다 문명과 문화의 수준이 낮았다.

그러나 로마 제국의 멸망이라는 세계사적 격변은 이 지역에도 서서히 변화의 바람을 몰고 왔다. 우선 오아시스를 중심으로 도시들이 생겨났다. 기껏해야 수백 명 단위의 주민들이 살면서 유목민들을 상대로 장사나 하던 오아시스 주변은 점차 인구가 밀집하면서 농경 생활을 영위하는 정착민의 수가 늘어났다. 오래전부터 이 일대의 주민들에게 성스러운 땅으로 여겨졌던 메카가 순례지의 수준을 넘어 도시로 발달한 것은 이 무렵이었다.

로마 제국 시절부터 무역만큼은 상당히 발달해 있었던 메카에는 점차 낙타를 타고 다니는 뜨내기 상인들 대신 낙타 행렬을 소유하고 부리는 부유한 상인들이 늘어났다. 이미 전통적인 부족사회의 체제로는 도시의 규모를 감당할 수 없게 되었지만, 부유한 상인들은 여전히 자기들끼리 정치와 행정을 좌지우지하는 낡은 체제를 고수하고 있었다. 그런 상황에서 무함마드라는 인물이 출현했다.

유대교, 조로아스터교, 그리스도교 등 당시 아라비아에 '신흥 종교'로 유입된 종교들은 모두 유일신 종교였다(게다가 그리스도교는 로마의 국교, 조로아스터교는 사산 왕조 페르시아의 국교였으니까, 아라비아의 입장에서는 선진국의 종교들이기도 했다). 특히 4세기 초 로마 제국이 공인한 그리스도교는 오아시스 주민들, 특히 서민들의 가슴속을 깊이 파고들었다.

무함마드도 그중 한 사람이었다. 그가 보는 그리스도교는 유일

이슬람의 천사 흔히 이슬람교는 그리스도교와 전혀 별개의 것으로 알지만, 이슬람교는 그리스도교를 모태로 탄생했다. 그림은 대천사 지브릴(그리스도교의 가브리엘)이 무함마드에게 신의 계시를 전하는 장면이다. 이슬람교에서는 그리스도와 무함마드를 모두 예언자라고 여긴다(이는 이슬람교가 그리스도교의 이단으로 몰린 아리우스파를 근본으로 했다는 방증이다). 그렇다면 이슬람의 알라는 곧 그리스도교의 신이 되는 셈이니 굳이 서로 싸울 이유가 없다.

● 유대교에서는 《구약성서》만 받아들이고 《신약성서》를 인정하지 않는다. 이슬람교의 성서인 《코란》에도 《구약》의 내용은 거의 그대로 실려 있다. 따라서 그리스도교와 이슬람교는 뿌리가 같다고 할 수 있다. 무함마드는 당시 이집트 쪽에 널리 퍼졌던 아리우스파의 그리스도교와 유대교를 받아들였으므로 삼위일체설과 그리스도의 신성을 인정하지 않았다. 이렇게 아리우스파는 게르만족에게 전파되었을 뿐 아니라 이슬람교의 성립에도 기여했다. 정통 그리스도교(아타나시우스파)는 로마 가톨릭으로 이어져 서유럽 사회의 중추를 형성했고, 이단(아리우스파)은 주변으로 퍼져 그리스도교 세계를 공고히 하는 데 일조했다. 이래저래 중세를 그리스도교가 지배하게 된 것은 너무도 당연한 일이었다.

신이라는 중심이 확고한 데다 세계 제국 로마가 승인하고 국교로 삼은 강력한 종교였다. 하지만 그가 접한 그리스도교는 제국에서 이단으로 몰려 추방된 아리우스파였다. 그는 그것을 알지 못했지만 알았다 해도 아리우스파를 더 신봉했을 것이다. 그리스도를 신으로 인정하는 삼위일체설을 받아들인다면 유일 신앙의 이미지가 약해 아라비아에서 또 다른 유일신의 바람을 불러일으킬 수 없을 테니까.

무함마드는 그리스도를 신(또는 신의 아들)이 아니라 '신이 보낸 사자', 즉 라술Rasul일 뿐이라고 여겼다. 마흔이 되던 해인 610년 그는 동굴 속에서 명상하던 중 신의 계시를 받는다. 또 한 명의 신의 사자가 탄생하는 순간이었다.* 그리스도가 그랬듯이, 신의 사자라면 당연히 신의 말씀을 온 세상에 널리 전해야 한다.

때마침 도시 사회를 이룬 메카는 새로운 질서를 요구하고 있었다. 새 질서를 수립하려면 낡은 질서와의 충돌을 피할 수 없다. 구체제를 대변하는 부유한 상인들은 무함마드의 세력이 커지는 것을 우려했다. 더욱이 알라Allah('신')라는 유일신을 강조하면 메카에 소장되어 있는 수많은 우상을 참관하러 오는

오늘날의 메카 메카는 예로부터 오아시스 무역의 요처이자 전통적인 다신교 신앙의 중심지였다. 그러나 무함마드가 이곳을 정복하면서 메카는 유일신을 섬기는 이슬람교의 성지로 탈바꿈한다. 사진은 수많은 이슬람교도가 모여 있는 오늘날 메카의 모습이다. 이슬람교도에게 성지 참배는 평생의 소원이므로 이 많은 사람은 지금 그 소원을 이룬 것이다.

순례자들이 발길을 끊을 수도 있었다. 순례자들을 상대로 하는 장사와 짭짤한 관광 수입도 놓치게 될 터였다.

메카의 지배층은 무함마드에 대한 전면적인 탄압에 나섰다. '눈에는 눈, 이에는 이'라는 함무라비의 법률이 생겨날 만큼 '복수의 전통'이 강한 곳, 오늘날까지도 가장 무시무시한 테러가 자행되는 이 지역에서 탄압이라면 정치적 박해 정도가 아니라 목숨이 오락가락하는 것을 뜻한다. 포교 이전에 우선 목숨부터 부지해야 했던 무함마드는 622년에 암살 음모를 피해 메카에서 메디나로 이주했다. 이것을 헤지라Hegira('이주')라고 부르는데, 이슬람교가 세력을

재기를 꿈꾸며 메카에서 교세 확장에 실패한 무함마드가 동료이자 부하이자 제자인 아부 바크르와 함께 메디나로 이주하는 장면이다. 이것을 헤지라라는 그럴듯한 이름으로 부르지만 사실상의 패배였다. 하지만 무함마드의 대세 감각은 옳았다. 그는 메카보다 지주의 세력이 약한 메디나를 기반으로 삼아 이슬람교를 일으키고 훗날 권토중래에 성공하기 때문이다.

확대하기 시작하는 것은 바로 이때부터였기에 오늘날까지 이슬람교에서는 이해를 이슬람 달력의 기원으로 삼고 있다.

제국으로 성장한 공동체

메디나에 도착한 뒤 무함마드는 우선 이곳을 세력 근거지로 만들어 장차 있을 메카와의 전쟁에 대비했다. 이를 위해 그는 자신을 따라 메디나로 옮겨온 이주민 집단과 메디나 현지 유력 가문들의 갈등을 해소하고 여러 씨족을 한데 묶어 움마Umma라는 종교 공동체를 만들었다. 처음에는 조그만 공동체로 시작했지만, 수십 년

최초의 칼리프 아부 바크르가 메디나에서 무함마드와 함께 앉아 있다. 이들이 단순히 피신 생활을 하는 데 그쳤다면 오늘날의 이슬람교는 없었을 것이다. 아부 바크르는 무함마드의 사후 초대 칼리프가 되어 정치와 종교의 권력을 한 손에 쥐게 된다. 그런데 이 장면에서 이 두 사람이 나눈 대화는 종교 토론이었을까, 정치 토론이었을까?

뒤 이 움마라는 말은 우마이야라는 강력한 이슬람 왕조의 이름에 실려 유럽 전역에 널리 알려지게 된다.

　이슬람이라는 말은 원래 '신의 명령에 복종하는 것'을 뜻한다. 신의 명령은 신의 사자를 통해서 전달되는 것, 따라서 신도들은 신의 사자가 말하는 것을 무조건 따라야 한다. 7세기라면 문명의 오지를 제외하고는 세계적으로 제정일치 사회가 매우 드문 시대였다. 그런 시대에 다시금 태곳적 제정일치 사회가 성립할 수 있었던 이유는 그러한 단순명쾌한 교리 덕분이었다. 이슬람교에서는 그리스도교에서와 같은 복잡한 종교 논쟁도 없었고 성직자도 필요가 없었다. 오로지 알라를 대신하는 라술의 명령에 따르기만 하면 되었다. 심지어 무함마드는 대상 행렬과 인근 촌락을 약탈해

자금을 조달하면서 이것을 지하드jihad(성전)라고 불렀는데, 약탈에 대한 그 독특한 해석은 그대로 이슬람의 율법이 되었다(그래도 그가 약탈한 것은 대부분 부유한 상인들의 재산이었다).

10년이면 강산도 변한다지만, 메카를 탈출하던 해로부터 632년 사망할 때까지 10년 동안 무함마드가 변화시킨 것은 강산 정도가 아니라 세상이었다. 우선 메디나라는 작은 마을을 이슬람의 강력한 근거지로 성장시켰고, 메카를 정복해 금의환향했으며, 아라비아 반도 전역을 이슬람교로 통합했다. 그의 사후 본격적인 대외 정복이 활발하게 전개될 수 있었던 것은 그가 닦아놓은 기반이 있었기에 가능했다.

그러나 무함마드도 그렇게 급속히 세계적 규모의 지하드가 시작될 줄은 몰랐을 것이다. 그가 죽은 바로 이듬해에 그의 뒤를 이은 칼리프caliph(아랍어로는 할리파인데, '후계자, 대행자'라는 뜻이다) 아부 바크르Abū Bakr(573년경~634)는 지하드의 명분으로 대외 정복의 기치를 높이 올렸다(여기에는 무함마드의 후계를 놓고 벌어진 다툼을 대외 정복으로 해소하려는 의도가 크게 작용했다). 650년까지 20년도 채 못 되는 기간에 이들은 동쪽으로 페르시아, 서쪽으로 이집트와 리비아까지 정복했다. 이제 움마는 공동체가 아닌 제국으로 성장했다.

그러나 명실상부한 제국이 되려면 아직 한 고비를 더 넘어야 했다. 중심 없는 제국은 없다. 무엇보다도 시급한 것은 권력의 안정이었다. 아부 바크르를 비롯해 네 명의 칼리프가 지배하던 661년까지의 시기는 종교가 정치보다 우위에 있었기 때문에 정통 칼리프 시대라고 부른다. 이때에는 칼리프가 세습되지 않고 원로들에 의해 추대되는 형식을 취했다. 그러나 이제 제국으로 성장한 마당

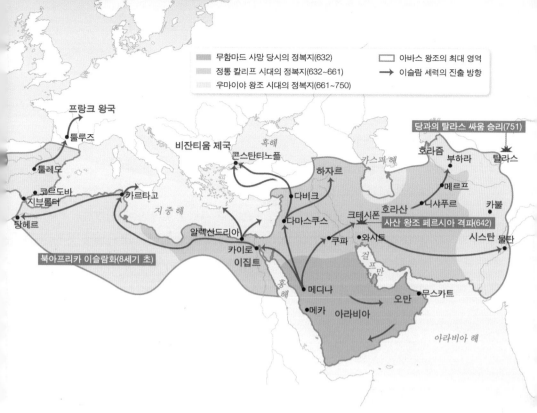

무함마드 사망 당시의 정복지(632)
정통 칼리프 시대의 정복지(632~661)
우마이아 왕조 시대의 정복지(661~750)

아바스 왕조의 최대 영역
→ 이슬람 세력의 진출 방향

프랑크 왕국
툴루즈
톨레도
코르도바
지브롤터
탕헤르
카르타고
비잔티움 제국
콘스탄티노플
흑해
하자르
카스피해
호라즘
부하라
당과의 탈라스 싸움 승리(751)
탈라스
메르프
니샤푸르
카불
다비크
다마스쿠스
크테시폰
호라산
지중해
알렉산드리아
카이로
이집트
쿠파
와시트
사산 왕조 페르시아 격파(642)
시스탄 물탄
북아프리카 이슬람화(8세기 초)
홍해
메디나
메카
아라비아
오만
무스카트
아라비아 해

슈퍼 베이비 갓 태어난 이슬람 문명이 금세 세계 문명으로 발돋움한 것은 역사의 커다란 미스터리다. 이슬람은 불과 한 세기 만에 아시아, 아프리카, 유럽의 세 대륙에 걸친 대제국을 건설했는데, 지금까지도 깨지지 않았고 앞으로도 깨지지 않을 신기록이다.

에 '추대'라는 고답적인 형식은 걸맞지 않았다. 더구나 워낙 급속도로 정복이 이루어진 탓에 처음부터 권력이 삐걱거렸다. 3대 칼리프 우스만과 4대 칼리프 알리가 연이어 암살되었다.

명쾌한 교리 덕분에 종교가 튼튼하므로 성직자는 없어도 되지만, 현실 정치는 그렇지 않기 때문에 신생 제국의 안녕을 위해서는 권력의 안정이 필수적이다. 세습제만큼 안정된 권력이 또 있을까? 알리가 칼리프에 오른 지 1년 만에 부하의 손에 죽자 그와 경쟁하던 시리아 총독 무아위야는 이제부터 자신이 속한 우마이야 가문이 칼리프를 세습하는 것이 좋겠다고 판단했다. 이렇게 해서 우마이야 왕조(661~750)가 탄생했다. 드디어 움마는 명실상부한 제국이 되었다.

우마이야 왕조는 마치 정복을 위해 태어난 듯했다. 왕조 체제로 내실을 다진 이슬람 제국은 문명 세계 전체를 통일하겠다는 기세로 정복 활동을 재개했다. 머잖아 제국은 동쪽으로 인도에 접경했고, 북쪽으로는 아프가니스탄까지 손에 넣어 중앙아시아 일대를 호령하게 되었으며, 서쪽으로는 카르타고를 넘어 아프리카의 대서양 연안에 진출했다.

711년 세계의 서쪽 '땅끝'에 도달하자 이슬람군의 지휘관 타리크는 더 이상 서쪽으로 갈 수 없었다. 그러나 방향을 돌리면 북쪽에는 불과 10여 킬로미터 너비밖에 안 되는 해협이 있었고, 그 너머로는 다시 대륙이 끝없이 펼쳐져 있었다. 타리크는 해협을 건너기로 결심했다. 아프리카에서 유럽으로 건너온 타리크는 작은 언덕에 군대를 주둔시킨 채 북쪽을 전망했는데, 그 언덕은 이후 그의 이름을 따서 자발 알 타리크('타리크의 산')라고 불리게 된다. 그 이름에서 유럽과 아프리카를 가르는 지브롤터 해협이라는 이름이 나왔다.•

● 고대 그리스인들은 지브롤터 해협의 아프리카 쪽에 있는 바위산을 헤라클레스의 기둥이라고 불렀으니까 이슬람의 정복이 없었다면 오늘날 지브롤터 해협은 헤라클레스 해협이라고 불렀을 것이다. 재미있는 것은 이슬람 명칭인 지브롤터는 해협의 유럽 측에 있는 산이고, 유럽 명칭인 헤라클레스의 기둥은 아프리카 측의 산이라는 점이다. 이렇게 대륙이 서로 바뀐 것은 정복 주체가 이름을 지었기 때문이다. 즉 유럽의 그리스는 아프리카 쪽의 산에 유럽식 이름을 붙였고 아프리카 쪽에서 유럽으로 진출한 이슬람은 유럽 쪽의 산에 이슬람식 이름을 붙였다. 해협의 현지(지금의 모로코)에 살던 부족도 그 해협을 가리키는 나름의 명칭을 가졌겠지만 그것은 후대에 전하지 않는다. 힘이 약하면 제 땅 이름조차 지을 권리가 없다.

유럽에 이른 이슬람군은 에스파냐의 서고트 왕국까지 정복해 옛 로마 제국에 이어 또다시 아시아, 아프리카, 유럽의 세 대륙에 걸친 대제국을 건설했다(인류 역사상 최대 영토를 자랑했던 13세기 몽골 제국도 아시아와 유럽 두 대륙에 그쳤다).

한편 동북방으로 나아간 이슬람군은 계속해서 당시 중국 당 제국의 주요 무역로였던 비단길 인근까지 진출했다. 당의 수도 장안에 색목인色目人(중국에서 서역인을 부르던 이름)들의 출입이 잦아지게 된 것은 바로 이때부터다. 후대의 일이지만, 아라비아인들은 이 무렵에 중국과의 교통을 터놓은 것을 계기로 중국의 문물을 유럽으로 전달하는 문명의 가교와 같은 역할을 하게 된다. 그들을 통해 중국의 3대 발명품인 화약과 인쇄술, 나침반이 서양으로 전해진다. 그리고 더 후대의 일이지만, 그 3대 발명품은 유럽에서 대항해시대와 르네상스가 열리는 데 결정적인 기여를 하게 되며, 뒤이은 유럽의 동양 침략에서 가장 중요한 무기가 된다.

문명의 충돌

이슬람 제국이 단기간에 놀라운 팽창을 이룰 수 있었던 데는 물론 종교의 힘도 컸지만 다른 이유도 있었다. 로마 제국이 멸망한 이후 오리엔트 지역은 권력의 공백 상태로 남아 있었다.●● 시리아와 팔레스타인은 로마의 속주였으므로 당연히 비잔티움 제국이 챙겨야 했지만, 당시 비잔티움은 제 몸 추스르기도 어려운 데다 서방 제국의 부활에 총력을 기울이고 있었으므로 이 지역은 무주공산이나 다름없었다. 또한 지금의 이란, 그러니까

●● 단지 권력의 공백만이 아니라 종교의 공백이기도 했다. 당시 이 지역에서 가장 강력한 종교는 조로아스터교였는데, 이것은 사산 왕조 페르시아가 멸망하면서 함께 힘을 잃었다. 조로아스터교보다 더욱 강력하고 세계적인 종교는 그리스도교와 불교였다. 그러나 팔레스타인에서 탄생한 그리스도교가 서쪽(유럽)으로 전달되고, 인도에서 탄생한 불교가 동쪽(동남아시아와 동북아시아)으로 전달되면서 팔레스타인과 인도 사이의 오리엔트 일대는 종교적 공백 상태에 빠졌다.

옛 페르시아의 고토를 지배했던 사산 왕조 페르시아는 이미 전성기가 200년이나 지난 터라 신흥 이슬람교의 '젊은 피'를 당해내기 어려웠다.

그래서 사막에서 조그만 횃불로 시작한 이슬람 제국은 생겨난 지 불과 200년도 안 되는 기간에 세 개의 대륙에 들불로 번져 로마 제국에 버금가는 규모로 성장할 수 있었다(로마가 국가를 수립하고 나서 지중해 세계를 통일하는 데까지 걸린 기간이 700년 이상이었던 데 비하면 이슬람의 성장 속도는 가히 세계 신기록이라 할 수 있다). 그러나 끝 간 데를 모르던 이슬람의 팽창은 8세기 초반 두 차례의 패전을 당하면서 멈추게 된다. 유럽 대륙의 동과 서 양쪽 관문에서 겪은 실패였는데, 혹시 그것은 유럽 문명이 장차 세계를 제패하게 되리라는 암시였을까?

첫 번째 패배는 동유럽의 콘스탄티노플에서였다. 중앙아시아를 정복한 이슬람 제국은 자연히 비잔티움 제국과 직접 맞부딪히게 되었다. 이슬람교와 그리스도교는 서로 이질적인 종교인 데다 포교적 성격이 워낙 강했으므로 서로에게 위협이 될 수밖에 없었다. 이슬람 제국은 한창 기세가 오른 참에 잠재적인 강적을 제거해버리기로 결심했다. 당시 이슬람으로서는 위협 요소를 없앤다는 의도가 컸지만 비잔티움을 손에 넣으면 광대한 유럽 세계를 지배할 수 있으리라는 생각까지 했을지도 모른다. 당시 서유럽 세계는 비잔티움 제국에 비해 크게 약했고 수많은 소국으로 분열되어 있었으므로 실제로 정복에 나섰다면 그리 어렵지 않았을 것이다. 그러나 그러려면 먼저 관문을 통과해야 했다.

썩어도 준치, 로마의 영광은 과거의 일이고 이제는 그 후광만 남았다 해도 비잔티움의 동로마 제국은 역시 호락호락한 상대가

이교도를 막아낸 성벽　조상의 음덕은 동양에만 있는 게 아니었다. 한창 강성했던 8세기 초반 이슬람군의 거센 공격을 막아내고 유럽 세계를 수호한 것은 바로 콘스탄티누스가 공들여 만든 콘스탄티노플의 성벽이었다. 유럽을 그리스도교 문명권으로 만들고자 한 콘스탄티누스의 노력은 400년이 지난 뒤에도 힘을 발휘했던 것이다.

아니었다.[*] 717년 여름, 비잔티움 황제 레오 3세는 이교도의 침략으로부터 그리스도교 문명권을 수호하겠다는 확고한 각오를 가지고 만반의 준비를 갖춘 채 이슬람군을 맞았다. 한 측은 공성, 다른 측은 수성이었는데, 성을 깨뜨릴 만한 화력이 없던 시대에 어느 측이 유리할지는 뻔했다.

　게다가 콘스탄티노플은 천혜의 요새였다.[**] 싸움은 50년 전과 비슷한 형태로 전개되었다. 비잔티움군의 투석기 공격으로 다시 쓴맛을 본 이슬람군은 함대에 승부를 걸었다. 이슬람 함대는 우선 지중해와 흑해 양 방면의 바닷길을 차단해 보급로를 끊은 뒤 콘스탄티노플로 접근했다. 절체절

● 사실 이슬람은 애초부터 비잔티움 제국을 최대의 적수로 여기고 있었다. 우마이야 왕조를 세운 무아위야는 정복 사업을 재개하면서 첫 목표를 비잔티움 제국으로 정한 바 있었다. 그러나 674년 콘스탄티노플을 포위했음에도 불구하고 이슬람군은 성벽을 공략하는 데는 실패했다. 비잔티움군의 신무기인 그리스의 불이 등장한 것도 이때였다. 결국 무아위야는 비잔티움 측의 화의를 받아들여 오히려 매년 조공을 바치기로 하고 퇴각했다.

●● 아시아와 유럽의 절묘한 경계선에 위치한 콘스탄티노플은 교통의 요지일 뿐 아니라 천연의 항구이자 난공불락의 요새였다. 남쪽에는 프로폰티스(마르마라 해)가 있고, 흑해로 연결되는 북동쪽에는 옛날부터 골든혼(황금곶)이라 불려온 8킬로미터쯤 되는 길이의 넓고 깊은 내해가 자리 잡고 있어 바다를 통한 공략은 거의 불가능했다. 더구나 마르마라 해는 양 끝이 보스포루스와 헬레스폰토스(다르다넬스)의 두 좁은 해협으로 막혀 있기 때문에 대함대를 동원한다 해도 소용이 없었다. 따라서 육로로 공략하는 방법밖에 없는데, 이 길은 유럽 쪽으로 트여 있다는 게 이슬람 측의 또 다른 어려움이었다.

명의 위기에서 비잔티움을 구한 것은 '가짜 화약'이었다. '그리스의 불'이라는 이름이 붙은 이 신무기는 황과 수지를 섞어 만든 물질에 불을 붙여 적선에 던지는 것이었는데, 화약처럼 폭발하지는 않았지만 한 번 불이 붙으면 좀처럼 꺼지지 않았다. 이슬람 함대는 이 신무기를 던지며 버티는 비잔티움의 소함대를 당하지 못했다(이후 그리스의 불은 유럽 문명을 구해낸 일등 공신이라는 평가를 받았다).

당시 전쟁의 불문율을 깨고 싸움은 한겨울에도 간간이 지속되었다. 하지만 이듬해 봄 이슬람 함대는 재차 도전했으나 또다시 실패했다. 조급해진 이슬람군은 콘스탄티노플의 남쪽으로 상륙해 도시를 공략하고자 했는데, 결국 이곳이 최종 승부처가 되었다. 불가리아 동맹군이 합세한 비잔티움군은 아시아에서 유럽으로 건너온 이슬람군을 무참히 도륙했다(당시 불가리아는 비잔티움 영토 내에서 종속국으로 있었으나 신흥 강국이었다). 공격을 개시한 지 꼭 1년 만에 이슬람은 비잔티움 침략을 깨끗이 포기하고 물러나야 했다. 아직 싹을 튼튼히 틔우지 못한 서양 문명의 뿌리가 온전히 보존되는 순간이었다.

그러나 서양 문명의 뿌리를 위협하는 칼날은 4년 뒤에 대륙의 서쪽 끝에서도 다가왔다. 유럽의 서쪽 관문에 상륙한 이슬람 세력은 711년 에스파냐의 터줏대감인 서고트 왕국을 멸망시키고 20년 동안 이곳을 식민지로 굳혔다. 그런 다음에 에스파냐 총독 압둘 라만은 피레네 산맥을 넘기로 결정했다. 산맥을 넘으면 250년

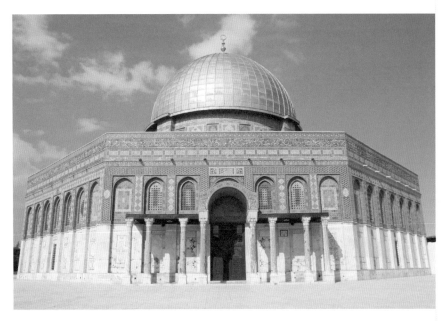

모든 종교의 성지   예루살렘에 있는 이슬람 사원(모스크)이다. 흔히 예루살렘은 그리스도교의 성지인 것으로 알려져 있지만, 실은 이슬람교와 유대교의 성지이기도 하다. 그만큼 세 종교는 뿌리가 같다는 점을 증명하는 것이라 하겠다.

전 클로비스가 개창한 메로빙거 왕조의 프랑크 왕국이 있었는데, 이곳을 정복하면 서유럽에서 이슬람의 적수는 없었다.

　한편 클로비스 이후 메로빙거 왕조는 여러 차례 분열과 재통합을 거듭하면서 크게 약화되었다. 하지만 다행스럽게도 왕권의 약화에 반비례해 귀족들이 성장한 덕분에 오히려 프랑크 왕국은 국력이 크게 신장된 상태였다(왕권과 국력이 반비례하는 전통은 근대 이전까지 유럽 역사에서 흔히 볼 수 있는 독특한 현상이다). 그러나 프랑크 왕국으로서도 이슬람의 침략은 건국 이래 최대의 위기였다. 과연 이슬람군은 피레네를 넘은 뒤 프랑스 서부의 아키텐을 손쉽게 접

16장 또 하나의 세계 종교

수하고 프랑크를 향해 거침없이 다가왔다.

이 위기에서 나라를 구해낸 사람은 당시 왕국의 힘센 귀족이었던 샤를 마르텔Charles Martel(688년경~741, 프랑스와 독일의 초기 역사와 관련된 인물이기에 독일식으로 '카를 마르텔'이라고 부르기도 한다)이었다. 732년 이슬람군과 프랑크군은 프랑스 중서부의 투르에서 맞붙었다. 여기서 만약 이슬람이 승리했더라면 이후 서유럽이 주도하는 중세의 역사는 없었을 것이다.

전투의 승패를 가른 것은 이 전투를 보는 관점의 차이였다. 프랑크는 유럽의 그리스도교 세계를 이민족의 침략으로부터 수호한다는 자세로 전력을 다해 맞선 반면, 이슬람 원정군은 애초부터 유럽을 이슬람권으로 만들겠다는 각오 같은 것은 없었기 때문이다.● 그러므로 투르 전투에서 승리한 프랑크군은 굳이 이슬람군을 추격하지 않았고, 이슬람 측은 두 번 다시 피레네 너머로 원정군을 보내지 않았다. 이 전투의 역사적 중요성은 오히려 후대에 더욱 강조되었다. 그러나 후대의 그리스도교 역사에서는 이 전투가 과대 포장되었고, 이슬람 역사에서는 기록에서 빠졌다.

● 이슬람 제국은 동쪽, 즉 비잔티움 제국을 통해 유럽으로 들어간다는 계획은 있었으나 지브롤터 쪽은 원래 생각하지 않았다(이는 당시 동유럽이 서유럽보다 훨씬 문명이 발달한 지역이었음을 말해주는 또 하나의 사례). 그랬기 때문에 제국의 주력군 대신 에스파냐 지방군을 피레네 너머로 파견한 것이다. 당시 이슬람군은 '물자가 허용하는 한에서만' 약탈과 원정을 행한다는 규칙에 따르고 있었다.

서아시아 세계의 형성

비록 유럽의 정복은 단념했지만, 이슬람 세력은 최소한 그간의 정복지만큼은 확실하게 챙겼다. 그리스도교권이던 북아프리카는 이슬람권으로 탈바꿈했고(아리우스파 그리스도교이기에 가능했을 것이다), 에스파냐도 이슬람 문화로 새 포장을 했다. 오늘날 모로코, 알제리, 튀니지, 리비아, 이집트로 이어지는 북아프리카 지중해권지역이 모두 이슬람교 국가인 것은 그 때문이다. 또한 1492년까지 800년 동안이나 이슬람의 지배를 받은 에스파냐에도 지금까지이슬람 문화의 흔적이 뚜렷이 남아 있다.

그러나 아라비아 본토 이외의 지역들 중 이슬람이 침투하면서가장 크게 변모한 지역은 페르시아와 중앙아시아였다. 오늘날의이라크와 이란을 포함해 이슬람 문명권의 서아시아 세계가 탄생한 것은 바로 그 시기에 기원을 두고 있다. 중앙아시아의 아프가니스탄은 이슬람교의 전파가 특히 극적인 변화를 가져온 경우다.그전까지 오랫동안 파르티아와 사산 왕조 페르시아의 지배를 받으며 특별한 정체성이 없었던 이 지역은 이슬람 문명권에 속하게되면서 일약 중앙아시아의 중심지로 발돋움했다(이슬람권의 변방에 있었던 게 이 지역에게는 오히려 이득이었던 셈이다). 10세기 이후 아프간족은 남쪽으로 진출해 펀자브와 북인도에 여러 왕조를 세웠으며, 더 이후에는 티무르 제국과 무굴 제국을 세우고 서아시아와인도를 지배하게 된다(20세기에 인도와 파키스탄이 분립하게 된 것도여기에 기원을 두고 있다).

그러나 급히 먹으면 체하는 법이다. 이슬람의 급속한 팽창에는아무래도 부작용이 따를 수밖에 없었다. 아라비아 본토의 몇 배에달하는 피정복지에서는 곳곳에서 이슬람의 지배에 저항하는 운동이 잇달았다. 더 큰 문제는 종교 내부의 분열이었다. 그리스도교가그랬듯이 처음에는 통합적이던 이슬람교는 세력이 커지면서 종교적 쟁점들이 생겨났다. 그중 가장 주요한 것은 칼리프의 문제였다.

이슬람의 지도자들　메카 정복에 성공한 무함마드가 제자들과 함께 있는 모습이다. 이 제자들이 훗날 칼리프가 되어 일종의 제정일치 체제인 이슬람 제국을 다스렸다. 초기 칼리프들은 정복에만 능한 게 아니라 신앙에도 충실했고 문화적 소양도 갖추어 신생 제국의 내외적 발전에 큰 몫을 담당했다.

사실 문제의 싹은 아부 바크르가 무함마드를 계승하면서부터 있었다. 일부 이슬람교도들은 칼리프를 추대하는 제도 자체를 인정하지 않고 오직 무함마드의 혈통을 따른 사람만이 후계자가 될 수 있다고 주장했다. 4대 칼리프 알리가 암살되자 이 문제는 심각해졌다. 알리는 바로 무함마드의 사위였던 것이다(이슬람교가 생기기 이전까지 아라비아는 모계 사회였으므로 무함마드의 딸 파티마와 결혼한 알리는 무함마드의 '적통'이었다). 무함마드의 혈통과 알리를 추종한 사람들은 알리에 이어 칼리프를 세습하기 시작한 우마이야 왕조에 대해 조직적으로 반발했다. 이들이 이룬 조직을 시아파라고 부른다('시아'란 '무리, 일파'라는 뜻으로 '알리 시아', 즉 '알리를 따르는 무리'에서 나온 말이다). 이들은 전체 이슬람교도에 비하면 극히 소수였지만 시아파가 결성됨에 따라 나머지 다수파는 수니파('범례', 즉 예언자와 그 전통을 따르는 무리)로 묶이게 되었다.

정복이 완료된 8세기 중반 무함마드의 가계인 아바스 가문은 시아파의 이념과 피정복지에서의 갈등을 교묘히 이용해 우마이야 왕조를 타도하는 데 성공했다. 이제 이슬람 왕조의 명칭은 아바스로 바뀌었다. 아바스 왕조(750~1258)는 피정복지에서 원주민들에 대한 차별 정책을 철폐하고, 아라비아인의 특권도 폐지했다. 제국의 통합을 위한 조치였다. 그렇게 보면 이전에도 이슬람 제국이라는 명칭을 썼으나 엄밀한 의미의 이슬람 제국이 성립된 것은 아바스 왕조 때의 일이다.•

● 그러나 우마이야 왕조를 거부하고 아바스 왕조의 성립에 일조한 시아파는 새 왕조에 대해서도 반발했다. 그들이 보기에는 아바스 가문보다 알리 가문이 더 정통이었다. 시아파는 칼리프 제도 자체에 반대했으므로 당연히 종교 율법에서도 다른 입장을 견지했다. 이들은 오로지 코란만을 진리이자 법으로 여겼고, 코란에 대한 일체의 주석과 해석을 거부했으며, 이슬람의 진정한 지도자 이맘(Imam)이 언젠가 다시 부활할 것임을 믿었다. 반면 시아파에 비해 종교적 정체성이 느슨한 수니파는 아바스 시대에 정체성을 확고히 다졌으며, 시아파와 달리 새 왕조에 적극 협력했다. 이런 문제가 해소되지 않은 탓에 오늘날까지도 수니파와 시아파의 대립은 적대적인 성격을 잃지 않고 있다. 오늘날 시아파는 이슬람 근본주의의 근간을 이룬다.

아바스 왕조의 적극적인 통합 정책으로 이슬람 제국은 피정복지에 대한 정치적 차별은 물론 종교적 탄압도 중단했다. 물론 이슬람교로 개종시키는 포교 사업은 충실히 전개했고, 또 대부분 성공을 거두었지만, 개종하지 않는다고 해서 큰 불이익을 당하지는 않았다. 굳이 불이익이라면 이슬람 개종자들에게 베풀었던 면세의 혜택을 누릴 수 없다는 것 정도였다. 팔레스타인의 그리스도교도와 유대교도는 혹독한 탄압을 받았다 해도 자신들의 신앙을 바꾸지 않았겠지만, 그래도 그들이 종교적 정체성을 계속 유지할 수 있었던 것은 아바스의 관용 정책 덕분이었다. 그러나 나중에 이슬람에 맞설 만한 힘을 키운 서유럽의 그리스도교 세계는 이슬람이 그리스도교의 성지를 탄압하고 있다고 사실을 왜곡하면서 그리스도교의 지하드, 즉 십자군 전쟁을 일으키게 된다.

부활한 오리엔트

이슬람 제국이 탄생하고 성장함에 따라 인류 문명의 고향이었던 오리엔트는 옛 페르시아가 무너진 이후 1000년 만에 다시 세계 문명의 중심지라는 위상을 되찾았다. 로마가 멸망한 뒤 지중해 문명이 서유럽 세계로 전달되기까지의 공백기―서유럽의 중세 초기에 해당하는 기간―를 틈타 문명의 서진이 잠시 유보되고 동쪽으로 회귀했다고 볼 수도 있다.

이슬람 제국의 칼리프들 중에는 문화와 예술을 사랑한 군주들이 많았다. 그 덕분에 이 시기에는 아랍 문화가 절정기에 달했다. 특히 아바스 왕조는 피정복지의 원주민들을 신분과 인종의 차별

없이 관직이나 학술계에 많이 받아들였으므로, 이 시기에 이슬람 문화는 이슬람권에만 국한되지 않고 세계 문화적인 성격을 지니게 되었다.

게다가 이슬람 문화권이 중앙아시아로 확산되어 당시 세계 최고 수준을 자랑하던 중국의 당 제국과 교류하게 된 것은 비단옷에 꽃을 더한 격이었다. 실제로 당의 비단에 아랍 특유의 꽃무늬 (아라베스크) 장식이 더해진, 문자 그대로의 금상첨화도 있었겠지만, 옛 헬레니즘과 페르시아의 찬란한 문화적 전통에다 새로이 이슬람 문화가 더해진 것도 금상첨화였다.

그러나 아랍 문화의 진정한 '꽃'은 과학이었다. 의학과 물리학, 천문학* 등 근대 자연과학의 학문들이 발달한 것은 당시 아라비아에서 이루어진 성과에 힘입은 바가 크다. 특히 화학은 연금술의 형태로 유럽에 전해짐으로써 중세 유럽의 침체된 과학의 명맥을 보존하는 데 크게 기여했다(중세 서양의 전설에서 마녀가 각종 약품을 실험하는 일종의 '화학자'로 등장하는 데는 그런 배경이 있다). 화학을 뜻하는 영어 단어 chemistry는 연금술alchemy을 뜻하는 아랍어에서 나온 말이며, 알코올alchohol과 알칼리alkali 같은 과학 용어들도 마찬가지다 ('al'은 아랍어의 정관사에 해당한다).

● 천문학 지식은 대양을 항해하기 위해 필수적이다. 그런데 바다가 없는 아라비아에서 천문학이 발달한 이유는 무엇일까? 바다는 없어도 그에 준하는 것은 있기 때문이다. 바로 사막이다. 부족민들을 이끌고 넓은 사막을 가로지르는 부족장은 천체의 움직임을 잘 알고 있어야만 시간에 맞추어 다음 오아시스까지, 최소한 그늘이 있는 곳까지 부족민과 가축 들을 이동시킬 수 있었다(한낮에는 이동이 불가능했으므로). 오히려 바다가 있는 지중해 세계에 비해 아라비아에서 더 천문학이 필요했다는 것은 곧 지중해를 항해하기보다 아라비아 사막을 이동하는 게 더 어려웠다는 이야기가 된다.

화학과 더불어 아랍 자연과학의 위대한 유산은 수학이다. 아라비아숫자와 algebra(대수)라는 이름에서 보듯이, 아랍 문화권에서는 수학이 크게 발달했고, 삼각함수의 개념도 생겨났다(아랍인들은

신학보다 과학을 택한 알라 유럽이 신학에 빠져 있을 무렵, 아라비아에서는 과학이 만개했다. 그림은 천문학을 연구하는 이슬람 학자들의 모습이다. 이들이 자연과학을 발전시키고 고대 아리스토텔레스의 저작들을 보존, 연구하지 않았더라면 유럽의 르네상스는 없었을 것이다.

인도에서 '0'의 개념을 도입했는데, 사실 아라비아 숫자도 인도 숫자를 본떠 만든 것이다. 당시 인도가 유럽과 직접 교류했다면 오늘날 인도 숫자라는 명칭을 써야 했을 것이다).

굳이 피타고라스를 끌어대지 않더라도 수학은 철학과 통한다. 수학이 발달한 아랍 문화권에서는 철학도 크게 발달했다. 이슬람 학자들은 종교상의 쟁점들을 다루기 위해 옛 그리스 철학의 전통에 의존했다. 그에 따라 그리스가 쇠퇴한 이후 오랫동안 유럽 세계에서 잊혔던 아리스토텔레스가 오리엔트에서 충실히 계승되었다. 특히 12세기 아베로에스가 해석한 아리스토텔레스의 철학은 라틴어로 번역되어 중세 서유럽의 스콜라 철학에 큰 영향을 미쳤다(아리스토텔레스의 저작 가운데는 원래 그리스어로 쓰였음에도 아랍어에서 유럽으로 번역된 게 많다). 이렇게 아라비아에서 시작된 그리스 고전의 연구는 이후 서유럽 세계가 중세를 벗어나 르네상스로 접어드는 데 중요한 기여를 하게 된다(르네상스라는 말 자체가 고전 문화의 '부활'이라면, 아랍 문화는 그 부활의 다리와 같은 역할을 했다).

학문의 발달만 가지고 문화의 중심 노릇을 다했다고는 할 수 없다. 학문과 더불어 문화의 중요한 기둥을 이루는 것은 예술이다. 주로 모스크(이슬람 사원)를 장식하는 용도로 발달한 아랍 미술은 아라베스크라는 독특한 양식을 이루었으며, 아라비아의 모자이크

기법은 아랍 세계가 끝내 정복하지 못한 비잔티움 제국으로 전달되어 비잔티움 예술의 꽃이 되었다. 〈알라딘〉이나 〈신드바드의 모험〉 같은 만화영화에서 보는 둥근 지붕의 아름다운 왕궁과 모스크 건축도 이 시대의 산물이다. 음악에서는 현악기의 발달이 주목할 만하다. 페르시아에서 생겨난 류트는 에스파냐에 전달되어 오늘날 에스파냐를 기타 음악의 강국으로 만들었으며('기타'라는 악기 이름 자체도 아랍어다), '아라비아풍'이라는 독특한 음악적 분위기를 이루었다.

칼리프의 생활　초기 칼리프들에 비해 제국이 안정된 아바스 시대의 칼리프들은 점차 종교적 풍모를 잃고 정치적 군주와 비슷하게 변해갔다. 그림은 칼리프의 생활을 보여준다. 맨 위층에서는 칼리프가 목욕을 하고 있고, 가운데 층에서는 하인들이 칼리프의 머리를 빗겨주고 있으며, 아래층에서는 칼리프가 편안히 누워 쉬고 있다.

　아랍 문화권은 유라시아의 허리에 해당하는 지역적 특성상 다른 지역들의 문화를 수입하기도 쉬웠고, 아랍 문화를 여러 지역으로 전파하기도 쉬웠다. 세계사적인 측면에서 아랍 문화의 더 중요한 의의는 후자의 측면에 있다. 즉 아랍 문화는 유럽의 동쪽 끝(비잔티움)과 서쪽 끝(에스파냐)을 통해 유럽으로 흘러들어갔다는 점에서 더 큰 역사적 가치를 지닌다. 유럽은 이슬람의 침략을 성공적으로 막아냄으로써 정치적·종교적 정체성을 보존한 채 아라비아의 선진 문화를 받아들일 수 있었다. 그 결과 서양 문명의 뿌리를 싹으로 틔워내고 줄기로 키워내는 성과를 거두었으니, 세계사적으로 보면 아라비아는 조연이고 유럽이 주연이었던 셈이다.

17장

원시 서유럽

동방교회와 서방교회의 분립

투르에서 마르텔이 구해낸 것은 단지 프랑크 왕국만이 아니라 그리스도교 문명권 전체였다. 그리스도교 세계가 위기를 모면한 것을 가장 환영한 사람은 로마 교황이었다. 300년 전에 클로비스는 이단에서 로마 가톨릭으로 개종해 교황에게 힘을 보태주더니 이제 그의 후손은 무시무시한 이슬람의 침략도 막아주었다. 교황으로서는 프랑크 왕국이 예쁘기만 했다. 따라서 마르텔이 일등공신의 위치를 넘어 프랑크의 새로운 왕으로 등극하는 데는 정치적으로나 종교적으로나 아무런 문제도 없었다.

그러나 왕위는 마르텔의 당대에 얻어지지 않았다. 그는 보잘것없는 프랑크 왕국의 왕이 되기보다는 그냥 유력한 지방 호족으로 남는 편이 더 낫다고 여겼을지도 모른다. 하지만 그의 아들 피핀

Pepin(714~768)은 생각이 달랐다.* 아버지의 지위를 물려받은 피핀은 10년간 프랑크 왕국을 지배하다가 차라리 직접 왕이 되는 게 낫겠다고 판단했다. 그래서 751년에 그는 이미 유명무실해진 메로빙거 왕조의 문을 닫고 새로 카롤링거Carolinger 왕조의 문을 열었다(카롤링거는 카를이라는 이름에서 나왔다).

물론 당시 로마 교황 자카리아스Zacharias(?~752)는 이에 대해 전폭적인 지지를 보냈다. 사실 교황으로서는 프랑크에서 일어난 쿠데타를 지지하고 말고 할 처지가 못 되었다. 당시 교황이 의지할 데라고는 오로지 프랑크 왕국밖에 없었기 때문이다. 더구나 교황에게는 당면한 큰 위협이 있었다. 그것은 이탈리아 북부에 자리 잡은 롬바르드 왕국이었다. 비잔티움 제국이 동고트 왕국을 멸망시킨 뒤 물러나자 어부지리로 이탈리아 북부를 얻은 롬바르드는 점차 이탈리아 반도 전체를 욕심내기 시작했다. 좀 멀리 떨어진 프랑크냐, 가까운 롬바르드냐를 놓고 선택한다면 교황은 당연히 종교가 같고 늘 자신을 지지해준 프랑크를 택할 수밖에 없었다. 당시 교황은 교회 안에서라면 최강이지만 교회 밖에서는 실력자로 공인되지 못하는 상태였다.

솔직히 말한다면 교회 안에서도 로마 교황은 지존의 존재가 아니었다. 바로 비잔티움 황제가 있었기 때문이다. 로마 교황은 자신이 서방 로마의 종교적 권력을 가지고 있다고 주장했지만, 설령

● 그의 할아버지, 즉 마르텔의 아버지도 이름이 같았기 때문에 이 피핀은 피핀 3세라고 불리는데, Pepin the Short라는 이름도 있다(물론 당시에는 아직 영어가 없었지만, 편의상 영어 표기를 따르기로 한다. 프랑스어로는 Pépin le Bref인데, 같은 뜻이다). 그래서 '단신왕(短身王) 피핀', '소(小) 피핀', '꼬마 피핀' 등으로 번역된다. 실제로 피핀의 키가 작았는지는 모르지만 그의 할아버지와 구분하기 위해서였을 것이다. 이렇게 후손이 조상의 이름을 가지는 것은 고대의 관습이다. 이후에 등장하는 중세 유럽의 왕과 귀족 들도 대부분 별명을 가지고 있다. 경건왕, 존엄왕, 사자심왕, 태양왕, 심술보왕 등처럼 왕의 품성을 나타내는 별명이 있는가 하면, 단신왕을 비롯해 미남왕, 대머리왕, 뚱보왕처럼 신체의 특징을 나타내는 별명도 있다. 나중에 역사학자들은 같은 이름을 가진 왕들을 표기할 때 그런 개별적 특성 대신 1세, 2세, 3세로 구분했다.

그 주장을 그대로 받아들인다 하더라도 아직 로마 교황의 권위와 힘은 비잔티움 황제에 미치지 못했다. 그에 비해 비잔티움 황제는 동방교회의 종교적 권력에다 현실적인 제국까지 가지고 있었다. 따라서 당시 로마 교황은, 롬바르드 왕국에는 세속의 힘에서 밀리고, 비잔티움 황제에게는 신성과 세속의 힘 모두에서 밀리는 형편이었다. 교황이 힘을 얻으려면 하늘과 땅에서 모두 어려운 싸움을 치러야 했다.

먼저 싸움이 벌어진 곳은 하늘이었다. 이슬람의 침략을 막아낸 지 얼마 되지 않은 726년 비잔티움 황제 레오 3세는 왕궁 문에 있는 성상聖像을 철거하고 성상 숭배 금지령iconoclasm을 내렸다. 종교에서 성상 숭배를 금지하다니? 이 알쏭달쏭한 조치에는 종교적인 의도와 정치적인 의도가 복합되어 있었다.

그리스도교도가 아니더라도 지금 우리에게는 그리스도상이나 성모 마리아상이 익숙하지만, 다신교라면 모르되 원래 유일신 종교에서는 성상이 익숙한 게 아니었다. 신의 모습을 인간의 형상으로 담아내는 것이니 아무래도 불경스러운 의미가 있었던 것이다. 그런데도 그리스도교에서 성상이 발달한 이유는 헬레니즘의 전통 때문이었다.● 고대 그리스인들은 신들의 모습을 인간과 똑같은 모습으로 조각이나 그림으로 담았다. 따라서 헬레니즘의 문화적 전통이 강했던 소아시아에서는 성상이 자연스럽게 받아들여졌다. 그러나 이제는 상황이 달라졌다. 비잔티움 제국은 콘스탄티노플만 겨우 방어했을 뿐 옛 헬레니즘의 고토를 대부분 이슬람 세계에

● 헬레니즘의 영향을 그리스도교보다 먼저 받은 것은 불교였다. 불교의 경우에도 초기에는 불상이 없었다. 굳이 부처의 형상을 표현해야 할 때에는 발자국이나 빈 의자 등의 추상적인 표현 방법을 사용했다. 알렉산드로스의 동방 원정으로 헬레니즘 세계가 성립하자 그 영향을 받아 비로소 인도의 불교도들도 불상을 만들기 시작했다. 그 때문에 당시 인도에서 제작된 불상들에는 그리스 신상과 같은 모습을 취한 것이 많았다. 이런 양식을 간다라 미술이라고 부른다.

동방교회의 성전　옛 서로마 제국에서는 게르만족이 그리스도교로 개종하면서 로마 가톨릭 교회가 들어섰으나, 비잔티움 교회에서는 그런 이민족과의 타협을 인정하지 않았다(동방교회를 '정통'이라 부르게 된 이유다). 사진은 동방교회의 성전이자 그 자체로 뛰어난 예술품인 콘스탄티노플의 성 소피아 대성당이다. 1453년부터 1931년까지 이슬람 사원으로 사용되다 현재는 미술관으로 쓰인다. 주변의 기둥(미나레트)들은 사원으로 개조되면서 세워졌다.

넘겨준 것이다. 이에 따라 제국 내에는 반헬레니즘적 정서가 널리 퍼져나갔다.

이것이 성상 숭배 금지령의 종교적 측면이라면, 정치적 측면은 수도원과 관련되었다. 비잔티움 제국은 전부터 대지주들이 늘어나는 현상에 골머리를 앓고 있었는데, 그 대지주들의 대부분이 바로 수도원이었던 것이다. 수도원의 '주 업무'는 바로 성상 숭배가 아니던가? 따라서 성상 숭배를 금지하면 수도원 세력이 약화될 것이고, 잘하면 그들이 소유한 토지가 국고로 환수될 수도 있다.

성상을 파괴하라   8세기 비잔티움 교회를 휩쓸 성상 파괴 운동은 사실 종교적인 측면보다 세속적인 의도에서 벌어진 사건이었다. 황제가 주동한 이 운동은 결국 실패로 끝났지만, 이것을 계기로 동방교회와 서방교회가 영구히 분리되어 오늘날에까지 이른다. 그림은 당시 이집트의 수도원에 그려진 성상이다.

이게 레오 3세의 속셈이었다.

요컨대 황제의 조치는 종교적으로 성상을 우상으로 격하하고, 정치적으로 수도원을 약화시키고, 경제적으로 수도원 소유의 토지를 노리고 있었다. 당연히 수도원은 거세게 반발하고 나섰다. 이로 인해 비잔티움 제국은 이후 1세기 이상이나 성상을 둘러싼 종교적·정치적 논쟁에 빠지면서 국력을 탕진하게 된다. 그런데 이 불똥은 엉뚱하게도 로마 가톨릭 교회로 튀었다.

프랑크 왕국만 개종했을 정도로 아직 서유럽에서 교세를 키우지 못한 로마 가톨릭으로서는 성상을 사용하지 못하게 하는 조치가 불만이었다. 교리상으로는 우상을 섬기지 말라는 십계명에 어긋날지 모르지만, 이교도들에게 포교하기 위해서는 성상이 절실하게 필요했기 때문이다. 게다가 로마교황으로서는 종교를 빌미로 비잔티움 제국 내부의 문제를 풀려 하는 레오 3세의 의도도 영 마음에 들지 않았다. 730년에 레오 3세의 공작으로 콘스탄티노플의 주교들이 황제의 시책에 찬성하자 로마 교황은 정면으로 반대하고 나섰다(당시 로마 교황의 종교적 위상은 비잔티움 제국의 주교들과 동급이었으므로 라이벌 의식도 크게 작용했을 것이다). 이에 대해 레오 3세도 신속하게 반격했다. 그는 즉시 로마 교황에게 위임한 서방 제국(오래전에 멸망하고 없는 제국이지만)의 종교적 관할권을 인정하지 않는다고 선포했다.

당시 양측은 미처 몰랐겠지만 이 대립은 지극히 중요한 역사적 분기점을 만들었다. 그 사건을 계기로 로마 가톨릭 교회와 비잔티움 교회가 결별하게 되었기 때문이다. 특히 비잔티움 측은 자기들의 교회를 정교회Orthodox Church(정통교회)라고 불렀는데, 이것이 바로 오늘날 가톨릭교, 개신교와 함께 그리스도교 3대 분파의 하나를 이루고 있는 동방정교의 기원이다(동방정교회는 이후 주도권을 지닌 세력에 따라 그리스 정교회, 러시아 정교회 등의 이름으로 바뀌게 된다). 로마 제국 후기에 지역적으로 분립했고 비잔티움 시대에 정치적으로도 분립한 동유럽과 서유럽은 이로써 종교적으로도 분립하게 되었다. 그렇게 보면 오늘날까지 이어지는 동유럽과 서유럽의 '차이'는 1000년이 넘는 역사를 가진 셈이다.

서유럽 세계의 탄생

종교적으로 비잔티움 제국의 영향권에서 벗어난 로마 교황은 세속에서도 독립을 선언했다. 그러나 종교와 달리 세속의 독립선언을 하려면 실제로 독립을 유지할 만한 물리력이 필요했다. 그래서 교황은 카롤링거 왕조의 프랑크 왕국을 정식 파트너로 삼기로 했다. 마침 그럴 만한 계기도 있었다. 751년 롬바르드 왕국이 라벤나를 점령하고 로마를 노리자 교황 스테파누스 3세는 다급해졌다. 불감청 고소원이라 했던가? 마치 약속이라도 한 것처럼 그때 피핀이 프랑크 왕 힐데리히의 왕위를 찬탈하고 교황에게 쿠데타의 승인을 요청했다.

사실 교황은 비잔티움 측에 원조를 요청할 수도 있었고, 또 과

교회를 지킨 군대　로마의 교회와 게르만의 군대. 이 양자는 서로의 필요성으로 인해 찰떡 궁합을 이루었다. 이 구도는 이후 로마-게르만 문명의 유럽 중세를 지배하는 기본 질서가 된다. 그림은 프랑크 왕국의 기병들이다. 로마 교황에게 라벤나를 기부한 피핀의 군대가 바로 이들이었을 것이다.

● 역사에서는 756년의 이 사건을 특별히 피핀의 기증(Donation of Pepin)이라고 부른다. 사실 라벤나는 6세기 중반부터 로마 교황의 소유였으니 기증이라기보다는 수복이라 해야 할 것이다(당시 비잔티움 제국의 라벤나 총독이 롬바르드족을 막아내지 못함으로써 라벤나는 형식상으로 교황의 소유지가 되었다). 어쨌든 이리하여 공식적으로 탄생한 교황령은 19세기까지 존속하다가 1870년 이탈리아 국가에 환수된다. 그 후 한동안 교황령은 존재하지 않았으나 1929년 로마 시내에 바티칸이 생겨나면서 다시 복구되었다.

거의 관계를 고려한다면 마땅히 그래야 했다. 더구나 비잔티움 제국은 아직도 남부 이탈리아와 시칠리아를 관할하고 있었다. 그런데도 교황은 비잔티움 제국 대신 프랑크를 선택했으니, 말하자면 승부수를 띄운 것이었다. 공교롭게도 그 무렵 비잔티움 황제 콘스탄티누스 5세(레오 3세의 아들)는 우상 숭배 금지령에 반대하는 수도원 세력에 대한 대대적인 탄압에 들어갔으므로 로마 교황으로서는 더더욱 비잔티움 측에 의지할 수 없는 처지였을 것이다.

교황이 체면 불구하고 몸소 프랑크 왕국으로 가서 도움을 요청하자 피핀 역시 반갑기 그지없는 심정이었다. 과연 그는 교황의 기대를 저버리지 않고 두 차례에 걸쳐 이탈리아로 원정을 와서 롬바르드족을 물리쳐주었다. 게다가 그는 전리품으로 얻은 라벤나를 교황에게 희사함으로써 돈독한 관계를 주변에 과시했는데, 이것이 바로 로마 교황령Papal State의 시작이다.●

이제 프랑크 왕국과 가톨릭 교회는 찰떡궁합이 되었다. 교황은 피핀이 일으킨 '세속의 쿠데타'를 정당화해주었고, 피핀은 비잔티움에 반기를 든 교황의 '신성의 쿠데타'를 뒷받침해주었다. 서로의 약점을 완벽하게 보완하는 절묘한 커플을 이룬 것이다. 이제는 피핀이 교황령을 기증한 데 대한 대가만 받으면 되었다. 그 수혜자는 피핀의 아들 샤를마뉴 Charlemagne(742~814, 재위 768~814)●●였다.

마르텔-피핀으로 이어지는 유력 가문의 계보는 샤를마뉴에 이르러 활짝 만개한다. 할아버지 마르텔이 외적의 침략을 방어했고, 아버지 피핀이 새 왕조를 열었다면, 샤를마뉴는 그 터전 위에서 마음껏 정복 활동을 전개한 군주였다. 첫 목표는 할아버지 때부터 프랑크와 교황에게 눈엣가시였던 롬바르드족이다. 그들을 아예 없애기로 마음먹은 샤를마뉴는 프랑크의 전통적인 보병대를 중무장 기병대로 탈바꿈시켜 원정을 위한 체제로 편성했다. 774년에 알프스 산맥을 넘은 프랑크군은 롬바르드 왕국의 수도인 파비아를 접수하여 북부 이탈리아를 완전히 장악했다. 그다음에는 즉시 말머리를 서쪽으로 돌리는가 싶더니 어느새 피레네 산맥을 넘어 이슬람으로부터 카탈루냐를 빼앗았다(당시 바스크를 공략한 부대는 원주민 부대에게 참패하고 전멸했는데, 이 전투는 중세의 유명한 무훈시《롤랑의 노래》의 소재가 되었다).

●● 샤를마뉴의 이름은 그의 할아버지(샤를 마르텔)를 따라 '샤를'이고 뒤에 붙은 '마뉴'는 존칭이다. 이 시대에는 아직 프랑스, 영국, 독일, 에스파냐 등의 서유럽 나라들이 생겨나기 전이므로 샤를마뉴의 이름도 지역에 따라 달리 불린다. 예를 들어 샤를을 독일식으로 읽으면 '카를(Karl)'이 되는데, 그래서 '카를 대제(Karl the Great)'라고 하기도 한다(프랑크 왕국은 오늘날 프랑스와 독일의 기원이 되므로 독일식으로 읽어도 무방할 것이다). 또 샤를을 라틴어로 읽으면 카롤루스가 된다. 서로마 제국 황제로서 이르는 말이다. 카롤링거라는 왕조의 명칭은 여기서 나왔다(물론 그 이름도 원래는 샤를 마르텔의 이름에서 비롯되었다. 클로비스의 경우처럼 개창자의 아버지 이름을 왕조명으로 지은 것이다). 이후 중세에는 샤를마뉴의 이름을 딴 왕들이 많이 등장하는데, 영국의 찰스, 독일의 카를, 에스파냐의 카를로스 같은 왕명들은 모두 그에게 기원을 두고 있다.

여기까지의 정복만 해도 이미 샤를마뉴는 오늘날의 프랑스, 이탈리아, 에스파냐를 아우르는 방대한 영토를 지니게 되었다. 하지만 그는 거기서 멈추지 않았다. 다시 동쪽으로 진출한 프랑크군은 색슨족을 정복하고 오스트리아와 헝가리까지 손에 넣었다. 이로

전도사 군주 샤를마뉴는 비잔티움 황제에 대한 라이벌 의식이 상당히 강했던 듯하다. 정치와 종교가 균형을 이루고 있는 비잔티움 제국은 그에게 최상의 목표이자 이상이었을 것이다. 그래서 그는 정복지마다 동방정교의 라이벌 신앙인 로마 가톨릭을 열렬히 전파하고 교회를 세웠다. 그림은 샤를마뉴의 시대에 간행된 복음서의 한 쪽으로, 복음서 저자인 마태의 모습을 그린 것이다.

써 프랑크 왕국의 경계선은 엘베 강 유역에까지 확대되었으니, 로마 제국도 이루지 못한 소원을 대신 이루어준 셈이다(옛 로마는 항상 북쪽 국경을 엘베 강까지 넓히고자 했으나 끝내 뜻을 이루지 못하고 라인 강으로 그쳤다). 피정복지에는 로마의 속주처럼 변경주를 설치했다. 이제 제국의 면모는 명확해졌다. 옛 로마 제국에 비해 영토의 면에서 뒤처지는 부분은 브리타니아와 북아프리카, 이탈리아 중부와 남부 정도였으며, 게르마니아는 오히려 로마 시대보다 훨씬 넓어졌다.

샤를마뉴에게 제국 못지않게 중요한 것은 신앙이었다. 그는 정복이 이루어질 때마다 피정복지에 교구를 설치하고 현지 민족들에게 가톨릭으로 개종할 것을 요구했다. 영토와 정치에서 통합된 로마 제국을 넘어 이제 종교적 통합까지 이룬 제국을 건설했으니 샤를마뉴로서는 옛 로마 황제가 부럽지 않았다.

로마 황제가 부럽지 않은 사람은 한 명 더 있었다. 이교도의 영토가 하나씩 가톨릭권으로 바뀌어갈 때마다 로마 교황은 자기 일처럼 기뻐했다. 실제로 포교는 교황의 업무였으니, 손 한 번 대지 않고 시원하게 코를 푼 교황의 기분은 무척 좋았을 것이다. 더구나 샤를마뉴는 교황령을 더욱 확대해 이탈리아 중부 전역을 교황에게 기증했다. 교황 레오 3세(비잔티움 황제 레오 3세와는 물론 다른 인물이다)는 이제 피핀에게 준 선물 정도로는 샤를마뉴에게 보답

할 수 없다고 여겼다.

800년 12월 25일에 레오 3세는 로마의 성탄절 미사에 참석한 샤를마뉴에게 결코 잊지 못할 크리스마스 선물을 주었다. 그의 머리 위에 교황이 직접 서방 로마 제국 황제의 관을 씌워준 것이다. 신성의 황제가 세속의 황제에게 대관식을 치러준 격이다.•

이 사건은 정치적 상징이기는 했으나 엄청난 의미를 내포한 상징이었다. 476년 서방 제국이 멸망한 이래 300여 년 만에 다시 서방 제국의 황제가 탄생한 것이다. 이로써 로마-게르만이라는 새로운 전통은 새 시대의 거스를 수 없는 추세로 승인되었다. 그 새 시대란 바로 중세였고, 따라서 그것은 중세 유럽의 개막을 알리는 신호탄이기도 했다. 아직도 로마 제국의 정당한 상속자는 동유럽의 비잔티움 제국이었지만, 이제 서유럽 세계의 본격적인 도전이 시작되었다. 제정일치와 중앙집권제의 비잔티움 제국과 달리 서유럽 세계는 신성(교황)과 세속(황제)이 적절한 분업과 협력을 통해 공동보조를 취하는 분권적인 체제였다. 처음에는 동방 제국에 비해 짜임새가 부족해 보였으나 이 느슨한 체제는 시간이 갈수록 힘을 발휘해 장차 서유럽을 세계 문명의 주역으로 만들게 된다.

• 로마 교황이 샤를마뉴를 서방 로마 제국의 황제로 임명한 것에 대해 비잔티움 황제는 신성모독이라며 반발했다가 813년에야 승인하게 된다. 그 당시 비잔티움 제국에서는 흥미로운 사건이 있었다. 당시 비잔티움 황제는 이레네(Irene, 752~803)라는 여제였는데, 그녀는 원래 레오 4세의 황비로 남편이 죽자 아들의 섭정을 맡았다. 790년 스무 살이 된 아들에게 할 수 없이 권력을 내주게 된 이레네는 마침내 797년 아들을 살해하고 권력을 되찾았다. 흥미로운 사실은 서방 로마 제국의 황제가 된 샤를마뉴가 이레네에게 청혼을 했다는 점이다(그 무렵 이레네의 나이는 마흔이 넘었으니 분명히 정략결혼이다). 이 결혼이 성사되었더라면 막 갈라지기 시작한 동유럽과 서유럽은 다시 통합되었을지도 모른다(사실 샤를마뉴가 교황이 씌워주는 황제의 관을 덥석 받아들인 이유도 바로 거기에 있었다. 게다가 게르만법에 따르면 여자는 황제가 될 수 없었다). 그러나 이를 반대한 귀족들의 궁정 혁명으로 그 계획은 수포로 돌아가고 이레네는 유배되어 곧 죽었다.

중세의 원형

옛 로마 제국도 명실상부한 제국의 면모를 갖추게 될 때까지는 정복 활동이 끝나고 나서도 상당히 오랜 기간이 걸렸다. 역사에서 교훈을 얻는 것은 후발 주자의 고유한 이점이다. 그러나 제국의 하드웨어는 초고속으로 갖추었어도 신생 프랑크 왕국이 제국의 소프트웨어마저 완비하기란 애초부터 무리였다. 물론 프랑크는 교황에게서 로마의 상속자라는 자격을 부여받기는 했으나 명칭만 그랬을 뿐이고 로마의 유구한 역사와 전통까지 이어받지는 못했다. 과연 로마는 하루아침에 이루어진 게 아니었던 것이다.

우선 샤를마뉴는 제국의 영토를 많은 주州로 나누었으나 그것들은 로마의 속주처럼 되지 못했다. 수치로만 보면 300개에 달했으니까 로마의 속주에 못지않았지만 속내를 들여다보면 그에 미치지 못했다(로마 제국의 계승을 꿈꾼 샤를마뉴는 최소한 개수로라도 로마의 속주에 맞추어야 한다고 여겼을지도 모른다). 원래 식민지란 모국이 든든해야 유지되는 법이다. 그런데 프랑크는 로마처럼 강력한 중심지가 못 되었다. 게다가 당시의 주변 정세는 로마 시대처럼 튼튼한 중심이 들어서도록 허락하지도 않았다. 게르만족의 이동이 끝난 뒤에도 여전히 소규모로 민족이동이 지속되고 있었으며, 유럽 대륙의 판도에는 늘 변화의 조짐이 역력했다(상대적으로 동유럽의 비잔티움 제국은 안정적이었지만 고질적으로 내정이 불안한 데다 이집트와 시리아를 잃고 겨우 제국의 면모만 유지하고 있을 따름이었다).

그런 사정을 감안해 샤를마뉴는 처음부터 각 주에 상당한 자치권을 부여했다. 최소한 방어만이라도 제 힘으로 하라는 취지였으나, 그 과정에서 군사권·사법권·치안권을 맡긴 것은 곧 중앙 권력의 영향력을 포기한 것이나 다름없었다. 중앙 귀족과 성직자로 팀을 만들어 정기적인 순찰은 돌렸지만, 자치권을 소유한 주의 지배자들이 순찰사의 통제에 고분고분 따를 리는 만무했다. 그저 우호적인 관계만 다지고 대접이나 잘 받으면 만족이었다. 훗날 이 주의 지배자들이 중세의 영주 신분으로 성장하게 된다.

정치적인 통합이야 어렵다지만 경제적인 통합마저도 이루지 못한다면 무늬만의 제국도 유지하기 어렵다. 그래서 샤를마뉴는 도량형과 화폐 단위를 통일하는 데 주력했다. 이를 계기로 로마 말기에 유명무실화된 은화(278쪽 참조)가 다시 주조되어 유통에 숨통이 트였다.* 이런 경제적인 통합 조치는 각 주에도 이득이었으므로 저항을 받지 않았다.

사실 샤를마뉴는 지방 정치는커녕 중앙 정치를 꾸리기에도 힘이 벅찼다. 실로 오랜만의 서유럽 황제인지라 할 일이 무척 많았다. 그래서 그는 초대 황제(동양식 제국으로 치면 건국자)라면 누구나 취하는 방식을 택했다. 일이 많으면 사람이 필요한데 믿을 만한 사람은 가족뿐이다. 그는 프랑크족 출신의 30개 귀족 가문을 황실과 혼맥으로 결합시켜 제국의 수도인 엑스라샤펠(현재 독일의 아헨)의 중앙 귀족층을 구성했다.**

이렇게 해서 중앙의 고위 관직들을 해결한 다음에는 군대 문제를 처리해야 했다. 황제와 중앙정부를 지키려면 군대가 필요했기 때

● 당시에 생겨난 화폐 단위 가운데 하나가 리브라(Libra)다. 리브라는 로마 시대에 곡물의 양을 재는 중량 단위였는데, 프랑크 시대에 화폐로 격상되었다. 나중에 이것이 영국의 화폐 단위이자 무게 단위인 파운드가 된다. 오늘날 파운드의 약자를 £ 또는 lb로 표기하는 것도 이 때문이다.

●● 서양보다 오랜 제국의 역사를 가진 중국은 그 점에서도 더 선배다. 중국식 제국의 원형인 한을 세운 유방(한 고조)도 일가붙이들을 동원해 미약한 중앙 권력을 키웠다. 그는 닥치는 대로 지방 호족들과 혼맥을 구축했으며, 그게 불가능하면(자식의 수에는 한계가 있으므로) 그냥 친척으로 선언하고 자신의 유(劉)씨 성을 하사했다. 그 덕분에 심지어 한의 적이었던 흉노 부족장들에게도 유씨가 생겨났다. 역사학에서는 이런 제도를 군국(郡國)제도라는 그럴듯한 용어로 부르지만, 실은 중앙을 황제가 직접 챙기고 지방은 수령들에게 맡긴다는 뜻이다. 어차피 넓은 영토의 제국을 지배하려면 이 방법밖에는 없었다.

신앙을 위해 종교를 중시한 샤를마뉴의 통치 방식은 후대에도 이어졌다. 그림은 9세기 중반 프랑크에서 제작된 복음서인데, 놀랍게도 예수의 일생을 상아로 조각한 책이다. 신앙을 위해서라면 모든 것을 바친다는 중세의 '경건한' 자세는 이때부터 이미 드러나 있다.

● 사실 이 계약은 용병의 다른 표현이라고 볼 수 있다. 용병은 고대 이집트와 페니키아, 그리스와 페르시아, 카르타고와 로마 등의 역사에 빠짐없이 등장한다(결국 로마는 용병의 손에 멸망했다). 모든 게 황제의 명령으로 이루어지는 중국식 제국에서는 용병이 존재할 수 없다. 샤를마뉴는 충성과 복종의 대가를 내주어야 했지만, 중국의 황제는 '천자'의 권위로 신하와 군대를 지배했으므로 그런 짓을 할 필요가 없었다. 나중에 보겠지만 엇비슷한 시기에 전개된 서양식 정복(십자군 전쟁)과 동양식 정복(몽골의 유럽 원정)에서는 용병과 계약이라는 전통 때문에 서로 상당히 다른 양상이 드러나게 된다. 이런 전통은 '계약' 개념에 기원을 둔 서양의 자본주의와 근대국가의 발생과도 무관하지 않다.

문이다. 가장 좋은 방법은 역시 로마 황제들이 거느렸던 친위대 방식이지만, 선배들만큼의 권위가 부족한 신생 프랑크 제국의 초대 황제로서는 언감생심이 아닐 수 없었다. 권위에서 나오는 '명령'이 불가능하다면 서로 간의 약속에 의한 '계약'을 취하는 수밖에 없다. 그래서 샤를마뉴는 신하단과 계약을 통해 중앙 군대를 구성했다. 신하단은 황제에게 군사적 봉사와 복종을 맹세하고, 그 대가로 황제는 토지를 주는 것이다. 그 신하단이 바로 중세의 기사 신분을 이루게 된다.●

주에는 교구를 설치하고, 영주에게는 자치권을 부여하며, 중앙에서는 기사들과의 계약을 통해 직속 부대를 편성한다. 그렇다면 무척 낯익은 구성이다. 바로 서양 중세의 전형적인 체제다. 기도하는 사람, 지배하는 사람, 싸우는 사람, 이렇게 중세 사회의 지배층을 이루는 세 가지 신분(성직자, 영주, 기사)이 이미 생겨났다. 나머지 신분은 일하는 사람, 곧 농민이다.

이렇게 중세 정치의 골격을 만든 것과 더불어 샤를마뉴는 중세 문화의 골격도 만들었다. 정치적으로는 로마를 완전히 계승하지 못했지만 문화적으로는 전혀 걸림돌이 없었다. 게다가 샤를마뉴는 그 자신이 많이 배우

지도 내 레이블:

북해

앵글로 · 색슨 왕국

런던●

●아헨
●메르센

●베르됭

슬라브 족

파리●

프랑크 왕국

●투르
●푸아티에

대서양

베네치아●

라벤나●

●로마

에스파나 변경

●바르셀로나

후 우마이야 왕조

지중해

비잔티움 제국

범례:
■ 피핀이 기증한 땅 ■ 샤를마뉴 즉위 시의 영토 ☐ 샤를마뉴의 세력 범위
▦ 로마 교황령 ▨ 샤를마뉴 때의 획득지 → 샤를마뉴의 원정 방향

부활한 황제　샤를마뉴의 업적을 보여주는 지도다. 초록색 부분은 그가 왕위에 오를 무렵인 768년경 프랑크 왕국의 영토다. 여기에 샤를마뉴는 속국을 더했고, 직접 정복에 나서 영토를 늘렸다. 그 업적을 발판으로 그는 꿈에 그리던 로마 황제가 된다.

지 못한 것을 한스럽게 여긴 탓에 학문과 예술을 무척 존중하고 사랑한 군주였다(그는 침대 밑에 펜과 양피지를 넣어 두고 틈틈이 글씨 연습을 했다고 전해진다). 그는 직접 칙령을 내려 각 주교구와 수도원에 학교들을 설립하도록 했으며, 수도에는 궁정 학교를 열어 라틴어와 라틴 문학, 논리학, 수학, 고전 등의 학문과 음악, 시 등의 예술을 적극 장려했다.

혹시 자신의 제국이 로마–게르만의 혼혈이라는 점을 약점으로 여겼을까? 샤를마뉴는 오히려 로마보다 더 로마적인 문화를 꽃피웠다. 그래서 그의 시대를 가리켜 '카롤링거 르네상스'라고 부른다. 특히 당시 수도원의 수도사들이 직접 베끼고 장식한 고전의 필사본과 채식 필사본 들은 오늘날까지도 중세 문화를 연구하는 중요한 자료로 전해지고 있다.

원시 프랑스

중세의 골격을 만들었다는 점에서 샤를마뉴는 알렉산드로스–콘스탄티누스로 이어지는 '대제大帝'의 자격이 충분하다. 그러나 콘스탄티누스의 경우처럼 그가 역사에 대제로 기록되는 이유는 로마 가톨릭의 전파에 지대한 역할을 한 덕분에 그리스도교 역사가들에게서 점수를 땄기 때문이다. 역사적인 평가는 대개 사후에 이루어지는 경우가 많다. 샤를마뉴가 종교적으로만이 아니라 정치적으로도 진정한 대제가 되려면 그가 세운 프랑크 제국이 계속 존속하고 발전했어야 한다. 그러나 프랑크는 샤를마뉴에게 더 이상의 영광은 주지 않았다. 그가 죽자마자 제국의 면모는 금세 사라져버렸다.

원래 프랑크 제국은 지역마다 민족과 언어, 관습이 달랐으므로 제국으로서의 통합성은 크게 부족했다. 물론 샤를마뉴가 이룩한 종교와 경제에서의 통합도 중요하지만, 정치적 통합이 이루어지지 않으면 어차피 제국은 유지될 수 없었다. 그의 당대에 제국이 유지되었던 것은 그의 강력한 카리스마가 체제상의 취약점을 보완했기에 가능했다. 그는 아들에게 제위를 물려주면 그것으로 제국의 계승도 가능하다고 믿었겠지만, 사태는 그렇게 전개되지 않았다. 마르셀-피핀-샤를마뉴로 계승된 조상의 '음덕'은 그의 자식들에게까지 이어지지 못했다.

샤를마뉴의 셋째 아들로 제위를 이은 루이 1세Louis I(778~840, 재위 814~840)는 일찌감치 사태를 깨달았다. 정치적 통합성이 취약한 것은 이미 각오한 일, 그러나 더 큰 문제는 다시 외적의 침입이 잦아지고 있다는 사실이다. 샤를마뉴가 없는 프랑크를 이빨 빠진 호랑이처럼 여긴 이슬람 제국은 은근히 에스파냐에서 치고 올라오려 했다. 또 북쪽

복사본, 아니 필사본 인쇄술이 발달하지 못했던 시대에 책을 보존하려면 오로지 필사에 의지할 수밖에 없었다. 그림은 수도원에서 수도사들이 열심히 책을 필사하고 있는 모습이다. 오늘날 복사기의 역할을 이들이 대신한 셈이다. 수도사들은 글을 그대로 베끼는 데 머물지 않고 화려한 삽화로 장식해 채식 필사본이라는 중세의 한 미술 장르를 개척하기도 했다.

에서는 바야흐로 바이킹으로 알려진 노르만의 민족대이동이 시작되고 있었다. 아버지의 위업을 계승하고자 교회와 수도원을 적극 보호하는 정책으로 '경건왕'이라는 별명까지 얻은 그이지만 아버지의 정복 사업마저 계승할 자신과 능력은 없었다. 그래서 루이 1세는 817년에 제국 계획령을 내려 영토를 세 아들에게 분할하기로 결정했다. 이에 따라 맏아들인 로테르Lothaire(795~855, 독일식으로는 로타르)에게는 제위와 함께 프랑크 본토를, 둘째 아들 피핀에게는 아키텐을, 셋째 아들 루이에게는 바이에른을 물려주기로 했다(첫째 아들 외에는 이름이 모두 '재탕'이다).

그런데 823년 재혼한 아내에게서 넷째 아들 샤를을 얻게 되자 문제가 생겼다(루이가 자기 아버지인 샤를마뉴의 이름을 붙여준 아들이다). 아직 어린아이지만 샤를에게도 제 몫이 있어야 할 게 아닌가? 그래서 루이 1세는 상속 계획을 변경시키려 했는데, 당연히 세 아들은 일제히 반대했다. 심지어 이 사건으로 루이 1세는 아들들의 손에 의해 강제로 폐위될 위기를 넘기기도 한다. 838년 피핀이 사망한 것은 제국을 위해 다행스런 일이었다. 사형제가 다시 삼형제가 되었으니까. 그에 따라 아키텐은 자연스럽게 막내 샤를의 몫이 되었다. 피핀에게도 아들이 있었으나 그는 당연히 아버지의 유산을 포기하고 목숨을 부지했다.*

루이 1세가 살아 있는 동안에도 아들들의 분쟁이 불을 뿜었으니 그가 죽은 뒤에는 말할 것도 없었다. 840년에 그가 죽자 분쟁은 즉각 전쟁으로 바뀌었다. 삼형제 간에 싸움이 벌어지면 대개 두 동생이 연합해 맏형과 맞서게 마련이다. 이 경우에도 마찬가지였다. 힘을 합쳐 맏형 로테르를 일단 굴복시킨 다음 루이와 샤를은 로테르에게 이렇게 싸울 게 아니라 조약을 맺어 정식으로 제국을 분할하자고 제안했다. 이렇게 해서 843년에 유럽 최초의 조약인 베르됭 조약이 체결되었다. 그 결과 프랑크는 서프랑크(지금의 프랑스 서부), 중부 프랑크(지금의 프랑스 동부와 이탈리아 북부), 동프랑크(지금의 독일 서부)의 세 왕국으로 나뉘었다. 결국 프랑크 제국의 수명

● 여기서 잠깐 왕명들을 정리할 필요가 있겠다. 프랑크가 분할됨으로써 이후 이 지역의 역사도 프랑스와 독일의 역사로 나뉘어 전개된다(독일이라는 나라가 실제로 탄생한 것은 19세기이므로 여기서 독일은 지역을 가리킨다). 따라서 같은 왕명이 여러 가지로 불리게 된다. 프랑스의 샤를은 독일의 카를이고, 프랑스의 루이는 독일의 루트비히이다. 따라서 서프랑크를 차지한 샤를('대머리왕')은 독일에서는 카를 2세가 되며, 동프랑크를 차지한 루이('독일왕 루이')는 루트비히 2세가 된다(카를 1세는 그들 형제의 할아버지인 샤를마뉴이며, 루트비히 1세는 아버지인 루이 1세다). 이들은 형제였으므로 후손들의 이름도 서로 뒤섞이게 된다. 예를 들어 루트비히 2세의 아들은 카를 3세('뚱보왕')인데, 작은아버지(샤를)의 제위를 물려받아 그의 이름을 따르게 된 것이다(물론 서프랑크 영토 자체를 물려받은 것은 아니고 프랑크 황제 자리만 물려받았다).

은 50여 년에 불과했다.

하지만 아직 프랑크의 시련은 끝나지 않았다. 로테르의 두 동생은 싸움에서 진 만형의 몫을 고스란히 인정해주려 하지 않았다. 형의 체면을 감안해서 당분간 조약의 결정에 따른 그들은 로테르가 죽자 즉각 동쪽과 서쪽, 양측에서 형의 영토를 잠식해 들어갔다. 이 작업에 더 열성적인 사람은 서프랑크의 샤를이었다. 그는 형제 중에서 막내였지만 야심은 가장 컸다. 당연히 양자 간에 충돌이 일어날 수밖에 없었다. 그러나 베르됭 조약의 경험이 있었던 두 형제는 다시 한 번 조약을 맺고 국경을 확정하기로 했다. 이것이 870년의 메르센 조약이다. 이 조약에서 형제는 이탈리아 북부를 제외한 중부 프랑크를 완전히 분할하기로 합의했는데, 그 경계선은 라인 강이었다.●●

라인 강은 오늘날 프랑스와 독일의 경계선이기도 하다. 즉 메르센 조약으로 오늘날 서유럽의 주요한 3국인 프랑스, 독일, 이탈리아의 원시적 형태가 드러난 것이다. 그 가운데 프랑크의 전통을 가장 많이 물려받은 것은 프랑스였다(프랑스라는 이름부터 프랑크에서 나왔다). 프랑스는 서유럽 세계에서 맨 먼저 나라의 꼴을 갖추었고, 이렇게 스타트를 일찍 끊은 덕분으로 이후 중세 유럽의 역사를 주도하게 된다.

●● 로테르의 영토는 다시 삼분되어 중심지인 로트링겐은 동프랑크와 서프랑크가 나누어가졌고, 중부(지금의 스위스 일대)는 부르고뉴 왕국, 남부는 이탈리아에 속하게 되었다. 여기서 쟁점은 로트링겐이다. 두 나라가 분할해 차지한 만큼 이 지역은 처음부터 분쟁의 불씨를 안고 있었다. 로트링겐은 지금의 로렌 지방인데, 근대 국민국가의 시대가 되면서 이 지역을 두고 프랑스와 독일은 치열한 각축전을 벌이게 된다. 근대 유럽이 탄생한 17세기부터 20세기 제2차 세계대전이 끝날 때까지 두 나라의 영토 분쟁의 핵심을 이루게 되는 알자스-로렌 문제의 기원은 이미 9세기에 생겨났던 것이다.

환생한 샤를마뉴

서프랑크를 차지하게 된 샤를은 행운아였다. 그는 막내에다 이복 형제였는데도 둘째 형(피핀)이 죽는 바람에 알짜배기 땅을 물려받게 된 것이었으니까. 그에 비해 루이 1세의 셋째 아들인 루이(루트비히 2세)는 억세게도 운이 없었다. 삼형제였을 때는 막내이기 때문에 할 수 없이 가장 오지인 동프랑크를 물려받았는데, 첫째 형과 둘째 형이 모두 죽었어도 여전히 그는 동프랑크에 만족해야 했다.

옛 로마의 속주였던 데다 프랑크 왕국의 중심지였던 서프랑크에 비하면 동프랑크는 황무지나 다름없었다. 샤를마뉴가 설치한 주들도 동프랑크 지역에는 많지 않았으며, 따라서 당시 첨단의 제도인 봉건제도 별로 발달하지 못했다. 주민들도 문명의 혜택을 별로 받지 못하고 여전히 옛 게르만의 전통적인 생활 방식으로 살아가고 있었다. 게다가 위치상 노르만의 이동에 따른 피해를 직접적으로 받는 지역이었다.

이렇게 문화권이 달랐기에 10세기 초반 카롤링거 왕조의 혈통이 끊어지자 동프랑크는 자연스럽게 서프랑크와 결별하게 되었다. 동프랑크의 귀족들은 구태여 프랑크족의 혈통을 강조하려 하지 않았고, 자기들끼리 새로운 지도자를 선출했다. 그 결과로 프랑켄 공작(봉건 귀족의 하나지만 당시 공작은 정식 작위라기보다는 Herzog, 즉 부족장이었다) 콘라트 1세Konrad I(?~918)가 왕위에 올랐다. 이것이 동프랑크 왕국의 '지극히 조용한 멸망'이다.

이제 동프랑크 지역은 프랑크의 전통과 아무런 관계도 없게 되었다. 귀족들은 게르만의 옛 전통에 따라 부족연합 체제(공국 체제)를 유지했다. 콘라트의 뒤를 이은 작센공 하인리히 1세부터 왕위는 세습되기 시작했지만(작센 왕조), 당시 세습 왕조는 시대의 추세라서 취한 것일 뿐 국가 체제는 종전과 달라질 게 없었다. 이 때부터 시작된 분권화의 역사가 이후 1000여 년에 걸친 독일의 역사를 이룬다(하인리히 1세는 독일 역사에서 초대 국왕으로 간주된다).●

서프랑크(이제부터는 프랑스라 불러도 되겠다)와 전혀 다른 나라가 되었으니 이제 과거의 조약이고 뭐고 다 소용없다. 그래서 하인리히는 프랑스를 침략해 로트링겐을 빼앗았다. 대내적으로도 그는 여러 귀족을 어르고 누르면서 왕권 강화에 성공해 신흥 세력인 작센 왕조의 토대를 튼튼히 굳혔다. 이 토대를 밑천으로 삼아 독일의 국력을 크게 키운 사람은 그의 아들 오토 1세Otto I(912~973, 재위 936~973)였다.

● 동양식 왕조는 새 나라를 세우면 거창하게 국호를 짓고 대외적으로 널리 선전하지만 유럽의 역사에서는 그런 경우가 드물다. 따라서 프랑스나 독일이 생겼다는 말을 동양식 왕조의 개념으로 이해하면 안 된다(심지어 프랑스 역사가들도 프랑스가 정확히 언제 생겼는지에 관해서는 한 가지로 답할 수 없다고 말한다). 중국이나 한반도의 경우에는 예로부터 왕조(나라)의 맺고 끊음이 분명했지만, 유럽에서는 그보다 훨씬 느슨했고, 경우에 따라서는 불분명하기도 했다. 굳이 비교하면 유럽 각국의 경우에는 한 왕가의 지배기가 동양식 '왕조'에 해당하는 것으로 볼 수 있다.

당시는 노르만의 민족대이동이 절정에 달할 무렵이었으므로 신생국 독일로서는 무엇보다 외침에 방어하는 게 급선무였다. 이에 대해 오토 1세는 샤를마뉴처럼 북쪽에 변경주를 두어 데인족(덴마크)과 마자르족(헝가리)을 방어했다. 프랑스는 인정할 수 없어도 '카를 1세'는 독일 민족의 시조로 인정했다고 할까? 게다가 그는 이민족을 그리스도교(로마 가톨릭)로 개종시키는 작업도 게을리하지 않았으니, 그 점에서도 샤를마뉴를 닮았다(그래서 독일인들은 그를 '오토 대제'라고 부른다. 또 한 명의 대제가 탄생했다). 특히 955년 남부의 레히펠트(아우크스부르크 부근)에서 마

황금의 샤를마뉴　로마-게르만 문명의 문을 연 샤를마뉴는 당대만이 아니라 후대에도 숭배의 대상이었다. 사진은 13세기에 제작된 샤를마뉴의 상인데, 황금과 보석으로 화려하게 장식되어 있다. 물론 샤를마뉴의 실물과는 아무 상관도 없고 13세기 방식으로 이상화된 조각상이다.

자르족을 크게 무찌른 일은 다시 한 번 서유럽 세계를 수호하는 데 결정적인 역할을 했다. 나아가 그는 로트링겐을 탈환하려는 프랑스의 침략을 물리쳐 프랑스에 대해 힘의 우위를 다졌다.

이리하여 신생국 독일을 반석 위에 올린 뒤 오토 1세는 로트링겐, 슈바벤(알레마니아), 바이에른(지금의 뮌헨 일대) 등지를 동생과 아들에게 주어 다스리게 하고, 작센과 프랑켄을 직속지로 삼아 제국의 면모를 갖추었다. 여기까지만 해도 그는 샤를마뉴와 닮은꼴이지만, 그를 결정적으로 샤를마뉴와 닮게 만든 사건은 따로 있다(그는 샤를마뉴를 계승하겠다는 의도를 분명히 가지고 있었던 듯하다).

961년에 이탈리아에서 베렝가리오라는 자가 로마 황제를 자칭하자 교황 요한 12세는 오토에게 구원을 요청했다. 물론 오토가 당대의 실력자였기에 그런 것이지만, 어쩌면 이렇게 150여 년 전의 샤를마뉴와 똑같을까? 베렝가리오는 루이 1세의 외손 족보이므로 오토보다는 샤를마뉴의 혈통에 가까웠으나 로마 황제의 영광은 그의 것이 아니었다. 샤를마뉴의 전통으로 인해 로마 황제 자리는 이제 로마 교황이 수여하는 것이 되었기 때문이다.

오토는 교황의 뜻대로 이탈리아를 원정해 간단히 베렝가리오를 제압했다. 이듬해인 962년 교황은 그에게 황제의 직위를 수여했다. 자신의 우상인 샤를마뉴를 닮겠다는 오토의 꿈은 마침내 현실로 이루어졌다. 이후 그는 10년 동안의 외교적 노력을 기울여 비잔티움 제국의 승인을 얻고 비잔티움 황실의 황녀를 아내로 맞아들여 우상의 못다 이룬 꿈마저 이루어냈다. 또한 그는 거기에 만족하지 않고 우상의 과업을 끝까지 충실하게 모방했다. 학문과 예술을 적극 장려하고 육성해 후대에 '오토의 르네상스'라고 불리게 되는 시대를 연 것이다.

이 정도로 닮은꼴이었으니, 오토의 당대에는 샤를마뉴가 환생했다고 말하지 않았을까? 그러나 후대의 역사로 인해 두 사람은 중요한 차이점을 지니게 된다. 그것은 바로 황제의 명칭이다. 샤를마뉴 시대에도, 오토의 시대에도 제국은 그냥 제국이었고, 황제는 그냥 황제였다. 다시 말해 제국이나 황제 앞에 아무런 수식어도 없었다. 그러나 그의 아들 오토 2세는 여기에 '로마'라는 수식어를 붙이고, 200년 뒤에 프리드리히 1세는 또 '신성'이라는 수식어를 덧붙이게 된다. 그래서 후대의 역사가들은 이 명칭을 소급해 오토 1세를 신성 로마 제국Holy Roman Empire의 황제라고 부르게 되었다. 신성하지도 않고, 로마도 아니고, 제국도 아니고, 황제가 다스리지도 않았던 기묘한 나라인 신성 로마 제국은 이렇게 탄생했다.●

오토의 꿈　오토 1세는 샤를마뉴의 후손이 아니지만 그를 조상으로 받들고자 무척 노력했다. 여러 가지 면에서 그의 치적은 샤를마뉴의 복사판이다. 그 이유는 샤를마뉴와 그가 같은 목표, 즉 로마 제국을 부활시키고 로마 황제가 된다는 꿈을 품었기 때문이 아닐까? 실제로 오토는 샤를마뉴처럼 그 꿈을 이루었다. 사진은 황금과 보석으로 화려하게 치장된 신성 로마 제국의 제관이다. 10세기 중반에 제작된 것이니까 이것을 오토가 머리에 썼을 것이다.

● 여기서 비롯되어 이후 독일의 왕은 황제라는 명칭으로 불리게 되지만, 실은 다른 서유럽 나라의 국왕에 해당한다. 그래도 명칭상으로는 황제이므로 여느 왕들과 달리 신성 로마 제국 황제의 대관식은 중세가 끝나고 독일이라는 국가가 모습을 드러내게 될 때까지 대대로 로마 교황청에서 치르는 것을 관례로 삼았다.

서유럽 세계를 낳은 민족이동   5세기의 게르만(왼쪽), 9세기의 노르만(오른쪽), 이 두 차례의 민족이동으로 로마 문명은 로마-게르만 문명으로 자라났고, 서양 역사는 중세로 접어들었다. 지도는 문명의 뿌리를 줄기로 키운 두 민족이동의 경로를 보여준다. 이미 오늘날 유럽 세계의 원형이 드러나고 있음을 볼 수 있다.

기본형과 활용형

샤를마뉴가 프랑크 왕국을 제국으로 건설할 무렵, 유럽의 북쪽에서는 또 다른 변화의 바람이 서서히 불고 있었다. 메르센 조약으

로 프랑스와 독일, 이탈리아라는 서유럽의 기본형이 형성될 무렵, 그 바람은 폭풍우로 변해 남쪽으로 밀어닥치고 있었다. 바로 2차 민족대이동, 그러니까 노르만의 민족이동이 시작된 것이다.

게르만이 그렇듯이, 노르만 역시 하나의 단일민족을 가리키는 게 아니라 당시 북유럽과 스칸디나비아 일대에 살았던 여러 민족을 총칭하는 이름이다(노르만이라는 말 자체가 '북쪽 사람'이라는 뜻이다). 4세기에 시작된 게르만 1차 민족대이동이 서유럽 세계의 '기

● 이쯤에서 당시 유럽 세계의 판도를 한번 그려보는 게 좋겠다. 프랑크가 분열되면서 프랑스, 독일, 이탈리아의 원형이 생겼다. 그 동쪽, 즉 중부 유럽에는 아직 뚜렷한 국가 형성이 이루어지지 않고 부족국가 형식의 여러 왕국이 자리 잡고 있었다. 남유럽은 기본적으로 이슬람권이었다. 이슬람 세력은 에스파냐를 중심으로 사르데냐와 코르시카, 시칠리아, 나아가 이탈리아 남부까지 장악하고 있었다(이탈리아 중부의 교황령까지는 진출하지 못했다). 동유럽은 물론 비잔티움 제국의 영토였으므로 남은 곳은 브리타니아와 북유럽뿐인데, 여기에 각각 영국과 러시아, 스칸디나비아 국가들이 형성된 것이 바로 2차 민족대이동 시기다(중부 유럽의 판세도 이 무렵에 결정된다). 따라서 대략 10~11세기부터는 오늘날과 비슷한 유럽 국가들이 유럽 역사에 등장하게 된다.

본형'을 확립했다면, 9세기에 진행된 2차 민족대이동은 서유럽 세계의 '활용형'을 만들었다고 할 수 있다. 그 '활용'의 주된 결과는 바로 영국과 러시아의 원형이 생겨난 것이다.•

이렇게 500년의 시차를 두고 서유럽 세계를 완성하는 또 하나의 퍼즐 조각이 생겨난 이유는 무엇일까? 일부 역사가들은 북유럽의 인구 증가가 민족이동의 원인이라고 말하지만, 그것만으로는 설명이 충분하지 않다. 그렇다면 그 인구 증가를 낳은 원인을 또 따져야 하기 때문이다. 따라서 이것 역시 문명의 전파라는 큰 흐름 속에서 봐야 한다. 1~2세기에 로마가 팽창하면서 로마 북부의 게르만족에게 문명의 빛이 전해졌다. 뒤이은 로마의 약화는 문명의 중심이 (적어도 서유럽에 관한 한) 이미 게르만족으로 이전되기 시작했음을 뜻하며, 결국 로마는 부메랑처럼 되돌아온 게르만족의 침략에 의해 멸망했다. 이렇게 해서 문명의 중심이 지중해 세계에서 북쪽으로 옮겨오자, 문명의 주변도 더욱 넓어지고 그 빛은 다시 더 북쪽으로 회절했다. 프랑크가 과거의 로마 제국과 같은 역할이었다면, 노르만족은 로마 시대의 게르만족과 같은 역할이었던 셈이다.

노르만족의 이동 500년 전 게르만족의 민족이동에 이어 노르만족의 민족이동이 이루어짐으로써 유럽 세계는 완성된다. 이때부터는 오늘날의 유럽을 충분히 그려볼 수 있다. 그림은 바이킹으로 알려진 노르만의 함선(왼쪽)과 노르만 병사들(위쪽)의 모습이다.

차이가 있다면 북유럽의 지리적 여건은 문명의 중심지 노릇을 하기에 미치지 못했다는 점이다. 과거의 게르만족은 로마의 라틴 문명을 흡수해 더 풍부한 문명으로 발전시킬 수 있었지만, 스칸디나비아는 중부 유럽에 비해 좁은 오지였다. 그래서 노르만의 민족이동으로 북유럽은 새로운 문명의 중심지가 되는 대신 이미 형성된 서유럽 세계에 동참하는 방식을 취하게 된다.

오토 1세를 괴롭힌 이민족은 북쪽의 노르만족만이 아니라 동쪽의 마자르족도 있었다. 여기서도 오토는 샤를마뉴의 업적을 재현한다. 샤를마뉴가 게르만족의 이동을 끝냈다면, 오토는 노르만족과 마자르족의 이동을 저지한 것이다. 955년 오토 1세의 강력한 수비망에 걸려 더 이상의 서진이 불가능해진 마자르는 그냥 그 지점에 눌러앉기로 했는데, 그렇게 해서 생긴 나라가 중부 유럽의 강국인 헝가리다(앞서 말했듯이 마자르는 훈족의 후예다. 그래서 오늘날 유럽에서 헝가리어는 유일한 아시아어에 속하며, 핀란드어, 바스크어와 함께 인도·유럽어 계열이 아닌 언어다).

또한 마자르족처럼 오토의 빗장 수비로 더 이상의 남하가 불가능해진 노르만족은 동쪽으로 방향을 돌렸다. 이 지역은 무주공산이 아니라 예로부터 슬라브족이 살고 있던 터전이었으므로 충돌이 불가피했다. 그러나 원래 기후가 춥고 땅이 척박한 데다 문명의 수준과 인구밀도가 낮았던 슬라브족이 떼거지로 밀고 들어오는 노르만족을 당해낼 순 없었다. 별다른 싸움 한 번 없이 노르만족은 슬라브족을 남쪽으로 내쫓고 그 지역에 첫 번째 베이스캠프를 설치하게 된다. 이것이 노브고로드 공국의 시작이다. 또한 노르만족의 일파는 여기서 다시 남하해 오늘날 모스크바의 자리에 새로운 둥지를 틀었는데, 이것이 바로 키예프 공국, 러시아의 원형이다.

한편 노르만에 밀려 남쪽으로 쫓겨난 슬라브족은 중부 유럽 일대에 살고 있던 슬라브족과 살림을 합쳤다. 더 남쪽은 비잔티움의 영토이므로 더 이상 갈 데가 없었다. 그래서 그들은 새 터전에 몇 개의 나라를 이루고 살았다. 이 슬라브족의 나라들이 훗날 보헤미아, 크로아티아, 세르비아로 발전하게 된다(불가리아도 슬라브족의 나라였으나 당시에는 비잔티움 영토 내에서 속국으로 성장하고 있었다).

영국의 탄생

독일의 철벽 수비는 노르만족의 이동을 동쪽으로만 우회하게 만들지 않았다. 당시 독일의 심장부는 슈바벤과 바이에른 등 남부였고, 작센과 프랑켄도 기껏해야 중부에 해당할 뿐이었다. 그러므로 그 북부는 독일의 영향력이 미치지 못했을 뿐만 아니라 이미 덴마크라는 데인족(노르만족의 일파)의 근거지가 되어 있었다(당시까지는 스칸디나비아가 한 덩어리였으며, 스웨덴과 노르웨이, 덴마크로 분립하는 시기는 11세기 이후다).

게다가 바이킹이라는 별명을 얻은 데서 알 수 있듯이, 노르만족의 장기는 육로보다는 바닷길에 있었다(노르만족은 일찍부터 해상 진출에 활발히 나서서 멀리 북대서양을 건너 북아메리카까지 탐험했다. 그린란드에 최초로 상륙한 유럽인도 바이킹이었다). 따뜻한 바닷길을 개척하는 과정에서 자연히 넓은 북해는 노르만족의 연못이 되었다. 더구나 육로 진출이 어려워지자 해상 진출은 더욱 활발해졌다.

9세기부터 노르만은 북해로 흘러드는 프랑스의 강들을 타고 상류로 거슬러 올라 해적질과 약탈을 일삼았다. 앞에서 보았듯이, 이 때문에 프랑크의 루이 1세는 제국을 분할하기로 결심한 바 있다. 이후에도 끊임없는 노르만족의 침략에 시달린 프랑스의 샤를 3세는 마침내 911년 획기적인 해결책을 내놓았다. 아예 그들에게 땅을 떼어주고 충성 서약을 받기로 한 것이다. 노르만족은 물론 약탈하던 지역을 자기 땅으로 만들었으니 불만이 없다. 그렇게 해서 프랑스 북부에 노르망디 공국이 생겨났는데, 훗날 영국에 노르만 왕조가 들어서면서 이 지역은 영국과 프랑스 두 나라 간의 복잡한 소유권 분쟁의 대상이 된다.

프랑스에 나라를 세울 정도라면 그보다 문명의 힘이 약한 브리타니아에서는 노르만족이 진출하기가 훨씬 더 용이할 것이다. 스칸디나비아와 덴마크에서 북해를 횡단하면 그대로 닿는 곳이 바로 브리타니아가 아닌가? 하지만 브리타니아 남부는 비록 갈리아

만큼은 못해도 예로부터 로마 속주의 전통이 강력히 전해지던 곳이었으므로 아무리 사나운 바이킹이라 해도 쉽사리 정복할 수는 없었다.

바이킹이 다가올 무렵 브리타니아의 주인은 누구였을까? 로마의 속주에서 벗어난 5세기 초반부터 9세기까지 브리타니아의 역사를 이은 것은, 게르만족 대이동의 와중에 독일 북부에서 브리타니아로 건너간 앵글족과 색슨족, 그리고 유트족이었다. 이들은 여러 개의 왕국을 건설하고, 대륙과 단절된 상태에서 늦지만 독자적인 발전의 길을 걸었다(그들 세 민족은 원래 고향이 같았으므로 타향에 와서도 서로 간에 민족적인 갈등을 일으키지는 않았다). 이때부터는 브리타니아 대신 영국이라는 이름을 써도 된다.

그러나 로마 문명의 세례를 받고 대륙에서 터전을 잡은 프랑크족과 고트족에 비해 앵글족과 색슨족은 '촌놈'이나 다름없었다. 사실 그들이 브리타니아에 세운 나라들은 명칭만 왕국일 뿐 부족국가에 가까웠다. 따라서 각 나라를 다스리는 왕도 왕이라기보다는 족장에 불과했다. 오늘날 영국의 지명과 인명에서 자주 볼 수 있는 '-ing', '-ingham', '-ington' 같은 어휘들은 모두 당시의 친족 집단에서 비롯된 이름들이다.• 당시 영국에 존재했던 왕국들의 위상을 잘 보여주는 이야기가 바로 5세기를 무대로 한 '아서 왕의 전설'이다. 여기에 나오는 원탁의 기사로부터

● 이를테면 헤이스팅스(Hastings)는 해스타(Haesta) 사람이라는 뜻이며, 워킹엄(Wockingham)은 워카(Wocca) 사람의 농장이라는 뜻인데, 이렇게 친족 집단에 –ing형 어미를 쓰는 것은 게르만적 전통이다. 메로빙거나 카롤링거 같은 왕조의 이름들을 생각하면 쉽다. 앵글족과 색슨족이 오랫동안 영국을 지배한 흔적은 오늘날 영국의 지명에서도 많이 볼 수 있다. 이를테면 잉글랜드라는 이름과 영국 동남부의 이스트앵글리어(East Anglia)는 앵글족의 이름에서 나왔으며, 에식스(Essex), 웨식스(Wessex), 서식스(Sussex) 등은 색슨족의 이름에서 비롯되었다(에식스는 동색슨, 웨식스는 서색슨, 서식스는 남색슨의 뜻이다). 그보다 더 오래된 지명들은 로마의 속주 시대부터 생겨났고(런던, 노섬브리아 등), 후대의 지명들 중에는 노르만족의 정복으로 전래된 북유럽의 신들에게서 비롯된 것들도 많다(Tuesday, Wednesday, Thursday 같은 요일들의 명칭은 바이킹이 섬기던 신들의 이름에서 나왔다).

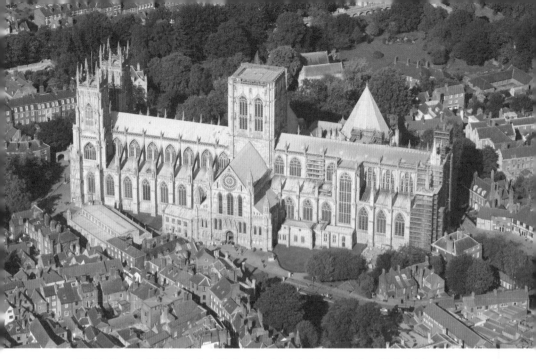

영국의 개종   브리타니아는 로마 시대부터 로마 문명을 수용하면서도 로마화를 거부한 지역이
었다(갈리아와 달리 브리타니아가 그럴 수 있었던 데는 섬이라는 지리적 여건이 큰 작용을 했다).
그러나 대륙에 로마-게르만 문명권이 성립하면서 이곳에도 그리스도교로의 개종이 이루어지게
된다. 사진은 8세기에 세워진 민스터 성당이다. 1066년 이래 역대 왕들의 대관식 및 결혼식 장소
로 유명하다.

오늘날 격의 없이 민주적으로 진행하는 회의라는 뜻의 원탁회의
round-table conference라는 용어가 나오기는 했지만, 꿈보다 해몽이
좋아서 그럴 뿐이지 실제로는 위계와 서열이 제대로 갖추어지지
못했고 왕권이 강력하지 못했음을 반증하는 것에 지나지 않는다.

한 가지 특기할 만한 사실은 이 무렵 영국에서도 그리스도교로
의 개종이 이루어졌다는 점이다. 597년 로마 교황 그레고리우스 1
세Gregorius I(540년경~604, 재위 590~604, 그는 레오 1세와 더불어 중세
교황권 확립에 지대한 공헌을 했기에 '대교황'으로 불린다)는 아우구스
티누스를 대표로 한 전도단을 영국에 파견해 앵글로·색슨 왕들을
그리스도교로 개종시켰다. 비록 소수 왕족과 귀족만의 개종에 그

쳤지만, 그래도 이것으로 영국은 일단 종교적으로는 서유럽 세계에 편입되었다(영국 본토의 선교에서 별로 재미를 보지 못한 로마 가톨릭은 아일랜드에서 큰 성공을 거두었는데, 이는 이후 영국과 아일랜드 간의 종교 갈등을 빚었다. 이 갈등은 오늘날까지도 이어진다).

이렇듯 서서히 진행되던 영국의 형성에 박차를 가한 인물은 앨프레드Alfred(849~899, 재위 871~899) 왕이었다. 9세기 중반부터 본격화된 데인족의 침략에 견디지 못한 앵글족과 색슨족의 부족국가들은 당연히 뭉쳐야 산다고 생각했다. 웨식스의 왕이었던 앨프레드는 데인족과 맞싸움을 벌이는 대신 경제적으로 문제를 해결했다. 웨식스를 침범하지 않기로 약속하는 대가로 그들에게 돈을 준 것이다. 과연 약속대로 데인족은 웨식스를 그대로 놔둔 채 다른 곳들을 침략했다. 그러자 다른 왕국들은 몰락했고, 웨식스는 상대적으로 번영했으며, 앨프레드는 일약 유능한 군주로 떠올랐다.

자신의 정책에 자신감을 얻은 앨프레드는 런던까지 손에 넣고 난 다음 그 동쪽에 자리 잡은 데인족과 장기적인 평화를 추구하기로 마음먹었다. 이렇게 해서 생겨난 것이 데인족의 자치 구역인 데인로Danelaw다(그런 탓에 데인로에서는 독특한 관습과 법, 인명과 지명이 오래도록 살아남았다). 왕국의 안전을 확보한 앨프레드는 그제야 비로소 자신의 왕국을 잉글랜드라 이름 짓게 된다. 그런 공을 세운 덕분에 오늘날까지도 영국사에서는 앨프레드를 통일 왕국 잉글랜드의 건설자로 간주하며 대왕Alfred the Great의 반열에 올려놓고 있다.

민족적으로도, 역사적으로도 크게 이질적인 두 나라가 서로 접경하고 있으니, 사실 장기적인 평화란 쉽지 않았다. 더구나 잉글랜드 왕국도 아직 왕위 세습조차 확립되지 못할 만큼 부족국가의 성격을 가지고 있었으니,* 언제라도 데인족이 마음만 먹는다면 굴복시킬 수 있는 수준이었다. 그 잠재적 위기는 마침내 현실로 다가왔다.

100여 년간 그런대로 유지되던 평화를 먼저 깬 측은 잉글랜드였다. 1002년 잉글랜드의 왕 에셀레드는 잉글랜드 내의 데인족을 학살하라는 명령을 내렸다. 당장은 기분이 좋았겠지만, 이 사건은 바로 이듬해 덴마크의 대대적인 역공을 초래했다. 아직 잉글랜드는 덴마크의 적수가 되지 못했다(덴마크는 앵글족과 색슨족, 유트족의 고향이었으므로, 잉글랜드인들은 모국을 상대로 싸운 셈이다. 현재 덴마크가 위치한 유틀란트 반도는 바로 '유트족의 땅'이라는 뜻이다). 10여 년간 전쟁을 벌인 끝에 1016년 스칸디나비아 국왕의 동생인 크누드Knud(995~1035)는 잉글랜드를 정복하고 잉글랜드의 왕위에 올랐다. 이후 그는 20년 가까이 잉글랜드를 지배했지만, 잉글랜드의 관습을 존중해 큰 변화를 일으키지는 않았다. 또한 후기에는 스칸디나비아 왕위를 물려받아 주로 그쪽에 신경을 쓴 탓으로 영국 역사에 크게 기여한 바는 없다.

정작 영국이 영국으로 발돋움한 것은 크누드가 죽은 뒤였다. 크누드는 아들 하레크누드가 잉글랜드 왕위를 계승해 계속 덴마크계의 왕통이 이어지기를 바랐으나, 그의 아들은 영국보다 덴마크에서 스칸디나비아의 왕위 하나만 받으려 했다. 그러자 위탄게모트에서는 그 틈을 이용해 재빨리 앨프레드의 혈통인 에드워드

● 당시 잉글랜드의 왕위는 세습제가 아니라 선출제였다. 왕을 선출하는 회의체를 위탄게모트(Witangemot, 현인賢人 회의)라고 불렀는데, 비슷한 시기 한반도 신라의 화백제도와 비슷한 성격을 지니는 귀족 회의 기구였다. 일부 역사가들은 이 위탄게모트에서 영국 민주주의의 기원을 찾지만, 그건 마치 원시 공산주의에서 현대 공산주의의 뿌리를 찾으려는 것처럼 터무니없는 발상이다. 위탄게모트는 민주적이라기보다는 부족적인 성격의 제도였기 때문이다. 나중에 보겠지만 영국에서 의회민주주의가 맨 먼저 발달하게 된 이유도 영국에 원래 민주적인 전통이 있었기 때문이라기보다는 오히려 영국이 대륙 국가들에 비해 상대적으로 뒤처진 정치제도를 가지고 있었기 때문이다.

노르만족의 영국 정복　911년 프랑스의 샤를 3세가 북부의 땅을 노르만족에 떼어주면서(그래서 노르망디라는 지명이 생겼다) 노르만족은 서유럽에 근거지를 확보하게 된다. 노르망디에서 해협 하나만 건너면 바로 영국인데, 당시 영국은 덴마크 출신의 노르만족이 지배하고 있었다. 따라서 영국에는 어떤 형태로든 노르만 왕조가 들어설 수밖에 없었다. 그림은 윌리엄의 영국 정복을 묘사한 바이외 태피스트리다.

Edward(1003년경~1066)를 왕으로 선출했다. '참회왕'이라는 별명 답게 에드워드는 독실한 그리스도교도로서 웨스트민스터 사원을 건립하는 등의 종교적 업적을 쌓았지만, 어린 시절 노르망디에서 자란 탓으로 노르망디에 연고를 가지고 있었다. 그런 데다 번번이 왕을 무시하고 사사건건 간섭하는 웨식스 백작 고드윈의 전횡도 못마땅했다. 그래서 그는 외사촌 동생이자 노르망디의 왕인 윌리엄William I(1027년경~1087, 재위 1066~1087, 프랑스식 이름은 '기욤 Guillaume')에게 왕위를 물려주기로 밀약을 맺었다.

　1066년 에드워드가 후계자 없이 죽자 드디어 문제가 터졌다. 고드윈의 아들로 아버지의 지위를 계승한 해럴드는 아버지가 못 다 이룬 꿈마저 이루기로 했다. 위탄게모트를 통해 왕위에 오른 것이다. 그러나 자신이 정당한 왕위 계승자라고 여긴 노르망디의 윌리엄이 이를 두고 넘어갈 리 없다. 그해 10월 14일 기병 5000

명을 거느리고 도버 해협을 건너온 윌리엄은 헤이스팅스에서 해럴드의 군대와 맞붙었다. 이 단 하루의 전투가 이후 영국의 운명을 결정지었다. 여기서 승리한 윌리엄은 해럴드를 앵글로·색슨 계열의 마지막 왕으로 만들고(그는 불과 9개월 동안 재위했다), 새로 노르만 왕조를 열었다. 그 덕분에 그는 '정복왕 윌리엄William the Conqueror'이라는 명예로운 별명을 얻었다. 이후 오늘날에 이르기까지 영국 왕조는 모두 윌리엄의 혈통이니까 대륙에서 건너온 덴마크계의 후손들이다(18세기부터는 하노버 왕가가 영국 왕실이 되지만 하노버도 북독일이므로 덴마크계와 그리 멀지 않다).

18장

하늘 하나에 땅 여럿

그리스도교 대 그리스도교

게르만의 민족이동과 노르만의 민족이동은 여러 가지로 닮은꼴이다. 둘 다 북쪽에서 남하해 기존의 유럽 세계를 재편성했다. 게르만족은 로마 말기에 이동을 시작해 지중해 세계 중심의 로마 문명을 더 북쪽, 유럽의 심장부로 전파하는 역할을 했다. 그 결과 정치적으로는 서유럽 세계의 원시적 형태를 형성했고, 문명적으로는 로마 문명을 이어받아 로마–게르만 문명, 즉 유럽 문명(서양 문명)으로 키워냈다. 또 노르만족은 게르만족이 시작한 모든 것을 완성하는 역할을 했다. 정치적으로는 서유럽 세계를 완성했고, 문명적으로는 서양 문명의 폭을 유럽 전역으로 확대했다. 그 두 가지 변화가 종합적으로 작용해 서양 문명의 뿌리(로마 문명)는 줄기(중세 문명)로 자라날 수 있었다.

고딕 성당　11세기를 넘어서면서부터는 서방교회의 힘이 서서히 동방교회를 앞서기 시작한다. 그 점은 복잡하고 화려한 궁륭과 뾰족한 첨탑으로 유명한 고딕 건축물에서도 볼 수 있다(고딕이라는 말 자체가 고트족에서 나온 게르만 계통의 이름이므로 동방교회와는 아무런 상관도 없다). 사진은 대표적인 고딕 성당인 프랑스의 샤르트르 대성당이다.

　중세 문명의 성격은 크게 그리스도교와 봉건제로 압축된다. 두 가지 가운데 역사적으로 더 중시되는 것은 봉건제이지만, 사실 그보다 더 근원적인 것은 그리스도교다. 또한 로마 문명이 중세 문명의 뿌리로 자라날 수 있었던 이유도 두 문명이 기본적으로 그리스도교를 공유했기 때문이며, 게르만족과 노르만족의 민족이동이 서양 중세를 형성하는 역할을 할 수 있었던 이유도 바로 그들이 그리스도교로 개종했기 때문이다.

　클로비스, 샤를마뉴, 오토로 이어지는 서유럽의 정복 군주들은 하나같이 정복 활동과 더불어 그리스도교의 전파에도 열심이었다. 심지어 그들보다 이름값이 떨어지는 영국의 앨프레드까지도 그랬다. 왜 그랬을까? 물론 그게 그들에게 이익이었기 때문이다.

로마 가톨릭
그리스 정교

노르웨이 왕국

러시아 공국

북해

잉글랜드 왕국

폴란드 왕국

신성 로마 제국

헝가리 왕국

대서양

프랑스 왕국

크로아티아

세르비아

불가리아

로마

콘스탄티노플

흑해

비잔티움 제국

지중해

교회 분열 동방교회(동방정교)와 서방교회(로마 가톨릭 교회)가 분립하자 유럽 세계는 그리스
도교적 동질성을 점차 잃어갔다. 두 교회가 치열한 경쟁을 벌이게 되면서 초점으로 떠오른 지역은
로마와 콘스탄티노플 사이에 위치한 중부 유럽이었다. 지도는 두 교회가 이 지역을 놓고 쟁탈전을
벌이는 형세를 보여준다.

정치권력과 종교권력을 모두 손에 쥔 비잔티움 황제와는 달리 서
유럽에서는 신성의 황제(교황)와 세속의 군주들이 자연스럽게 역
할 분담을 이루었다. 하늘은 교황의 것이지만 땅은 군주들의 것이
었다. 따라서 서유럽의 군주들은 피정복지를 그리스도교로 개종

시키는 작업이 정치적 통합을 이루는 데 도움이 되면 되었지 결코 손해가 아니었다. 어차피 그들이 정복하고 다스리는 것은 하늘이 아니라 땅이었으니까.

하늘 측에서 볼 때도 마찬가지였다. 비록 그리스도교 교회가 동과 서로 나뉘었다지만, 아직도 로마 가톨릭은 비잔티움 정교에 비해 힘이 약했다. 로마 가톨릭 교회가 독립 선언을 하고 스스로 분리되어 나온 격이니 교리상으로도 정통성이 뒤떨어질뿐더러 현실 정치적으로도 더욱 정교회에 미치지 못했다(비잔티움 제국은 당시 유럽 최강국이었다). 따라서 로마 가톨릭 교회는 비잔티움 정교회의 '서방 분점' 정도에 불과했다. 비잔티움 황제가 로마 가톨릭의 교세 확장에 그다지 긴장하지 않았던 이유도 그 때문이다.

그러나 노르만의 민족이동으로 로마 가톨릭이라는 하늘 아래 모인 땅들이 크게 늘어나자 상황은 달라졌다. 무엇보다 크게 달라진 점은 그 땅이 여러 나라로 분열되어 있다는 것이었다. 하늘은 하나인데 땅은 여러 개인 상황이다. 당연히 로마 교황의 힘과 영향력은 상대적으로 커졌다. 그가 직접 관할하는 영토는 교황령뿐이었으나 그의 하늘 아래에는 중소 '지주들'이 많았다. '대지주'였던 샤를마뉴의 시대에는 세속 군주의 힘이 교황을 훨씬 능가했으므로 교황은 그의 그늘 아래 기생하는 존재에 불과했다. 그러나 '대제의 시대'가 가고 고만고만한 군주들이 판치는 시대가 오자, 교황령은 늘어나지 않았어도 교황의 세속적 권력은 눈에 띄게 확대되었다. 바야흐로 가톨릭은 말 그대로 '보편 종교'가 된 것이다(가톨릭이라는 말은 원래 '보편적'이라는 뜻이다).

로마 가톨릭의 힘이 비약적으로 커지자 비잔티움 교회도 생각이 달라졌다. 어차피 서유럽은 로마 교회의 몫이니까 욕심을 낼

● 당시 모라비아에 파견된 전도사들은 키릴루스(Cyrilus)와 메토디우스(Methodius)라는 형제였다. 그들은 현지 언어로 예배를 드리고 그리스 문자를 본떠 슬라브 알파벳을 만들었다. 이것은 형의 이름을 따서 키릴 문자라고 부르는데, 지금도 슬라브어를 표기하는 데 사용되고 있다. 또한 동생의 이름은 18세기 영국의 전도사인 존 웨슬리가 북아메리카의 모라비아교도를 선교하면서 종교사에 남게 되었다. 영국교회의 한 교파로 출발한 감리교의 영어명은 바로 Methodism이다.

●● 서로 접경하고 있는 크로아티아와 세르비아가 다른 종교권에 속하게 되었다는 문제는 두고두고 말썽을 일으킨다. 결국 이 문제는 20세기까지 이어져 발칸 반도를 제1차 세계대전의 도화선으로 만들었고, 20세기 말에는 동유럽권이 와해되면서 민족 문제까지 겹쳐 다시 이 지역을 분쟁의 소용돌이 속으로 밀어 넣게 된다. 아일랜드 문제와 더불어 종교적 갈등이 얼마나 뿌리 깊은지 보여주는 사례다.

수 없으므로 대신 경쟁적으로 동유럽의 포교에 힘쓴 것이다(비잔티움 측에서는 아직도 서유럽을 변방으로 여겼다). 때마침 노르만족의 남하로 비잔티움 북방에는 슬라브족의 인구밀도가 높아져 있었다. 863년 비잔티움 황제 미카일 3세는 모라비아(지금의 체코 동부 슬로바키아)에 전도사를 파견해 대성공을 거두었다.● 모라비아라면 서유럽의 관문, 따라서 이번에는 로마 가톨릭이 긴장할 차례였다. 교세 확장 경쟁에 나선 로마 가톨릭은 재빨리 폴란드의 슬라브인들을 개종시켰고, 달마치야의 크로아티아인들까지 개종시키는 데 성공했다. 집안 단속에 나선 비잔티움 교회는 서둘러 세르비아인을 끌어들였다.●●

이런 노력 끝에 10세기 후반 비잔티움 정교는 마침내 대어를 낚게 된다. 988년 러시아가 정교 신앙을 받아들인 것이다. 당시 권력이 불안정했던 비잔티움 황제 바실리우스 2세는 필요한 물리력을 바깥에서 확보할 마음을 먹었다. 키예프의 왕 블라디미르 1세Vladimir I(956년경~1015)는 바실리우스의 요청을 선뜻 받아들여 황제에게 군사 원조를 해주는 대가로 황제의 누이동생을 아내로 맞아들이고 비잔티움 정교를 받았다. 그는 비잔티움 황실과 혈연을 만드는 게 자신의 권력 기반을 안정시키는 데도 큰 도움이 되리라고 여겼을 것이다. 이리하여 러시아 정교회가 탄생했는데, 이후 15세기에 비잔티움 제국이 멸망한 뒤부터는 러시아가 동방정교회의 수장이 된다(나중에 보겠지만 러시아는 모스크바를 '제3의 로마'라고 부르게 된다. 물론 '제2의 로마'란 콘스탄티노플을 가리킨다).

게르만 전통이 낳은 봉건제

중세를 형성한 것은 로마 - 게르만 문명이었다. 로마가 중세에 남긴 유산이 그리스도교라면 게르만 전통은 중세에 무엇을 물려주었을까? 그것은 바로 봉건제다. 물론 봉건제가 성립한 데는 로마의 전통도 적지 않게 연관되어 있지만, 봉건제는 기본적으로 게르만 전통에 따른 사회체제라고 할 수 있다.

봉건제는 정치적인 측면과 경제적인 측면으로 나누어볼 수 있는데,●●● 후자의 요소들은 이미 로마 시대부터 형성되어 있었다. 로마의 콜로나투스(소작제)가 그 원형이다(262쪽 참조). 지중해를 정복한 뒤 노예 공급이 끊기자 로마에는 콜로누스라는 소작농이 출현해 라티푼디움에 필요한 노동력을 제공했는데, 이것이 중세 농노serf의 기원이 된다. 그러나 봉건제에서 더 중요한 것은 그런 경제적 측면보다 정치적 측면이다. 봉건제feudalism라는 말 자체가 봉토를 뜻하는 라틴어 'feodum'에서 나왔듯이, 봉건제는 군주가 가신들에게 봉토를 주고 충성을 약속받은 것에서 비롯되었다.

●●● 사회경제사를 강조하는 마르크스주의 계열의 역사학자들은 봉건제의 경제적 측면을 특히 강조하는데, 여기에는 문제가 있다. 그들은 중세 후기, 그러니까 자본주의의 맹아가 숙성할 무렵의 봉건제를 중시한 탓에 그런 입장을 취하는 것이지만, 중세 초기에 봉건제를 낳은 동인은 주로 정치적인 데 있었으며, 중세 내내 봉건제의 이런 성격은 크게 변하지 않았다. 물론 정치와 경제가 칼로 무 자르듯 구분될 수는 없다. 그러나 봉건제의 경제적 의미를 지나치게 강조하면 봉건제를 단순히 '자본주의로 이행하는 데 따르는 하나의 과정'으로만 해석하기 쉽다. 역사에서는 모든 것을 시간순으로 설명해야 하며, 실제로 그것이 얼마든지 가능하다. 특정한 사건이나 제도를 그 '이후'의 전개 과정과 억지로 결부시키려 하면 목적론에 빠질 위험이 있다.

중세의 기사 기사의 근원은 로마의 에퀴테스에서 찾을 수 있겠지만, 게르만의 종사적 전통과도 무관하지 않다. 위의 그림은 중세 기사의 전형적인 무장을 보여준다. 그림은 십자군 시대의 기사인데, 이런 기사의 모습은 중세가 끝날 때까지도 그다지 변하지 않았다.

봉건제의 직접적인 기원은 종사제從士制(comnitatus)와 은대지제恩貸地制(beneficium)다. 종사제란 군주와 가신 간에 일종의 주종 관계를 맺는 것을 말한다. 하지만 동양식 군주-신하 관계와는 달리 쌍무적이라는 특징이 있다. 즉 가신은 당연히 군주에게 충성을 바칠 의무를 가지지만, 군주 역시 가신을 보호할 의무를 가진다. 이것은 로마적 전통의 피호 관계(181쪽 참조)에 뿌리를 두고 있지만, 갈리아와 게르만 사회에서도 예로부터 존재하던 관습이었다.

피호 관계가 성립하던 시기, 그러니까 공화정 시대 초기의 로마는 아직 정체성이 확고하지 않은 때였으므로 갈리아나 게르만 사회와의 구분이 명확치 않았다. 따라서 당시에는 딱히 누가 먼저랄 것도 없이 종사의 관습이 널리 퍼져 있었을 것이다. 그러나 제정이 성립하고 평민층의 일부(에퀴테스)가 점차 지배 세력으로 편입된 로마에 비해 게르만 사회에서는 종사의 관습이 훨씬 더 원형 그대로 보존되었으므로 종사제는 기본적으로 게르만 전통이라고 봐야 한다(더욱이 로마의 북방 정복이 있을 때마다 게르만 종사제는 막강한 로마 군단의 공격을 효과적으로 막아낸 원동력이 되었다).

생존이 힘들었던 고대에는 단순히 자신을 보호해주는 것만으로도 충분히 충성을 바칠 수 있었다(물론 그 '보호'에는 생계를 해결해주는 것도 포함된다). 그러나 사회가 어느 정도 발달하자, 그 정도의

중세의 성 　기사와 더불어 가장 중세적인 특색을 잘 보여주는 것이 성이다. 사진은 영국 웨일스의 캐필리 성인데, 전형적인 중세의 성을 보여준다(영국은 비교적 전란이 적었으므로 중세의 성곽이 잘 보존되어 있다). 성을 뜻하는 게르만어인 '부르크(burg)'에서 나중에 중세 해체기에 부르주아(bourgeois)라는 말이 탄생하게 된다.

대가로만 군주에게 충성을 바칠 가신은 없었다. 따라서 종사제가 유지되려면 뭔가 오가는 게 있어야 했는데, 그것을 설명해주는 개념이 바로 은대지제다. 은대지제란 군주가 자기 가신들에게 좋은 조건으로 토지를 대여해주는 것을 말한다(그래서 용어에 '은혜'라는 뜻이 들어가 있다). 이것도 역시 거슬러 올라가면 로마 시대의 프레

● 특히 샤를 마르텔이 이슬람군을 물리칠 때는 이 은대지제가 톡톡히 한몫을 했다. 그는 이슬람군을 상대하기 위해 기존의 보병 대신 기병들을 육성해야 한다고 생각했다. 그러나 기병은 돈이 많이 들었다. 우선 말이 있어야 하고 그에 따르는 각종 마구와 무기도 필요했기 때문이다. 그래서 마르텔은 돈이 있는 자들에게 자비로 말과 무장을 갖추도록 권했다. 그 대가로 그는 기병들에게 은대지를 주었다. 로마 제국이 전 유럽을 석권하는 것을 종사제가 막았다면, 은대지제는 이슬람 세력의 진출을 막았다. 결국 봉건제는 게르만의, 게르만에 의한, 게르만을 위한 훌륭한 제도였다.

카리움precarium이라는 토지 대여 관습에서 기원을 찾을 수 있지만, 널리 성행하게 된 것은 8세기 무렵 프랑크 왕국에서 종사제와 결합되면서부터다.●

9세기에 이르러 은대지라는 말이 봉토라는 말로 바뀌면서(남부 프랑스가 먼저였다) 본격적인 봉건제가 실시되기 시작했다. 물론 단순히 이름만 바뀌었다고 해서 사회체제가 바뀔 수는 없다. 은대지와 봉토의 차이는 토지 소유 관계에 있다. 은대지는 군주가 충성의 대가로 가신들에게 은혜를 베푸는 것이므로 일회적인 성격이 강했고, 토지를 아예 준다기보다는 빌려주는 의미가 컸다. 따라서 전쟁을 앞두고 단기적으로 직접적인 충성이 필요한 경우에 적절한 제도였다. 자동차는 전기 배터리의 힘으로 시동을 걸지만, 주행할 때는 가솔린의 힘이 필요하다. 마찬가지로 나라를 세울 때와 유지할 때의 운영 원칙은 달라지는 법이다. 정복 전쟁이 끝나고 안정기에 접어들자 은대지는 더 이상 의미가 없어졌다. 이제는 나라를 유지하기 위해 장기적이고 항구적인 충성이 필요했다. 그래서 군주는 토지를 가신들에게 사실상 영구히 팔아넘기게 된다. 이것이 바로 봉토다.

이때부터 봉토는 가신들의 집안에서 대대로 세습되기 시작한다. 특히 게르만 전통에 따라 맏아들에게 토지가 세습되었는데, 이 점은 나중에 십자군 전쟁을 유발하는 중요한 원인이 된다(앞서 샤를마뉴와 이레네의 결혼 계획에서 보았듯이, 게르만족은 전통적으로 가부장제와 장자상속제를 취하고 있었다).

장원의 왕과 세 가지 신분

영주들은 자신의 영지 내에서 왕으로 군림했다. 초기에 은대지를 받았을 무렵에는 원래의 땅 주인인 상급 영주에게 세금(일종의 토지 이용료)을 내야 했으나 은대지가 봉토의 개념으로 바뀌면서 영주들은 불입권immunity을 가지게 되었다. 불입권이란 원래 로마 시대에 황제가 설정한 면세지에서 비롯된 제도지만, 영주들이 은대지가 아니라 봉토를 소유하게 되면서부터는 면세만이 아니라 광범위한 자치권을 뜻하는 개념이 되었다. 따라서 상급 영주라 해도 하급 영주의 권한을 직접적으로 침해하지는 못했다. 물론 전쟁이라는 방식을 통해 제압할 수는 있었지만.

봉건 영주들이 이렇게 독립적인 지위를 확보할 수 있었던 데는 경제적인 원인도 있었다. 그들은 자기 영지 내의 농민(농노)들을 사실상 소유하면서 자급자족적인 경제를 꾸렸던 것이다. 이것을 장원manor 경제라고 부른다.●● 영주는 성 안에 살면서 바깥의 농민들에게서 각종 세금을 받았다. 장원 내에는 농노와 농토를 비롯해 방앗간, 대장간, 양조장 등의 공동 시설이 갖추어져 있었고, 물론 교회도 있었다. 자신의 장원에서 식량과 무기 등 온갖 필요한 물자를 조달할 수 있으니 아쉬울 게 없었다. 이런 경제적 자립이 대외적으로 정치적 자립을 유지할 수 있는 기반이 되었던 것이다. 비록 장원들 간에 교역이 전혀 없었던 것은 아니지만 기본적으로는 자급자족이 원칙이었다. 중세 경제의 오랜

●● 이렇게 장원 경제가 자리 잡을 수 있었던 이유 역시 게르만적 전통과 무관하지 않다. 로마 시대에 반농반목 생활을 하던 게르만 민족들은 로마의 영향을 받으면서 점차 정착 농경 생활을 하게 된다. 유목 생활을 청산하지 못한 민족이 새로운 정복지를 얻게 되었을 때는 어떻게 해야 할까? 당연히 성을 쌓아 그 안에서 살면서 피정복지의 농민들을 지배하고 그들에게서 세금을 받으려 할 것이다. 그래서 로마 제국 시대에도 그 북쪽의 게르만 민족들은 모두 사실상 장원 경제나 다름없는 정치·경제 구조를 취하고 있었다.

기사 서임 에스파냐의 카스티야에서 제작된 이 14세기 채식 필사본의 삽화에는 두 명의 중세 기사가 서임을 받는 모습이 그려져 있다. 영국의 법학자 헨리 드 브랙턴은 《영국의 법률과 관습법론》에서 기사들이 서임식 때 어떠한 맹세를 했는지 이야기하고 있다. "군주여, 들으소서. 하느님과 이 신성한 유물이 도움을 주신다면 당신의 삶과 당신의 손발, 당신의 몸, 당신의 재산과 당신의 세속적인 영광에 충성을 바칠 것을 맹세합니다."

침체는 바로 여기에 원인이 있다.

　불입권으로 정치적 안정을, 자급자족으로 경제적 안정을 확보한 영주에게 가장 큰 걱정은 군사적 측면이었다. 물리력이 없으면 대외적으로는 물론 대내적으로도 장원 체제를 유지할 수 없다. 그래서 영주는 장원 내에 사병私兵 조직을 거느렸는데, 그 군대에서 장교의 역할을 담당한 게 기사였다. 기사는 신분상으로 귀족 바로 아래에 속했지만, 신분적인 개념만 가진 것은 아니었다. 귀족이 아닌 평기사 이외에도 봉건 영주의 아들은 어릴 때부터 아버지의 상급 영주에게로 가서(인질의 의미도 있었다) 각종 교육과 기사 훈련을 받고, 스무 살이 되면 기사 서임을 받았다(상급 영주의 부인은 기사가 섬기는 '레이디'가 된다). 이 과정에서 훗날 기사도라고 불리

토너먼트의 기원　전쟁이 없으면 기사가 할 일이 없다. 그래서 평상시에 기사들은 무예를 닦는 훈련을 겸해 마상시합을 자주 벌였다. 처음에는 훈련이었으나 점차 이것은 관중을 불러 모으는 구경거리가 되었다. 로마 시대 검투사의 역할을 중세에는 기사가 했다고 할까? 이것을 토너먼트라고 불렸는데, 이 말은 오늘날 운동경기의 대회 방식으로 사용되고 있다. 그러나 십자군 시대가 열리면서 기사들에게는 토너먼트 대신 본격적인 '업무'가 주어진다.

는 예절과 덕목이 생겨났다.

　대영주일수록 당연히 많은 기사를 거느렸는데, 여기에는 또 다른 이유도 있었다. 하급 영주의 아들이라도 맏아들일 경우에는 상급 영주의 성에 갔다가도 나중에 아버지의 토지를 물려받으러 자기 영지로 돌아갔으나 차남 이하들은 그대로 눌러앉는 경우가 많았던 것이다. 그러자 점차 기사들을 거느리는 데도 문제가 생겨났다. 하나는 충성의 대가를 지불하는 것이고, 다른 하나는 임무를 할당하는 것이다. 봉급과 업무가 없는데 누가 기사 직위를 맡으려 할까? 그나마 할 일이 없는 것은 그런대로 군사훈련으로라도 때울 수 있으나(이 때문에 토너먼트라고 불리는 마상 시합이 성행했다) 봉급이 없는 것은 좀 더 큰 문제였다. 봉건제가 안정되면서 영토의 분봉이 일단락된 다음에는 기사들에게 충성의 대가로 나누어 줄 게 없었다. 아무리 영지가 넓고 재산이 많은 대영주라 해도 감당하기 어려운 문제였다. 그래서 영주들은 하급 영주들이 반발의 기색이라도 보이면 그것을 빌미로 삼아 전쟁을 벌였다. 기사들로서는 임무도 생기고 전리품도 챙기는 기회였고, 영주로서는 그 두 가지 문제를 한꺼번에 해결하는 일석이조의 효과였다. 물론 소규모 전쟁이 계속 이어지려면 운도 따라야 했다(이 '운'을 억지로 만들기 위해 나중에 십자군이 기획된다).[*]

영주와 기사 들은 자급에 자족했겠지만 농노들은 그렇지 못했다. 장원이 자급자족 경제라는 것은 곧 모든 것을 영주가 독점한다는 것을 뜻했다. 따라서 농노들은 방앗간을 한 번 이용하려 해도 높은 이용료를 내야 했으며, 도로나 부두 시설 등도 마찬가지였다. 상속세, 주민세는 물론이고 결혼할 때는 영주에게 혼인세까지 내야 했다. 게다가 농노는 정기적으로 영주를 위한 부역도 해야 했다. 고향에 밭붙이고 살기 위해 농민들이 치러야 하는 고통은 몹시 심했다. 당시 농노들은 '뿔 없는 소'라고 불리기도 했으니, 로마 시대에 '말하는 짐승'으로 불린 노예보다 전혀 나을 게 없는 처지였다.

● 중세 서양의 기사들과 중세 일본의 무사들은 닮은 데가 많다. 일본의 무사들은 흔히 사무라이라고 불리는데, 한자로 侍, 즉 '옆에서 받드는 자'라는 뜻이다. 다이묘(大名)라고 불리는 중세 일본의 영주들은 무사들을 사병으로 거느리고 서로 치열한 전쟁을 벌였다. 일본에서도 역시 맏아들에게 재산과 토지를 물려주었으므로 차남 이하는 가진 것도, 딱히 할 일도 없는 신세였다. 그래서 이들은 자기들끼리 패거리를 이루어 약탈을 일삼았는데, 당시 다이묘들은 이들을 아쿠토(惡黨)라고 불렀다. 또한 일본의 무사에게도 서양의 기사도와 비슷한 무사도가 있었다(물론 무사도에는 '레이디'가 없었다). 기사들의 불만을 처리하기 위한 통로로 십자군 전쟁이 기획되듯이, 일본의 전국시대가 끝나자 할 일이 없어진 무사들의 불만을 해소하기 위해 일본의 바쿠후(幕府) 정권은 대외 전쟁을 기획하는데, 그것이 바로 임진왜란이다.

노예 아닌 노예　중세의 지배 신분인 기도하는 사람(성직자), 지배하는 사람(영주), 싸우는 사람 (기사)이 각자 '제 할 일'을 할 수 있으려면 농민들이 필요했다. 그들을 먹여 살리느라 농민들의 삶은 고통스러웠다. 농민은 노예가 아닌 엄연한 소작인이었으나 농노라고 불릴 만큼 사실상 로마 시대의 노예나 다를 바 없었다. 그림은 중세 농민의 생활을 묘사하고 있는데, 소가 아니라 말로 쟁기를 끄는 모습이 우리에게 낯설다.

11세기 프랑스의 주교 아달베롱은 이렇게 말했다. "신의 집은 하나가 아니라 셋이다. 기도하는 사람, 싸우는 사람, 일하는 사람, 이 셋은 결코 헤어져서는 안 된다. 한 부분이 바치는 봉사가 다른 두 부분의 일을 위한 조건이 되는 것이다." 이 말은 장원 내의 세 가지 신분 중에서 농노의 역할을 간명하게 정리하고 있다. 농노는 장원 경제만이 아니라 봉건 질서 전체를 떠받치는 축이었던 것이다.

분권적 질서의 시작

● 흔히 중국은 주나라 시대에만 봉건제가 있었다고 알려져 있지만, 사실은 그렇지 않다. 최초의 통일 제국인 진의 군현제, 그 뒤를 이은 한의 군국제, 당의 번진 등은 모두 봉건제의 성격을 보여준다. 드넓은 중국 대륙을 지배하려면 중앙 권력 하나만으로는 감당할 수 없었다. 그래서 변방의 수비를 위해서는 그 지역의 영토와 자치권을 제후들에게 내줄 수밖에 없었던 것이다. 실제로 중국 황제는 변방을 국(國) 또는 군(郡)이라 부르고 그 지역의 제후들에게 '왕'이라는 칭호를 부여했다(그에 따라 역대 한반도의 왕조들도 중국 황제로부터 백제군왕, 대방군왕[고구려 왕], 고려국왕, 조선국왕 등의 '책봉'을 받았다). 잠시 존속했던 군현제를 제외하면 주의 봉건제, 한의 군국제, 당의 번진은 점차 중앙집권이 강화되는 추세를 따랐지만, 봉건제적 성격은 완전히 사라지지 않았다.

봉건제의 두 가지 뿌리가 종사와 은대지의 관습인 데서 알 수 있듯이, 서양의 봉건제는 동양의 그것과 크게 달랐다. 중국의 봉건제도 충성의 대가로 군주가 가신들에게 토지를 하사한다는 점에서는 같았으나, 실제로는 서양의 경우보다 훨씬 수직적인 의미를 지니고 있었다.● 아무리 지역들이 나뉘어 있다고 해도 중국은 통합된 제국의 체제를 취했고 그만큼 황제의 권력은 절대적이었기 때문이다. 단적으로, 변방의 왕들이 황제의 명령을 거역하면 그것은 곧 '반란'으로 규정되었고, 진압 대상이 되었다. 중앙정부가 그것을 진압할 능력이 없으면 아예 새 제국으로 바뀌는 식이었다.

그에 비해 서양의 봉건제는 훨씬 수평적이

었다. 중국의 경우에는 황제가 지역을 지배하고 지역의 우두머리가 주민을 지배하는 방식이었으나 서양의 경우에는 상급 영주가 하급 영주를 지배하지 못할뿐더러 영주라 해도 중국의 지주가 하인을 '소유'하는 것처럼 농노를 소유하지는 못했다.●●

사실 그럴 수밖에 없었다. 중국식 제국에 비해서는 미약하지만 그나마 제국의 체제를 어느 정도 갖추었던 프랑크가 무너지면서 서유럽에는 두 번 다시 제국이라는 정치적 중심이 생겨나지 못했던 것이다(비잔티움 황제의 권력은 중국 황제에 못지않았으나 권력의 안정이라는 측면에서는 신하들의 절대적 충성을 확보한 중국 황제에 미치지 못했다). 따라서 서유럽의 군주들은 일종의 '계약'이라는 방식을 통해 자신의 권력 기반을 다지려 했다. 그 결과가 바로 봉건제다.

●● 그래서 같은 '착취'라 해도 유럽과 중국은 착취의 형식이 달랐다. 중국의 지주는 명령과 권위에 의해 휘하 농민이나 하인을 착취했지만, 유럽 중세의 영주가 농노를 착취하는 방식은 방앗간, 양조장, 도로 등의 '이용료'라는 형식을 취했다(물론 착취의 정도는 지주나 영주의 인성이 크게 작용했으므로 어느 편이 더 심했다고 볼 수 없다). 그래서 서양에는 동양에 없는 rent의 개념이 있었다. 이 말을 흔히 지대(地代)라고 번역하지만 단순한 토지세라기보다는 영주가 소유한 시설의 이용료라는 의미였다.

따라서 봉건제가 빚어낸 국제 질서는 분권적인 것일 수밖에 없었다. 서유럽의 중세 국가들이, 위상은 중국이나 일본의 제후국에 해당하면서도(일본에서도 영주들이 다스리는 영지를 '國'이라고 불렀다) 독립국이나 다름없는 기능과 역할을 할 수 있었던 것은 바로 제국의 중앙정부가 없었기 때문이다. 이러한 봉건 국가들의 수평적 구조는 중세가 끝날 무렵에 이르면 서유럽 세계에 다양한 국제 질서를 생성시키게 된다.

물론 상급 영주와 하급 영주가 존재했듯이, 모든 영주가 평등한 지위를 가진 것은 아니었다. 영주에게서 넓은 봉토를 받은 가신들은 또다시 자신의 가신들에게 봉토를 할당해주기도 했다. 이렇게

해서 위에 대한 충성과 아래에 대한 봉토로 짜인 방대한 권력의
그물이 펼쳐지게 되는데, 이것이 봉건적 국제 질서였다. 그러나
그 경사도는 중국의 제국 체제에 비해 워낙 완만했으므로 수평적
이라고 말할 수 있다. 심지어 누가 군주고 누가 가신인지 명확히
구분되지 않는 경우도 많았다. 상위 군주에 대해서는 가신이고,
휘하 가신들에 대해서는 군주였으니까. 그래서 서양의 봉건 군주
들은 영주라는 독립적인 이름으로 부를 수 있는 것이다(가끔 '제후'
라는 이름을 쓰기도 하는데, 이 용어는 신성 로마
제국의 봉건적 서열에만 적용될 뿐이다).•

● 이 영주들의 서열이 바로 작위 제도다.
영주들의 작위는 보통 공작, 후작, 백작, 자
작, 남작의 순서를 따르는데, 관할 영지가
곧 권력의 크기나 다름없었으므로 그 서열
은 그리 중요하지 않았다. 이를테면 자기
영지의 위치가 넓거나 경제적·군사적 요충
지라면 남작이라 해도 실제의 권력은 공작
을 능가할 수 있었다.

앞에서 프랑스·독일·영국 등의 '원형'이
생겨났다고 말한 이유도 바로 거기에 있다.
서유럽의 중세 국가들은 오늘날의 유럽 국가
들과 달랐다(오늘날의 국가들은 17세기부터 시작
된 국민국가를 직계 조상으로 한다). 중세의 프랑
스·독일·영국은 오늘날처럼 명확한 국경과
국민을 포함하는 영토 국가가 아니었고, 영주들 간의 완만한 서열
구조로 존재하는 느슨한 국가였다. 물론 왕은 있었지만 대영주의
의미에 그칠 뿐 넓은 영토를 다스리는 지위는 아니었다. 영주는
자기 영지에서 누구나 왕이었다(서양의 중세 동화에서 왕자와 공주가
그렇게 많이 등장하는 이유는 이 때문이다. 넓은 지역이 단일한 왕조로 묶
인 동양과 달리 분권화된 서양 중세에는 왕자와 공주가 동양에 비해 훨씬
많았다). 이를테면 프랑스의 왕이라 해도 프랑스 전역의 봉건 영주
들을 중앙집권 체제 아래 강력히 관할하는 입장은 못 되었고, 그
저 그 지역에서 가장 큰 세력을 지닌 영주 정도에 불과했다. 따라
서 휘하 영주들도 프랑스라는 나라에 대해 강한 소속감은 가지지

않았다.

하지만 정치적으로는 분권적이었어도 종교적으로는 중앙집권적이었다. 다시 말해 땅의 중앙정부는 없었지만 '하늘의 중앙정부'는 있었던 것이다. 바로 로마 교황과 그가 거느린 각 지역의 교회들이 그것이었다. 처음에는 교황도 자신이 직접 나서서 세속의 권력마저 중앙집권식으로 편제할 자신은 없었고 능력도 부족했다. 무엇보다 종교적 지배자가 정치적 지배자를 겸하는 것은 그리스도교의 교리에 어긋나는 것이었다.

그래서 교황의 필요에 의해 생겨난 게 앞서 말한 신성 로마 제국이었다. 그러나 차차 보겠지만 신성 로마 제국은 교황의 뜻대로 서유럽의 정치적 중심이 되기는커녕 독일 지역의 발전에도 보탬이 되지 못했다(오히려 중세 후기에 프랑스와 영국이 민족의식을 키우고 근대국가의 형체를 갖추어가기 시작할 무렵에 이르면 신성 로마 제국은 독일의 성장을 저해하는 요인이 된다). 그래도 신성 로마 제국은 다른 지역보다 교황권이 더 잘 먹히는 곳이었으므로 교황권의 성장에는 큰 역할을 했다. 좋은 경험을 쌓은 로마 교황은 이제 본격적으로 서유럽의 세속적 질서에도 개입하기 시작했다. 그 최대의 '성과'가 바로 십자군이었다.

19장

십자가 없는 십자군

땅에 내려온 교회

영주의 장원에는 교회가 하나씩 있었다. 교회는 종교 조직이면서
도 현실에 존재하는 기구다. 그럼 이 교회는 누구의 관할을 받아
야 할까? 종교 계통상으로는 로마 교황의 지휘를 받아야 마땅하
겠지만 실상은 영주의 지배를 받았다. 그도 그럴 것이, 교회는 '순
수한' 종교 조직인 것만이 아니라 막대한 토지를 지닌 대지주이기
도 했던 것이다(더구나 오늘날도 그렇듯이 당시 교회 재산은 면세였다).
그러므로 교회는 토지를 교회에 기증하고 각종 혜택마저 부여하
는 영주의 입김을 무시할 수 없었다.

사실 중세 초기까지만 해도 교회는 봉건 군주들에게 큰 도움이
되었다. 샤를마뉴의 시대에는 정복 사업이 진행 중이었으므로 피
정복지의 주민들을 통합하는 데는 종교만 한 수단이 없었다. 또

한 노르만의 민족이동 시기에도 서유럽 국가들은 이민족의 공격을 막아내는 데 포교를 적절히 이용했다. 그 결과는 대성공이었다. 이민족이 그리스도교로 개종하면서 서유럽 세계 전체가 적어도 종교적으로는 한 몸이 되었으니까.

그러나 당연한 일이지만 중세가 안정기에 접어들자 교회의 필요성은 점차 약해졌다. 교회는 중세 사회의 핵심이었으므로 봉건영주들은 교회를 지원하는 것을 여전히 의무로 여기고는 있었으나, 영주 자신이 독실한 신앙심을 가진 경우를 제외하고는 과거의 선배 영주들만큼 교회에 대한 애착을 가지지는 않았다. 오히려 그들은 교회를 지배 수단의 하나로 여기고 자신의 친척들을 주교나 사제로 임명하는 경우도 많았다(이로 인해 주교는 종교인이라기보다 정치인이나 다름없는 존재가 되었다).

더 큰 문제는 교회 내부에 있었다. 세속의 재산과 특권을 가지게 된 성직자들은 배가 불러갈수록 종교적으로 타락해갔다. 게다가 성직자의 수가 늘면서 자질이 모자란 자들도 많이 생겨났다. 교리상 금지되어 있는 결혼까지 마음대로 하는가 하면, 여러 여자와 동거하는 성직자도 있었다. 주교가 약탈하고 사제가 전쟁을 벌이는 경우는 흔한 일이 되었다. 이런 타락상에 실망한 뜻있는 교인과 성직자 들은 교회를 개혁하지 않으면 교회의 존재 자체가 무의미하다고 여겼다.•

10세기 초에 설립된 프랑스의 클뤼니 수도원은 처음부터 단호한 개혁 의지를 가지고 출범했다. 개혁의 취지는 교회 타락의 근원인 세속과의 연관을 끊고 교회 본연의 자세로 돌아가자는 것이었다. 그러나 법조문보다

• 사실 교회의 타락 현상은 로마가 그리스도교를 공인한 4세기부터 있었다. 따라서 교회 개혁 운동도 그 당시부터 벌어졌는데, 그 결과로 생긴 게 수도원이었다. 수도원 운동은 동방교회에서 먼저 시작되어 5세기부터는 서유럽에서도 본격화되었다. 529년 이탈리아의 베네딕투스는 로마 남쪽의 몬테카시노에 서방교회 최초의 수도원을 세우는데, 이것이 베네딕트 수도회의 시작이다.

교회의 권위　땅은 분열되어 있지만 하늘은 하나다. 세속 군주들은 각자 자기 영토에서는 왕으로 군림해도 교회에서는 누구나 무릎을 꿇어야 했다. 그림은 신성 로마 제국의 황제 하인리히 3세 부부가 성모 마리아 앞에 무릎을 꿇고 있는 모습이다. 교회는 군주를 능가하는 지고의 권위를 오래도록 누린 탓에 부패와 타락의 길로 들어섰다.

중요한 것은 시행령이듯이, 그 취지보다 중요한 것은 구체적인 세칙이었다. 교회 본연의 자세로 돌아가자는 것은 지극히 당연했다. 하지만 세속과의 연관을 끊는다는 것에는 두 가지 의미가 있었다. 하나는 교회가 토지와 재산을 소유하지 않는다는 것이었다. 클뤼니 수도원을 승인한 사람이 아키텐 공 기욤이었으니 사실 그 의도는 충분히 짐작할 만했다. 정치 세력은 이제 별로 쓸모가 없어진 교회에서 그동안 내주었던 세속적 권한과 특혜를 박탈하려 한 것이다. 하지만 기욤은 그것이 양날의 칼임을 알지 못했다. 세속과의 연관을 끊는다는 취지의 또 다른 의미는 바로 교권의 정치적 독립이었던 것이다.

세속 군주들이 성직자들을 마음대로 임명하는 풍토에서는 사실상 교회가 존재하는 게 무의미했다. 더구나 교회로서 충격을 받을 수밖에 없는 것은 그런 현상이 로마 교황청에까지 퍼져 있다는 점이었다. 오토 1세를 신성 로마 제국 황제로 임명한 것은 교황의 마지막 승부수였으나 오히려 그것은 이후 황제가 교황을 임명하고 해임하는 권리를 보유하게 하는 결과를 빚고 말았다. 황제가 교황에 간섭하지 않을 때는 로마 귀족들이 교황을 쥐고 까불었다. 그게 다 교황이 세속 군주의 힘을 빌리려 한 데서 비롯되었으니 교황으로서는 자업자득이었다.

개혁의 칼 흔히 교회의 타락은 중세의 해체기, 종교개혁의 시대에만 있었던 것으로 알지만, 사실은 중세의 전성기부터 문제가 되고 있었다. 그러나 중세 교회는 나름대로 자정 메커니즘도 갖고 있었다. 바로 수도원이었다. 그림은 교회 개혁에 앞장섰던 클뤼니 수도원이다. 클뤼니라는 이름은 오늘날 중세 미술품을 전문으로 하는 파리의 세계적 미술관 이름으로 쓰일 만큼 중세를 대표하는 말이다.

클뤼니 수도원의 개혁은 바로 그런 현상을 바로잡으려는 데 목적이 있었다(클뤼니 수도원의 설립 자체도 세속 군주의 승인을 받는 수모를 겪어야 했으니 더욱 각오가 새로웠을 것이다). 개혁의 세칙에는 수도원장을 수도사들이 선출하며, 교회는 교황에게만 직속하고 다른 지역 주교들의 간섭을 받지 않는다는 것이 포함되었다. 기욤을 비롯한 세속 군주들은 어차피 유명무실해진 교회가 자립권을 가진다는 것에 별로 긴장하지 않았겠지만, 종교계의 반응은 뜨겁고도 놀라웠다. 순식간에 클뤼니 수도원을 따르는 교단이 수백 개로 늘어났으며, 프랑스 전역은 물론 영국에까지 개혁의 파도가 흘러갔던 것이다. 게다가 여기에 힘을 얻어 로마 교황도 새삼 개혁의 칼을 벼리게 되었다.

1059년 교황청에서는 종교회의를 열고 중대한 결단을 내렸다. 그것은 로마 교황을 로마 귀족이나 독일 황제가 아닌 바로 로마 추기경들이 선출한다는 것이었다(이 전통은 오늘날에까지 이어지고 있다). 그렇게 해서 선출된 첫 교황 알렉산데르 2세는 서유럽 전역의 교회들에 같은 지침을 내려 세속 군주들이 성직자의 임명에 관여하지 못하도록 했다. 그러나 세속 군주들은 이미 현실적으로 성직자의 임명권을 장악하고 있었다. 바야흐로 하늘과 땅의 대결이 임박해 있었다.

대결과 타협

11세기 후반 알렉산데르 2세에 뒤이어 교황으로 선출된 그레고리우스 7세는 클뤼니 수도원 출신이었다. 그는 클뤼니 수도원의 개혁 운동으로 시작된 교권 독립 문제를 매듭짓기로 마음먹었다. 교권 독립은 원래 당연한 것이니 예전과 같은 수세적인 자세로는 안 된다는 게 그의 생각이었다. 그래서 그는, 성직자 임명권은 세속 군주를 포함한 어떠한 속인도 가질 수 없고 오로지 교회에만 있다고 공식적으로 선언했다. 그전까지도 그 문제를 놓고 싸웠으니 새로울 건 없었지만, 이제 교황은 정식으로 선전포고를 한 셈이었다.

당장의 현안은 밀라노의 주교를 선출하는 문제였다. 그레고리우스의 방침이 성공하려면 그는 여기서부터 자신의 원칙을 적용해야 했다. 그래서 그는 당시 신성 로마 제국(이제부터는 독일이라고 불러도 좋겠다)의 황제인 하인리히 4세에게 밀라노 주교 선출에 간섭하지 말라는 서한을 보냈다. 당연히 임명권을 자기가 가지고 있다고 생각한 하인리히는 기가 막혔다. 그러나 그레고리우스는 공격의 고삐를 늦추지 않고 연달아 주먹을 날렸다. 밀라노뿐 아니라 다른 주교나 수도원장에게도 일일이 서한을 보내 세속 군주에게서 임명이나 서임을 받지 말라고 하는가 하면, 심지어 로마 교황이 황제를 임명하고 파면할 수 있다고까지 선언하고 나선 것이다.

사실 100년 전 오토 1세를 황제로 임명한 사람도 로마 교황이었으니, 그레고리우스의 방침은 말하자면 원칙을 재확인한 것뿐이었다. 그러나 명분은 그랬어도, 그레고리우스 자신을 포함해 서유럽의 모든 군주와 성직자는 그렇게 생각하지 않았다. 교황의 선언은 명백한 도전이요 '반역'이었다.

강력한 도전자를 맞은 하인리히가 취한 대응은 일단 무시, 그리고 반격이었다. 그는 교황의 서한을 무시하고 밀라노 주교의 선출 문제에 관여하기 시작했다. 그다음 그는 독일 내 여러 공국의 주교들을 불러 모아 종교회의를 열었다. 회의 결과는 예상한 대로 그레고리우스에 대한 격렬한 비난과 성토였다.

이제는 그레고리우스가 응수할 차례다. 그는 최강의 대응을 선택했다. 그것은 이미 예고된 황제의 파면이었다. 물론 현실 정치에 직접적으로 관여할 수 없는 성직자의 입장이었으므로 황제를 지위에서 끌어내릴 수는 없었다. 그래서 정확히 말하면 그것은 황제의 종교적 파면, 즉 파문excommunication이었다.

교황의 강경한 태도에 황제보다 더 놀란 사람들은 독일의 군주와 주교 들이었다. 애초부터 문제가 이렇게 커질지 예상하지 못한 그들은 차츰 꼬리를 내리기 시작했다. 하인리히는 초조해졌다. 황제의 파문이라는 전례 없는 조치를 부른 데다, 더 큰 문제는 자기

무릎 꿇은 황제　교황에게서 파문을 당한
하인리히 4세(가운데)가 클뤼니 수도원장(왼
쪽)과 토스카나 여백작(오른쪽) 앞에서 무릎
을 꿇고 어떻게 하면 좋겠는지 상의하는 그림
이다. 그들의 조언에 따라 황제는 얼마 뒤 교황
앞에서 또 한 번 무릎을 꿇어야 했다. 카노사
의 굴욕으로 알려진 이 사건은 교황권의 절정
을 보여준다.

세력이 점차 이탈하고 있다는 점이었다. 게
다가 그레고리우스가 독일 주교들과 종교회
의를 열어 황제의 파문을 위한 절차를 밟기
위해 독일 땅으로 출발했다는 소식이 들려왔
다. 어차피 서로 경험이 없는 일이었으니, 사
실은 그레고리우스의 가슴이 더 떨렸을지도
모른다. 그러나 만약 일이 잘못될 경우 로마
교황보다는 독일 황제가 입게 될 피해가 훨
씬 더 크다는 점을 고려하지 않을 수 없었다.
교황은 잃을 게 없었으니까. 하인리히는 교
황과 개인적으로 만나 이 문제를 해결하기로
결심했다.

1076년 겨울, 이탈리아로 가는 하인리히가
독일로 오는 그레고리우스를 만난 곳은 알프
스 북쪽의 카노사 성이었다. 그는 교황 앞에
무릎을 꿇고 용서를 빌었다. 사흘 동안의 석고대죄 끝에 그레고리
우스는 하인리히를 용서하고 돌아갔다. 이것을 카노사의 굴욕이
라고 한다. 물론 교황 측으로서는 카노사의 영광이라 해야겠지만.

그러나 그것은 하인리히의 진심이 아니었다. 무엇보다 중세 초
기와 달리 이제 종교적 조치로 현실의 권력을 제어하기에는 한계
가 있었다. 굴욕을 감수하고 일단 파문의 위기를 면한 하인리히는
독일로 돌아가 '배신자들'에게 처절하게 복수했다. 3년간 어느 정
도 기반을 다진 다음 그는 로마로 가서 교황에게 보복을 가했다.
교황을 어떻게 할 수는 없었으나 다른 방법이 있었다. 그레고리우
스와 별도로 교황을 옹립한 것이다. 더 이상 내놓을 카드가 없는

그레고리우스는 결국 프랑스로 도망가 죽었다.

이제 하늘과 땅의 대결은 일대일 무승부를 이루었다. 그러자 자연히 타협안이 나왔다. 먼저 타협을 이룬 곳은 전장이 아닌 영국과 프랑스였다. 일단 주교는 교회에서 선출한다. 교회 측이 반겼다. 그러나 주교는 군주의 다른 가신들처럼 군주에게 충성을 서약한 다음에 정식으로 취임한다. 군주 측도 반겼다. 군주는 주교의 서약을 거부할 권리를 가졌으므로 약간은 군주 측에 점수를 더 준 결과였지만 대체로 양측이 만족할 만한 조치였다. 더 나중의 일이지만, 결국 독일에서도 1122년 보름스 협약으로 그 타협안이 채택되었다.

겉으로는 무승부였으나 사실상의 승리자는 교황이었다. 격렬하고 오랜 투쟁 끝에 마침내 교황은 서유럽 세계의 유일한 종교적 지도자임을 재확인시켰기 때문이다. 더구나 교회의 현실적 필요성이 약해지고 있는 시점에서 이룬 성과였기에 더욱 의미가 큰 것이었다. 이제는 교회의 이름을 걸고 세속적인 사업을 벌이는 것도 얼마든지 가능해졌다. 첫 사업이 하필 대규모 국제 전쟁이라는 게 문제였지만.

그리스도교의 '지하드'

그레고리우스는 강경책으로 불행을 자초했지만, 그의 뒤를 이은 교황 우르바누스 2세는 전임 교황이 닦아놓은 기반을 한껏 이용해 교회의 힘을 더욱 키울 수 있었다. 그러나 아직도 서유럽 군주들은 교회와의 관계가 좋지 않을뿐더러 자기들끼리도 반목했다.

연설 혹은 선동   클레르몽 공의회에서 교황 우르바누스가 이교도의 손아귀에서 성지를 해방시켜야 한다고 연설하는 장면이다. 이 연설이 열화와 같은 호응을 얻어 십자군이 조직되지만, 신앙 이외에 다른 의도가 있었으니 교황의 연설은 사실상 선동이었다.

분열을 극복하고 통일을 이루기 위해서는 뭐니 뭐니 해도 바깥에 대적이 있는 게 가장 좋다. 일찍이 그리스 폴리스들의 분열을 막은 것도 페르시아의 침략이었고, 프랑크가 통일 왕국으로 발전한 것도 따지고 보면 이슬람이라는 바깥의 적이 있었기에 가능했다. 우르바누스는 그리스도교권의 단결도 도모하고 새로 정비한 교회의 힘도 과시하려는 목적에서 1095년 11월에 클레르몽 공의회를 열었다.

　회의의 주제는 바깥에 적이 있다는 것이었다. 서유럽의 바깥이라면 비잔티움 제국과 이슬람 제국이다. 그러나 비잔티움은 교회가 다를 뿐 같은 그리스도교권이므로 목표는 이슬람이 된다. 더구나 당시 이슬람은 한때 막강했던 제국의 영광을 뒤로하고 중앙아시아의 셀주크튀르크족이 주도권을 차지하면서 전보다 크게 약화되어 있는 상태였다. 문제는 구실이었다. 그리스도교권에서 보면 이슬람은 당연히 제거해야 할 이교도들이지만, 8세기 초반 동쪽과 서쪽으로 서유럽을 위협한 이래 서유럽 정복의 꿈을 버린 지 오래였다.

뜻이 있는 곳에 길이 있다. 구실이 없다면 만들면 된다. 이를 위해 우르바누스는 성지 탈환이라는 명분을 개발해냈다. 7세기에 팔레스타인과 시리아가 이슬람에 정복된 이래 그리스도교의 발생지이자 최대의 성지인 예루살렘은 아직도 이교도의 수중에 있지 않은가? 이것은 모든 그리스도교도의 수치다. 비록 500년이나 전의 일이기는 하지만 이 문제를 해결하지 않고서는 그리스도교도들이 얼굴을 들고 다닐 수 없다. 우르바누스는 이렇게 명분의 골격을 만들고 나서 살을 덧붙인다. 이슬람 세력이 그리스도교도들의 성지 순례를 탄압하고 있다는 것이다(물론 앞에서 보았듯이 이슬람은 정복 초기에만 이교도를 탄압했고 이후에는 관용 정책을 취했으므로 사실과는 전혀 다르다).●

시나리오가 만들어졌으니 이제 무대에 올리는 일만 남았다. 우르바누스는 직접 프랑스 전역을 돌아다니면서 선동했고(그는 프랑스 출신이었다), 휘하의 주교들에게는 서유럽 구석구석까지 들어가 일반 민중에게도 신앙심을 불러일으키라고 지시했다. 결과는 그 자신도 깜짝 놀랄 만한 대성공이었다. 서유럽 전역에서 이름깨나 날리고 힘깨나 쓴다는

● 우르바누스의 다음과 같은 연설은 타고난 선동 솜씨를 보여준다. "그리스도교의 신성한 땅이 이교도들의 손아귀에서 능욕을 당하고 있습니다. 모든 그리스도교도 왕은 서로 싸우지 말고 힘을 합쳐 하느님의 적에게 칼날을 돌립시다. 그리스도교 왕국의 치욕을 떨치고 일어나 이슬람교도의 세력을 영원히 멸망시킵시다. 이 전쟁은 성전이며, 여기서 생명을 잃는 자는 죄의 사함을 받고 천국으로 가게 될 것입니다."

기사들이 몰려들었고, 일반 농민들도 적극 호응해 동참을 부르짖었다. 이렇게 해서 순식간에 최초의 십자군이 조직되었다.

그러나 농민들은 순수한 신앙심의 발로였겠지만 기사들은 그렇지 않았다. 앞에서 본 것처럼, 그들은 주로 봉건 귀족의 차남 이하, 그러니까 상속받을 토지와 재산이 없는 자들이었고, 임무와 봉급이 없는 건달과도 같은 처지였다. 십자군에 참여하면 이교도들을 상대로 마음껏 싸울 수도 있고 막대한 전리품을 얻을 수도 있다(우르바누스는 순회 연설에서 동방 세계는 부유하다고 부르짖기도 했다). 그뿐인가? 일이 잘 풀려 성지를 탈환한다면 토지와 영지도 생기게 된다. 그러므로 우르바누스도 뛰어난 선동꾼이었지만, 당시는 그런 선동이 충분히 먹혀들 만한 상황이었던 것이다.

그런데 성지 탈환이 그토록 중요하다면 당연히 비잔티움에서 먼저 십자군 전쟁을 계획했어야 하지 않을까? 제국은 서유럽에 비해 지리적으로도 성지에 더 가까운 데다 로마교회보다 역사와 정통성이 더 오래지 않은가? 그러나 당시 비잔티움은 그럴 여력이 없었다. 고질병인 중앙 권력의 불안정은 그 시기에 더욱 극대화된 상태였다. 황제들은 무능한 데다 암살되는 경우도 잦았고, 지방 호족들은 그 틈을 타서 세력을 확장했다. 그런 처지였으니 비잔티움 제국은 성지 수복을 도모하기는커녕 셀주크튀르크의 침략에 호되게 시달려야 했다. 그래서 당시의 황제 알렉시우스 1세는

● 10세기 무렵 전 세계에서 가장 번영한 도시는 중국 당 제국의 장안과 비잔티움 제국의 콘스탄티노플이었다. 이 두 도시는 당시 아시아와 유럽에서 각각 유일하게 존재하는 '제국'의 수도였다. 그러나 공교롭게도 당과 비잔티움은 엇비슷한 시기에 몰락의 길을 걷기 시작한다. 그 이유도 만연한 부패와 권력 불안 때문이었다. 어찌 보면 그 무렵은 제국 체제가 세계적으로 몰락의 조짐을 보이는 시기라고 할 수 있다. 고대사회에서는 강력한 힘의 중심을 가진 제국 체제가 적절한 것이었고 국력을 키우는 데 유리했으나, 문명이 발달하고 사회가 다원화되면서 중앙집권 체제보다는 분권 체제가 더 효율적인 기능을 발휘하게 된다. 그렇다면 중국이라는 제국을 중심으로 하는 한 가지의 질서밖에 없는 동양보다는, 비잔티움 제국 이외에도 서유럽이라는 분권 체제가 공존하는 유럽이 역사의 패자가 될 가능성이 컸다. 그 시기는 그 가능성이 실현되기 시작하는 때였다.

오히려 로마 교황 우르바누스에게 구원을 요청했다.* 이리하여 십자군은 전 그리스도교권이 공동으로 발주한 사업으로 확대되었다.

성전에서 추악한 전쟁으로

우르바누스는 정세 분석의 능력과 선동 솜씨도 탁월했지만 뛰어난 전략가이기도 했다. 그가 일찍 죽지 않았더라면 십자군을 계기로 서유럽은 실제 역사보다 일찍 전 세계의 패자가 되었을지도 모른다(그는 십자군 전쟁이 시작된 지 3년 만인 1099년에 죽었다). 그는 당시 서유럽에 넘쳐나는 유능한 기사들로 십자군을 편성해 속전속결로 성지 탈환을 완료할 생각이었다.

그 무렵 서유럽은 수백 년 동안 큰 전쟁이나 전염병 한 번 없는 안정기를 누리고 있었다. 따라서 속도는 느리지만 농업 생산력이 상당히 발달했고, 인구도 큰 폭의 증가세를 보였다. 유럽 세계는 거의 전역이 속속들이 개척되고 개간되었으나 토지의 증가에는 한계가 있었다(우르바누스는 십자군을 구상할 때 분명히 이런 토지 부족 현상을 염두에 두었을 것이다). 이미 유럽은 힘센 청년으로 자라났으며, 과거 이슬람의 팽창기에 속수무책으로 당하던 그때 그 시절의 꼬마가 아니었다. 승산은 충분했고, 그런 만큼 속전속결은 아주 적절한 구상이었다. 실제로 우르바누스의 노력으로 조직된 1차 십자군은 총 8차(소규모까지 합하면 그 이상이지만 보통은 여덟 차례로 친다)의 원정 가운데 가장 순수했고 가장 큰 성과를 내게 된다.**

1096년 가을, 유럽 각국 왕의 형제와 귀족 들은 각기 군대를 이끌고 역사적인 원정길에 올랐다. 프랑스 왕의 동생 위그 드베르망

●● 엄밀히 말하면 이 1차 십자군은 십자
군이 아니다. 십자군이라는 이름은 200년
뒤인 13세기 후반 십자군 전쟁 말기에 붙이
게 되기 때문이다. 그 이전까지 조직된 십
자군은 '예루살렘 여행단' 또는 '성지 참배
단'이라고 불렸다. 그러니까 1차 십자군은
적어도 명칭에서는 일종의 '성지 관광단'이
었던 셈이다.

두아, 툴루즈 백작 레몽, 로렌 대공 고드프루
아, 플랑드르 백작 보두앵, 노르만 공 보에몽
등 당대 유럽의 쟁쟁한 영웅들이 모인 모습
은 2000여 년 전 트로이를 향해 떠나는 그리
스 원정대를 연상케 하는 위용이었다(공교롭
게도 목표도 그때처럼 동방이다). 트로이 원정군
의 총사령관이 아가멤논이었다면 이제 그 역
할은 보에몽이 맡았다. 총 병력은 기사 3000명과 보병 약 1만 명
이었고, 그 밖에 많은 순례자가 지원군의 자격으로 뒤를 따랐다.

수개월을 행군한 끝에 베이스캠프인 콘스탄티노플에 닿은 이들
은 여기서 한숨을 돌리고 나서 다시 동진을 시작했다. 과연 서유
럽 최고의 칼잡이들이 모인 군대에 맞설 만한 적수는 없었다. 십
자군은 터키 서부의 니케아 왕국을 멸망시키고, 2년 만에 성지 예
루살렘의 관문이라 할 안티오크와 에데사를 점령하는 성과를 올
렸다. 그리고 다시 1년 뒤인 1099년 여름에는 드디어 고대하던 예
루살렘에 입성했다(일반 순례자라면 몰라도 기사들은 성지에 처음 와본
자들이 많았으리라).

우르바누스의 연설과 달리 성지를 '능욕'한 것은 오히려 그들이
었다. 5주간의 포위 공격 끝에 예루살렘에 들어간 그들은 성지 정
화라는 명목으로 현지 주민들을 대량 살육했기 때문이다. 어쨌든
1차 십자군은 성지를 탈환하고, 터키에서 팔레스타인까지 해안
지대에 아르메니아, 안티오크, 트리폴리, 예루살렘이라는 4개의
십자군 왕국을 세워 임무를 성공적으로 완수했다. 문제는 그게 처
음이자 마지막 성공이라는 점이었다(우르바누스는 자신이 조직한 십
자군이 대성공을 거둔 것을 보고 죽었으니 선임 교황인 그레고리우스에 비

성전 대 성전 1차 십자군은 그런대로 충분한 성과를 올렸다. 그림은 이슬람 제국의 성을 함락시키는 십자군의 활약을 보여주고 있다. 그리스도교의 성전은 이슬람교의 성전을 눌렀다. 그러나 여기에 만족하지 못하고 원정을 계속한 탓에 십자군은 이내 변질되고 만다.

해서는 훨씬 행복한 죽음이었다).

어쨌든 십자군 전쟁이 성공하자 서유럽에서는 그야말로 난리가 났다. 꿈에도 바라던 그리스도교의 성지를 되찾았을 뿐 아니라, 수백 년 동안 그리스도교 문명권을 사실상 포위하고 있던 무시무시한 이슬람 세력을 처음으로 보기 좋게 쳐부수었던 것이다. 특히 성지 부근에 그리스도교의 왕국들이 생겨났다는 사실은 서유럽의 농민들을 자극하기에 충분했다. 그곳으로 가서 땅을 얻어 살자! 물론 군주와 귀족 등 봉건 지배 세력은 대환영이었다. 어차피 서유럽은 인구도 넘치고 토지도 부족하다. 게다가 성지에 새로 생긴 왕국들은 성 하나만 달랑 쌓아놓고 군인들이 지키고 있을 뿐

십자군 왕국   시리아와 팔레스타인의 해안 지대를 점령한 십자군은 이곳에 십자군 왕국들을 세웠다. 사진은 당시에 세워진 십자군의 성이다. 사진에서 보듯이, 십자군 왕국은 제대로 된 나라가 아니라 간신히 확보한 성지 순례 길을 방어하는 요새였다. 백성들은 없고 군대만 사는 희한한 나라였으니 오래갈 리 없었다.

나라의 꼴을 갖추는 데 꼭 필요한 '백성들'이 없지 않은가? 원주민은 있지만 이교도가 백성의 전부라면 문제다. 그래서 그들은 대대적으로 농민들의 이주를 장려했다. 1101년 성지 탈환 2년 만에 무려 20만 명의 이주자들이 모집된 것은 그런 열망의 소산이었다.

그러나 기사대의 호위를 받으며 기세 좋게 출발했던 이주 행렬은 목적지에 닿기 전 소아시아에서 셀주크튀르크군의 공격을 받고 거의 전멸하는 비극을 당했다. 이 소식이 전해지자 서유럽의 군주들은 아연실색했다. 아직 이슬람 세력은 무너진 게 아니었다. 1차 원정에서 이슬람 세력이 쉽게 무너진 이유는 사실 십자군이 강해서라기보다는 자체적으로 분열되어 있는 데다 유능한 지도

자가 없었기 때문이다. 과연 1차전에서 무기력하게 영토를 그리스도교권에 내주었던 이슬람은 그 두 가지 결함을 해소하고 2차전에서 진검 승부를 보자고 나섰다.

1127년에 시리아의 태수 장기는 흩어진 세력을 규합해 시리아 북부를 탈환하고, 1144년에는 에데사를 손에 넣었다. 에데사가 무너지면 안티오크의 함락은 불을 보듯 뻔한 것, '성지발 급보'를 전해들은 서유럽은 즉각 2차 십자군을 조직했다. 한 번 승리의 경험도 있었던 탓에 2차 십자군은 유럽의 왕들이 직접 참가했는데, 프랑스의 루이 7세와 독일의 콘라트 3세가 주축이었다.

그러나 유럽의 왕들이 직접 나섰다 해도 이번의 상대는 전과 같은 분열된 오합지졸이 아니라 누레딘이라는 강력한 지도자가 버티고 있는 통일된 이슬람군이었으므로 승부는 예측 불허였다. 2차 십자군은 성지에서 십자군 왕국들을 지키던 1차 십자군 전사들과 의견 충돌을 빚은 끝에 무모하게 다마스쿠스를 공격했다가 실패하고 금세 해체되었다. 오히려 그것을 기회로 누레딘은 다마스쿠스를 점령하고 내친 김에 이집트까지 장악했다. 이제 예루살렘은 거꾸로 시리아-이집트에 포위된 형국이 되었다. 그리고 누레딘의 후계자로 위대한 이슬람 장군 살라딘(재위 1174~1193)이 등장했다.

살라딘은 종전과 달리 공세적인 태도로 맞섰다. 마지막 남은 목안에 가시 예루살렘을 탈환하려 한 것이다. 더구나 그는 600년 전 그의 조상들이 부르짖었고 이제는 십자군이 모토로 내건 성전, 즉 지하드를 선언했다. 1187년 유럽 그리스도교의 성전과 아시아 이슬람교의 성전은 예루살렘과 다마스쿠스의 딱 중간 지점인 하틴에서 맞섰다.

사자심왕 대 살라딘   사자심왕이라 불린 영국 왕 리처드와 이집트 및 시리아의 술탄인 살라딘이 대결을 벌이고 있다. 이 대결은 십자군 전쟁을 소재로 그린 그림에서 자주 등장하는 주제다.

십자군의 주력은 유럽의 전통적인 중장기병과 석궁으로 무장한 보병이었고, 살라딘의 군대는 말을 타고 활을 쏘는 궁기병이 주력이었다. 당연히 힘에서는 십자군이 앞섰지만 기동력에서는 이슬람 군대가 뛰어날 수밖에 없었다. 십자군이 예루살렘 성을 방어하는 데만 주력했다면 승패가 쉽게 나지 않았으리라. 그러나 예루살렘의 왕 기 드 뤼지냥은 자신감에 넘쳐 갈릴리 언덕의 평원에서 살라딘의 2만 대군과 정면 승부를 하자고 나섰다. 뒤떨어지는 기동력에 수적으로 적은 병력, 승부는 처음부터 결정되어 있었다. 하틴 전투에서 살라딘은 대승을 거두고 예루살렘을 손에 넣었다. 이로써 십자군 전쟁은 1승 1패로 호각을 이루며 다시 원점으로 돌아갔다.

승부를 보려면 3차 원정이 필요했다. 1189년의 3차 십자군은 상대방이 강한 만큼 이번에는 서유럽 최정예군으로 편성했다. 영

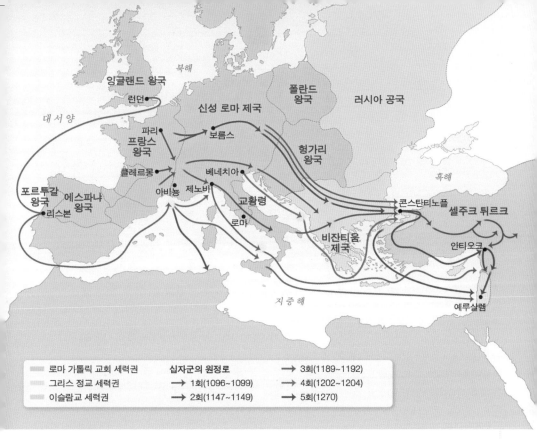

북해

잉글랜드 왕국

런던

대서양

폴란드
왕국

러시아 공국

신성 로마 제국

파리
프랑스
왕국

보름스

헝가리
왕국

흑해

클레르몽

아비뇽 제노바

베네치아

포르투갈
왕국

에스파냐
왕국

리스본

교황령

로마

셀주크 튀르크

콘스탄티노플

비잔티움
제국

안티오크

지중해

예루살렘

▨ 로마 가톨릭 교회 세력권	**십자군의 원정로**	→ 3회(1189~1192)
▨ 그리스 정교 세력권	→ 1회(1096~1099)	→ 4회(1202~1204)
▨ 이슬람교 세력권	→ 2회(1147~1149)	→ 5회(1270)

오랜만의 협력 점점 멀어져가면서 대립과 반목을 일삼던 동방교회와 서방교회가 모처럼 힘을 합칠 기회가 왔다. 외부의 대적 이슬람을 맞아 동방 측에서 도움을 요청했고, 서방은 이를 선뜻 받아들여 십자군 전쟁을 기획했다.

국의 사자심왕 리처드 1세(재위 1189~1199), 프랑스의 존엄왕 필리프 2세, 독일의 황제 프리드리히 1세 등 당대 유럽의 간판스타들이 직접 참가한 것이다(나중에 보겠지만 이 세 명의 왕은 중세 영국, 프랑스, 독일을 성립시키는 데 각기 중요한 역할을 하게 된다). 그런데 먼저 출발한 독일군은 소아시아에서 이슬람군에 패배하고 황제마저 전사하는 비극을 겪었다(정확히 말하면 '익사'였다). 조짐이 좋지 않았지만 리처드와 필리프는 진군을 계속해 1191년에 예루살렘

인근의 아크레와 야파를 탈환하는 데 성공했다.

그러나 출발부터 사이가 좋지 않던 그들은 이내 불화를 빚었고, 필리프는 그만 돌아가버렸다(왜 사이가 좋지 않았는지에 관해서는 나중에 살펴보자). 단독으로 예루살렘을 탈환할 자신이 없었던 리처드는 살라딘과 협상해 그리스도교도의 자유로운 성지 순례를 허용한다는 것을 보장받고 말머리를 돌렸다. 하지만 애초에 예루살렘을 정복할 때부터 살라딘은 1차 십자군과 달리 이교도(그리스도교도)들에게 관용을 베풀었으니, 그것은 협상이라기보다 리처드의 체면을 지켜준 것일 뿐이었다.

오히려 리처드는 귀국 길에 독일의 새 황제가 된 하인리히 6세에게 포로로 잡혀 감금되는 불운을 겪게 된다. 또한 그 틈을 타서 프랑스 왕 필리프는 노르망디를 기습했으며, 영국 내에서는 리처드의 동생 존이 왕위를 찬탈했다가 귀족들의 반발을 사서 대헌장을 성립시킨다. 결국 3차 십자군은 서유럽 세계의 복잡한 내부 문제만 드러낸 셈이다.

간판스타들이 참전한 원정 치고는 보잘것없는 결과였지만 3차 십자군은 사실상 마지막 십자군이었다. 1202년 교황 인노켄티우스 3세의 요구로 소집된 4차 십자군은 베네치아 상인들에게 병력 수송과 식량 공급을 의뢰했다가 그 대가로 그들의 용병 노릇까지 하는 최악의 십자군으로 기록된다.* 분노한 인노

● 이탈리아의 신흥 강국으로 성장한 베네치아는 동부 지중해 교역권을 독점하기 위해 애쓰고 있었다. 그런데 그러려면 무엇보다 큰 걸림돌이 바로 비잔티움 제국이었다. 따라서 베네치아는 십자군이 약속한 경비를 지불하지 못하자 십자군에게 당시 내분에 휩싸여 있던 콘스탄티노플을 공격하라고 주문했다. '채무자' 십자군은 채권자의 독촉에 못 이겨 엉뚱하게도 같은 그리스도교권인 비잔티움 제국의 수도를 점령하고 내친 김에 라틴 제국을 수립하게 되었다. 십자군의 총사령관이던 플랑드르 백작 보두앵은 졸지에 군 지휘자에서 라틴 제국의 초대 황제가 되었다. 비록 엉겁결에 생겨나기는 했지만 라틴 제국은 잠시나마 동방교회를 로마교회에 통합했으며, 동유럽에 라틴 문화를 보급했다. 그러나 1261년 비잔티움 황제의 반격을 받아 라틴 제국은 60년도 채우지 못하는 단명 제국으로 끝나고 만다. 결국 이득을 본 것은 베네치아뿐이었다. 베네치아 상인들은 라틴 제국의 지배 기간을 이용해 동부 지중해의 교역을 독점하게 되었는데, 이는 이후 이탈리아 르네상스의 경제적 토대가 된다.

켄티우스는 소년들의 순결한 영혼을 이용한다는 종교적 망상에 사로잡혀 소년 십자군까지 조직해 보냈으나 이들은 오히려 악덕 상인들의 손에 노예로 팔렸다. 13세기의 벽두를 이렇게 열었으니 이후의 원정들도 뻔했다. 13세기에 파견되는 5, 6, 7, 8차 십자군은 모두 유럽 국왕들의 이해관계가 얽히면서 본래의 의도와는 전혀 동떨어진 결과를 빚었다. 결국 이집트 출신의 술탄 바이바르스가 1291년 아크레를 점령해 십자군의 근거지를 완전히 소탕함으로써 200년에 걸친 십자군 전쟁은 실패로 끝나버렸다(이후 십자군이라는 이름을 내건 동방 원정은 15세기까지 지속되지만 별 의미는 없다).

해체의 시작

앞서 본 것처럼, 십자군 전쟁에는 성지 탈환이라는 대의명분과 더불어 서유럽의 군주와 귀족, 기사, 농민 등의 이해관계가 얽혀 있었다(신분과 처지에 따라 이해관계는 다양했지만 기본적으로는 영토 확장을 통해 부족한 토지를 확보하고 농민 이주로 인구 증가를 소화하려는 것이었다). 그러나 십자군 전쟁에서 서유럽 세계는 그런 명분과 실리를 모두 얻지 못했다. 그런 점에서 십자군 전쟁은 일단 실패라고 규정할 수 있다. 그러나 역사의 모든 게 그렇듯이 성공이나 실패라는 일의적인 규정은 무의미하다. 역사적 사건을 이해할 때 가장 중요한 것은 그 사건을 계기로 무엇이 달라졌는가다. 십자군은 서유럽 세계에 어떤 변화를 가져왔을까?

만약 서유럽이 적어도 비잔티움 제국 정도의 느슨한 중앙집권 체제만 갖추었더라도 십자군은 성공했을 것이다. 그렇다면 당시

활과 방패의 싸움　십자군과 이슬람군의 싸움은 전형적인 유럽과 아시아의 전투 양상으로 전개되었다. 페르시아 전쟁이나 알렉산드로스의 동방 원정에서도 그랬듯이, 이번에도 유럽의 병사들은 두꺼운 갑옷으로 몸을 보호했고, 아시아의 병사들은 가벼운 차림으로 기동력을 살리며 활을 쏘았다. 방어가 장기인 십자군이 공격으로 전환했으니 승패는 뻔했다.

거의 모든 서유럽인의 꿈인 로마 제국이 다시 부활하는 것도 가능했을지 모른다. 중앙집권을 이루었던 샤를마뉴의 시대에는 그 꿈을 실현하기 위한 힘이 부족했으나, 십자군 시대에는 거꾸로 힘은 있었어도 중앙집권 체제가 무너졌기 때문에 꿈을 실현하지 못했다. 그러나 비록 오랜 분권 체제로 힘이 분산된 탓에 목적을 달성하는 데는 실패했어도 서유럽 세계는 분명히 힘에서 이슬람권에 비해 우위에 있음을 입증했다. 따라서 십자군 전쟁은 문명사적으로 서양 문명이 동양 문명, 적어도 서남아시아 문명을 앞서기시작했음을 보여준다.

　그 직접적인 결과는 동부 지중해가 서유럽 세계의 손 안에 들어갔다는 점이다. 베네치아 상인들의 후안무치한 협잡으로 도덕적이고 종교적인 측면에서는 빛이 바랬지만, 어쨌든 그들은 원하던 지중해 무역권을 확보했다. 로마가 멸망한 이후 동부 지중해권은 비잔티움이 관할하고 있었으나, 제국은 해상무역에 별로 의존하지 않았으므로 실상 지중해 무역은 이슬람권의 아라비아 상인들

궤도를 이탈한 십자군   1204년 4차 십자군은 베네치아 측의 농간으로 이교도가 아닌 비잔티움 제국을 공격하는 방향으로 선회했다. 그림은 콘스탄티노플을 공략하는 십자군의 모습인데, 16세기 베네치아 화가 틴토레토의 작품이다. 오랫동안 이슬람의 공격을 잘 막아냈던 콘스탄티노플의 성벽이 같은 그리스도교권의 공격 앞에서는 허무하게 무너졌다.

● 고대 이집트, 페르시아, 중세 이슬람 제국 등에서 보듯이, 원래 제국이란 주로 '영토 제국'이므로 해상무역에는 별로 관심을 두지 않았다. 동아시아의 제국인 중국의 경우를 보면 더 확연히 알 수 있다. 제국은 자체적으로 자급자족이 가능하므로 굳이 무역을 필요로 하지 않을뿐더러 지리적·영토적 중심지를 가지고 있으므로 중심에서 먼 변방이나 바다를 중시할 이유가 없다. 비잔티움 제국도 이 점에서는 마찬가지였으므로 '관할 구역'이라 할 동부 지중해에 큰 신경을 쓰지 않았던 것이다. 단, 로마 제국은 예외였다. 지리적 여건상 '해상 제국'의 위상을 가질 수밖에 없었기 때문이다(지중해 자체가 로마 영토의 일부였다).

이 독점하고 있었다.* 그러나 십자군 전쟁을 통해 서유럽 세계도 지중해 무역로의 중요성을 알게 된 것이다. 이 점에서 4차 십자군 전쟁은 가장 타락한 원정이면서도 오히려 가장 중요한 원정이기도 했다. 베네치아 상인들이 지중해 무역권을 확보했을 뿐 아니라 당시 콘스탄티노플을 점령한 십자군 기사들은 동방의 화려한 문물에 압도되어 서유럽만을 세계로 안 자신들이 우물 안 개구리임을 자각했다(물론 그들은 그 자각을 콘스탄티노플에 대한 야만적인 약탈로 표출했다). 서유럽은 지중해를 장악함으로써 사실상 로마 제국의 80퍼센트는 복구한 것이나 다름없었다.

바깥의 가장 큰 변화가 지중해를 장악한 데 있었다면 안의 가장 큰 변화는 교황권이 약화되었다는 점이다. 십자군 전쟁 초기는 교황권이 가장 강한 시기였다(교황의 순회 연설만으로도 서유럽의 정예군이 모였으니까). 그러나 십자군이 실패하면서 교황권은 큰 손상을 입었다. 물론 십자군 전쟁의 실패가 곧바로 교황권의 약화를 불렀다기보다는 이미 시대의 변화 자체가 교황이 통제할 수 없는 것으로 바뀌었다고 보는 게 옳을 것이다. 하지만 그렇다 해도 만약 십자군이 성공했더라면 교황권은 더욱 강해졌을 것이다. 교황권의 약화는 곧 서유럽 세계의 그리스도교적·중세적 통합성이 허물어지기 시작했다는 것을 뜻한다.

그렇잖아도 분권 체제였던 서유럽은 이제 분권화가 더욱 가속화되었다. 로마가 무너진 이후 그나마 동질성을 부여해온 종교적 통합의 중심마저 약해지자 각 왕국은 각개약진의 길로 나섰다. 바야흐로 중세는 해체의 조짐을 보이기 시작했다. 십자군 전쟁은 그 신호탄이었다. 그렇다면 이제 중세 세계에서 하나씩 갈라져 나오기 시작하는 서유럽 국가들의 원형을 살펴볼 수 있다(앞에서 본 '원시적' 형태보다는 진일보한 국가들이다).**

● ● 십자군 운동은 서유럽 각국의 내정에도 큰 영향을 미쳤는데, 그중 하나가 기사단이다. 기사들은 십자군의 주력을 이루었으므로 자연히 십자군 운동을 통해 지위가 크게 상승했다. 십자군에 참여한 기사들은 일종의 '십자군 참전 동지회' 같은 조직을 만들었는데, 종교적 이념으로부터 비롯된 것이었으니 자연히 종교적인 색채를 강하게 띠지 않을 수 없었다. 이들은 교황의 인가를 얻어 기사수도회로 발전했다. 여러 기사단 중 가장 유명한 것은 프랑스의 템플 기사단과 독일의 독일기사단이다. 템플 기사단은 예루살렘의 방어를 위해 조직되었다가 나중에 루이 9세 치하에서 프랑스의 관료로 입각했으며, 독일기사단은 독일 황제에게서 토지까지 받아 지역에서 자신들의 세력을 확장해 나갔다.

20장

국민국가의 원형

서유럽의 확대: 이베리아의 변화

1차 십자군이 예루살렘을 탈환했다는 소식을 듣고 로마 교황 우르바누스 2세 못지않게 기뻐한 사람들이 있었다. 이베리아 반도 북부에 살던 사람들이었다. 이베리아라면 바로 에스파냐, 8세기 초반 이슬람의 침략을 받아 이슬람 문명권의 일부로 편입된 지역이 아니던가? 그리고 곧이어 9세기에 이슬람의 손으로 넘어간 시칠리아와 더불어 수백 년 동안 이슬람이 지배하는 유럽으로 남아 있던 곳이 아닌가? 그 이슬람이 이제 서유럽 연합군에 의해 무너졌다니! 지중해 동쪽 끝에서 날아온 승전보는 지중해 서쪽 끝에서 가장 큰 반향을 불러일으켰다.

　원래 이슬람이 에스파냐의 전 지역을 지배한 게 아니었다. 마르셀이 피레네 산맥을 넘어온 이슬람군을 격파한 뒤 이슬람은 이베

두 문명의 도시 코르도바 에스파냐 남부의 코르도바는 로마 시대에 창건된 도시지만 이슬람 지배기에 크게 발달했다. 10세기 무렵 코르도바는 동방의 콘스탄티노플과 쌍벽을 이루는 '서방의 보배'라는 별명을 얻었다. 하지만 이 도시는 그리스도교권으로 수복되면서 쇠퇴하기 시작했다. 그라나다와 더불어 그리스도교와 이슬람교, 두 문명의 흔적이 공존하는 도시다.

리아 반도 남부로 물러가 코르도바를 중심으로 이슬람 식민지를 건설했다. 물론 북부도 무주공산이 아니었다. 그곳은 이슬람에게 밀려난 에스파냐인들의 터전이었다. 고향을 버리고 떠날 수도 없었지만 피레네를 넘어간다고 해도 그 북쪽은 프랑스의 아키텐, 제 집에서 쫓겨난 철새에게 순순히 자리를 내줄 텃새는 없다. 그래서 그들은 반도 북부만큼은 어떻게 해서든 지키려고 했고, 그런 배수진의 자세가 효과를 보아 이슬람은 반도를 완전히 장악하지 못했던 것이다.

더구나 에스파냐인들은 옛 서고트족, 한때 용맹을 떨친 게르만의 강성한 민족이었으니 이슬람이 어쩌지 못한 것도 당연했다. 그들은 반도 북쪽 끝의 산악 지대로 도피해 아스투리아스라는 작은

에스파냐의 십자군　정식 십자군의 역사에 등재되지는 못했지만 부분적인 성전도 있었다. 그림은 에스파냐의 이슬람 세력에게 결정적 타격을 준 토로사 전투에서 승리한 카스티야의 왕 알폰소 8세의 모습이다. 이때부터 에스파냐에서는 그리스도교 세력이 힘의 우위를 차지하면서 본격적인 레콩키스타가 시작된다.

왕국을 세우고, 남부에서 이슬람교로 개종해 살아가는 무기력한 동포들을 비난하며 재기를 꿈꾸었다. 서유럽이 중세의 안정기 속에서 서서히 발전을 이루는 동안 이슬람은 그에 반비례해 서서히 퇴조하기 시작했다.

그 틈을 타서 서고트의 후예들은 하나둘씩 나라를 건설하기 시작했다. 우선 아스투리아스는 레온으로 확대 재편되었고, 레온에서는 새로 카스티야가 분리되어 나왔다. 이미 그 동쪽에는 일찍이 샤를마뉴가 설치한 에스파냐 변경주가 10세기부터 나바라 왕국으로 독립해 있었다. 바야흐로 독립의 계절이었다. 카스티야가 생겨날 무렵 나바라에서 갈라져 나온 바스크인들은 그 동쪽에 아라곤 왕국을 세웠다. 또 그 동쪽의 바르셀로나에는 이미 백작령이 설치되어 있었는데, 이곳도 독립의 계절풍을 타고 자연스럽게 미니 왕국으로 성장했다. 이로써 11세기 무렵 이베리아 반도 북부와 피레네 산맥 남쪽에는 동쪽에서 서쪽으로 다섯 개의 왕국이 어깨를 나란히 하고 올망졸망 자리를 잡고 있었다.

그 나라들이 행동을 개시한 것은 십자군이 조직되기 이전이었다. 때마침 코르도바의 식민지 정부에서 내란이 발생한 것을 계기로 그들은 잃은 영토를 되찾고 이교도에게 당한 굴욕을 되갚기 위해 일어섰다. 비록 나라는 다섯이지만 같은 그리스도교권의 형제들이므로 공동 전선을 펴는 것은 당연했다. 이리하여 에스파냐의 국토회복운동이 벌어졌는데, 이것을 레콩키스타Reconquista라고 부른다.

멀리 동쪽에서 날아온 십자군의 승전보는 이들에게 더욱 큰 자신감을 주었다. 이들은 일제히 이슬람을 압박하면서 남쪽으로 진출했다. 선봉에 선 카스티야는 레온을 병합하고 반도 중부 마드리드 일대까지 손에 넣었으며, 아라곤은 사라고사를 정복하고 바르셀로나를 병합해 서열 2위를 유지했다. 또한 카스티야에서 분리되어 나온 일파는 남쪽으로 치고 내려가 포르투갈 왕국을 세웠다. 이후 카스티야와 아라곤은 서로 경쟁하듯 레콘키스타에 주력해, 마침내 십자군 전쟁이 끝날 무렵인 13세기 후반에는 코르도바, 세비야, 발렌시아 등 반도 남부까지 모조리 두 왕국의 영토가 되었다. 이제 이슬람은 반도 남단의 그라나다만 겨우 유지하는 형국이 되었다(그라나다는 15세기 말에 에스파냐의 영토로 수복된다. 800년이나 이슬람이 지배했기에 그라나다에는 특히 이슬람 문화가 많이 발달해 있다).●

레콘키스타를 성공적으로 완수한 에스파냐는 비로소 서유럽 세계의 일원으로 참여할 자격을 얻었다. 에스파냐가 서유럽 왕가들과 정식으로 외교 관계를 맺고 통혼으로 혈연관계를 구축하기 시작하는 것은 바로 이 무렵부터다. 그러나 세계사적으로 더 중요한 것은 뒤늦게 서유럽 세계에 동참한 탓에 이 지역에는 봉건제가 정착하지 못했다는 점이다. 그렇다면 봉건적 발전도 이루지 못했다는 것인데, 이렇게 중세의 상당 기간을 허송세월했으니 에스파냐는 서유럽의 후진국 신세를

● 레콘키스타가 성공할 수 있었던 이유는 물론 에스파냐인들이 열심히 싸운 덕분도 있지만, 이슬람 제국이 현저하게 약화되었기 때문이기도 하다. 13세기 초 이슬람 제국은 아바스 왕조가 유명무실해지고 셀주크투르크가 흥기하면서 혼란에 빠진 탓에 유럽의 먼 서쪽 식민지까지 돌볼 겨를이 없었다. 따라서 레콘키스타는 이슬람 제국을 상대로 한 게 아니라 에스파냐에 있는 이슬람교도들과 싸운 것이었다. 급기야 이슬람 제국은 1258년에 아예 멸망하고 만다. 에스파냐를 잃었기 때문이 아니라 동방에서 몽골 원정군이 침략해왔기 때문이다. 본국이 무너지자 에스파냐의 이슬람교도들은 더욱 힘을 잃었으며, 빼앗긴 영토를 회복하기는 커녕 생존을 위해 사투를 벌여야 했다. 그라나다는 그 사투의 결과로 얻은 생존의 장소였다.

면치 못한 걸까? 그러나 근대에 접어든 이후에는 그랬어도 그 당시에는 오히려 그렇지 않았다. 서유럽이 지중해를 장악하면서 지중해 무역에 동참할 처지가 못 된 덕분에 에스파냐와 포르투갈은 일찌감치 서쪽의 대서양으로 진출하여 대항해시대를 열기 때문이다. 결국 그들은 후발 주자의 약점을 장점으로 바꾸는 데 성공한 셈이다.

서유럽의 확대: 영국의 편입

이베리아 반도와 더불어 십자군 시대에 서유럽 세계로 편입된 곳은 영국이다. 1066년 노르망디 공으로서 영국 왕이 된 윌리엄 1세는 정복왕이라는 별명에 어울리지 않게 앵글로·색슨 시대의 관습과 제도를 거의 바꾸지 않고 그대로 유지했다. 일단 목적한 바를 이루었으니 더 이상의 성가신 제도 개혁 같은 것은 원치 않았을 터이다. 그러나 그로서도 한 가지 반드시 고려해야 할 게 있었다. 그것은 바로 부하들의 논공행상이었다. 자신을 믿고 바다를 건너와 해럴드를 물리치고 영국을 정복하는 데 결정적인 도움을 준 노르망디 출신 가신과 기사 들만큼은 어떻게든 배려해야 했다.

윌리엄은 무엇으로 공을 논하고 상을 주었을까? 물론 토지다. 신천지를 정복한 것이나 다름없었으니 굳이 기존의 앵글로·색슨 귀족들이 가진 토지를 빼앗지 않더라도 개국 공신들에게 줄 토지는 남아돌았다. 다만 어떤 방식으로 토지를 줄 것인가가 문제인데, 이것도 아주 쉬웠다. 익숙한 방식을 채택하면 된다. 윌리엄은 토지와 더불어 그 토지에 속한 농민들까지 나누어주었다. 봉토와 농노가 생겨났으니 이것은 바로 대륙(주로 프랑스)의 봉건제다. 윌리엄은 당시 영국에 별로 퍼지지 않았던 봉건제를 전격적으로 실시한 것이다. 이것으로 영국은 중세 서유럽 세계의 일원으로 편입 신고를 마친 셈이다.

그러나 대륙에서처럼 봉건제가 자연스럽게 성장한 게 아니라 인위적으로 도입되고 실시된 경우이므로, 아무래도 대륙과는 다를 수밖에 없다. 가장 큰 차이는 왕권이다. 프랑스에서는 옛 프랑크 시대의 귀족과 신흥 귀족이 자연스럽게 봉건 영주로 변신하면서 오랜 세월에 걸쳐 서서히 봉건제를 확립했다. 따라서 영주들 간에 서열은 있었으나 특별히 한 명의 영주가 압도적인 권한을 가지지는 못했으며, 그 결과 왕권은 보잘것없을 정도로 미약했다. 하지만 영국의 윌리엄은 처음부터 정복자의 지위이고 절대적 권력을 가진 '왕조의 개창자'라는 자격으로 명령을 통해 봉건제를 실시한 것이었으므로 같은 봉건제라 해도 프랑스의 왕보다 훨씬 강력한 왕권을 가지고 있었다. 사실 윌리엄의 왕권은 프랑스의 왕만이 아니라 유럽의 어느 군주보다도 강력했다. 또한 그는 유럽의 어느 군주보다 더 넓은 왕실 직속 토지와 막강한 군대를 가지고 있었다.

첨단의 봉건제가 도입됨에 따라 영국의 전통적인 제도와 관습은 급속히 사라졌다. 구시대의 유물인 위탄게모트는 폐지되었고, 왕위가 세습되기 시작했다. 윌리엄은 전국에서 세금을 거두어들였고, 전국의 행정과 사법을 관장했다. 영국은 이제 대륙에서 볼 수 없는 중앙집권 체제의 봉건 왕국이 된 것이다.

그러나 아직 영국은 대륙에서 별로 인정받지 못했다. 영국은 어디까지나 노르망디 공이 정복한 지역일 뿐이었으므로, 이를테면

영국 귀족들의 사냥 중세 전체를 통틀어 가장 팔자가 늘어진 사람은 영국의 귀족들이었다. 영국의 왕은 같은 시대 대륙의 어느 왕보다 강력한 권력을 가지고 있었으나 가장 힘센 봉건 영주일 뿐 정치적 중심이 되지는 못했다. 따라서 영국은 귀족들이 각자 자기 영지에서 왕처럼 군림하는 '귀족들의 세상'이었다. 바로 이 점이 이후 영국에서 귀족들 중심의 의회가 성립할 수 있는 배경을 이룬다. 그림은 영국 귀족들이 사냥을 즐기는 장면이다.

● 가진 것(권력과 재산)만으로 치면 영국의 왕은 프랑스의 왕보다 강력하고 부유했으나, 지위의 면에서는 비슷한 시기에 이슬람에서 해방되어 새로 서유럽 세계에 편입된 에스파냐의 왕들보다도 못했다. 흥미로운 점은 영국의 왕으로서도 그런 서열을 별로 굴욕스럽게 여기지 않았다는 것이다. 일찍이 덴마크의 크누드가 그랬듯이, 윌리엄은 영국보다도 자신의 원래 소유지인 노르망디에 더 관심이 컸고, 이후의 영국 왕들도 마찬가지였다. 대륙에서 볼 때 아직까지 영국은 서유럽의 '변방'에 지나지 않았고, 문명의 오지일 뿐이었다.

노르망디의 식민지나 다름없었다.* 이와 같은 대륙의 인식은 엉뚱한 문제를 낳았다. '노르망디의 지배자가 영국의 왕이 되므로 노르망디의 왕은 자동적으로 영국 왕이 된다.' 이게 프랑스 귀족들의 생각이었다(이렇게 영국에 욕심을 내기 시작했다는 것은 영국이 서유럽에 편입되면서 그 가치가 예전보다 높아졌음을 뜻한다). 물론 영국 왕의 생각은 달랐다. 영국은 물론 조상들의 고향인 노르망디도 영국 왕실의 소유였다. 이런 시각 차이로 인해 노르망디를 둘러싼 분쟁의 불씨는 점점 커져갔다.

1128년에 프랑스 서부의 앙주 백작 조프루아는 정복왕 윌리엄의 손녀인 마틸드와 결혼했다. 결혼 당시 그의 나이는 겨우 열네 살이었고, 마틸드는 그보다 열두 살이나 연상인 데다 3년 전에 죽은 독일 황제 하인리히 5세의 미망인이었다. 누가 봐도 정략결혼인데, 어떤 정략이 숨어 있었을까? 앙주 가문은 10세기부터 노르망디 남쪽을 영지로 갖고 있었는데, 가세를 키워 12세기 초반에는 프랑스의 유력 가문으로 떠올랐다. 당시 영국 왕 헨리 1세(윌리엄 1세의 아들)는 앙주 가문의 힘을 빌려 노르망디를 지킬 마음을 먹었다. 이럴 때 가장 좋은 방법은 혼맥을 구축하는 것이다. 헨리는 때마침 싱글이 된 딸을 앙주 가문의 며느리로 보냈는데, 그녀가 바로 마틸드였다. 덕분에 앙주 가문은 노르망디를 거저 얻게 되었으니 당연히 대환영이었다.

헨리가 후사도 없고 후계자 지명도 하지 않은 채 죽자 드디어 문제가 터졌다. 헨리의 조카 스티븐은 재빨리 공석인 왕위를 물려받는 데 성공했으나, 바다 건너 노르망디에서 마틸드가 노려보고 있었다. 젊은 남편의 든든한 지원을 받은 마틸드는 군대를 이끌고 영국으로 건너왔다. 영국은 노르망디보다 훨씬 넓고 군대도 강했으나, 노르망디는 엄연히 영국의 '본국'이자 '모국'이었으므로 아무래도 영국 귀족들은 몸을 사릴 수밖에 없었다. 결국 자신의 사병들로 맞설 수밖에 없었던 스티븐은 마틸드의 포로가 되고 말았다. 영국이 노르망디의 식민지로 전락할 위기에서 구해낸 것은 런던의 시민들이었다. 싸움을 방관하고 있던 런던 시민들은 마틸드가 영국을 우습게 여기고 거드름을 떠는 태도에 격분해 그녀의 대관식을 육탄으로 저지했다. 애초부터 영국에 눌러 살 생각은 없었던 마틸드는 영국 왕위를 순순히 포기하고 노르망디로 귀환했다.**

이 사건의 결과는 두 가지였다. 첫째, 노르망디는 영국 왕실의

●● 당시 마틸드의 별명은 '여황제'였다. 독일 황제의 미망인인 데다 프랑스 유력 가문의 상속녀, 게다가 영국 왕위 계승권까지 쥐고 있었으니, 권력이라면 어느 누구도 부럽지 않았을 것이다. 이렇게 유럽 왕실들이 통혼으로 연결되는 경우는 프랑크가 분열될 때부터 따지면 9세기부터 있었으나, 본격적으로 성행하는 것은 이 무렵부터의 일이다.

● 플랜태저넷 왕조는 앙주 왕조라고도 부른다. 사실상 이 무렵에는 영국에 앙주 왕조가 생겼다기보다는 앙주 왕조가 영국을 차지했다고 말하는 게 옳다. 즉 잉글랜드는 앙주 왕국의 일부였던 것이다. 어쨌든 이로써 덴마크 혈통으로 출발한 영국 왕실에는 이때부터 프랑스의 혈통이 섞이게 되었다.

손에서 완전히 벗어나 앙주 가문의 것이 되었다. 둘째, 스티븐의 왕위는 인정되었으나 그의 가문으로 후사를 이을 수는 없게 되었다. 그럼 이제 영국 왕위는 어떻게 되는지 쉽게 알 수 있다. 1154년 스티븐이 죽자 아무런 어려움 없이 조프루아와 마틸드의 아들인 헨리 2세가 왕위를 계승했다. 이제 앙주 가문은 정식으로 영국 왕가가 되었다.

하지만 만약 헨리의 아버지인 조프루아가 일찍 죽지 않았더라면 당연히 새 왕조의 개창자는 조프루아가 되었을 것이다. 조프루아는 자기 투구에 금잔화의 가지planta genista를 꽂고 다녀 '플랜태저넷'이라는 별명으로 유명했는데, 그게 새 왕조의 이름이 되어 영국에 플랜태저넷Plantagenet 왕조가 생겨났다(또다시 아버지의 이름으로 새 왕조의 이름을 지은 경우다).● 윌리엄 시대에 봉건제도가 이식된 데 이어, 플랜태저넷 왕조의 성립으로 영국은 대륙의 국제 질서에 포함되면서 유럽사의 한 바퀴를 담당하게 되는데, 이후부터는 특히 프랑스의 역사와 맞물린다.

봉건제의 본산: 프랑스

영국에 새 왕조를 건설한 앙주 가문은 분명히 프랑스의 유력 가문이다. 그런데 왜 이 분쟁에 프랑스 왕가는 개입하지 않은 걸까?

오늘날과 같은 국가 개념으로 본다면 당연히 프랑스 정부가 관여해야 할 문제일 것이다. 그러나 중세 프랑스는 오늘날과 같은 국가가 아닐뿐더러 당시 서유럽을 제외한 전 세계에 존재하던 '일반적인 왕국', 즉 초기 영토 국가에도 미치지 못하는 나라였다. 서유럽에서 가장 유서 깊고 전통적인 프랑스가 어찌 된 일일까?

물론 프랑스에도 왕이 있었고, 왕조도 있었다. 서유럽 최초로 그리스도교를 받아들인 클로비스가 프랑스의 초대 국왕이며, 서유럽 왕실들의 모태를 이룬 카롤링거 왕조는 바로 프랑스의 왕조가 아니던가? 역사로만 본다면 어디에도 뒤질 게 없는 프랑스다.

그러나 프랑스는 봉건제의 본산이었던 만큼 그 폐해도 가장 크게 겪어야 했다. 봉건제의 정치적 측면은 바로 분권 체제가 아닌가? 에스파냐와 영국이 신흥 강국으로 발돋움하던 무렵에도 프랑스는 여전히 통일된 왕국을 이루지 못하고 있었다.

독일에서 카롤링거 왕조가 끊긴 것과 비슷한 무렵(10세기 중반) 프랑스에서도 카롤링거 왕조 대신 유력한 귀족들이 저마다 가문을 이루어 프랑스의 왕계를 잇게 되었다. 사실 그 이전에도 이미 카롤링거 왕가에서만 왕을 배출한 것은 아니고 귀족 가문들끼리 적절히 돌아가며 왕위를 계승하던 터였다. 어찌 보면 왕권 자체가 큰 의미가 없었다고 볼 수 있다. 그래서 987년 파리 백작인 위그 카페가 이제부터 자기 아들에게 프랑스 왕위를 세습하겠다고 선언했을 때도 귀족들은 별로 반대하지 않았다. 카페Capet 왕조는 이렇게 그다지 주목을 받지 못하고 출범했다.

시작부터 이랬으니 카페 왕조의 운명은 뻔했다. 11세기까지 카페 왕조의 왕들은 파리와 오를레앙 일대의 지역만 영지로 소유하고 지배했을 뿐, 다른 봉건 귀족들의 영지에는 아무런 간섭도 하

오늘날의 파리를 만든 인물 카페 왕조의 개창자인 위그 카페(오른쪽)가 성자의 방문을 받고 있는 모습이다. 그가 카페 왕조를 열었다고 해서 긴장하는 귀족들은 거의 없었다. 당시 카페 왕조는 파리와 오를레앙 일대만을 다스리는 봉건 영주에 지나지 않았기 때문이다. 카페 왕조가 프랑스에 전국적인 정치력을 확보하는 시기는 12세기 후반부터다. 그러나 카페 왕조가 아니었다면 오늘날 프랑스의 수도는 파리가 아니었을 것이다.

지 못했다(왕보다 더 큰 세력을 자랑하는 귀족들도 있었으니 간섭하려 해도 할 수 없었을 것이다). 그러나 이렇게 근근이 왕권을 이어오던 카페 왕조에 도약의 계기가 찾아왔다. 1108년에 왕위에 오른 루이 6세는 자신의 관할 구역 내에 있는 하급 영주들을 확실히 단속하지 않으면 자기 밥마저 찾아 먹지 못하겠다고 판단했다.

물론 예전의 허약한 카페 왕조를 염두에 둔다면 그가 마음만 먹는다고 될 일은 아니었다. 그러나 그에게는 어느 정도 비빌 언덕이 있었다. 얼마 전 로마 교황 그레고리우스 7세의 개혁이 한창일 때 카페 왕조는 일찌감치 교황의 편을 들어 적절한 타협을 이루고 교회의 지지를 얻었던 것이다(418쪽 참조). 예상대로 '자기 밥'을 확보하고 난 다음 루이 6세의 야망은 이참에 카페 왕조를 명실상부한 프랑스의 왕가로 만들겠다는 결심으로 이어졌다. 이윽고 그는 강력한 봉건 귀족들인 아키텐 공작과 플랑드르 백작을 제압하고 아들 루이 7세에게 처음으로 왕다운 왕의 자리를 물려줄 수

앙주의 상속자 　프랑스 왕 루이 7세는 자식을 낳지 못했다는 이유로 버린 엘레오노르가 영국 왕 헨리 2세와 결혼했을 때 가슴이 뜨끔했을 것이다. 그녀는 바로 아키텐의 상속녀였기 때문이다. 아니나 다를까, 헨리는 재빨리 앙주의 영유를 주장하고 나서서 루이를 골치 아프게 만드는데, 이것이 나중에 백년전쟁의 씨앗이 된다. 그림은 헨리와 엘레오노르가 부부애를 과시하듯이 다정하게 교회를 헌납하는 장면이다.

있었다.

　그러나 아직 프랑스의 왕은 프랑스를 지배할 만한 힘을 가지지 못했다. 루이 7세는 아버지의 명에 따라 아키텐 공의 상속녀인 엘레오노르와 결혼했으나 아들을 낳지 못하고 결국 이혼했다. 문제는 1152년 그녀가 앙주 가문의 상속자와 재혼했다는 것이다. 그녀의 새 남편은 바로 2년 뒤에 영국에서 플랜태저넷 왕조를 열게 되는 헨리 2세였다. 이미 프랑스에 노르망디, 브르타뉴, 앙주를 소유하고 있던 헨리 2세는 수지맞는 결혼으로 아키텐마저 얻음으로써 프랑스 서부 지역 전체를 소유하게 되었다(그의 아버지 조프루아도 마틸드와의 결혼으로 재산을 불렸으니 앙주 가문은 일찍부터 혼맥을 이용하는 데 뛰어났던 모양이다). 이 문제는 200년 뒤 영국과 프랑스 간에 벌어지는 백년전쟁의 불씨가 된다.

　첫 결혼에서 재미를 보지 못한 프랑스의 루이 7세는 세 번째 결혼에서 비로소 대박을 터뜨렸다. 아들 필리프를 낳은 데다 유력한

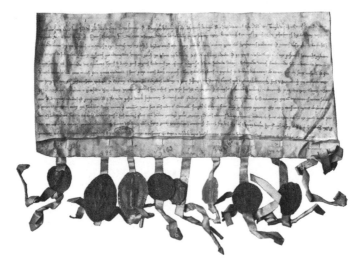

필리프에게 온 편지　영국 왕 리처드와의 불화로 십자군 전쟁에서 혼자 되돌아온 필리프에게 예루살렘의 주교로부터 편지가 날아들었다. 성지가 다시 위기에 처했으며, 이슬람군의 침략으로 입은 피해가 상당하다는 내용이다(편지 아래에 주렁주렁 매달린 것들은 모두 편지가 배달되는 동안 여러 군데에서 찍은 확인 도장이다). 이런 편지가 왔다는 사실은 당시 프랑스의 왕이 십자군의 리더였음을 말해준다. 두목이 내뺐으니 3차 십자군이 실패할 것은 당연했다.

귀족들인 샹파뉴 백작, 블루아 백작을 처남으로 두게 된 것이다. 이로써 프랑스는 영국의 플랜태저넷 왕조가 서부 지역을 소유하고 나머지는 카페 왕조가 지배하는 형세가 되었다.

　루이 7세의 아들이 바로 '존엄왕'이라는 별명을 가진 필리프 2세Philippe II(1165~1223, 재위 1180~1223)다. 그는 2차 십자군 전쟁에 참여했던 아버지의 뒤를 따라 3차 십자군 전쟁에 참여하게 되는데, 그때의 동료가 헨리 2세의 아들로 영국 왕이 된 리처드 1세였다. 프랑스 내의 영토를 놓고 반목이 심하던 그들이었으니 원정 도상에서부터 서로 심하게 다툰 것은 당연했다. 필리프가 원정을 중지하고 되돌아온 이유도 사실은 리처드가 없는 틈을 타 노

패배와 발전　프랑스 왕 필리프 2세에게 패하고 도망치는 영국 왕 존의 모습이다. 왼쪽에 말에서 떨어진 인물은 필리프인데, 영국에서 그린 그림이기 때문에 이렇게 표현되었을 것이다. 전쟁에서 패한 것은 존에게 큰 불행이었으나 영국 전체로서는 큰 행운이었다. 귀족들이 패배한 존을 압박해 마그나카르타를 성립시켰기 때문이다.

르망디를 차지하려 했기 때문이다(귀족들의 반대로 그 계획은 무산되었다). 리처드는 '사자심왕'이라는 별명처럼 당대에 으뜸가는 무예를 자랑하는 전사였으니 필리프로서는 맞상대하고 싶지 않았을 것이다.

　뛰어난 전사라고 해서 반드시 유능한 왕이 되는 건 아니다. 리처드는 인품도 훌륭했고 정치적 자질도 탁월한 인물이었으나 불과 10년밖에 재위하지 못한 데다 대부분 국외에 있었던 탓에 별다른 치적을 남기지 못했다(동생 존의 폭정으로 로빈 후드가 의적이 된 것은 의도치 않은 결과다). 그의 동생으로 왕위를 계승한 존은 형의 영웅적 자질을 전혀 닮지 못한 인물이었으나 책략에는 형보다 한 수 위였다. 1200년 그는 앙주 부근 푸아투의 한 지방인 앙굴렘을 소유하기 위해 그 상속녀인 이사벨라와 결혼한 것이다. 여기까지는 좋았지만 그녀의 약혼자였던 드 뤼지냥에게 아무런 보상도 지불하지 않은 게 빌미가 되었다. 드 뤼지냥은 즉각 프랑스의 왕 필리프 2세에게 탄원했다.

필리프로서는 없는 구실도 만들어야 할 판에 호박이 넝쿨째 굴러든 격이다. 그는 상급 군주의 자격으로 존을 프랑스로 불러들였다. 하지만 호랑이굴에 제 발로 들어갈 바보는 없다. 존이 이를 거부하자 필리프는 2단계 조치로 넘어간다. 존이 왕명을 받들지 않았으니 봉건적 의무를 저버렸다는 것이다. 당시 프랑스의 왕은 영국 왕보다 지위상 상급 군주였으므로 말이 안 되는 것은 아니지만, 필리프의 이런 태도는 어디까지나 구실이었을 뿐이다. 이 구실을 이용해 필리프는 앙주를 몰수한다고 선언한다. 격분한 존은 조카인 독일 황제 오토 4세와 연합해 프랑스를 공격하나 패하고 만다.

의회의 먼 기원   로빈 후드에게 농락당한 영국 왕 존이 귀족들에게도 농락당한 결과로 맺은 마그나 카르타다. 이것을 기원으로 수십 년 뒤 영국에는 세계 최초의 의회가 성립하지만(그래서 오늘날 영국인들은 '700년 의회의 역사'를 자랑한다), 실은 대륙의 봉건제가 인위적으로 이식된 영국이기에 가능한 일이었다.

앙주가 프랑스 영토가 됨으로써 노르망디도 자연히 프랑스의 손으로 넘어갔다. 이제 프랑스 내의 영국 영토는 아키텐 일대밖에 남지 않게 되었다. 이 엄청난 손실에 영국의 봉건 귀족들이 분노한 것은 당연했다. 1215년에 존은 결국 그들의 힘 앞에 무릎을 꿇고 '귀족의 요구 사항'을 수락했는데, 이것이 바로 마그나카르타Magna Carta(대헌장)다.[*] 이 민주주의의 기본 정신을 바탕으로 13세기 말에는 드디어 유럽 최초의 의회가 영국에서 탄생하게 된다. 마그나카르타로 영국의 왕은 강력했던 왕권을 잃었지만 거꾸로 영국인들은 서유럽의 주인공으로 화려하게 도약할 계기를 얻은 것이다.

서유럽의 그늘: 독일과 이탈리아

십자군 전쟁이 진행된 11~13세기는 서유럽의 원형이 생겨난 시대다.** 이 무렵 서유럽 세계는 지역 전체적으로는 분권화가 가속화되면서 각국 내부에서는 중앙집권화가 추진되고 있었다. 이 시대에 에스파냐와 포르투갈이 서유럽의 일원으로 편입되었고, 프랑스와 영국은 서로 갈등과 반목 속에서 초기 국민국가로 성장해갔다. 편입생과 재학생이 꾸준히 학업에 열중하는 것은 휴학생에게도 큰 자극을 주었다. 뒤늦게 배움의 필요성을 깨달은 이 휴학생은 바로 독일과 이탈리아였다.

10세기에 신성 로마 제국의 수립으로 서유럽 전역에 위세를 떨쳤던 독일은 이후 오히려 교황의 '특별한 관심'을 받는 처지라는 점 때문에 독자적인 행보에 제약이 많았다. '신성'과 '로마'와 '제국'의 세 가지 특징 가운데 가장 필요한 것은 제국이었으나 정작으로 독일에 주어진 것은 신성과 로마뿐이었다. 신성의 영역만 관장해야 할 로마의 교황이 독일 국내의 정치에 사사건건 간섭했으니까. 오토 1세를 배출한 작센 왕조가 11세기 초반에 왕통이 끊어지고 새로 잘리어Salier 왕조가 들어섰어도 사정은 전혀 변하지 않았다. 이름만 황제일 뿐 잘리어 왕조의 황제들은 여전히 독일 지역 전체를 지배하지 못하고 있었다. 그러므로 교황의 간섭에서 벗어나는

● 마그나카르타는 전문(前文)과 63개조의 조항으로 이루어져 있는데, 기본적인 그 내용은 국왕이 귀족들의 동의를 구하지 않고 마음대로 세금을 징수할 수 없도록 하고, 모든 자유인은 국왕이 아닌 법의 지배를 받도록 한다는 것이었다. 국왕보다 법이 우위에 있다고 밝힌 점 때문에 마그나카르타는 서구 의회민주주의의 출범을 알리는 중요한 문헌으로 간주되지만, 여기에는 조금 과장이 있다. 영국의 귀족들이 마그나카르타를 성립시킨 것은 민주주의를 의도했다기보다 자신들의 특권을 유지하려는 데 목적이 있었기 때문이다. 그러므로 마그나카르타는 오히려 봉건제를 더욱 강화하려는 노력의 표출이다. 당시 영국의 상황은 봉건제가 지나쳐서 생기는 폐단보다는 봉건제도가 모자란 데 따르는 폐해가 더 컸던 것이다.

●● 서유럽 세계가 형성되는 계기는 얼추 세 가지로 잡을 수 있다. 앞서 프랑크 왕국이 분열되면서 서유럽의 원시적 형태가 생겨난 것이 1차 계기라면, 십자군 시대는 2차 계기가 된다. 마지막 3차 계기는 근대 유럽을 낳은 17세기 30년 전쟁부터 20세기 제2차 세계대전까지의 전란기다.

게 무엇보다 급선무였다. 적어도 카노사의 굴욕을 겪은 하인리히 4세의 심정은 그랬다.

　재기를 꿈꾸던 하인리히 4세에게 좌절을 안겨준 사람은 그의 아들인 하인리히 5세였다. 그는 아버지가 거의 꿈을 이루었을 무렵, 교황과 결탁해 아버지를 축출하고 1105년에 황제가 되었다. 이후 그는 보름스 협약으로 교황과 타협을 보고 종교 문제를 매듭짓는 성과를 올렸다. 하지만 독일의 미래를 위해서는 그런 타협이 좋지 않았다. 같은 시기 프랑스의 루이 6세가 교황과 타협을 이룬 것은 왕권을 강화하는 데 큰 도움이 되었지만, 독일의 경우는 오히려 봉건 귀족들의 발언권만 강화시켜준 결과가 되었다(여기에는 전통적으로 독일의 귀족들이 프랑스의 귀족들에 비해 신앙심이 높았던 탓도 있다). 프랑스에서는 교황이 배경에 불과했으나 독일에서는 교황이 거의 실세였던 것이다. 그런 탓에 보름스 협약 이후 하인리히 5세는 독일 귀족들의 반발을 받아 왕권이 크게 약화되었다. 그 자신을 위해서나, 가문을 위해서나, 독일을 위해서나 그는 아버지의 뜻을 따르지 않은 것을 몹시 후회했을 것이다. 결국 그를 마지막으로 잘리어 왕조는 이름처럼 대가 잘리었으며, 독일은 다른 유럽 국가들이 하나같이 왕권을 강화하고 초기 국민국가를 이루어가는 와중에도 계속 분권화의 길로 나아갔다(물론 앞에서 보았듯이 그의 아내 마틸드는 그가 죽는 바람에 팔자를 고쳤지만).

　잘리어 왕조의 뒤를 이은 것은 슈바벤에 근거지를 둔 호엔슈타우펜Hohenstaufen 왕조였다. 전 왕조의 실패에서 교훈을 얻은 황제 프리드리히 1세(재위 1152~1190)는 교황과 다투기 전에 먼저 독일 내의 귀족들부터 교통정리하지 않으면 안 되겠다고 판단했다. 백번 옳은 노선이었다. 그는 강력한 맞수인 벨펜 가문에 남독일의

신성과 세속의 균형 이 그림은 보름스 협약의 결과를 표현하고 있다. 가운데 앉아 있는 것은 신이며, 그 양쪽으로 로마 교황과 신성 로마 제국의 황제가 무릎을 꿇고 있다. 요컨대 교황과 황제는 신 앞에서 '동격'이라는 것이다. 그러나 독일과 이탈리아에서는 이렇게 신성과 세속이 균형을 이루었지만 다른 지역에서는 이미 세속 군주들이 교회마저 국유화하는 방향으로 치닫고 있었다.

바이에른을 양도하고, 그 대신 중소 귀족들을 하나씩 제압하는 전략을 구사했다. 북으로는 덴마크, 동으로는 폴란드, 헝가리의 봉건 귀족들이 그에게 무릎을 꿇었으며, 남으로는 부르군트(지금의 오스트리아 동부)가 제국의 영토로 편입되었다. 오토 1세 이래로 처음 군주다운 군주가 출현한 것이었다.

부르군트를 손에 넣은 프리드리히는 곧바로 북이탈리아의 롬바르디아를 노렸다. 롬바르디아는 독일의 황제라면 누구나 탐을 내는 곳, 일찍이 샤를마뉴와 오토 1세 등 역사상의 '대제들'도 롬바르드 왕을 칭하는 것을 영예로 여기지 않았던가? 그러나 롬바르디아는 상징적으로 대제의 관문이기도 하지만 지리적으로는 교황령의 북쪽 관문이기도 했다. 그러므로 그가 롬바르디아를 점령한 것은 불가피하게 교황과의 충돌을 빚었다. 어차피 독일 황제와 교황은 맞부딪힐 수밖에 없는 운명이었으나 당시는 교황권이 정치적으로나, 경제적으로나 절정에 달했을 무렵이다(13세기 무렵 교황청의 수입은 서유럽 모든 군주의 수입을 합친 것보다도 많았다). 그전까지 기세 좋게 나아갔던 황제군은 그만 교황군에게 호되게 쓴맛을 보았다. 하지만 프리드리히는 좌절하지 않았다. 강하면 우회하라. 그는 교황령을 피해 이탈리아 남쪽으로 진출한 뒤 맏아들을 시칠리아의 상속녀와 결혼시킴으로써 시칠리아 왕국을 얻었다.●

비록 숙적(교황)을 제거하는 데는 실패했지만 나름대로 충분한 전과를 올리고 독일로 귀환한 프리드리히는 밀린 숙제를 해결했다. 바로 벨펜 가문으로부터 바이에른을 빼앗은 것이다. 이로써 그는 그때까지 독일의 역사상 가장 강력한 독일을 만들었다. 그런 그가 칠순에 가까운 나이에 3차 십자군 전쟁을 떠나 객지에서 죽은 것(395쪽 참조)은 어쩌면 독일의 미래를 보여주는 듯했다. 쇠는 뜨거울 때 두드려야 연장을 얻는 법인데, 그럴 만한 힘과 자격을 갖춘 프리드리히가 죽으면서 독일의 중앙집권화는 아예 차갑게 식어버렸던 것이다.

호엔슈타우펜 왕조를 위해 한 가지 다행스런 점은 또 한 명의 뛰어난 군주가 등장했다는 점이다. 그의 손자인 프리드리히 2세(재위 1215~1250)는 아버지 하인리히 6세가 죽을 때 겨우 네 살이었다. 호엔슈타우펜의 숙적인 벨펜 가문에서는 이것을 기회로 여기

● 지금 시칠리아는 이탈리아의 일부이지만 역사는 이탈리아와 사뭇 다르다. 시칠리아는 지중해 한가운데라는 지리적 요인 때문에 예로부터 주인이 자주 바뀌었다. 그리스 시대에 시칠리아에는 그리스 식민시들이 발달해 있었으며, 포에니 전쟁 중에는 로마와 카르타고 양측의 쟁탈지가 되었다. 로마 시대에는 로마 최초의 속주였다가 로마가 멸망하고 난 다음에는 비잔티움 제국의 지배를 받았다(332쪽 참조). 또한 9세기부터는 이슬람이 섬 전체를 지배했으며, 11세기 중반 이베리아 반도에서 레콩키스타가 한창이던 시기에는 여기에서도 국토회복운동이 일어났다. 결국 주민들은 이슬람 세력을 몰아내고 1130년 시칠리아 역사상 처음으로 독자적 왕국을 세웠다. 그러던 중 불과 한 세대 만에 다시 프리드리히의 지배를 받게 된 것이다. 이후에도 시칠리아는 프랑스와 에스파냐 등 유럽 강국들의 지배를 받다가 19세기 중반에야 이탈리아로 편입된다. 이런 수난의 역사가 시칠리아를 마피아의 고향으로 만드는 데 일조하지 않았을까?

고 오토 4세가 제위를 빼앗는 데 성공했다. 어린 프리드리히는 할 수 없이 외가인 시칠리아로 가서 소년 왕이 되었다. 그러나 오토는 얼마 못 가 숙부(영국 왕 존)를 잘못 둔 죄로 프랑스와의 전쟁에서 지고 제위에서도 물러나야 했다. 존이 패전의 책임을 지고 영국 귀족들 앞에서 마그나카르타에 서명하던 그해(1215년)에 프리드리히 2세는 프랑스 왕 필리프 2세의 지원으로 오토를 몰아내고 호엔슈타우펜의 대를 이었다.

프리드리히 2세가 제위에 오르는 데는 로마 교황 인노켄티우스 3세의 도움도 컸지만, 젊은 프리드리히는 역대 교황들 중 최대의 야심가이자 최강의 권력을 자랑하던 인노켄티우스를 대단치 않게 여겼다.** 그도 그럴 것이 그의 친가는 교황과 경쟁하는 호엔슈타우펜 가문이었고, 그의 외가는 이슬람 문화에 젖어 있는 시칠리아였던 것이다.

따라서 1227년 십자군 전쟁을 중단했다는 이유로 교황(그레고리우스 9세)에게 파문을 당한 사건은 프리드리히에게 두려움보다는 오히려 자극을 주었다(교황의 권력은 여전히 막강했지만 파문은 이미 낡은 무기였다). 그는 이듬해 예루살렘으로 가서 십자군 왕국을 접수하고 성지를 사유화해버렸다. 여기에 교황이 중부

●● 인노켄티우스 3세는 교황이 종교적 권위를 지니려면 세속적 권위가 필요하다고 여긴 인물이었다. 쉽게 말하면 현실 정치에서도 황제가 되고 싶어 했다는 이야기다. 그래서 그는 사이가 좋았던 프랑스의 필리프 2세에게는 결혼 문제까지 시시콜콜하게 간섭했으며, 캔터베리 주교 임명 문제로 그의 명령을 거역한 영국의 존은 힘으로 굴복시켰다. 또한 1215년에는 라테란 공의회를 열어 종교개혁의 고삐를 다시금 죄었다. 그러나 아무리 교황권이 하늘을 찌를 것 같은 기세였어도 서유럽의 분권화를 향하는 시대의 추세를 막을 수는 없었다.

이탈리아를 침략한 것은 불에 기름을 끼얹은 격이었다. 그곳을 잃으면 외가이자 고향이나 다름없는 시칠리아로 가는 길도 잃게 된다. 분노한 프리드리히는 교황군을 격파하고 중부 이탈리아와 시칠리아를 합쳐 통일 왕국으로 재편했다(로마가 멸망한 이후 800년

예루살렘의 프리드리히　프리드리히 2세는 교황에게서 파문을 당하자 오히려 성지로 달려가 예루살렘 왕국을 독차지해버렸다. 그림은 프리드리히가 셀주크 제국의 술탄 카밀과 평화조약을 맺고 악수하는 장면이다. 이교도와 강화하는 데 교황의 승인 같은 것은 필요 없었다. 프리드리히에게 교황은 안중에도 없었던 것이다.

동안이나 이탈리아와 시칠리아는 격리되어 있었으니, 프리드리히의 조치가 없었다면 오늘날에도 이탈리아와 시칠리아는 다른 나라가 되었을지도 모른다).

그러나 자기와 같은 이름의 할아버지(프리드리히 1세)처럼 프리드리히 2세도 혹시 샤를마뉴 - 오토로 이어지는 '대제의 꿈'을 꾼 것은 아니었을까? 이렇게 독일을 당시 프랑스와 영국의 수준으로 끌어올렸다면 그의 정책은 당연히 중앙집권을 강화하는 것이어야 할 터이다. 그러나 그는 자신이 일개 왕이 아니라 제국을 다스리는 황제라는 사실을 지나치게 의식한다(제국은 애초부터 없었는데도). 제국의 전통적인 통치 방식은 중앙정부를 강화하고 지방정부에는 자치권을 부여하는 것이다. 이에 따라 그는 자신의 직속 관할 하에 있는 슈바벤과 바이에른의 정치와 경제를 모두 직접 통제하는 한편, 독일 귀족들에게는 시칠리아와 마찬가지로 독립과 주권을 부여했다. 그러나 앞서 샤를마뉴나 오토의 경우에서 보았듯이, 전통이 미약한 제국은 강력한 군주들이 연속으로 등장해야만 제국의 골격을 유지할 수 있다.

예상한 대로 1250년에 프리드리히 2세가 죽으면서 황제권은 급속히 약화되었다. 제위를 물려받은 콘라트 4세는 교황은 물론 독일의 귀족들과도 맞서 싸울 자신이 없었다. 그래서 그는 시칠리아로 들어가 시칠리아의 왕에 만족했으나 그마저도 몇 년 못 가 죽고 말았다. 이로써 100여 년을 존속하던 호엔슈타우펜 왕조는 끝났다. 독일의 귀족들은 시대를 역행해 분권화의 길로 일로매진하고 있었다. 그들은 이미 프리드리히 2세에게서 자치권을 부여받은 터이므로 아예 이 기회에 각자 자신의 영지를 완전한 독립국으로 만들고자 했다. 그전까지 독일 지역 전체의 관심사를 함께 논의해야 할 경우 느슨하게나마 공동 운명체의 의식을 가졌던 귀족들은 모래알처럼 흩어졌다. 이리하여 독일은 본격적인 영방국가領邦國家 체제로 접어들었다.*

호엔슈타우펜 왕조가 몰락한 이후 약 20년 동안 독일은 황제가 존재하지 않는 대공위大空位(Interregnum) 시대를 맞게 된다. 물론 '공위'라고 해서 실제로 황제가 없었던 것은 아니지만, 특정한 황가가 없이 다시 옛날처럼 귀족들이 선출하는 방식으로 되돌아간 데다 황제도 이름만 내걸었을 뿐 실질적인 지배권을 가지지는 못했다.

심지어 1257년에는 영국과 프랑스가 독일의 제위를 차지하기 위해 각기 꼭두각시 후보들을 내세웠다. 교황 지지파는 영국 왕 헨리 3세의 동생인 리처드를 독일 황제로 밀었고, 다른 귀족들은 프랑스의 지원을 받아 카스티야의 왕 알폰소 10세를 황제로 선출한 것이다(서유럽 왕가들은 일찍부터 통혼을 통해 서로 얽히고설킨 인적 관계를 맺고 있었다). 그러나 졸지에 황제의 자리에 오른 두 사람은 막상 자신이 황제로 있는 나라에는 거의 가보지도 않았다. 결국 자신들의 운명은 자신들이 결정해야 한다고 자각하게 된 독일 귀족들은 1273년 루돌프 1

● 그러나 독일은 시대를 역행한 대가를 톡톡히 치러야 했다. 프랑스와 영국이 주도하는 서유럽 세계에서 독일은 이탈리아와 더불어 '서유럽의 그늘'을 이루었다. 이후 독일과 이탈리아는 서유럽의 다른 지역들이 모두 국민국가를 이룬 뒤에도 분열 상태로 존속하다가 19세기 후반에야 통일을 이루고 처음으로 독일과 이탈리아라는 나라를 세우게 된다(앞으로도 독일과 이탈리아라는 이름은 자주 나오겠지만, 19세기까지 그 이름들은 국호가 아니라 지역명일 뿐이다).

세를 황제로 뽑아 합스부르크Habsburg 왕조의 문을 열었다(그러나 이때 왕조가 시작된 것일 뿐이고 합스부르크 왕조에서 황위를 세습하게 되는 것은 15세기 중반부터다).

오지에서 차세대 주자로: 스칸디나비아

11~13세기 무렵 독일과 이탈리아가 '서유럽 대학'의 복학생이라면, 스칸디나비아는 아직 입학하지도 않은 입시 준비생쯤 된다. 아무리 지역적으로 서유럽의 북방에 치우쳐 있다지만 노르만 민족이동이 일어난 지도 벌써 수백 년이 지났는데 어찌 된 일일까?

사실 스칸디나비아는 노르만의 이동으로 오히려 피해를 본 셈이었다. 지역 전체가 서유럽 세계로 편입된 게 아니라 '일부 사람들'만 서유럽과 러시아로 이동해갔기 때문이다. 더구나 고향을 떠난 그들은 고향과 서유럽 선진 문명권을 이어준 게 아니라 아예 타향에서 딴살림을 차려버렸다. 따라서 '남은 사람들'은 스스로의 힘으로 스칸디나비아에 선진 문명의 빛을 끌어들여야 했다.

서유럽은 스칸디나비아에 자립이 가능할 만한 넉넉한 밑천을 주었다. 그것은 바로 그리스도교였다. 노르만의 민족이동이 끝나갈 무렵인 10세기부터 스칸디나비아에도 그리스도교가 들어왔다. 전염성이 강한 종교답게 그리스도교는 토착 종교들을 하나씩 차례로 물리치고 마침내 스칸디나비아 전역에 널리 퍼졌다. 그리스도교가 도입됨으로써 스칸디나비아는 서유럽 대학의 입시 자격을 얻게 되었다.

그러나 현실 정치의 경험이 거의 없는 스칸디나비아인들은 아

424

직 입시를 본격적으로 준비하기에는 일렀다. 이곳에는 봉건제도 없었고, 영주도, 기사도 없었다. 그 덕분에 십자군 전쟁에는 참여하지 않아도 되었으니, 그나마 다행이랄까(사실은 참여할 의지가 없었다는 게 더 정확하겠지만).

종교 이외에 서유럽 세계로부터 아무것도 받지 못한 스칸디나비아인들은 온몸으로 현실 정치의 혹독한 경험을 쌓아야 했다. 10세기부터 12세기까지 이 지역의 역사는 극심한 내란과 왕위 쟁탈전으로 얼룩졌다. 가장 먼저 나라의 꼴을 갖춘 것은 서유럽과 조금이라도 지리적으로 가까운 덴마크였다(이후 덴마크-노르웨이-스웨덴의 순서로 스칸디나비아 3국이 성립한다). 10세기 후반 그리스도교로 개종한 덴마크의 왕가는 노르만 이동의 끝물 시기에 잉글랜드로 진출했는데, 이것은 앞서 살펴본 영국 중세사의 도입부에 해당한다(357쪽 참조).

1016년에 잉글랜드의 왕이 된 크누드는 곧이어 덴마크 왕도 겸했으며, 1028년에는 노르웨이의 왕으로도 추대되었다(그는 유럽 역사상 가장 많은 왕의 명함을 가진 인물이다). 이렇게 해서 스칸디나비아 제국(북해 제국이라고도 한다)이 수립되었다. 잉글랜드, 덴마크, 노르웨이의 세 왕국을 아우른 것이었으므로 제국은 제국이지만, 이름만 그랬을 뿐 실제로는 당대 유럽의 유일한 제국인 비잔티움 제국은커녕 서유럽 일개 왕국의 수준에도 미치지 못했다.

비잔티움 제국에 비해 '손색'이 없는 것은 왕권이 극도로 불안정하다는 점뿐이었다. 크누드는 법전까지 새로 만들고 세 왕국을 오가면서 중앙집권화를 위해 노력했지만, 지리적으로 분열되어 있고 체제상으로도 제각각이어서 좀처럼 쉽지 않았다. 그가 죽은 뒤에도 스칸디나비아 제국은 스웨덴 지역까지 아우르며 영토

바이킹의 후예   유럽 세계에 가장 늦게 합류한 스칸디나비아인들은 가장 먼저 다른 세계에 대한 호기심을 보인 민족이었다. 일찍이 그린란드를 발견한 것도 그들이었으니 신대륙에 처음 간 유럽인도 엄밀히 말하면 그들이라고 해야 한다. 그림은 16세기 초반 스웨덴의 지도 제작자가 그린 해도다. 해류가 급하거나 암초가 있는 지역을 그는 괴물이 숨어 있기 때문이라고 여기고 '괴물 주의 표시'를 해놓았다.

적으로는 크게 확대되었으나 수십 년 동안 극심한 내전의 소용돌이에 휩싸였다. 1157년 발데마르 1세Valdemar I(재위 1157~1182)가 왕위에 오르면서 비로소 안정을 되찾았으나(이때부터 왕위가 세습되기 시작했으니 그전까지는 아직 왕국의 수준도 못 되었던 셈이다), 오히려 그때부터는 제국이 덴마크(노르웨이 포함)와 스웨덴의 두 나라로 분열되기 시작했다. 그것은 퇴행이 아니라 진보였다. 원시 제국이 해체되고 본격적인 왕국의 시대가 된 거니까. 그 와중에도 영토적 팽창은 계속되어, 스칸디나비아인들은 발트 해 연안의 슬라브인들을 복속시키고 북유럽을 완전히 장악했다.

　서유럽이 초기 국민국가를 이루어가는 13세기에 스칸디나비아 3국은 서로 경쟁하면서도 공조 체제를 유지했다. 이 과정에서 기른 힘을 바탕으로 이들은 14세기부터 서유럽 세계의 일원으로 당당히 참여하게 된다. 특히 19세기 초반까지 덴마크의 지배를 받게 되는 노르웨이에 비해 스웨덴은 일찍부터 독립국을 이루어 근대 유럽을 탄생시킨 17세기의 30년 전쟁에서 대단히 중요한 역할을 하게 된다.

21장

해체되는 중세

변방: 새로운 정치제도의 등장

지금까지 우리는 십자군 시대인 11~13세기 무렵 유럽의 정세를 남쪽에서 북쪽으로, 즉 이베리아 반도에서부터 스칸디나비아까지 개략적으로 살펴보았다. 그 가운데 가장 특징적인 지역은 영국이다. 당시 영국의 역사는 유럽 봉건 체제의 역사를 압축해놓은 것 같은 진행을 보인다. 대륙에서 중세 초기에 프랑크 왕국이라는 강력한 중심이 생겨났다가 이후 프랑크가 무너지고 중세 사회가 발전하면서 분권화가 전개되었듯이, 영국에서도 윌리엄의 정복으로 강력한 왕권이 성립했다가 이후 대륙의 질서에 편입되면서 왕권이 무너지고 귀족들의 분권화가 전개되었다(그 결과가 마그나카르타다). 더구나 그 기간 동안 영국 내에서는 수백 년에 걸쳐 발달한 대륙의 봉건 체제가 단기간에 숙성되었으니, 여러모로 영국의 역사는 유럽 중세사의 축약판에 해당한다.

플랜태저넷 왕조가 성립하면서 영국은 독립국으로서의 지위를 잃고 '앙주 왕국의 일부'가 되었으며, 영국 왕은 프랑스 왕에게 충성을 서약해야 하는 처지가 되었다. 그러나 영국에 그것은 퇴보가 아니라 발전이었다. 대륙에서 중세 사회가 정점에 달한 시기에 대륙의 역사에 편입된 덕분에, 영국은 이 무렵부터 '후발 주자의 이득'을 톡톡히 보기 시작한다. 후발 주자는 선발 주자가 겪은 시행착오를 겪지 않아도 되는 이점이 있다. 따라서 영국은 대륙에서처럼 봉건제의 폐해가 더 이상의 성장을 가로막는 과정을 우회할 수 있었다. 게다가 지리적으로 변방에 위치한 덕분에 영국은 '새로운 실험'의 무대가 될 자격이 충분했다. 그 실험은 바로 의회 제도였다.

사실 마그나카르타로 왕이 귀족들에게 굴복한 선례부터가 영국이기에 가능한 일이었다. 영국의 귀족들은 자신들의 왕마저도 프랑스 왕을 정점으로 하는 봉건 질서 속의 한 부분으로 간주했기 때문이다.* 그런데 그런 귀족들의 세계관에 정면으로 도전하는 사태가 벌어졌다. 존의 아들 헨리 3세가 프랑스에 잃은 영토를 수복한다는 구실을 내세워 멋대로 세금을 징수한 것이다. 그렇잖아도 외국인들을 중신으로 기용하고 로마 교황의 눈치나 보면서 실정을 거듭하는 왕에게 불만을 품고 있던 귀족들은 즉각 반발하고 나섰다.

● 우리 역사에 비유하면, 조선 사회에서 사대부들이 국왕을 중국 황제의 제후로 간주한 것과 비슷하다. 그들이 보기에 조선의 왕이라 해도 중국과의 관계에서는 황제를 섬기는 처지이므로 왕은 절대 권력자가 아니었다. 조선이 중기부터 신권(臣權)이 왕권을 능가하는 관료 국가로 변모한 데는 그런 배경이 있었다.

또다시 왕과 귀족들의 대결이 벌어졌고, 또다시 영국 왕실의 체면은 여지없이 구겨졌다. 1258년 헨리는 40여 년 전 아버지가 그랬던 것처럼 귀족들 앞에서 무릎을 꿇고 그들이 제시한 옥스퍼드 조례Provisions of Oxford에 합의해야 했다. 이로써 왕권은 귀족들로 구성된 15인 위원회에 넘겨졌으며, 영국의 정치는 사실상 귀족들이 담당하게 되었다. 당시 귀족들의 대표자는 시몽 드 몽포르Simon de Montfort(1208년경~1265)였는데, 이름에서 알 수 있듯이 그도 역시 프랑스 출신의 외국인이었으니 아이러니가 아닐 수 없다.

영국사의 한 쪽을 장식하는 데 그쳐야 할 이 사건을 세계사적으로 중요하게 만든 사람은 헨리 3세 자신이었다. 대를 이은 수치를 만회하기 위해 그는 반란(왕의 반란?)을 일으켰다가 오히려 체포됨으로써 더 큰 망신을 샀다. 1265년 몽포르는 아예 귀족 지배를 제도화하기로 하고 귀족·성직자·도시 대표자들로 통치 기구를 구성했다. 이것이 바로 영국 의회의 기원이 된다.

● 사실 몽포르의 개혁은 새로울 게 없다. 귀족·성직자·도시 대표들이 국정을 담당한다면 바로 옛 로마 시대의 공화정 체제와 똑같은 것이기 때문이다(그 자신도 그 점을 알고 있었을 것이다). 그렇다면 그의 시도는 새로운 정치 실험이라기보다는 복고적 과두정이라고 해야 할 것이다. 그러나 곧이어 영국 의회가 탄생한다는 점에서 그의 시도는 새 정치의 예고편이 된다. 이렇게 역사적 평가는 대개 후대의 관점에서 당대와 달리 내려지는 경우가 많다.

그러나 몽포르는 새 정치 실험의 주역이 될 역사적 운명을 타고나지 못했다.* 존으로부터 시작된 무능한 왕들의 계보를 끝장낼 인물이 출현한 것이다. 그는 바로 헨리 3세의 맏아들인 에드워드 1세Edward I(재위 1272~1307)였다. 그는 원래 몽포르를 지지했으나 귀족 지배를 제도화하려 하자 그만 꼭지가 돌아버렸다. 개혁은 찬성하지만 체제 변혁은 용납할 수 없다는 것인데, 그것은 당연했다. 왕실이 유명무실해지면 당장 피해를 볼 사람은 바로 왕위 계승권자인 그 자신이었으니까.

뛰어난 무장이기도 한 에드워드는 즉각 군대를 일으켜 몽포르의 군대를 무찌르고 왕권을 되찾았다. 이로써 몽포르의 정치 실험

최초의 의회　마그나카르타의 실질적인 성과는 80년 뒤에야 생겨났다. 그것은 역사상 최초의 의회로 불리는 모델 의회다. 당시 영국이 유럽 문명의 중심지였다면 의회가 성립할 수 없었을 것이다. 13세기의 영국은 국왕조차 프랑스 왕을 섬기는 봉건 영주의 하나였을 만큼 유럽 정치 무대에서 '엑스트라'에 불과했기에 의회라는, 당시로서는 '희한한 기구'가 생겨날 수 있었던 것이다. 사진은 에드워드 1세(오른쪽)와 그가 창설한 모델 의회(왼쪽) 장면을 보여준다.

은 몇 개월 만에 막을 내렸다. 그러나 개혁의 필요성은 여전히 존재했고, 에드워드는 아직 왕이 아니었다. 일단 내전의 후유증을 수습하고 왕권 강화를 위한 응급조치를 취한 뒤 1270년 그는 십자군 전쟁을 떠났는데, 얼마 못 가 아버지 헨리 3세가 죽은 것은 그에게나 영국에게나 다행스런 일이었다. 1274년에 귀국해 왕위를 계승한 에드워드는 숙제로 남아 있던 개혁 작업에 착수했다.

　가장 시급한 일은 영국을 확실한 독립 왕국으로 만드는 것이었다. 그러기 위해서는 무엇보다 제대로 된 사법과 행정 제도가 필요했다. 그래서 에드워드는 왕실 재판소를 설치하고, 각종 법을 제정하고, 귀족을 관료로 임명했다. 사실상 영국의 국제國制는 에드워드 시대에 확립되었기에 후대의 역사가들은 그를 '영국의 유스티니아누스'라고 부른다. 이때부터 영국은 '앙주의 멍에'에서 벗어나 비로소 '영국'으로서의 정체성을 확보하게 된다. 그런 의미에서는 에드워드 1세를 사실상 영국의 초대 국왕으로 볼 수도 있을 것이다. 게다가 그는 영국이 후대에 길이 자랑하게 될 기구를 창설했다. 바로 의회였다.

아무리 귀족들을 관료 집단으로 육성한다 해도 마그나카르타의 전통을 무시할 수는 없다. 왕권은 안정되어야 하고, 귀족들의 요구는 수용해야 한다. 이 두 마리 토끼를 한꺼번에 잡는 방법은 무엇일까? 고민하던 에드워드는 몽포르의 개혁을 약간 변형시키기로 한다. 귀족들의 정치기구를 만들도록 허용하되 그것을 왕의 관할 하에 두면 될 게 아닌가? 이리하여 창설된 것이 1295년의 모델 의회다(의회의 원형이라는 뜻인데, Model Parliament에서 'model'이라는 수식어는 후대에 붙인 것이다. 이것을 모범의회라고도 부르지만, 우리말의 모범은 원형보다 본보기를 뜻하므로 모델 의회라고 표기하는 편이 낫다).

아이디어는 몽포르에게서 빌렸지만, 에드워드는 의회의 구성을 달리했다. 고위 귀족과 고위 성직자로만 의회를 구성하면 하위 계층의 반발도 반발이거니와 자칫 예전처럼 특권 귀족들의 전횡이 생겨날 우려가 있었다. 그래서 에드워드는 각 지방의 기사들과 시민 대표들도 의회로 부르고 하급 성직자들도 포함시켰다. 그러나 지체 높고 자부심이 강한 중앙 귀족과 고위 성직자 들은 지방의 촌놈들과 어울리려 하지 않았다. 따라서 의회 구성원들은 자연스럽게 고위층과 서민 대표로 나뉘어, 전자는 귀족원, 후자는 시민원(평민원)을 이루게 되었다. 이후 이것이 상원과 하원으로 발전하면서 양원제의 기틀이 잡히게 된다.

중심: 절대왕권의 시작

유럽의 변방에서 새로운 정치 실험이 진행되는 동안 대륙의 중심 프랑스에서는 카페 왕조의 권력이 절정에 달해 있었다. 앙주를 접수해 프랑스를 강국으로 만든 필리프 2세는 자신이 살아 있을 때 아들을 왕위 계승자로 삼고 카페 왕조의 세습제를 확고히 다졌다. 그러나 정작으로 그 조치가 빛을 본 것은 그의 손자 시대였다. 아버지인 루이 8세가 짧은 재위 기간을 마치고 죽자 왕위를 계승한 루이 9세(재위 1226~1270)의 시대에 카페 왕조는 전성기를 맞게 된다. 카페 왕조의 가장 위대한 군주로 칭송받는 그는 별명도 그럴듯하게 성왕聖王, 즉 생 루이Saint Louis였다.

할아버지와 손자의 전성시대라고 해야 할까? 비슷한 시기 프리드리히 1세와 2세가 독일을 강국으로 만들었다면, 프랑스에는 필리프 2세와 그 손자인 생 루이가 있었다. 그러나 조손간에 손발이 더 잘 들어맞은 것은 프랑스였다. 둘 다 정복 군주인 독일의 조손에 비해 프랑스의 조손은 자연스런 분업을 이루었으니까 할아버지 필리프 2세는 프랑스의 영토를 확장하는 대외적 성과를 올렸고, 손자 생 루이는 그 성과를 바탕으로 대내적 안정을 취했던 것이다.

외형만 성장한 불안정한 왕국의 내치에서 가장 중요한 것은 사

● 근대의 삼권분립이 이루어지기 전까지는 행정관(왕이나 지방의 수령)이 사법 업무도 겸하는 게 일반적이었다. 이 점은 동양과 서양이 마찬가지다(조선 사회에서도 관찰사에서 현감에 이르기까지 행정관이 지방의 행정과 재판을 함께 담당했다). 다만 입법의 권한은 왕이나 고위 귀족만이 가지고 있었다. 그래서 근대 공화정의 이념을 제시한 존 로크는 입법부가 가장 근본적이라고 주장했다. 그는 국민의 권력을 일차로 위임받은 기관이 입법부이고, 입법부의 권력을 위임받은 기관이 행정부라고 규정했다(초기의 의회는 상설 기관이 아니었기 때문에 행정부에 권력을 위임해야 했다). 공화정이 외부로부터 이식된 우리의 경우에도 1948년 5월 총선을 통해 의회가 먼저 구성되고 여기서 정부조직법이 제정됨으로써 행정부의 구성이 가능했다. 하지만 보통 8월의 정부 수립은 잘 알아도 의회가 먼저 구성되었다는 사실은 잘 모른다. 오랜 왕정의 역사가 남긴 흔적이다.

법권의 확립이다. 생 루이는 왕실 내에 법 전문가를 두고 직접 재판소를 운영했다.* 이곳에서 이루어진 정의롭고 현명한 판결이 이름을 떨치자 프랑스 전역에서 지역의 판결에 불만을 품은 항소 사건이 중앙으로 몰렸다. 밀려닥치는 소송 사건들을 소화하기 위해 생루이는 파리에 아예 항구적인 법정인 고등법원을 설치했다. 비슷한 시기에 영국에서 의회가 탄생했다면 프랑스에서는 법원이 탄생한 것이다(어찌 보면 옛 로마의 공화정이 브리타니아의 의회로, 로마의 법정이 갈리아의 법원으로 부활한 것이라고 할 수도 있겠다).

생 루이의 법적 정의와 균형 감각은 프랑스의 내정에만 국한되지 않고 대외 분야에서도 발휘되었다. 독일과 이탈리아에서 교황과 황제가 벌이고 있던 패권 다툼, 영국에서 헨리 3세와 귀족들이 맞선 분쟁에도 그는 일일이 개입해 현명한 중재를 이끌어냈고 그 과정에서 프랑스의 이득을 얻어냈다. 가장 큰 이득은 툴루즈, 랑그도크, 프로방스 등의 남프랑스를 획득한 것이다.

이 지역에는 예로부터 종교적 이단이 많았는데, 십자군 시대에는 알비파가 툴루즈 백작의 지원을 받으며 큰 세력을 형성하고 있었다. 당연히 로마 교황으로서는 눈엣가시였으므로 1209년 인노켄티우스 3세는 프랑스의 귀족들에게 이들에 대한 공식적인 탄압을 명령했다. 곧 알비 십자군이 조직되었고, 이때부터 이 지역은 또 다른 '작은 십자군 전쟁'의 무대가 되었다. 지루하게 끌어오던 이 문제를 해결한 사람이 바로 생 루이였다. 그는 툴루즈 백작과 극적인 타협을 이루고 남프랑스 일대를 프랑스 왕국에 통합하는 데 성공했다(생 루이는 이미 깊은 신앙심으로 교황의 지지를 받고 있었지만, 사태를 쉽게 해결한 데는 교황이 독일 황제와의 갈등으로 인해 미처 이 지역에 관심을 쏟을 여력이 없었던 덕분이 크다). 이로써 로마 시대부터 북프랑스와 문화적 이질감이 있었던 남프랑스는 처음으로 북프랑스와 한 몸이 되었다. 생 루이가 아니었더라면 이 지역은 오늘날 독립국이 되었거나 이탈리아의 영토가 되었을지도 모른다.

전란의 프로방스 프랑스 남부의 프로방스는 로마 속주 프로빈키아에서 나온 명칭이며, 로마 시대부터 중북부 프랑스와는 문화적 배경이 달랐다. 따라서 알비파가 준동한 것은 오히려 프랑스가 남프랑스를 합병하는 좋은 구실이 되었다(이때 합병하지 않았다면 '남프랑스'라는 말을 쓸 수도 없겠지만). 그림은 루이 8세가 프로방스를 점령하는 장면이다.

게다가 생 루이는 영국 왕실과의 오랜 갈등도 해결했다. 1259년 영국 왕 헨리 3세와 파리 조약을 맺어 아키텐의 일부인 가스코뉴를 영국령으로 내주는 것과 동시에 헨리 3세에게서 충성의 서약을 받아낸 것이다. 이 성과로 그는 카페 왕조만이 아니라 그 이후까지 포함해, 즉 프랑스의 역사 전체를 통틀어 거의 유일하게 영국 왕실과 좋은 관계를 유지한 왕이 되었다.

왕의 업적은 왕권의 강화와 직결된다. 생 루이의 두 아들은 아버지의 후광으로 둘 다 왕위에 올라 아버지의 위업을 계승했다. 맏아들 필리프 3세(재위 1270~1285)는 '용담왕'이라는 별명답게 공세적인 자세를 취해 툴루즈와 푸아투에 국부적으로 남아 있던 영국령을 하나씩 접수했다(이제 프랑스 내의 영국령은 가스코뉴만 남게 되었다). 그가 아버지의 대외 정책을 계승했다면, 그의 동생인 필리프 4세(재위 1285~1314)는 아버지의 대내 정책을 충실히 계승했다. 아버지가 설치한 법원에 이어 그는 근대를 예감케 하는 또 하나의 제도를 만든다. 그것은 바로 삼부회三部會(États-Généraux)였다.

'미남왕'이라는 필리프 4세의 별명은 혹시 그의 외모만이 아니라 성격까지도 말해주는 게 아니었을까? 그는 오만하고 독선적이었으며, 왕권에 대한 그 누구의 간섭도 받아들이지 않았다. 심지어 그는 프랑스 내에서 자신은 황제라고 선언함으로써 로마 교황 보니파키우스 8세의 비위를 거슬렀다(미우나 고우나 교황은 교황청에서 임명한 신성 로마 제국의 황제에게만 황제라는 직함을 허용하고 있었으니까). 아버지와 형의 뒤를 이어 영토 확장에 나선 그는 플랑드르●와 아키텐의 영유권을 놓고 영국의 에드워드 1세와 싸웠다. 기백은 좋으나 문제는 돈이었다. 전비가 달리자 그는 화폐를 새로 주조하고 (위조화폐라는 설도 있다) 성직자에게 과세하는 정책으로 재정난을 극복하려 했는데, 그것이 교황과 충돌하는 결정적인 계기가 되었다.

교황과 싸우기 위해서는 먼저 내부를 다스려야 했다. 비록 십자군 전쟁 이후 많이 약화되기는 했으나 아직도 로마 교황은 서유럽에서 거의 절대적인 권위를 누리고 있었고 프랑스 내에서도 마찬가지였다. 맞수에게서 한 수 배운 걸까? 영국의 에드워드 1세가 모델 의회를 창설한 지 7년 뒤인 1302년에 필리프 4세는 에드

● 영국 동화 《플랜더스(플랑드르의 영어명)의 개》로 유명한 플랑드르는 오늘날 프랑스와 벨기에, 네덜란드로 나뉘어 있지만, 당시에는 독자적인 플랑드르 백국(伯國)이라는 영방국가를 이루고 있었다. 이 지역은 상업과 무역, 모직물 공업이 발달한 곳으로 영국과 프랑스가 일찍부터 눈독을 들이고 있었는데, 에드워드 1세와 필리프 4세의 대결은 그 예고편이고, 본편은 14세기에 벌어지는 백년전쟁이다. 특히 영국 왕실의 입장에서는 플랑드르가 더욱 절실히 필요했다. 플랑드르의 양모 수출 관세는 의회의 승인 없이 영국 왕이 사적으로 차지할 수 있었기 때문이다.

아비뇽 시대　교황청이 설치된 것은 조그만 소도시인 아비뇽이 크게 발달하는 계기가 되었다. 이 시대에 아비뇽은 종교와 행정에서 중요한 도시가 되었으며, 많은 사상가와 예술가가 모여들어 문화적으로도 전성기를 누렸다. 사진은 아비뇽 교황청이 한가운데 버티고 있는 아비뇽 시의 모습이다.

워드와 같은 목적과 같은 구성을 지닌 삼부회를 소집했다. 모델 의회처럼 삼부회도 국민의 광범위한 지지를 얻기 위해 소집되었고, 성직자·귀족·도시 대표들의 세 가지 신분으로 구성되었다. 목적과 구성이 같았으니 그 성과도 모델 의회와 다르지 않았다. 삼부회는 필리프 4세의 의도대로 왕권 강화에 기여했다(영국과 프랑스에서 초기 의회가 왕권 강화에 기여한 것은 사실이지만, 달리 보면 강력한 왕들이기에 그런 제도를 만들 수 있었다고 해야 할 것이다).

　이렇게 만반의 준비를 갖춘 다음 필리프는 교회와 정면 대결에 나섰다. 그런데 그가 취한 방법은 그 누구도 생각지 못한 대담한 것이었다. 교황을 납치하는 것이었으니까. 1303년 그는 측근인 노가레를 보내 갈등을 빚고 있던 교황 보니파키우스 8세를 납치한

다음 이단자로 몰아 아나니의 교황 별장에 가두었다(아나니는 보니파키우스의 별장이 있는 곳이자 그의 고향이었으니 교황은 자기 고향, 자기 집에 갇힌 셈이다). 심지어 그 과정에서 노가레는 교황의 뺨까지 때렸으니 필리프가 교황의 권위를 어떻게 봤는지는 충분히 짐작할 수 있다. 비운의 교황 보니파키우스는 원래 프랑스로 납치될 예정이었으나 시민들의 도움으로 가까스로 탈출하는 데 성공했다. 하지만 그는 한 달 만에 화병으로 죽고 말았다. 이렇게 최대의 난적을 제거한 필리프는 프랑스인으로 다음 교황(클레멘스 5세)을 세우고(물론 추기경들의 선출이라는 형식은 유지했다) 1309년에는 교황청마저 프로방스의 아비뇽으로 옮겼다. 이것이 아비뇽 교황청의 시작이다.*

십자군 전쟁 기간 하늘을 찌를 듯했던 교황권은 땅에 떨어졌고, 영국에 이어 프랑스에서도 왕권은 전에 없이 강력해졌다. 문제는 이제 두 나라가 모두 눈치를 볼 대상이 없어졌다는 것이다. 그렇다면 양측 모두 밀린 숙제를 할 차례다. 플랑드르와 아키텐 문제가 바로 그 숙제다.

● 예수의 제자 베드로를 초대 교황으로 친다면 1000년이 넘도록 교황청은 로마에 있었는데, 이것을 옮겼으니 필리프 4세의 배짱도 어지간하다 하지 않을 수 없다. 더구나 그의 아버지 루이 9세가 성왕으로 불릴 만큼 신앙심이 깊고 덕이 큰 인물이었던 점을 고려하면, 필리프의 성격과 행동은 훨씬 더 파격적이다. 사실 그가 교황 납치극을 시도한 데는 교황의 자극도 한몫했다. 필리프가 삼부회를 소집하자 보니파키우스는 1302년 우남 상크탐이라는 교서를 내려 모든 세속 권력은 영적 권력의 심판을 받아야 한다고 주장했던 것이다. 이렇게 필리프의 사적·공적 원한이 얽혀 시작된 아비뇽 교황청은 1377년에 잠시 로마로 복귀했으나 곧 또다시 아비뇽으로 와서 1423년까지 유지된다. 로마 교황청 측에서는 이 시기를 옛 바빌론의 유수(253쪽 참조)에 비유해 아비뇽의 유수라고 부른다.

변방과 중심의 대결

프랑스와 영국의 분쟁은 사실 윌리엄의 영국 정복에서 그 씨앗을 찾을 수 있다. 이민족이 왕실의 주인이 되었으니 애초부터 문제가 없을 수 없었다. 게다가 영국에 앙주 왕조가 들어선 것은 문제를 더욱 복잡하게 키운 격이었다. 앙주 가문의 지배하에 있었던 대륙 영토의 소유권이 애매해졌기 때문이다. 영국이 앙주의 것인가, 아니면 앙주의 프랑스 영토가 영국의 것인가?

이런 상황에서 필리프 2세가 노르망디와 앙주를 정복한 것은, 프랑스의 입장에서는 되찾은 것이지만 영국의 입장에서는 빼앗긴 것이었다. 일단 생 루이의 조정안으로 분쟁이 표면화되는 것은 넘겼으나 그것은 근본적인 해결책이 되지 못했다. 그의 뒤를 이은 프랑스의 왕들은 가스코뉴를 영국에 공식적으로 넘겨준 것을 받아들이지 않았고, 또 영국의 왕들은 그들대로 영국령이 가스코뉴만으로 국한된 데 대해 불만을 품었다. 파리 조약이 유효한 시기에도 양측의 대립은 간헐적으로 터져 나왔다. 플랑드르의 주도권 다툼이라든가, 대공위 시대 독일 제위를 둘러싸고 벌어진 신경전이 그것이다. 이렇게 뿌리 깊은 문제는 결국 전쟁의 형태로 해결될 수밖에 없었다.

그러나 방아쇠를 당기지 않으면 총알이 발사되지 않듯이 전운이 감돈다고 해서 곧 전쟁이 터지는 것은 아니다. 전쟁의 근원은 영토 문제에 있었으나 방아쇠는 엉뚱한 곳에서 당겨졌다.

로마 교황마저 휘하에 거느린 일세의 효웅 필리프 4세는 불행히도 자손 복이 없었다. 세 아들이 모두 차례로 왕위에 올랐는데 자손 복이 없다니? 하지만 그의 세 아들, 루이 10세, 필리프 5세, 샤를 4세는 다 합쳐도 재위 기간이 14년에 불과한 데다 모두 아들을 낳지 못했다. 300년이 넘도록 존속해온 카페 왕조는 1328년 샤를 4세가 죽으면서 대가 끊기고 말았다.

프랑스의 귀족들이 새 왕조의 창건자로 선출한 인물은 샤를의 사촌형이자 필리프 4세의 조카인 필리프 6세였다. 그는 발루아 Valois 백작이었으므로 이때부터의 프랑스 왕가를 발루아 왕조(1328~1589)라고 부른다.● 필리프 4세의 아들들은 모두 후사를 남기지 못하고 죽었으니 왕조 교체는 당연한 게 아닐까? 하지만 그렇지 않았다. 필리프 4세의 아들들은 죽었어도 딸은 살아 있었던 것이다. 게다가 그의 딸 이사벨라는 영국 왕 에드워드 2세와 결혼했고 아들도 두었다. 그 아들이 바로 당시 영국의 왕 에드워드 3세였다. 게르만법에 따라 딸은 왕이 될 수 없으므로 이사벨라 자신은 프랑스의 왕위를 욕심낼 수 없었지만, 그녀의 아들은 필리프 6세에 못지

● 중국이나 한반도의 왕조에서도 사촌이 왕위를 계승하는 일은 드물지 않은 현상이다. 그러나 동양의 역사에서는 아예 다른 성씨가 들어서지 않는 한 왕조가 바뀌지는 않는다. 반드시 직계가 아니더라도 왕가의 혈통은 이어진다고 보는 것이다. 그 반면 서유럽 봉건 왕조들은 동양식 왕조와는 달리 혈통에 못지않게 통치 지역을 중시했다. 필리프 6세는 카페 왕조의 혈통이지만 발루아의 봉건 귀족이었으므로 카페 왕조의 계승으로 간주되지 않는 것이다. 동양식 승계에서 혈통과 친족의 개념이 훨씬 강한 것을 알 수 있다.

않게 프랑스 왕위 계승권을 가지고 있었다(영국의 왕이 프랑스의 왕위를 노린다고 해서 이상할 것은 전혀 없다. 당시 영국 왕은 발루아 백작과 마찬가지로 프랑스의 봉건 영주 신분이었으니까).

사실 프랑스의 귀족들은 그 점을 알고 있으면서도 의도적으로 에드워드 3세를 제외한 것이었다(봉건 지배층에게서 '국민 의식'이 싹트기 시작했다고 할까?). 에드워드는 당연히 기분이 나쁠 수밖에 없었다. 필리프 6세가 즉위한 이듬해에 충성 서약을 강요하자 에드워드는 일단 분노를 꾹 참고 명령에 따랐다. 신분이야 아무럼 어때, 실익이 중요하지. 그는 이런 심정이었지만, 머잖아 그 실익마저 문제가 될 것은 뻔했다. 필리프 6세 역시 서열상으로만 에드워드를 굴복시키는 데 만족할 마음은 없었기 때문이다. 양측의 충돌

전쟁을 통한 해결　14세기 중반부터 시작된 백년전쟁은 가스코뉴를 둘러싸고 영국과 프랑스가 대립한 사건이지만, 분쟁의 씨앗은 200년 전 영국에 앙주 왕조가 성립할 때 생겨났다. 앙주 가문의 프랑스 내 영토는 원래 서프랑스 전역이었으나 12기 이후 계속 줄어들어 가스코뉴밖에 남지 않게 되었고, 결국 이 문제를 최종적으로 해결하기 위해 프랑스와 영국은 전쟁의 방식을 택했다. 그런 점에서 백년전쟁은 전쟁을 통해 영토 문제를 해결하는 '근대적 방식'의 출발점이다.

은 차츰 가시화되었다. 1330년부터 에드워드는 스코틀랜드를 정복하기 위해 전쟁을 일으켰는데, 과연 필리프는 즉각 스코틀랜드의 지원에 나섰다.

　이래저래 참을 수 없게 된 에드워드는 양측의 쟁탈지인 플랑드르로 건너가 프랑스의 왕을 자칭했다(마침 플랑드르 백작은 노동자와 수공업자 들이 부자 상인들을 타도하기 위해 일으킨 폭동을 제대로 처리하지 못하고 있었다). 더 나아가 그는 독일, 네덜란드의 귀족들과 동맹을 맺고 프랑스에 대해 공동전선을 펼쳤다. 이 노골적인 반역 행위에 필리프는 특단의 조치로 맞섰다. 마지막 남은 영국령인 아키텐의 가스코뉴를 몰수한다고 선언한 것이다. 이제 전면전은 불가피했다. 그러나 어느 누구도 이 전쟁이 100년이 넘도록 질질 끌어

후대에 백년전쟁이라는 이름으로 불리게 되리라고는 예상하지 못했다.●

이렇게 해서 시작된 백년전쟁은 1452년까지 100년이 넘도록 계속되었지만, 실제로 이 기간 동안 내내 전쟁이 벌어진 것은 아니었고 상당 기간의 공식 휴전도 있었다. 그러나 싸움터는 줄곧 프랑스였다.

당시 영국과 프랑스의 국력은 비교가 되지 않았다. 경제 규모에서나 인구에서나 생활수준에서나 영국은 프랑스에 미치지 못했다(1328년 프랑스 역사상 최초의 호구조사 보고서에 따르면, 당시 프랑스의 인구는 1300~1700만 정도로 추산되며, 영국은 약 350만 명이었다). 그러나 전쟁은 실력으로 하는 승부, 막상 군사력에서는 별 차이가 없었고 무기의 측면에서는 오히려 영국이 앞서는 형편이었다. 특히 영국이 자랑하는 무기는 긴 활이었다. 게다가 관료제가 발달하고 왕권이 느슨한 프랑스에 비해 영국에는 후발국 특유의 응집력이 있었다.

도버 해협에서 몇 차례 해상전을 벌이던 양국은 1346년 크레시에서 대규모 지상전으로 맞섰다. 여기서 영국은 탁월한 전술에다 긴 활이 큰 위력을 발휘한 덕분에 병력에서 우세한 프랑스군을 크게 무찔렀다. 승점을 올린 영국군은 이후 프랑스를 일방적으로 몰아붙여 노르망디에서 아키텐에 이르는 프랑스 서부 영토를 거의 점령했다. 특히 검은 갑옷을 즐겨 입어 흑태자Black Prince라는 별명으로 불린 에드워드 3세의 맏아들 에드워드는 프랑스 전역을 헤집고 다니며 유린했다. 심지어 1356년 프랑스는 흑태자에게 왕까지 납치되는 수모를 겪었다(당시 프랑스의 왕은 필리프 6세의 아들

죽음의 전염병　흑사병이라고도 부르는 페스트는 유럽 역사의 중요한 분기점에서 여러 차례 역사의 물줄기를 바꾸는 역할을 했다. 공교롭게도 페스트는 항상 아시아에서 유럽으로 퍼지는 식이었는데, 이는 유럽의 도시들이 아시아의 그것들보다 불결했던 탓이 크다. 그림은 페스트로 죽은 시신들을 매장하는 장면이다.

장 2세였는데, 이로써 흑태자는 30년 전 필리프에게 굴복한 아버지의 원수를 갚은 셈이다).

이후 전쟁은 한동안 소강상태를 보이며 양국 모두 국내 문제에 힘을 쓰다가 1396년에는 정식으로 20년 동안 휴전하기로 합의했다. 그 이유는 1347년부터 유럽 전역에 번져간 페스트 때문이었다. 형세가 불리했던 프랑스는 전염병의 덕택을 톡톡히 본 셈이다.**

1415년에 재개된 후반전도 역시 영국의 선공으로 시작되었다. 그러나 영국의 흑태자가 전반전의 영웅이었다면, 후반전의 최우수 선수는 프랑스의 처녀 장군 잔 다르크Jeanne d'Arc(1412년경~1431)였다. 후반전 초반 영국은 거세게 프랑스를 몰아붙여 거의

●● 페스트는 서구 역사의 주인공은 아니더라도 조연쯤은 된다. 중요한 갈림길, 특히 전쟁에서 역사의 물줄기를 바꾸는 역할을 했기 때문이다. 기원전 5세기 펠로폰네소스 전쟁에서는 아테네의 몰락을 가져왔는가 하면, 2세기 최전성기의 로마 제국을 쇠퇴기에 접어들게 만드는 데도 일조했으며, 십자군도 괴롭혔다. 특히 백년전쟁 중에 퍼진 14세기의 페스트는 역사상 최대 규모로서, 1347년 이탈리아에 상륙한 이후 1350년 북유럽까지 유럽 전역을 휩쓸면서 전체 인구의 3분의 1을 감소시키는 가공할 위력을 발휘했다. 묘하게도 유럽에 퍼진 페스트는 모두 아시아에서 유입되었다는 공통점을 가진다(그리스, 로마, 십자군의 경우는 모두 아시아의 군대에서 전염되었고 14세기의 페스트는 지중해 상인들을 거쳐 이탈리아로 전염되었다). 그런 점에서 보면 당시 유럽인들이 아시아를 무섭고 불결한 곳으로 여긴 것도 이해할 수 있는 일이지만, 아시아에서는 별로 힘을 쓰지 못한 페스트균이 유럽에서 위력을 발휘한 이유는 사실 중세 유럽의 도시들이 불결하고 비위생적이었던 탓이 더 크다(한 예로, 아시아와 달리 유럽에서는 인분을 거름으로 쓰지 않고 도시 외곽에 쌓아두었으므로 전염병이 퍼지기 좋은 환경이었다).

● 그러나 여기서 승리한 잔 다르크는 그녀의 공로를 시샘한 프랑스 귀족들과 영국 측의 공작으로 1431년 이단으로 몰려 화형당하고 만다. 그녀의 종교적 지위는 20세기에 로마 가톨릭 교회가 성녀로 추서함으로써 500년 만에 복권되었다.

항복을 받아낼 즈음까지 이르렀으나, 1429년 잔 다르크의 활약으로 프랑스는 오를레앙을 포위한 영국군을 극적으로 격파하면서 전세를 반전시켰다. 오를레앙은 아주 중요한 전략적 요충지였다. 영국은 이곳을 함락시키면 전쟁 초반부터 점령하고 있던 노르망디와 아키텐을 연결할 수 있었다. 한편 프랑스로서는 이곳을 빼앗기면 루아르 강 유역으로부터 훨씬 남쪽으로 후퇴해야 할 위기에 처해 있었다. 따라서 오를레앙 공방전은 전쟁 전체의 흐름을 좌우하는 중요한 전투였다.

당시 잔 다르크는 프랑스의 운명을 구하라는 계시를 받았다지만, 이 전설은 오를레앙 전투를 계기로 프랑스군이 사기를 회복하고 역전하게 된 탓에 이후 생겨난 이야기일 것이다.● 프랑스의 역전은 그 무렵부터 전쟁에 사용하기 시작한 대포의 덕택이 컸다. 이후 프랑스군은 1437년에 파리를 탈환했고, 계속해서 영국 점령 하에 있던 성과 도시를 하나씩 수복하면서 1452년에는 마침내 가스코뉴를 손에 넣어 기적 같은 역전극을 엮어냈다.

영광을 가져온 상처

전장이 프랑스였던 만큼 프랑스는 전쟁에서 승리하고서도 막대한 피해를 입었다. 특히 전쟁 기간 동안 고용한 용병들의 급료를 지불하지 않은 탓에 이들이 도적 떼로 변하면서 피해가 더욱 극심했다. 프랑스만큼은 아니어도 영국 역시 피해가 컸다. 우선 막대한 전쟁 비용으로 인해 재정 위기를 맞았을 뿐 아니라 도버 해협 연안의 칼레 지방을 제외한 프랑스 내의 영국 영토를 전부 잃었다(이것으로 프랑스 내의 영국령에 관한 두 나라 간의 분쟁은 완전히 정리되었다).

그러나 두 나라 모두 경제적으로는 피해가 막심했음에도 불구하고 정치적으로는 전쟁을 계기로 큰 발전을 이룰 수 있었다. 잔 다르크 덕분에 왕위에 오른 샤를 7세는 용병의 폐해를 막기 위해 참전 기사들을 위주로 상비군을 편성했는데, 영국을 물리치는 과정에서 왕을 중심으로 영주들이 뭉치지 않았다면 불가능했을 것이다. 샤를 7세 자신은 유약한 성품이었으나 그가 닦아놓은 기반을 밑천으로 삼아 이후 프랑스에 강력한 군주들이 들어설 수 있었다. 이는 장차 15세기에 절대주의가 성립하는 밑거름이 된다.●●

영국에서는 한 차례의 진통이 더 필요했다. 오랜 전쟁은 영국의 귀족들에게 서열화

●● 사실 샤를 7세가 왕위에 오르는 데는 우여곡절이 있었다. 휴전 기간 동안 프랑스에서는 오를레앙 가문과 부르고뉴 가문 사이에 치열한 권력투쟁이 벌어졌다. 호전적인 영국의 헨리 5세는 이 기회를 이용해 1415년에 프랑스를 무찌르고 트루아 조약을 체결했다. 그 내용은 당시 프랑스 왕자였던 샤를 7세의 왕위 계승권을 박탈하고, 그 대신 헨리 5세가 샤를 6세의 딸인 카트린과 결혼해 낳은 아들(헨리 6세)에게 프랑스와 영국 두 나라의 공동 왕위를 잇게 한다는 것이었다. 1422년에 헨리 5세와 샤를 6세가 잇따라 죽으면서 영국 왕실에서 갓난아기인 헨리 6세를 공동 왕으로 삼으려 하자 프랑스 왕실에서는 반발했다. 이에 따라 부르고뉴 측은 영국과 결탁하고 오를레앙 측은 샤를 7세를 앞세워 백년전쟁의 후반전을 재개한 것이다(따라서 잔 다르크가 오를레앙 전투에서 승리한 것은 샤를이 즉위하게 된 결정적인 계기였다). 이후 부르고뉴 문제는 프랑스가 영토 국가로 발전하는 과정에서 첫 번째 과제로 삼게 된다(2권, 112~114쪽 참조).

구세주를 얻은 샤를　샤를 7세가 잔 다르크를
맞이하는 모습이다. 오른쪽 아래 'la pucelle(처
녀)'이라고 표기된 인물이 잔 다르크다. 여기서는
아직 몰랐겠지만, 나중에 잔 다르크의 활약으로
샤를은 거의 잃었던 프랑스 왕위를 되찾게 되니,
샤를로서는 구세주를 만난 셈이었다.

를 가져왔다(봉건적 전통이 약한 영국에서는 원래 대륙에서처럼 귀족들
의 서열이 별로 없었다). 전쟁 시기 프랑스에서 용병이 주로 활약했
다면, 영국에서는 귀족들이 각자 자신의 사병 조직을 동원해 전쟁
을 치렀다. 이 과정에서 중소 귀족들은 점차 대귀족들의 휘하에
들어가게 된 것이다. 전쟁이 지속되는 중에 이미 대귀족들의 발언
권은 왕조차 무시할 수 없을 정도로 성장했으며, 왕위 계승에도
본격적으로 개입하기 시작했다.

　　그들의 실력은 이미 전쟁 중에 발휘되었다. 사실 1396년에 휴
전이 이루어진 것은 양측이 전쟁을 수행할 여력이 없는 처지이기
때문이기도 했으나 양측의 왕실이 격심한 권력 다툼에 시달린 탓
도 있었다. 에드워드 3세의 뒤를 이어 왕위에 오른 리처드 2세(그

는 형인 흑태자가 일찍 죽는 바람에 왕이 될 수 있었다)는 귀족들을 무시하고 전제정치를 일삼다가 1399년 귀족들의 반란으로 폐위되었다. 이것으로 중세 영국의 정체성을 확립하는 데 결정적 역할을 했던 플랜태저넷 왕조는 단절되고 랭커스터 가문의 헨리 4세가 왕위를 계승해 랭커스터 왕조를 개창했다.

무엇이든 처음이 어렵지 그다음은 쉽다. 한 번 왕통이 구겨졌으니 누구라도 왕위를 노릴 것은 당연하다. 특히 에드워드 3세의 맏아들로 전공이 드높았던 흑태자의 후손들이 이룬 요크 가문은 억울함이 더했다. 흑태자가 일찍 죽지 않았더라면 당연히 그들이 영국의 왕가가 되었을 테니까. 그래서 그들은 1455년 랭커스터 가문에 정식으로 도전장을 내밀었고, 6년 뒤에는 드디어 헨리 6세를 폐위시키고 자기 가문의 에드워드 4세를 즉위시켜 요크 왕조를 열었다. 하지만 벌건 대낮에 권력을 빼앗긴 랭커스터 가문이 가만있을 리 없다.

이렇게 해서 두 가문은 1455년부터 1485년까지 30여 년 동안 왕위 계승을 놓고 치열한 다툼을 벌이는데, 둘 다 장미를 가문의 상징으로 삼았으므로 이것을 장미전쟁이라고 부른다(랭커스터 가문은 붉은 장미, 요크 가문은 흰 장미였다). 이는 귀족들이 왕권을 놓고 겨룬 것이라는 점에서는 왕권의 약화를 의미하는 사건이지만, 더 깊이 들여다보면 영국의 왕권이 그만큼 '먹음직스런 실세'로 성장했음을 말해주는 것이기도 하다. 따라서 누가 승자가 되든 강력한 왕권을 누릴 것은 분명했다.

그러나 승자는 랭커스터도, 요크도 아니었다. 1483년 에드워드 4세의 동생 리처드 3세는 형이 죽자 조카인 에드워드 5세에게서 왕위를 빼앗고 조카 형제를 런던탑에 가두어 죽였다. 비슷한 시

왕비의 야심　헨리 6세의 왕비 마거릿이 솔즈
베리 백작에게서 책을 선물로 받는 장면이다. 남
편이 정신병에 걸리는 바람에 요크 가문에서 섭
정을 맡게 되자 마거릿은 불만을 드러냈다. 그
뒤 아들을 낳은 그녀가 섭정을 바꾸면서 요크
가문을 자극한 게 장미전쟁의 도화선이 된다.

기 한반도에서 있었던 원판을 능가하는 '영국판 수양대군'이었다
(1455년에 조선의 수양대군도 열네 살의 어린 조카 단종을 폐위시키고 왕
위를 빼앗았다). 수양대군 세조는 10년 이상 재위하며 치적을 쌓아
그런대로 명예를 만회했지만 리처드에게는 그럴 기회가 없었다.
1485년 비정한 숙부는 조카들의 피값을 톡톡히 치러야 했다. 랭
커스터 가문의 혈기왕성한 젊은이 헨리 튜더Henry Tudor에게 패하
고 죽은 것이다. 죽은 에드워드 4세는 아들들의 원수를 대신 갚아
준 그에게 감사해야 할까, 아니면 동생(리처드 3세)을 죽인 범인이
라고 비난해야 할까?

다소 지루하게 전개된 장미전쟁을 끝내고 왕위에 오른 헨리 튜
더, 즉 헨리 7세(재위 1485~1509)는 모계만 랭커스터 가문이고 아
버지는 리치먼드 백작 에드먼드 튜더였다. 헨리는 에드워드 4세
의 딸과 결혼해 양가의 통합을 꾀했으나, 성씨가 바뀌었으니 왕
조도 달라질 수밖에 없다. 그래서 헨리 7세부터 영국 왕조는 튜더
왕조(1485~1603)로 바뀌게 된다. 예상대로 튜더 왕조는 백년전쟁

과 장미전쟁으로 크게 강화된 왕권을 바탕으로 절대왕권을 누리게 된다. 이것이 영국 절대주의의 시작이다.

이렇게 프랑스와 영국은 백년전쟁을 통해 왕권 강화라는 소득을 얻었지만, 전리품은 그것에 그치지 않았다. 전쟁 기간 동안 두 나라의 국민 의식이 크게 성장한 것이다. 기본적으로 백년전쟁은 양국의 봉건 영주들 간의 싸움이었으나, 워낙 오래 지속된 탓에 일반 국민들에게까지도 근대적 애국심이 자라났다. 특히 영국은 선진국 프랑스와 대등한 경기를 벌인 덕분에 대륙에 대한 열등의식을 떨쳐버릴 수 있게 되었다. 이런 점에서 보면 백년전쟁은 신흥 세력인 영국과 전통의 강호 프랑스의 새로운 관계 정립을 가져왔다고 할 수 있겠다.

백년전쟁은 내내 파괴와 방화, 약탈을 일삼는 소모전이었지만, 역설적이게도 영국과 프랑스는 이 전쟁을 통해 서유럽의 확고한 지도 세력으로 떠올랐다. 대부분의 전쟁이 승리한 국가에조차 '상처뿐인 영광'을 가져왔다면 이 경우는 '영광뿐인 상처'랄까?

조연들의 사정

왕실에서는 절대주의가 성장하고 일반 백성들에게서는 국민 의식이 싹텄다면, 이미 중세 봉건국가의 특성은 거의 사라진 것이다. 그러나 아직 그런 나라는 프랑스와 영국에 불과했다. 그럼 이 두 주인공을 제외한 서유럽 세계의 나머지 조연들에서는 중세의 해체가 어느 정도로 진행되고 있었을까?

가장 중요한 조연인 독일은 대공위 시대를 거쳐 합스부르크 왕조가 새로 들어섰어도 통일은커녕 영방국가 체제가 더욱 굳어져만 갔다. 실제로 당시 독일 지역의 판도에서는 오늘날 통일 국가인 독일의 모습을 전혀 읽어낼 수 없다. 남부인 슈바벤과 바이에른 일대는 대체로 황제 직할령이었고, 나머지 대부분은 영방국가들로 쪼개져 있었으며, 발트 해와 북해에 면한 북부의 도시들은 14세기 중반부터 한자동맹Hansabund이라는 동맹 체제를 구축했다. 영방국가들은 서로 묘한 관계를 이루고 있었다. 영방국가의 제후들은 사실상 독립국의 왕이나 다름없는 지위를 가지고 있으면서도 황제를 선출한다거나 공동의 결정을 내려야 할 때에는 함께 모여 논의했다. 프랑스와 영국은 물론 그 밖에 다른 나라들에서도 이미 왕위 세습제가 뿌리를 내렸지만, 독일에서는 신성 로마 제국이라는 껍데기와 영방국가 체제라는 알맹이가 어울린 특수한 상황에서 여전히 황제를 선출하는 방식을 고수하고 있었다.* 한때 호엔슈타우펜 왕조가 제위를 세습한 것은 다른 나라 같으면 정상적인 일이었겠지만 독일에서는 오히려 비정상적이었던 것이다. 대공위 시대는 그 점을 분명하게 입증한 셈이다.

물론 제후들도 서열이 있었으므로 모든 제후가 황제 선출권을 가지고 있었던 것은 아니다. 황제 선출권을 가진 제후들을 선제후選帝侯라고 부르는데, 이들은 유력한 영방국가의 제후(세속제후)와 대주교(성직제후) 들이었다. 프랑스와 영국에서 점차 왕권이 강화되는 데 경계심을 품은 선제후들은 독일에서도

● 물론 각 영방국가 내에서는 왕위가 세습되었다. 그런 점에서 보면 각각의 영방국가는 규모는 작아도 프랑스나 영국 같은 단위의 나라에 해당한다고 볼 수 있다. 그렇다면 '독일'이라는 이름으로 이 지역의 역사를 아우르는 것은 문제가 있다. 여러 나라로 나뉘어 있는 지역인데도 은연중에 일국적인 통합성을 가정하기 때문이다. 하지만 통합적인 시각에도 나름의 이유가 있다. 첫째, 역사는 '오늘'과 연관 지어 살펴봐야 한다. 오늘날 이 지역은 독일이라는 단일한 나라로 통합되어 있고, 우리에게는 그 '독일의 역사'가 중요하다. 둘째, 영방국가들은 비록 약하게나마 '독일'이라는 정체성을 가지고 있었다. 영방국가들은 독립국이나 다름없지만 그래도 신성 로마 제국이라는 느슨한 울타리로 묶여 있었고, 어느 정도 공동 운명체임을 자각했다.

플랑드르의 번영　십자군 전쟁으로 지중해 항로에 숨통이 트이자 플랑드르의 도시들은 이탈리아의 도시들과 더불어 지중해 무역으로 경제적 부를 쌓았다. 그림은 플랑드르의 항구에서 배에 물건을 선적하고 있는 모습이다. 중세가 해체의 조짐을 보이자 플랑드르의 도시들은 한자동맹이라는 기구를 결성하고 자체적으로 무장까지 갖추었다.

황제 선출 제도가 확립되어야 한다고 여겼다. '독일은 그 나라들처럼 세습제를 채택할 수 없는 특수한 사정이 있다. 그렇다면 최소한 선출제라도 합리적으로 운영해야 하지 않겠는가?' 이게 선제후들의 생각이었다.

특히 대공위 시대 이후 특정한 왕조도 없이 이 가문, 저 가문에서 황제가 마구 배출되는 현상은 그들에게 더욱 위기감을 조성했다. 그들은 독립성을 유지하고 싶었지만 동시에 최소한의 통합성을 잃고 싶지도 않았다(분열되면 프랑스나 영국에 얕잡아 보일 테니까). 그들이 생각하는 합리적 선출제란 그때까지 관습적으로 인정되어오던 선제후를 법으로 확정하는 것이었다. 1356년 그들은 그런 내용을 합의하고 금인칙서로 제정했다(황금으로 된 도장을 찍었기 때문에 이런 이름이 붙었다).

칙서는 선제후의 자격과 특권을 명시하고 있다. 그에 따르면 선제후는 마인츠, 트리어, 쾰른의 대주교 세 명에다 작센 공작, 라인 팔츠 백작, 브란덴부르크 변경백, 보헤미아 왕 등 일곱 명으로 한 정되었으며, 황제는 이들이 다수결로 선출하기로 정했다(보헤미아 왕은 독립 군주였으므로 황제의 선출에는 참여했으나 제국의 내정을 결정 하는 회의에는 참석하지 못했다). 또한 선제후들은 자기 영지에서 독 립적인 사법권, 징세권, 화폐 주조권 등을 보장받았다.

물론 칙서의 내용은 예전부터 관습적으로 통용되고 있었으므로 새로울 것은 없었다. 그러나 비공식적인 관습과 공식적인 제도는 성격이 크게 다른 법이다. 100년 전 프리드리히 2세가 영방국가 를 공식적으로 승인했을 때 그전부터 이미 존재하던 영방국가는 그것을 계기로 더욱 강화되었다. 마찬가지로, 선제후 역시 13세기 에 생겨났으나 금인칙서를 계기로 공식성을 획득함으로써 지위 와 특권이 더욱 공고해졌다. 선제후를 통한 황제 선출 방식이 문 서로 추인됨으로써 이제 유럽의 다른 나라들과 반대로 향하는 독 일의 분권화는 돌이킬 수 없는 기정사실로 굳어졌다.

또 다른 조연인 스칸디나비아의 역사는 독일의 역사와 맞물려 전개된다. 스칸디나비아와 독일은 마치 영국과 프랑스처럼 후발 주자가 대륙의 선진 문명을 흡수하는 관계에 있었다(엄밀하게 말하 면 스칸디나비아가 교류한 것은 독일이라기보다 한자동맹의 도시들이었지 만). 스칸디나비아가 본받은 서유럽의 봉건제도 바로 독일의 봉건 제였다. 다만 신성 로마 제국이라는 독일의 특수성까지 받아들일 필요는 없었으므로 스칸디나비아는 독일을 모델로 삼았음에도 대륙의 보편적인 봉건제를 발달시킬 수 있었다.

이렇게 대륙의 질서 속에 본격적으로 편입되자 스칸디나비아도 역시 대륙이 앓는 몸살에서 자유로울 수 없었다. 프랑스와 영국이 기나긴 전쟁을 준비하던 14세기 초반 덴마크(노르웨이 포함)와 스

깨어나는 스칸디나비아　중세의 해체는 실상 유럽 문명권의 확대였다. 14세기에 이르러 유럽 문명은 북쪽의 스칸디나비아까지 영역을 확장하게 된다. 사진은 스웨덴의 칼마르 성인데, 이곳에서 스칸디나비아 3국의 원형을 확립한 칼마르 동맹이 체결되었다.

웨덴에서도 왕과 귀족들의 권력 다툼이 치열하게 전개되었다. 둘 중 먼저 안정을 찾은 것은 덴마크였다. 1340년 발데마르 4세는 국내의 혼란을 수습하고 오랜만에 강력한 왕권을 확립했다. 이런 경우 정작 그 혜택을 보는 것은 당사자가 아니라 그의 자손들이다. 발데마르의 딸 마르그레테가 그 주인공이었다. 1353년 겨우 열 살의 나이에 노르웨이 왕 호콘 6세와 결혼한 그녀는 1375년 아버지가 죽지 인딘 자신의 어린 아들 올라프에게 덴마크의 왕위를 잇게 한 다음 5년 뒤 남편이 죽자 자신이 직접 노르웨이의 여왕이 되었다.● 1387년 아들이 일찍 죽은 것은 그녀에게 사

● 앞서(426~427쪽) 노르웨이가 19세기까지 덴마크의 지배를 받았다고 했는데, 마르그레테가 노르웨이 여왕이라는 것은 무슨 뜻일까? 비록 노르웨이는 덴마크의 지배를 받고 있었으나, 그 지배란 서유럽의 봉건 왕조가 으레 그렇듯이 왕들의 서열을 의미하는 것일 뿐 두 나라가 완전히 한 몸이라는 뜻은 아니다. 그래서 마르그레테 이전까지 노르웨이는 종속된 상황에서도 별도의 왕실을 유지하고 있었던 것이다. 이렇게 나라와 나라 간에 서열은 지어져도 어느 한 나라로 완전히 통합되지는 않는 게 서구 역사의 특징이다.

적인 불행이었지만 동시에 공적인 행운이기도 했다. 상국上國인 덴마크의 왕위마저도 그녀의 몫이 되었기 때문이다.

'러키 걸' 마르그레테의 행운은 거기에 그치지 않았다. 1389년 왕과 갈등을 벌이던 스웨덴의 귀족들이 그녀에게 지원을 요청했다. 호박이 넝쿨째 굴러들어 온 격이다. 마르그레테는 이것을 기회로 스웨덴 왕 알브레히트를 추방하고 스웨덴마저 지배하게 되었다. 이로써 스칸디나비아는 200여 년 만에 다시 통일을 이루었다.

하지만 상황은 과거와 달라져 있었다. 바야흐로 중세 후기를 맞아 서유럽의 각국이 개별 국가의 확립을 위해 일로매진하는 시기였다. 따라서 완전한 통합은 어렵지만 그렇다고 애써 이룬 통합을 내팽개칠 수는 없었다. 한동안 고민하던 마르그레테는 느슨한 형태의 연합 방식을 생각해냈다(독일의 영방국가 체제가 모델이 되지 않았을까?). 1397년 그녀는 스웨덴 남부의 항구도시인 칼마르에 세 나라의 귀족들을 불러 모으고, 여기서 언니의 외손자인 에리크를 공동의 왕으로 추대하도록 했다. 이렇게 해서 생긴 군주 연합체가 칼마르 동맹이다.

마르그레테의 심정이야 당연히 자신의 친정이자 사실상의 맹주인 덴마크가 동맹을 주도하기를 바랐지만 상황은 그녀의 뜻대로만 되지 않았다. 힘깨나 쓴다는 귀족들은 나름대로 불만이었고, 특히 독립국이다가 느닷없이 '주권'을 상실한 스웨덴 귀족들은 더욱 박탈감이 심했다(그럼에도 그들이 칼마르 동맹의 필요성을 느낀 이유는 라이벌인 한자동맹의 도시들이 북해와 발트 해의 무역을 독점하려는 적극적인 움직임을 보였기 때문이다). 이렇게 처음부터 삐걱거린 칼마르 동맹은 1448년 덴마크에 올덴부르크 왕조가 성립하면서 유명무실화되었다. 칼마르 동맹은 겨우 50년밖에 존속하지 못했으나 수백 년 동안 분열되어 있었던 스칸디나비아를 한때나마 재통합했다는 데서 의미가 크다. 이 통합의 경험으로 이후의 역사에서 북유럽 3국은 지속적인 연대성을 가지게 되었기 때문이다.

아무리 스웨덴의 귀족들이 자립권을 빼앗긴 것에 입이 부었다지만 그들이 그 동쪽의 러시아를 보았다면 칼마르 동맹에도 감지덕지했을 것이다. 유럽 세계의 또 다른 조연인 러시아는 그 무렵 자립은커녕 막대한 조공을 바치느라 등골이 휠 처지에 있었기 때문이다. 조공이라면 속국이 제국에 바치는 것이다. 제국의 시대가 간 지 오랜데 러시아는 어디에 조공을 바쳤을까? 서양에서는 로마 제국 이래 제국다운 제국이 없었지만 동양에서는 당시 제국의 시대가 절정에 달해 있었다. 러시아로부터 조공을 받은 제국은 바로 동양의 몽골 제국이었다.

13세기 초반 중국 북쪽의 드넓은 초원에서 들불처럼 일어난 몽골은 순식간에 중국 대륙의 금과 송을 정복하고 말머리를 서쪽으로 향했다. 뛰어난 정복 군주 칭기즈 칸(1162~1227)은 그전까지 간헐적으로 중국 대륙을 정복했던 여느 북방 민족들과 달리 애초부터 중국에 마음이 있지 않았다. 서역(중앙아시아)을 차지해 동서 무역을 독점하려는 게 그의 원대한 구상이었던 것이다. 서역 정복을 눈앞에 두고 그가 병사하자 그의 뒤를 이은 오고타이 칸은 아버지의 꿈을 실현했으나 막상 목표를 이루고 나자 그 서쪽이 궁금해졌다. 그래서 그는 1235년 서역보다 더 서쪽, 즉 유럽을 정복하기로 결정한다.

불과 20만 명의 몽골 원정군은 뛰어난 기동성으로 삽시간에 러시아 남서부인 킵차크(볼가 강 상류)에 이르렀고, 이어 랴잔, 블라디미르, 로스토프 등 러시아의 주요 공국들을 손쉽게 정복했다.

정규군과 농민군의 차이　발슈타트 전투에서 슐레지엔과 폴란드의 연합군이 몽골군에게 일패 도지한 것은 몽골군이 워낙 막강한 탓도 있었지만 군대의 주력이 농민들이었기 때문이다. 지휘관 의 역할은 기사들이 맡았지만 농민군으로 몽골의 정규군, 그것도 원정대로 선발된 정예군을 막아 내기는 불가능했다. 그림은 당시의 오합지졸을 그대로 묘사하고 있다.

도망치는 러시아의 왕들은 자연스럽게 몽골군을 러시아의 중심 인 키예프로 '안내'했고, 키예프마저 무너지자 비잔티움의 발칸을 제외한 동유럽 전역이 몽골군의 말발굽 아래 놓이게 되었다. 1241 년 발슈타트 전투에서 슐레지엔과 폴란드의 연합군이 몽골군에 게 참패하는 것을 본 서유럽의 귀족들은 두려움에 몸을 떨었다. 폴란드가 정복되면 그다음은 독일의 심장부인 작센일 테고, 작센 이 무너지면 서유럽 전체가 '야만인'의 세상으로 바뀔 게 뻔했다.

풍전등화의 위기에 처한 서유럽 세계를 구한 것은 오고타이 칸 이 죽음이었다. 대칸(황제)이 죽자 칸위 계승에 발언권이 있는 원 정군 총사령관 바투가 말머리를 돌려 본국으로 돌아간 것이다.

하마터면 씨가 마를 뻔한 서유럽의 왕과 귀족 들은 놀란 가슴을 쓸어내렸지만, 러시아의 비운은 그것으로 끝나지 않았다. 몽골 제 국은 킵차크에 칸국을 두고 러시아의 공국들을 계속 지배하기로

러시아로 옮겨간 제국　모스크바 대공 이반 3세는 이슬람 세력에게 멸망한 비잔티움 제국을 계승했다고 선언함으로써 공국을 제국으로 격상시켰고(정식으로 러시아 제국이 생겨나는 것은 18세기 초반이다), 그 자신도 대공에서 황제로 고속 승진했다. 이것이 러시아 차르의 시작이다. 황제가 종교의 수반도 겸하는 비잔티움 제국의 전통도 그대로 물려받았으니 이반은 역사상 가장 단기간에 출세한 인물일 것이다. 사진은 이반이 이탈리아 건축가를 초빙해 지은 우스펜스키 성당이다.

했다. 이로써 러시아는 몽골의 식민지가 되어 막대한 조공을 바쳐야 했다. 말썽 많은 학급을 휘어잡으려면 반장을 잘 정해야 한다. 몽골은 모스크바 공국으로 반장을 삼고 러시아 지역의 조공을 거두어들였다. 모스크바는 이 반장 역할을 통해 러시아의 중심적 위치로 성장했으니, 이후 서유럽 귀족들의 멸시를 받은 것은 당연했다(서유럽인들은 러시아가 몽골의 지배를 받은 것을 가리켜 '타타르인의 멍에'라고 부르며 경멸했다. 타타르란 사실 몽골족이 정복한 부족이었지만 서유럽인들은 몽골을 그 이름으로 불렀다).

　러시아가 오랜 몽골 지배에서 벗어난 것은 15세기 후반의 일이다. 반장이었던 모스크바는 몽골이 몰락하자 그 틈을 타 선생님의 자리까지 차지했다. 1472년 모스크바 대공인 이반 3세Ivan III (1440~1505)는 비잔티움 제국 최후의 황제인 콘스탄티누스 11세의 조카딸 소피아와 결혼해 비잔티움 황제의 계승자임을 자처하고 나섰다. 대공에서 졸지에 황제가 되었으니 새 호칭이 필요하다. 그래서 그가 지은 호칭이 바로 차르Tzar였는데, 이것은 20세기 초반 러시아 제국이 무너질 때까지 러시아 황제를 가리키는 공식 명칭이 된다.* 곧이어 1480년에 이반 3세는 노브고로드, 로스토프 등 주요 공국들을 통합하고 힘을 키워 마침내 킵차크 칸국을 멸망시키고 오랜 '타타르인의 멍에'를 벗었다.

이반 3세의 성공은 모스크바 대주교에게도 커다란 영광을 안겨주었다. 모스크바 교회는 비잔티움 정교회의 뒤를 이어 러시아 정교회가 됨으로써 동방교회의 최고 자리에 오른 것이다.** 이로써 모스크바는 '제3의 로마'라는 영예로운 별명을 얻게 되었다.

그렇다면 비잔티움 정교회와 콘스탄티노플은 대체 어떻게 된 걸까? 아니, 그보다도 콘스탄티누스 11세는 왜 비잔티움 제국 최후의 황제가 되었을까?

1261년 비잔티움 황제 미카일 8세는 십자군이 세운 라틴 제국을 간신히 물리치고 새로 팔라이올로구스 왕조를 열었다(결국 이왕조가 제국 최후의 왕조가 된다). 그러나 그 무렵 비잔티움 제국은 수도인 콘스탄티노플 주변과 소아시아 서부, 그리스 반도 정도만을 영토로 지배하고 있었을 뿐, 제국의 옛 영광은 눈을 씻고 봐도

* 차르는 고대 로마의 지배자인 카이사르의 러시아식 이름이다. 카이사르는 여기서 그치지 않고 19세기 독일 황제의 호칭이 된다. 카이사르의 독일식 이름은 카이저(Kaiser)다. 이렇게 카이사르의 이름은 오늘날 '제왕절개 수술'이라는 뜻으로 사용되는 것을 제외한다 해도 무려 2000년 이상이나 살아남았다.

** 서방교회의 교황에 해당하는 동방교회 수장의 지위는 러시아 황제, 즉 차르가 가지게 되었다. 이것은 비잔티움 제국에서 시작된 동방교회의 전통이다. 오늘날 그 지위는 러시아 공화국의 대통령이 가지고 있다.

쇠퇴하는 제국   동방제국은 전형적인 '무늬만의 제국'이었다. 서쪽에서는 중부 유럽을 로마 교회에 빼앗기고 동쪽에서는 강성한 이슬람의 침략에 시달려 제국은 나날이 약화되었다. 지도는 13세기 중반과 14세기 중반의 제국 영토를 비교해 보여준다.

찾을 길이 없는 상황이었다. 사실 이때는 제국이 아니라 서유럽의 보통 왕국보다 전혀 나을 게 없는 처지였다.●●● 굳이 서유럽 세계와 비교할 것도 없었다. 바로 서쪽의 불가리아와 세르비아는 인세 제국의 속국이었으나 싶게 환골탈태해 최전성기를 누리고 있었으니까(그러나 이 나라들도 몽골 침략을 겪은 뒤에는 국력이 크게 약화된다).

●●● 어쩌면 로마 교황은 비잔티움 제국을 염두에 두었기에 신성 로마 제국의 명패를 계속 유지하려 애썼는지도 모른다. 즉 동로마 제국이 건재한 한 서로마 제국도 있어야 한다는 논리다. 비잔티움 제국이 12세기부터 쇠퇴하기 시작하는 상황에서도 로마 교황은 동방교회에 대한 경쟁심을 늦추지 않았을 것이다. 그러나 유럽에서 제국의 시대는 갔다. 신성 로마 제국은 원래부터 무늬만 제국이었지만 비잔티움 제국도 제국에 필수적인 속국을 거의 잃었으므로 제국의 면모는 없었다. 그렇다면 중세에 동유럽과 서유럽에 하나씩 남아 있던 제국은 모양새를 갖추기 위한 의미에 불과했을까?

게다가 베네치아와 제노바 등 이탈리아의 상인들에게 지중해 무역권을 빼앗겨 국가 재정이 끊임없이 악화되는 가운데서도 고질적인 권력의 불안은 여전했다. 그나마 소아시아라도 제국의 영토로 계속 남아 있었다면 사정이 나았을 것이다. 시리아를 이슬람에 잃은 것은 이미 과거지사, 이제는 돌이킬 수 없다 해도 소아시아만은 유지하던 비잔티움 제국이었다. 그러나 늙고 병든 사자 앞에 동방에서 혈기왕성한 젊은 수사자가 도전해왔다. 바로 튀르크의 오스만 제국이었다. 셀주크튀르크가 몽골에 의해 멸망하면서 생겨난 힘의 공백을 틈타 중앙아시아에서 일어난 오스만튀르크는 1326년 소아시아를 점령하고 콘스탄티노플 바로 코앞에 있는 부르사를 수도로 삼았다. 비잔티움 제국은 다시 도전해온 새로운 이슬람 세력의 침략 의도를 뻔히 알면서도 손을 쓰지 못했다.

썩어도 준치라는 생각이었을까? 쇠약해진 비잔티움 제국에 대한 경계심으로 오스만 제국은 직접 공략에 나서지 않고 우회 전략을 택했다. 먼저 졸개들을 제압하고 나서 우두머리와 한판 붙겠다는 것이다. 14세기 말에서 15세기 초반까지 오스만 제국은 코소보에서 세르비아를, 니코폴리스에서 우크라이나를, 바르나에서 불가리아를 각각 물리쳤다. 이어 비잔티움 제국의 텃밭인 그리스마저 점령하니 이제 비잔티움은 완전히 고립되었다. 오스만 세력이 사방을 포위해올 때 비잔티움 황실에서는 서둘러 로마 교황에게 도움을 요청했으나 당시는 아비뇽 교황청 시절이었으므로 교

무너지는 콘스탄티노플   오스만튀르크의 함대가 콘스탄티노플을 공략하고 있다. 1100여 년 동안 난공불락의 요새이자 천연의 항구였던 콘스탄티노플은 마침내 장구한 역사를 뒤로하고 이교도의 손에 함락되었다. 이때부터 콘스탄티노플은 오스만 제국의 수도가 되어 이름도 오늘날과 같은 이스탄불로 바뀌었다.

황도 제 코가 석 자였다. 비잔티움 황제는 동서 교회의 통합을 조건으로 내걸었지만, 그것은 300년 전에나 관심을 끌 법한 조건이었다.[*]

1453년에 오스만 제국의 술탄(이슬람 국가의 황제) 메메드 2세Mehmed II(1432~1481)는 이윽고 비잔티움의 명맥을 끊기로 결심하고 총공격에 나섰다. 수비 측과 공격 측의 병력 비율은 1대 10, 결

● 당시 서유럽에서는 이미 한물간 동서 교회의 통합보다는 그리스도교권이 이슬람 세력의 공격을 받고 있다는 사실에 더욱 큰 관심을 가졌을 것이다. 그러나 아비뇽의 교황은 실권을 잃었고, 또 프랑스와 영국은 백년전쟁의 와중에다 페스트의 심각한 후유증에 시달리고 있었으므로 지원에 나설 여력이 없었다. 설령 여력이 있었다 해도 비잔티움 측의 요구에 응하지 않았을 가능성이 크다. 이미 동서 교회의 분열은 1000년 가까운 세월이 지나면서 거의 다른 종교처럼 변했기 때문이다.

코 행운을 바랄 수 없는 처지였다. 예상대로 콘스탄티노플은 얼마 버티지 못했고, 비잔티움 제국은 1100년에 이르는 장구한 역사를 뒤로하고 멸망했다. 오스만 제국은 이슬람 전통에 따라 동방정교회에 종교적 관용을 베풀었으나 아무래도 새 보금자리를 찾는 것만은 못했을 것이다. 모스크바가 제2의 로마- 콘스탄티노플에 뒤이어 제3의 로마가 된 것은 이 때문이었다. 아울러 오늘날 이스탄불이 그리스도교 문화와 이슬람 문화가 공존하는 세계적으로 유일한 도시로 남은 것도 그 때문이었다.

그리스도교 문화와 이슬람 문화가 공존하는 도시라면, 콘스탄티노플보다는 못해도 한 군데가 더 있다. 이베리아 반도의 그라나다가 그곳이다. 14세기 무렵 이베리아 반도는 아라곤·카스티야·포르투갈의 그리스도교권 세 왕국과 반도 남단 그라나다의 이슬람 국가로 나뉘어 있었다. 서유럽 중심지에서 일어난 중세 해체의 물결은 이곳에도 점차 파장을 불러일으켰다. 그 성과는 이 지역의 쌍두마차에 해당하는 아라곤과 카스티야의 통합이었다.

1469년 이베리아에서는 성대한 결혼식이 열렸다. 그냥 선남선녀의 결혼식이라면 별일 아니었겠지만 신랑과 신부는 각각 아라곤과 카스티야의 왕위 계승자인 페르난도Fernando(1452~1516)와 이사벨Isabel(1451~1504)이었다. 그로부터 5년 뒤 이사벨은 카스티야의 여왕 이사벨 1세가 되었고, 다시 5년 뒤 페르난도는 아라곤의 왕 페르난도 2세가 되었다. 두 사람은 부부였으므로 함께 살아야 했다. 이렇게 해서 두 나라는 자연스럽게 통합을 이루었다.●●

이로써 국가로서의 에스파냐가 출범했다(그 전까지 에스파냐는 고대 그리스 시대부터 부르던 지역 명칭에 불과했다).

새로 탄생한 에스파냐 왕국은 건국 기념행사로 레콘키스타의 마무리를 택했다. 1492년 에스파냐는 마지막으로 남은 이슬람 세력인 그라나다를 정복함으로써 800년에 이르는 이베리아의 이슬람 역사를 완전히 종식시켰다. 그런데 1492년은 또 다른 측면에서 기념비적인 한 해였다. 당시 에스파냐에 연감이 있었다면 '올해의 사건' 1위는 당연히 레콘키스타의 종료였겠지만, 세계사적으로 보면 1위는 따로 있다. 그해 봄 그라나다를 함락시키고 기쁜 나머지 이사벨은 몇 년 전부터 한 선원이 끈질기게 지원을 요청하던 계획을 허가했다. 이탈리아 제노바 출신의 그 선원은 그해 가을 대서양으로 출발해 70일간 항해한 끝에 새로운 대륙을 발견했다. 그의 이름은 크리스토퍼 콜럼버스Christopher Columbus(1451~1506)였다.

신대륙(서양의 입장에서만 신대륙이지만) 아메리카의 발견으로 유럽의 중세는 완전히 끝났다. 동양과 서양을 잇는 전통적 항로인 지중해를 대체하는 대서양 항로를 개발한 에스파냐와 포르투갈은 서유럽의 후발 주자에서 일약 '세계화'의 선두 주자로 옷을 바꾸어 입었다. 이제 그 과정을 살펴봐야 하겠지만, 먼저 1000년 가까운 역사를 가진 서양 문명의 줄기, 중세의 사회와 문화를 간략하게 정리하고 넘어가는 게 올바른 순서일 것이다.

●● 나중에 보겠지만 페르난도와 이사벨의 결혼은 서유럽 여러 왕실에 중대한 영향을 미친다. 그들의 딸 후아나는 합스부르크 가문으로 시집을 가서 나중에 합스부르크 가문이 에스파냐 왕위를 계승하게 되며, 또 다른 딸 캐서린은 영국 왕 헨리 8세의 왕비가 되어 영국 국교회가 탄생하는 계기를 제공한다.

22장

중세적인, 너무나 중세적인

세계의 중심은 교회

중세 하면 맨 먼저 생각나는 것은 교회다. 그만큼 중세 사회에서 교회의 역할은 지대했다. 교회는 단순한 종교 기관이 아니라 정치·사회·문화·학문·일상생활에 이르기까지 세속의 모든 영역에 대해 막강한 영향력을 행사했으며, 독자적인 사법권과 막대한 재산을 소유한 조직이었다.

정치적으로 보면, 로마 제국의 멸망 이후 1000년간 전개된 중세의 역사는 분권화를 향한 끊임없는 흐름이었다. 제국이라는 지역적 중심은 사라졌다. 서유럽에서는 프랑크가 잠시 제국 체제를 부활시키려 하나 곧 실패했고, 동유럽에서는 비잔티움 제국이 계속 존재하나 전성기인 11세기를 넘어가면서부터는 사실상 왕국보다 못한 수준으로 전락했다. 비잔티움 제국에 대한 경계심에서 어떻

타락한 수도사 　"절대 권력은 절대적으로 부패한다." 19세기 영국의 역사가인 액턴의 말이지만 중세 교회에도 해당한다. 권력의 정점에 이른 뒤부터 교회는 타락하기 시작했고, 그 타락은 곧 중세적 질서의 해체로 이어졌다. 그림은 가정에 초대받은 수도사가 바깥주인이 기도하는 틈을 타 안주인과 밀애를 나누는 장면이다.

게든 서유럽에서 로마 제국의 명맥을 이으려 한 로마 교황의 노력으로 10세기에 신성 로마 제국이 성립했지만, 이 기묘한 이름만의 제국은 처음부터 끝까지 한 번도 제대로 된 제국 체제를 지닌 적이 없었다(그래도 신성 로마 제국이 제국의 '간판'마저 내리게 되는 것은 훨씬 이후인 19세기 초의 일이다).

　이처럼 분권화를 향하는 시대의 추세에 서유럽의 지역적 정체성과 통합성을 유지해준 것은 거의 전적으로 교회의 힘이었다. 봉건 영주들이 서로 다투고 분열할 때도 그들의 장원에 있는 교회의 주교들은 한통속이었다. 그도 그럴 것이 교회는 영주의 지휘를 받는 게 아니라 로마 교황의 지휘를 받았던 것이다. 물론 세력이 막강한 영주는 자기 지역의 교회를 장악하는 경우도 더러 있었다. 또 중세 전체를 통틀어 로마 교황이나 대주교들의 권력이 세속 군주들을 압도할 만큼 컸던 시기는 얼마 되지 않았다. 하지만 그렇다 해도 교회는 정치적 이해관계에 따라 대립과 반목을 일삼는 봉건 군주들과는 달리 자체적으로 강력한 통합성을 유지하고 있었다(정치권력은 아니지만 일종의 중앙집권적 성격이다). 분권화를 향한 세속 군주들의 움직임이 원심력이라면 교회는 구심력이었다. 중세가 서양 문명의 튼튼한 줄기로 자라날 수 있었던 이유는 바로 이 원심력과 구심력이 조화를 이루었기 때문이다.

정치 세력도 그렇듯이 교회도 하나의 세력을 이루고 있던 만큼 '제도권'과 '재야'가 있었다. 제도권이 교회라면 재야는 수도원이다. 하지만 세속의 재야와 달리 수도원은 제도권의 교회처럼 로마 교황의 지휘를 받았다. 클뤼니 수도원이 교황의 계보까지 이은 데서 알 수 있듯이(382쪽 참조) 교회와 수도원은 대립적인 게 아니라 상호 보완적인 존재였다. 특히 수도원은 교회의 부패를 방지하는 '소금'의 역할을 했다.

한때 교회 개혁의 기수였던 클뤼니 수도원이 쇠퇴하자 개혁의 바통을 이어받은 것은 시토 수도회Cistercian였다. 11세기 말에 창설된 시토회는 금욕과 청빈의 생활을 강조하고, 수도회의 창시자인 베네딕투스의 가르침으로 되돌아갈 것을 가르쳤다. 여기까지는 여느 수도회의 성격과 크게 다를 게 없지만, 시토회는 기도에 못지않게 노동의 중요성을 강조했다는 점에 차이가 있다. 심지어 이들은 세속 군주들이 기부하는 토지마저 받지 않고 직접 황무지를 개간해 수도회의 재정을 꾸릴 정도였다. 영국 요크셔의 황무지를 광대한 방목지로 개간해 요크셔를 랭커셔의 면직물 산업에 맞서는 모직물 산업의 중심지로 만든 것은 바로 시토회 수도사들의 업적이었다(요크셔의 중심 도시는 요크였고 랭커셔의 중심 도시는 랭커스터였으니, 시토회 수도사들이 요크셔를 발전시키지 않았다면 요크 가문과 랭커스터 가문의 장미전쟁은 일어나지 않았을지도 모른다).

권력은 절정기에 타락하기 시작한다고 했던가? 교회 권력이 하늘을 찌를 듯하던 13세기 초 두 개의 중요한 수도회가 창설되어 개혁의 기치를 높이 들었다. 프란체스코 수도회 Franciscan Order와 도미니쿠스 수도회 Dominican Order가 그것이었다. 시토회에서 가르치는 청빈과 금욕은 이미 수도회의 기본이 되었으므로 이들 수도회는 아예 명칭부터 탁발수도회 Mendicant Orders였다.

교회의 소금 중세 교회가 부패할 때마다 교회를 되살린 것은 수도회였다. 그림은 르네상스 초기의 화가 치마부에가 그린 프란체스코의 초상이다. 치마부에는 프란체스코의 바로 한 세대 아래 사람이니까 그림에 나타나는 수수한 옷차림과 사려 깊은 표정은 실제의 인물과 닮았을 것이다.

'작은 형제들의 수도회'라는 정식 명칭에 어울리게 프란체스코회는 일체의 재산과 소유를 포기하고 오로지 그리스도교의 참된 신앙만을 삶의 목표로 삼는다는 회칙을 정했다. 이들은 주로 가난하고 소외된 사람들과 사회의 어두운 구석을 찾아 봉사와 포교 활동을 벌였다. 프란체스코회가 사회 개혁에 충실했다면, 도미니쿠스회는 그보다 더 종교적인 측면에 비중을 두었다. 이들은 민간에 퍼진 이단을 바로잡고 종교재판에 깊이 관여했다. 특히 중세의 빈민들은 이 두 수도회 덕분에 삶의 주름을 다소 펼 수 있었을 것이다. 프란체스코회는 그들의 육신을 편케 했고, 도미니쿠스회는 그들의 마음에 복음을 주었으니.

대학과 학문

탁발수도회는 중세 사람들에게 심신의 위안을 주었지만, 후대의 사람들에게는 더 큰 선물을 주었다. 바로 학문의 발달에 수도사들이 크게 기여했기 때문이다. 종교계의 '재야'였던 만큼 프란체스코회와 도미니쿠스회의 두 수도회는 종교의 개혁에만 공헌한 게 아니었다. 수도사들은 당시 생겨나기 시작한 대학에 적극적으로 참여하여 활동했다. 13세기 이탈리아의 철학자 보나벤투라, 영국의 철학자 윌리엄 오컴 등은 프란체스코 수도사였으며, 알베르투스 마그누스, 그리고 그의 제자이자 중세 최대의 석학인 토마스 아퀴나스Thomas Aquinas(1225년경~1274)는 도미니쿠스회 수도사였다. 사실 탁발수도회가 대학과 학문의 발달에 이바지한 것은 당연한 일이다. 당시의 대학은 수도원에서 창설했고, 당시의 학문이란 곧 신학이었으니까.

중세의 대학은 동직조합, 즉 길드guild에서 출발했다. 길드는 원래 수공업자들이 결성한 직업적 단체였다. 그 길드에서 내용을 빼고 형식만을 취해 수공업자를 교사와 학생으로 대체하면 대학이 된다. 즉 대학은 교사와 학생 간, 교사들 간, 학생들 간에 결성된 일종의 '교육 조합'으로 출발했던 것이다.● 동양에서는 고등교육기관을 정부에서 설치하고 운영했지만, 서양 역사에서 대학은 국가에서 의도적으로 설립한 게 아니라 민간에서 자생적으로 생겨난 교육기관이었다. 세계 최초의 대

● university나 master 등 오늘날 대학에서 사용하는 용어들 중에는 길드에서 비롯된 게 많이 남아 있다. 또한 art라는 단어가 '예술, 학문, 기술'이라는 뜻을 함께 가지게 된 것도 길드의 전통과 관련이 있다. 지금도 같은 용어를 쓰지만, 당시 문학 학사는 bachelor of arts(BA)였고, 문학 석사는 master of arts(MA)였다. 그리고 수학, 천문학, 음악 등 오늘날 순수 학문에 해당하는 교양과목은 liberal arts라고 불렀다. 이 말은 지금 인문학을 뜻하기도 하는데, 원래는 실용성과 거리가 있는 학문, 기술(art)답지 않은 학문, 따라서 '자유롭게 선택하는 학문'이라는 의미였을 것이다.

학이라고 알려진 이탈리아의 볼로냐 대학을 비롯해 프랑스의 파리 대학, 영국의 옥스퍼드 대학 등은 모두 당시에 기원을 두고 있다.**

대학의 수가 증가하자 대학의 종류도 늘었다. 개중에는 교육의 필요성 때문에 생겨났으나 고등교육기관에 걸맞은 시설을 갖추지는 못한 대학들도 생겨났다. 대학에서 가장 중요한 시설이라면 무엇보다 학교 건물이다. 재정이 없거나 소규모로 운영되는 대학의 경우에는 따로 건물을 마련하지 않고 교사와 학생 들이 함께 생활하는 방식을 채택했다. 이것이 일종의 '기숙사 대학'인 칼리지college인데, 13세기에 생긴 파리의 소르본 대학과 옥스퍼드 대학이 부설한 머턴 칼리지가 대표적이다(원래 칼리지는 학생들의 숙박 시설에서 연유했으나 오늘날에는 단과대학이라는 의미로 변경되었다).

●● 자생적으로 생겨난 교육기관이 곧 대학이었으므로 사실 '세계 최초의 대학이 어디냐'라든가, '옥스퍼드 대학이 정확히 언제 생겨났는가' 하는 따위의 질문은 무의미하다. 이 점은 탄생 시기와 목적이 처음부터 분명한 동양의 대학(대학에 해당하는 교육기관)과 구분된다. 이를테면 우리나라 고대의 대학에 해당하는 국학과 태학, 고려와 조선의 국자감과 성균관 등은 모두 국가가 설치한 교육기관이다. 오늘날로 치면 국립대학에 해당하며, 따라서 국가가 학교의 운영과 교육 내용까지도 일일이 정했고, 등록금과 학비도 물론 무료였다. 그러나 서양 중세의 대학은 교사와 학생 서로 간의 필요에 의해 설립된 사립대학이며, 교육 과정과 내용도 스스로 결정하고 선택했다(심지어 대학을 설립할 때 군주의 허가를 받지 않아도 되었다). 이렇게 일찍부터 관이 주도한 동양 사회와 민간이 주도한 서양 사회의 차이는 대학에서도 분명히 드러난다.

필요는 발명의 어머니다. 중세 후기에 접어들면서 체계적인 학문 연구에 대한 필요성이 커지자 갓 생겨난 대학은 순식간에 서유럽 여러 지역으로 널리 퍼졌다. 15세기까지 독일, 에스파냐, 포르투갈, 북유럽 등지에 일제히 대학이 탄생하면서 서유럽의 대학은 약 80개로 증가했다(그 대부분이 오늘날까지 존속하고 있다). 대학이 인기를 끌자 군주나 도시 자치정부 들도 대학을 설립하는 사례가 늘어났다. 이들은 대학을 관료 양성을 위한 고등교육기관으로 간주하고 앞다투어 설립했다(이것들은 탄생에서나 목적에서나 관

초기의 대학생들 독일의 대학에서 강의가 이루어지고 있는 모습이다. 대학은 중세 후기 수도회 운동의 소산으로 생겨났으므로 대학생들의 옷차림도 수도사 복장이다. 대학이 점차 발달하면서 교과 과정도 신학 일변도에서 벗어나 체계적인 학문을 가르치는 본격적인 교육기관으로 변화하게 된다.

주도의 동양식 대학과 비슷하다). 그러나 대학의 발달을 군주들보다 더 반긴 것은 로마 교황청이었다. 대학에서 가장 중시한 과목은 바로 신학이었으니까.

사실 대학이 생기기 이전부터 교회와 수도원에서는 나름대로 교육기관을 운영해오고 있었는데, 그것을 스콜라schola라고 불렀다.● 스콜라에서는 당연히 신학 연구를 전문적으로 했다. 신학은 모든 학문의 근본이자 중심이었으며, 오늘날에 그런 역할을 차지하는 철학은 당시 '신학의

● 스콜라에서 스쿨(school, 학교)이라는 말이 나왔다. 스콜라는 원래 샤를마뉴가 제국 곳곳에 세운 신학원의 교수를 뜻하는 'doctores scholastici'에서 비롯되었다. 샤를마뉴가 중세의 건설자로 불리는 이유는 여기에도 있다.

시녀'로 간주되었다(고대 그리스에 철학이 이미 탄생하지 않았다면 중세에는 철학이라는 이름조차 없었을지도 모른다). 스콜라에서 이루어진 중세 신학, 곧 중세 철학이 스콜라 철학이다.

스콜라 철학의 원류, 그러니까 중세 초반의 철학은 교부(敎父)철학이었다. 교부철학은 로마 시대인 2~3세기에 생겨난 신학이었는데, 그 내용은 한마디로 그리스도교를 학문적으로 설명하고자 하는 것이었다. 연혁이 짧은 그리스도교를 학문적으로 뒷받침하려면 그리스 철학을 동원할 수밖에 없다. 그래서 로마의 아우구스티누스Augustinus(354~430)는 플라톤 철학을 원용해 교부철학을 완성했다(교부란 그리스도교를 학문적으로 체계화하는 데 이바지한 로마 말기에서 중세 초기의 신학자들을 뜻하는 말이다. 교부의 저작은 성서에 버금가는 권위를 가졌다).

완성은 곧 정체를 낳는다. 아우구스티누스가 완성을 이룬 이후로 철학의 발전은 정체되었다. 이 시기는 로마 문명과 게르만 문명이 합쳐 새로운 중세의 그리스도교 문명을 이루어가던 무렵이었기 때문에 종교회의가 모든 철학적 논의를 대신했다. 어찌 보면 철학의 후퇴일 수도 있지만, 신학이 곧 철학이라고 본다면 철학의 발전이 반드시 정체되었다고만 말할 수는 없을 것이다.

그러다가 실로 오랜만에 11세기 말 캔터베리 대주교를 지낸 영국의 안셀무스Anselmus(1033~1109)가 신학상의 새로운 문제를 제기함으로써 스콜라 철학의 문을 열었다. 그의 고민은 인간 이성과 신앙을 어떻게 조화시킬 것인가였다. 사실 이것은 이성이 발달하면서 필연적으로 제기될 수밖에 없는 문제인데, 쉽게 말하면 '신을 무조건 믿을 것이냐, 알고 믿을 것이냐'라고 할 수 있다. 신앙을 이성의 차원에서 논하는 자세였으니 당대의 주교들은 깜짝 놀랐지만 그렇다고 딱히 반박할 수는 없었다. 안셀무스만큼 아우구스티누스에 통달하고 있는 인물이 없었기 때문이다.

과연 안셀무스는 자신이 던진 난제를 자신이 직접 해결해 보여주었다. 그의 결론은 신앙이 지식보다 먼저이며 신앙을 깊게 하기 위해 지식을 구한다는 것이었다. 교부철학의 전통에서 벗어나지 않은 결론이었으나 안셀무스의 생각은 신학자들에게 큰 영향을 주었다. 결론은 결국 신앙으로 회귀했지만, 이제 신앙을 말하는 데도 이성이 필요하다는 사실이 새삼 부각된 것이다.

이렇게 종교를 이성으로, 학문적으로 해명해야 한다는 스콜라철학의 자세는 곧이어 새로운 문제를 낳았다. 12세기 초에 제기된 실재론實在論과 유명론唯名論의 대립인데, 흔히 보편논쟁이라고 불린다. 실재론은 실체나 본질이 따로 존재한다는 입장이다. 이를테면 책상의 실체, 삼각형의 실체가 개별 책상이나 삼각형과 별도로 실재한다는 것이다. 반면 유명론은 실체라는 것은 이름일 뿐 실제로 존재하지는 않으며, 존재하는 것은 오로지 우리가 경험하는 개별적인 사물뿐이라는 주장이다.

그렇다면 어딘가 낯설지 않은 논쟁이다. 바로 고대 그리스의 플라톤이 내세웠던 이데아 개념을 둘러싼 논쟁과 닮은 게 아니던가? 세상 만물은 그림자에 불과하고 진정한 실체는 따로 있다. 그것이 바로 이데아다. 플라톤 철학은 이런 내용이었다. 이것을 인정하면 실재론이고 부정하면 유명론이다. 서양철학이 플라톤 철학의 주석이라고 말하는 이유는 이렇게 그의 철학적 쟁점이 2000년 가까이 지난 뒤에도 새로 제기된다는 데 있다.

고대 그리스에서는 플라톤의 문제를 달리 해결한 사람도 있었다. 바로 그의 제자인 아리스토텔레스였다. 문제가 제기된 양태가 닮은꼴이라면 답을 내는 과정도 비슷하지 않을까? 그렇다면 중세에 아리스토텔레스의 역할은 누가 맡았을까?

아우구스티누스가 플라톤의 철학을 바탕으로 교부철학을 완성한 이래 아리스토텔레스는 서양 철학사에서 잊힌 인물이 되었다. 중세에 아리스토텔레스의 사상을 보존하고 발전시킨 것은 유럽이 아니라 이슬람 세계였다. 그리스도교권처럼 학문적 배타성이 없었던 이슬람 세계에서는 고대 그리스의 철학이 편견 없이 풍부하게 연구되었다. 특히 신학과 친화력이 있는 플라톤의 사상에 비해 과학적으로 해석할 여지가 큰 아리스토텔레스의 사상은 이슬람 신학과 별로 상충하지 않았다. 이 연구 성과가 에스파냐를 거쳐 서유럽에까지 흘러들어 온 것이다.

12세기 초 프랑스의 신학자 아벨라르Pierre Abélard(1079~1142)는 수입된 아리스토텔레스의 사상을 바탕으로 보편논쟁을 해결했다. 그의 결론은, 보편적인 것은 존재하지만 개별적인 것과 무관하게 존재할 수는 없다는 것이었다. 보편자는 개별자를 통해서만 모습을 드러내며, 개별자는 보편자 없이 존재할 수 없다! 나무라는 실체가 존재해야만 내 집 마당의 감나무가 존재할 수 있지만, 나무의 실체는 별도로 존재한다기보다 바로 내 집 마당의 감나무라는 형태로 존재하는 것이다. 실재론과 유명론의 절묘한 절충인데, 실은 아리스토텔레스가 말한 질료와 형상의 관계(154쪽 참조)를 연장하고 확대한 것에 불과하다. 플라톤과 아리스토텔레스가 아니었다면 서양 철학이 가능했을까?

이렇게 전개된 스콜라 철학의 성과들을 집대성한 사람이 토마스 아퀴나스다.* 그의 방대한 저작인《신학대전Summa Theologiae》은 교부철학, 플라톤과 아리스토텔레스의 철학, 나아가 이슬람 철학

● 앞서(146쪽의 주) 기원전 5세기를 전후
하여 그리스와 중국에서 각각 서양 사상과
동양 사상의 뿌리가 형성되었다고 말한 바
있지만, 아퀴나스가 등장한 시기도 마치 우
연이 아닌 것처럼 동양 사상의 발전 시기와
겹친다. 아퀴나스보다 약간 앞서는 시기에
중국 송나라(남송)에서는 주희(朱熹, 朱子,
1130~1200)가 그때까지의 유학을 집대성
하여 성리학(주자학)을 체계화하고 사서(四
書)를 유학의 기본 교과서로 확정했다. 아
퀴나스가 그리스도교 철학의 새로운 단계
를 이룬 인물로 평가되듯이, 주희 역시 유
학이 발생한 이래 최대의 학문적 성과를 이
룬 인물로 평가된다. 서양의 대표 사상인
그리스도교와 동양의 대표 사상인 유학이
거의 동시에 '재무장'을 이룬 것은 우연의
일치일까?

과 유대 철학까지 총동원해 그때까지의 신학
적·철학적 논의를 문제 제기와 쟁점 토론의
형식으로 총정리하고 있다. 토론 형식을 취
한 것은 그가 당시 태동하던 대학(파리 대학)
의 교수로 활동하고 있었기 때문에 가능했을
것이다.

학문을 집대성한 학자들이 대개 그렇듯이,
토마스의 사상도 다분히 절충적이다. 그전까
지 가장 기본적인 문제는 이성과 신앙, 인간
과 신의 관계를 설정하는 것이었으나, 이제
는 과학과 종교의 관계도 쟁점에 포함된다.
그는 이 난제들을 차근차근 풀어갔는데, 모
든 것을 통합해 해결해야 한다는 당위가 앞

섰으니 아무래도 약간의 억지가 따를 수밖에 없다. 이를테면 자연
의 진리(과학)와 초자연의 진리(신)는 서로 모순되지 않으며, 모든
것이 신의 구도 속에 있다는 것이다. 다만 인간은 아직 신의 경지
를 모두 이해하지 못한다. 따라서 인간은 지식을 계속 발전시켜야
하며 그것이 신의 은총을 이해하는 길이다.

종교를 근간으로 삼은 해결책이지만 어쨌든 토마스의 노력 덕
분에 세속 학문의 길이 열렸다. 토마스는 기존의 신학을 계시신학
으로, 자연에 관한 학문을 자연신학으로 분류했는데, 자연신학이
곧 신학에서 벗어난 학문의 영역이나. 이로써 중세 내내 신성의
영역에 완전히 짓눌려 있던 세속의 영역, 이성의 영역이 열리기
시작했다. 인간은 신이 부여한 이성을 통해 신의 뜻을 알아야 한
다. 이런 사고방식은 곧이어 닥쳐올 인간 이성의 해방, 즉 르네상

유럽의 주희 공교롭게도 13세기는 기원전 5세기에 이어 또 한 차례 동양과 서양에서 함께 학문의 근본적인 변화가 일어났던 시기다. 중국에서 주희가 유학을 집대성하고 재해석했다면, 유럽에서는 토마스 아퀴나스가 그 역할을 했다. 그림은 산타마리아노벨라 성당에 있는 작품인데, 한가운데 높이 앉은 인물이 아퀴나스다.

스를 예고한다. 하지만 토마스의 시대에는 이미 세속 군주들이 교회의 품을 떠나고 있었으니, 사상이 현실을 이끌었는지 현실이 사상의 변화를 낳았는지 모를 일이다.

중세 경제를 굴린 도시

대학의 탄생이 가능했던 것은 도시가 발달한 덕분이기도 했다. 도시가 없었다면 교사와 학생의 조합이 생겨날 수 없으므로 대학의 설립 자체가 불가능했을 테니까. 그런데 도시는 인류 문명이 탄생할 때부터 있었던 게 아닌가? 역사상 최초의 도시로 알려진 예리코는 기원전 7000년까지 거슬러 올라가고, 고대 그리스의 폴리스만 해도 1500년 전에 생겼으니, 도시라면 중세에 새로 생긴 게 결코 아니다.

하지만 중세의 도시는 다르다. 중세에는 인구가 밀집된 지역이라는 사전적 의미의 도시도 있었지만, 중세의 특색을 잘 보여주는 새로운 도시도 생겨났다. 한마디로 말하면 그것은 상공업 도시다. 서양 고대의 도시나 동양의 도시는 대부분 정치와 행정의 중심지로 세워졌다. 그에 비해 서양 중세의 도시는 처음부터 민간의 상공업 활동을 위해 탄생했다. 말하자면 인류 역사상 최초로 완전한 '시민의 도시'가 생겨난 것이다.

물론 중세의 도시들 중에는 전통적인 도시처럼 정치와 행정의 중심지 역할을 하는 곳도 있었다. 영주의 장원이 있는 성채도시나 교구 획정에 따라 생겨난 주교도시가 그런 것들인데, 이것들이 제법 큰 규모로 성장하기도 했다. 그러나 중세 사회가 안정기와 성숙기에 들어갈 무렵인 10세기부터는 점차 교통의 요지를 중심으로 상인과 수공업자가 모여들어 도시를 구성하게 되었다. 그래서 이 중세 도시를 '생산자 도시'라고 부른다. 성채도시와 주교도시는 경제적으로 소비도시였을 뿐이니까.

소도 비빌 언덕이 필요한 법이다. 초기의 생산자 도시는 영주의 성곽이 있는 주변에 터를 잡았다. 그럴 만도 한 것이, 영주의 장원을 벗어나면 곧장 황무지이므로 안전을 보장받기 어려웠던 것이다(앞서 말한 시토회 수도사들의 황무지 개간은 바로 이런 문제점을 개선하는 데도 크게 기여했다). 무엇이든 처음 만들기가 어렵지, 일단 만든 다음에는 쉽다. 선구적인 개척자들로 도시의 원형이 조그맣게 형성되고 나면 그 소문을 듣고 주변의 상인과 수공업자가 점차 모여들었다. 그에 따라 도시의 재정이 증대하자 시민들은 직접 성을 쌓고 자체 안전을 도모하게 되었다(한자동맹의 도시들처럼 자체 군대를 거느리는 경우도 있었다). 이렇게 성장한 도시는 종전처럼 영주의 보호가 필요하지 않았으므로, 장원에서 멀리 떨어진 곳에도 차츰 도시들이 건설되었다.

처음에는 '미천한 것들'이 모여 사는 도시를 대수롭지 않게 여긴 봉건 영주들은 도시들이 자생적으로 생겨나자 대뜸 시선을 집중하게 되었다. 놔둘 것이냐, 지배할 것이냐? 그대로 놔둔다면 영주가 사는 행정의 중심 도시보다 규모가 커질지도 모른다. 반면 도시를 손에 넣는다면 거기서 막대한 세금을 거둘 수 있을 것이다. 이 간단한 선택에서 전자를 택할 바보는 없다. 영주들은 시민들이 스스로의 힘으로 개척한 도시에 검은 마수를 뻗쳤다.

시민들은 물론 영주의 정치적 지배와 간섭을 받고 싶지 않았으나 영주의 권력을 무시할 수는 없었다. 그래서 그들은 각자 형편에 따라 두 가지 중 하나를 선택했다. 하나는 영주에게 돈을 주고 자유를 사는 것, 다른 하나는 힘으로 맞서 자유를 쟁취하는 것이었다. 물론 평화로운 제3의 길도 있었다. 시민과 영주가 서로에게 도움을 줌으로써 평화 공존을 모색하는 방법이다. 영주의 정치적 권력이 비교적 약한 이탈리아 지역에서는 제3의 길이 대체로 통했으나, 그 밖의 지역에서는 시민들이 자유를 얻기 위해 여러 가지 어려움을 겪어야 했다(이탈리아에서도 로마 부근의 주교도시들에서는 주교와 시민층의 투쟁이 격렬했다). 하지만 아무리 사납고 힘센 영주라 해도 시대의 추세를 막을 수는 없었다. 13세기 무렵에 이르면 대부분의 도시들이 영주에게서 상당한 폭의 자유를 쟁취하게 된다.

활기찬 도시 생활 　도시의 공기는 자유롭다. 이 말은 예나 지금이나 마찬가지다. 중세의 신분제 굴레에서 벗어나 도시로 모인 사람들은 스스로 도시의 행정과 운영을 담당해 자치 도시를 이루었다(그들은 세금을 내는 게 결코 아깝지 않았을 것이다. 모두 자신들을 위해 쓰이는 돈이니까). 우리는 20세기에서야 지방자치제를 도입하게 되지만 유럽인들에게는 역사 속에서 자연스럽게 지방자치가 이루어졌다. 그림은 자치도시의 시장 풍경인데, 약국, 양복점, 이발소 등의 모습이 보인다.

● 이 점에서 서양의 도시는 동양의 도시와 다르다. 동양의 도시는 주로 중앙권력의 명령을 집행하는 행정 중심의 기능을 수행했으나, 서양의 도시는 (영주의 장원이 도시로 발전한 경우를 빼면) 민간에서 자발적으로 형성되었고, 주로 경제적인 기능을 담당했다. 그런 탓에 세금의 의미도 크게 다르다. 서양의 시민들은 납세를 의무인 동시에 권리로 여겼으나, 동양의 시민들은 나라님의 땅을 갈아먹고 사는 한 세금은 '당연히 내야 하는 것'이었다. 이런 의식이 오늘날에까지 이어져 동양의 시민들은 세금을 의무로만 여길 뿐 권리로서 생각하지는 않는 게 보통이다.

"도시의 공기는 자유를 만든다." 이 말은 사실이었다. 농촌에서는 농노의 신분에서 벗어나지 못한 사람이라 해도 일단 도시로 나오면 신분상의 제약 같은 것은 없었다(자기의 미천한 신분을 알아보는 사람이 없다는 데서 오는 '익명의 자유'도 컸을 것이다). 정치권력에서 해방된 시민들은 자체적으로 평등성에 기반을 둔 행정 체제와 사법권을 확립했으며, 심지어 중세 최대의 권력체인 교회로부터도 자유로웠다. 장원마다 관습이자 의무로 세워졌던 교회는, 도시에서는 시민들이 세우든 말든 하기 나름이었다. 시민들이 내는 세금은 곧 시민들 자신을 위해서 사용되는 것이었으므로 납세의 의무는 시 당국에서 구호로 부르짖을 필요가 없었다.●

중세 도시의 규모는 아직 그다지 크지는 않았다. 인구를 보면 5000명 정도가 보통이었고 그 이하인 경우도 많았다. 가장 큰 도시라야 인구 10만 명을 넘지 못했다. 14세기 무렵의 도시들 가운데 가장 큰 것들은 베네치아·파리·팔레르모·피렌체·제노바·밀라노·바르셀로나·쾰른·런던 등으로 인구 5~10만 명가량이었고, 볼로냐·파도바·뉘른베르크·스트라스부르·뤼베크·루앙·브뤼주 등이 그 뒤를 이었다.

대도시들의 면모에서도 드러나듯이, 중세 도시들은 북이탈리아와 플랑드르에 거의 집중되어 있었다. 그 이유는 무엇일까? 북이탈리아와 플랑드르의 공통점을 찾으면 알 수 있다. 우선 정치권력이 약했다는 점이다. 이 지역들은 프랑스와 영국, 독일처럼 강력한 왕국이 들어선 것도 아니었고, 에스파냐처럼 소규모 왕국들로 나뉘어 있지도 않았으며, 자체적으로 통일 왕국이 생기기에도 부적당했으므로 시민들의 자치도시가 형성되기에 적합했다. 그러나 또 한 가지 이유가 있다. 바로 해상무역의 요지였다는 점이다. 북이탈리아는 지중해에 접해 있고 플랑드르는 북해와 면해 있다. 따라서 이 두 지역은 서유럽 해상무역의 가장 중요한 근거지였다. 여기에 한 가지 선물이 더 추가된다. 그것은 십자군 전쟁의 부산물이다.

십자군 전쟁으로 지중해 무역을 서유럽이 장악하게 되면서 특히 북이탈리아와 플랑드르 도시들이 눈부시게 성장했다. 플랑드르에서는 항구도시들이 한자동맹을 결성해 프랑스와 영국, 독일의 공국들, 스칸디나비아의 강대국들 사이에서 큰 번영을 누렸다. 그러나 번영의 정도는 비슷했을지라도 플랑드르의 도시들은 역사적 비중에서 북이탈리아의 도시들에 미치지 못했다. 이슬람과 비잔티움 제국을 제치고 지중해 무역을 독점한 북이탈리아 상인들은 그 재력을 밑천으로 아무도 꿈꾸지 못한 세계사적 과업을 수행하게 된다. 그것은 바로 서양 역사의 '꽃'이라 할 르네상스다.

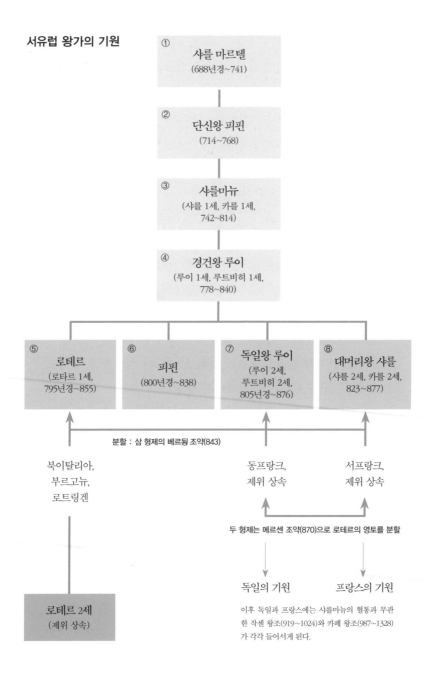

서유럽 왕가의 기원

① **샤를 마르텔**
(688년경~741)

② **단신왕 피핀**
(714~768)

③ **샤를마뉴**
(샤를 1세, 카를 1세,
742~814)

④ **경건왕 루이**
(루이 1세, 루트비히 1세,
778~840)

⑤ **로테르**
(로타르 1세,
795년경~855)

⑥ **피핀**
(800년경~838)

⑦ **독일왕 루이**
(루이 2세,
루트비히 2세,
805년경~876)

⑧ **대머리왕 샤를**
(샤를 2세, 카를 2세,
823~877)

분할 : 삼 형제의 베르됭 조약(843)

북이탈리아,
부르고뉴,
로트링겐

동프랑크,
제위 상속

서프랑크,
제위 상속

두 형제는 메르센 조약(870)으로 로테르의 영토를 분할

독일의 기원

프랑스의 기원

이후 독일과 프랑스에는 샤를마뉴의 혈통과 무관
한 작센 왕조(919~1024)와 카페 왕조(987~1328)
가 각각 들어서게 된다.

로테르 2세
(제위 상속)

1_ 프랑스, 독일, 영국의 교과서에는 마르텔의 이름을 샤를, 카를, 찰스로 각기 다르게 표현하고 있지만 모두 같은 말이므로 우리로서는 아무렇게나 써도 좋다. 마르텔은 '쇠망치'라는 뜻인데, 이름에 걸맞게 그는 메로빙거 왕조가 약해지는 틈을 타서 지금의 오스트리아와 프랑스 동부, 독일 서부 등 서유럽의 요지를 통일했으며, 더 중요한 성과로 732년 프랑스 중서부 투르, 푸아티에까지 진출한 이슬람군을 막아내 유럽 문명을 수호하는 역사적인 역할을 했다. 그는 궁재(재상)의 신분이었으나 그의 후손들은 조상의 음덕으로 정식 왕조를 열게 된다.

2_ 아버지처럼 그도 처음에는 궁재로 출발했으나 곧 자신이 옹립한 허수아비 메로빙거 왕 힐데리히 3세를 폐위하고 카롤링거 왕조를 열었다. '신성의 권력' 이외에 '실세'가 필요했던 로마 교황 자카리아스는 피핀의 왕위 찬탈을 승인했는데, 로마 가톨릭을 위해 탁월한 선택이었다. 피핀은 정복지에 로마 가톨릭을 포교했고, 후임 교황 스테파누스 2세에게 롬바르디아를 정복해 기증했던 것이다. 이것이 나중에 교황령을 이룬다.

3_ 800년 로마의 크리스마스 미사에 참석한 샤를마뉴는 교황 레오 3세에게서 로마 황제의 제관을 받았다. 이로써 서로마의 멸망 이후 350년간 단절되었던 로마 황제가 프랑크족의 혈통으로 부활했다. 이는 곧 로마-게르만 문명, 중세의 시작을 알린다. 내친 김에 샤를마뉴는 당시 비잔티움의 여제인 이레네에게 청혼했다. 이 결혼이 성사되었더라면 실제로 옛 로마 제국이 부활했을지도 모른다. 그러나 그 결혼 계획은 보수적인 비잔티움 관료들의 반대로 무산되었다. 그래서 서양의 중세는 두 개의 제국과 두 명의 황제로 출발했다. 오늘날 서유럽과 동유럽의 문명적 차이를 낳은 기원이기도 하다.

4_ 샤를마뉴의 셋째 아들 루이는 아버지의 종교를 더 발전시켰으나 아버지의 제국을 유지하지는 못했다. 세 아들에게 영토를 분할 상속한 것이다. 여기에 재혼으로 얻은 넷째 아들마저 후계 다툼에 뛰어들면서 상속은 더 복잡해졌다. 결국 루이가 죽고 얼마 뒤 베르됭 조약으로 프랑크 제국이 최종 분할되면서 오늘날 프랑스와 독일의 기원이 싹텄다.

5_ 그는 불운한 맏이였다. 영토 분할을 주도해 아버지에게는 이겼으나 동생들에게는 지고 말았다. 그는 살아생전에 두 동생에게 알짜배기 영토를 빼앗기고 보잘것없는 영토와 이름뿐인 제위만 겨우 상속했으며, 그의 아들 로테르 2세는 그 제위마저 삼촌(루이)에게 빼앗겼다.

6_ 피핀은 형보다 더 불운했다. 영토 분할이 완료되기 몇 년 전에 죽었다. 결국 동생들에게, 특히 막내인 샤를에게 좋은 일만 한 셈이다.

7_ 큰형은 허수아비가 되었고 작은형은 죽었으니 이제 셋째 루이가 '왕'이다. 그러나 형들 때문에 동프랑크의 오지를 상속받은 그는 불만이었다. 그래서 그는 막내와 힘을 합쳐 얼마 되지도 않는 큰형의 영토까지 분할하고 조카의 제위를 빼앗았다. 하지만 그의 혈통은 오래 계승되지 못했고 그의 영토에는 작센 왕조가 들어섰다. 이 점은 후대에 중세 독일에 기나긴 질곡으로 작용한다. 그가 물려받은 제위 때문에 독일은 신성로마 제국이 되었고, 그의 적통이 끊어졌기 때문에 독일에는 여러 공국이 분할 지배하는 분권의 전통이 자리 잡게 되기 때문이다.

8_ 형제 중 막내인 데다 어머니도 달랐던 샤를은 젊어서부터 머리가 벗겨진 듯하다. 스무 살에 서프랑크의 왕으로 즉위할 때부터 대머리라는 별명이 따라다녔기 때문이다. 그러나 그는 머리털에 힘이 실린 삼손보다 운이 좋았다. 둘째 형 피핀이 죽는 바람에 서프랑크를 차지했고, 셋째 형 루이의 제안에 따라 큰형의 영토까지 분할받은 것이다. 게다가 루이가 죽은 뒤부터는 잠시나마 제위까지 차지했다(서로마 황제의 제위는 이후 내내 서프랑크에 있다가 962년 오토 1세가 독일로 가져가게 된다). 더구나 그는 자손 복도 많았다. 형들의 자손은 모두 얼마 못 가 끊겼으나 그의 왕위는 10세기 후반 카페 왕조가 흥기할 때까지 100년 이상 세습되었다.

동양	서양
기원전 **10000**	
10500년경　일본에서 최초의 토기 제작	**10000년경**　신석기 혁명(농업혁명)의 시작
	7000년경　최초의 도시 예리코 건설
6000년경　타이에서 벼농사 시작	
4000년경　중앙아시아에서 말을 기르기 시작	
3500~2000년경　황허 문명, 인더스 문명 발생	**3500~2000년경**　이집트 문명 발생. 최초로 문자 사용
3000　**3000년경**　타이, 청동기 사용	
	3100년경　메네스의 이집트 통일
	2570년경　이집트 쿠푸 왕이 대피라미드 건설
	2350　'사계절의 왕' 사르곤 1세가 수메르와 아카드 일대 통일
2000	**2000년경**　아리아인의 일부가 그리스로와 새로운 문명 개척. 헤브라이인과 팔레스타인이 가나안으로 이주
	1750년경　함무라비 법전의 완성
	1700년경　에게 해에서 화산 폭발, 크레타의 크노소스 궁전 파괴
1600년경　중국 최초의 도시 문명 탄생 (은대)	**1600년경**　힉소스인, 전차를 이용해 이집트 정복
	1580　테베의 왕 아모세가 힉소스인을 이집트에서 쫓아내고 신왕국 수립

동양	서양

	동양		서양
	1550년경 아리아인이 인도를 침략하면서 인더스 문명 파괴		
1500	**1500년경** 중국, 최초로 갑골문자 사용		
	1450년경 인도에서 브라만교가 발달하면서 《베다》가 만들어지기 시작함		
		1286 카데시 전투(히타이트 대 이집트)	
		1250년경 트로이 전쟁(그리스 대 트로이)	
		1150년경 지중해 동부에 수수께끼의 해상 민족 발흥	
	1121 무왕이 주나라 건국	**1050년경** 그리스의 암흑시대 시작	
	1027년경 주나라, 은나라를 타도하고 중원 장악 아리아인, 갠지스 유역으로 진출		
1000		**850년경** 페니키아, 식민시 카르타고 건설	
	800년경 아리아인, 인도 남서부까지 진출		
	800~400 브라만교에 대항한 우파니샤드 철학 시대	**776년경** 그리스, 올림피아에서 올림픽 개최	
	770 주의 동천, 춘추시대 시작	**753** 로물루스가 로마를 건국	
	650년경 중국에 철기 문화 보급	**639** 아시리아의 오리엔트 통일	
		621 그리스 최초의 성문법전인 드라콘 법전 편찬	
		612 바빌론과 메디아의 연합 공격으로 아시리아 멸망	
		594년경 솔론의 개혁	
		586 바빌론 유수로 헤브라이인, 이스라엘인 자처. 선민의식 고양	
		561 페이시스트라토스가 참주로 오름	
	520 중국, 도가 사상의 창시자 노자 사망	**539** 페르시아의 오리엔트 재통일	
500	**500년경** 인도, 카스트 제도 성립		

동양	서양
	494 　로마 시민, 최초의 철수로 평민의 　　　참정권 확보
	492 　페르시아 전쟁 시작
486 　불교를 창시한 석가모니 사망	
481 　중국, 전국시대로 돌입	
	451 　12표법 성립
	431 　펠로폰네소스 전쟁(아테네 대 스파 　　　르타)
	390 　갈리아의 로마 침공
	387 　플라톤이 아테네 최초의 대학인 아 　　　카데미아 설립
	376 　리키니우스법 성립(토지 소유 상한 　　　선 제한. 집정관 두 명 중 한 명은 평
350~220 　제자백가의 시대	민을 임명한다는 것이 주요 내용)
	334 　알렉산드로스의 동방 원정 출발
327 　알렉산드로스가 북인도 침공을 마 　　　지막으로 동방 원정을 끝냄	323 　그리스 문화와 오리엔트 문화가 결
317 　찬드라굽타가 인도 최초의 통일 제 　　　국 마우리아 건국	합된 헬레니즘 세계의 성립
300년경 　한반도 도래인의 영향으로 일본 　　　에서 야요이 문화가 시작됨	287 　호르텐시우스법 제정. 평민회의 정 　　　식 입법 기관화
	272 　로마의 이탈리아 통일
	264 　포에니 전쟁 발발(로마 대 카르타 　　　고)
262 　마우리아 제국의 아소카 왕이 카링 　　　가 전투 후 불교로 개종	
221 　진시황제가 최초로 중국 대륙 통 　　　일. 만리장성 축조 시작	
209 　중국 역사 최초의 농민 반란 발생 　　　(진승과 오광의 반란)	218 　한니발이 4만 대군을 이끌고 로마 　　　원정에 나섬
202 　한 고조(유방)가 중국을 재통일	
187 　마우리아 제국 멸망	
	146 　로마의 지중해 통일

400

300

200

동양	서양

동양

141 한 무제로 인해 흉노가 서쪽으로 이동(세계사적 민족대이동 시작)

138년경 서역 원정을 통한 장건의 비단길 개척

108 한 무제, 고조선을 멸망시키고 한반도에 한4군 설치

108~91 사마천이 중국 최초의 기전체 사서 《사기》를 저술

100

기원후

8 외척 왕망이 전한을 멸망시킨 후 신(新)나라 건국

23 유씨 황실, 왕망으로부터 나라 되찾으면서 후한 시대 시작

60년경 흉노에 밀린 대월씨국의 부족 출신 카드피세스 1세가 인도에 쿠샨 왕조를 세움

100

105 중국 채륜이 채후지라는 종이를 발명해 제지술 보급에 기여

125년경 인도, 불상 조각 허용

130년경 간다라 미술의 융성

서양

133 티베리우스 그라쿠스의 개혁

123 가이우스 그라쿠스의 개혁

58 카이사르의 브리타니아 원정 시작(영국 역사의 출발점)

49 카이사르가 "주사위는 던져졌다."라는 말과 함께 루비콘 강을 건넘

46 카이사르가 자신의 이름을 딴 율리우스력 제정

31 악티움 해전에서 옥타비아누스가 안토니우스·클레오파트라 연합군을 격파

27 아우구스투스가 사실상의 황제에 오르면서 로마 제정의 시작

4 예수 그리스도 탄생

54 로마, 네로 황제 즉위

80 콜로세움 완성

96 팍스 로마나(5현제 시대)의 시작

100 《신약성서》 구성

126 하드리아누스 장성의 완성(잉글랜드와 스코틀랜드 경계)

동양	서양

동양		서양	
150년경 중국에 불교 전래			
		174 아우렐리우스가 《명상록》 저술	
184 중국, 장각을 우두머리로 한 황건적의 난 발생			
			200
220 중국, 후한의 멸망으로 고대 중국의 분열 시대 시작		**226** 사산 왕조 페르시아 성립	
		235~284 로마의 군인황제 시대	
		268 로마 속주군의 용병화	
271 중국, 세계 최초로 나침반을 사용			
285 일본에 유학 전래		**286** 디오클레티아누스 황제, 로마 제국 분할	
			300
316 진(晉)의 멸망, 5호16국 시대 시작		**313** 콘스탄티누스가 밀라노 칙령으로 그리스도교 공인	
320 인도, 찬드라굽타 1세가 북인도에 굽타 왕조 수립		**325** 니케아 공의회에서 아리우스파를 이단으로 판정	
		330 로마 제국, 콘스탄티노플 천도	
350년경 흉노, 페르시아와 인도를 침략			
372 북조의 전진으로부터 고구려에 불교 전래		**375** 게르만 민족대이동 시작	
		392 그리스도교를 로마 제국의 국교로 채택	
		395 로마 제국, 동서로 분열	
			400
439 북위가 화북을 통일하면서 남북조 시대 개막		**451** 교황 레오 1세의 외교로 아틸라가 이끈 훈족 철수	
		476 서로마 제국 멸망	
480 굽타 제국의 멸망			
485 북위의 효문제가 균전제 실시		**486** 프랑크 왕국 성립	

동양	서양
	496 프랑크 왕국의 클로비스가 로마 가톨릭으로 개종
500	
520년경 인도에서 십진법 발견	**527** 비잔티움 제국, 유스티니아누스 황제 즉위
	529 《유스티니아누스 법전》 편찬
	530 롬바르드족의 북이탈리아 장악
538 일본에 불교 전래	
550 굽타 왕조 멸망	
	570 이슬람교의 창시자 무함마드 탄생
587 수 문제 양견이 과거제도를 처음 실시	
589 수나라의 중국 대륙 재통일	
	597 영국 앵글로색슨 왕들, 그리스도교로 개종
600	
604 쇼토쿠 태자가 헌법 17조 제정	
607 일본, 중국풍 문화 유입 개시	
610 중국, 대운하 완공으로 강남과 강북 연결	**610** 무함마드, 신의 계시를 받음(이슬람교 창시)
611 수 양제가 고구려 원정 시작	
624 당나라의 중국 통일	**622** 무함마드, 암살을 피해 메카를 탈주하는 헤지라 단행(이해를 이슬람 원년으로 삼음)
627 당나라 고승 현장이 인도 유학길에 오름. 이후 날란다 사원에서 수학	
630 일본, 1차 견당사 사절 파견	
640년경 북인도에 하르샤 왕조 성립	**632~661** 정통 칼리프 시대
645 일본, 다이카 개혁. 나카노오에와 가마코가 쿠데타로 전권 장악	
658 당나라의 서역 원정	
667 당, 신라와 손잡고 고구려 정복	**661** 이슬람 제국, 우마이야 왕조 성립
676 신라의 한반도 통일	

동양	서양

690~705 당, 최초의 여제 측천무후 집권	
701 일본, 다이호 율령 성립(이 무렵부터 일본이라는 국호 사용)	700
	711 이슬람 제국의 북아프리카 정복, 에스파냐 진출(에스파냐의 이슬람 시대 시작)
	717 비잔티움 제국, 이슬람의 동쪽 공격 방어
	726 비잔티움 제국의 레오 3세, 성상 파괴령 발표
730년경 중국에서 인쇄술 시작	**732** 마르텔, 이슬람의 서쪽 공격 방어
745 몽골에서 위구르 제국 성립	
751 중국의 제지술이 이슬람 세계에 전파됨	**751** 카롤링거 왕조 시작
755~763 절도사 안녹산과 그 뒤를 이은 사사명의 난, 일명 안사의 난 발생	**771** 카롤루스 대제, 프랑크 왕국 통일
780 당, 토지와 재산에 대해 세금을 물리는 양세법 시행	
794 일본, 교토 천도(헤이안 시대 시작)	**800** 샤를마뉴의 대관식(서로마 황제의 부활) 800
	817 프랑크 제국의 분할
840 위구르 제국 멸망	**843** 베르됭 조약 체결로 동·서·중 프랑크로 분할, 각각 독일·프랑스·이탈리아의 기원이 됨.
853 중국에서 최초로 서적 인쇄	
858 후지와라 요시후사의 셋칸 정치	**870** 메르센 조약을 맺어 라인 강을 기준으로 중부 프랑크 분할
875 당, 황소의 난 발생(당나라의 멸망을 촉진)	**880년경** 영국에 데인족의 자치 구역인 데인로(Danelaw) 성립
890년경 일본, 국풍 문화 발달	

동양	서양

900

907 당의 멸망과 동시에 5대10국 시대
시작

910 종교개혁의 중심인 클뤼니 수도원
창립

911 노르망디 공국의 성립

916 몽골에 대거란국 세워짐
918 한반도에 고려왕조 성립
936 거란, 국호를 요로 바꿈
939 베트남, 중국의 속국으로 편입됨

962 오토 1세, 교황으로부터 신성 로마
제국 황제의 관을 받음(신성 로마
제국의 탄생)

967 후지와라 가문의 일본 지배 시작
979 송나라의 중국 통일

987 카페 왕조의 출범
988 러시아 정교회 탄생

1000

1004 전연의 맹약으로 송과 요 사이에
화의 성립

1018 가즈니 공국의 마흐무드, 인도 침
략(인도의 이슬람화)

1023 인도 촐라 왕조의 라젠드라 1세
가 갠지스 강 유역 점령

1045년경 중국에서 최초의 활자 인쇄

1054 그리스도교, 동과 서로 분리
1059 로마 교황청, 성직자 서임권 천명
1066 노르망디 공 윌리엄의 영국 정복

1069 송, 왕안석의 신법 개혁 시작

1076 카노사의 굴욕
1096 성지 탈환을 명분으로 한 1차 십
자군 출발

1100

1115 완안부의 추장 아골타가 여진족
을 통일하여 금나라 건국

1122 보름스 협약으로 교황과 황제의
타협(황제에게 서임 거부권 부여)

1125 송과 금의 협공으로 요 멸망

동양	서양
1127 정강의 변으로 북송이 멸망한 뒤 남송이 건국됨	
1150년경 캄보디아에 힌두 사원 앙코르 와트 건설. 구르 왕조의 무하마드, 가즈니 타도	**1152** 영국의 헨리 2세가 프랑스의 앙 주 영토 획득
	1154 영국 앙주 왕조(플랜태저넷 왕조) 의 성립
1156 황위 계승권을 둘러싼 미나모토 가문과 다이라 가문의 충돌로 호겐 의 난 발발	
1159 다이라 가문의 지배권이 확립된 헤이지의 난	
	1169 영국, 아일랜드 정복
1175 인도 최초의 이슬람 제국 수립	
1185 미나모토노 요리토모가 세이다이 쇼군으로 임명되면서 가마쿠라 바 쿠후 시대 개막	**1186** 신성 로마 제국 황제 프리드리히 1세가 시칠리아 획득

1200

동양	서양
	1204~1261 콘스탄티노플에 라틴 제국 성립
1206 테무진이 몽골을 통일하고 칭기 즈 칸이 됨. 인도에 델리 술탄 왕조 시작	**1215** 영국에서 마그나카르타(대헌장) 제정
1232 가마쿠라 바쿠후에서 조에이 시 키모쿠(바쿠후가 제정한 헌법) 제정	
1234 몽골, 금 정복	
1236 몽골의 오고타이 칸이 바투를 총 사령관으로 하는 서방 원정군 파견	**1241** 한자동맹 결성
1251 몽골 제국 분열(오고타이, 차가타 이, 킵차크 칸국 분리, 독립)	**1256~1273** 독일의 대공위 시대(호엔슈 타우펜 왕조 몰락 후 황제가 존재하 지 않음)
1271 몽골의 쿠빌라이 칸이 국호를 원 으로 변경(중국화 시작)	**1273** 귀족들에 의해 선출된 황제 루돌 프 1세를 시작으로 합스부르크 왕 조 개막
1274 여·몽 연합군, 1차 일본 원정 실 패	
1275 마르코 폴로가 중국 도착	

동양	서양
1279 원나라의 남송 정복 **1280** 여·몽 연합군, 2차 일본 원정 실패	
	1291 200년에 걸친 십자군 전쟁 실패 **1295** 영국, 모델 의회 성립(영국 의회사의 시작)
	1302 프랑스의 필리프 4세, 왕권 강화를 위해 삼부회 소집 **1309** 아비뇽 유수 사건으로 교황권 추락 **1328** 프랑스 발루아 왕조 시작
1333 가마쿠라 바쿠후 몰락. 내전 재개 **1336** 다카우지가 교토에 무로마치 바쿠후 수립	
1349 싱가포르에 중국인 이주 **1350** 자와, 마자파히트 제국 황금시대	**1337~1452** 프랑스와 영국의 백년전쟁 **1347~1350** 페스트로 유럽 인구의 3분의 1 사망 **1358** 프랑스, 자크리의 난
1368 주원장이 명 건국(원은 북원으로 쫓겨남) **1370** 비자야나가르의 남인도 지배. 티무르의 정복 활동 개시	**1377** 교회 대분열로 교황청이 로마와 아비뇽에 각각 세워짐 **1381** 영국, 와트 타일러의 난
1392 조선왕조 성립 **1398** 티무르의 인도 침략	

1300

492

| 찾아보기 |

ㄱ

가우가멜라 전투 · 165

교황령 · 332~334, 363, 420, 481

그라쿠스, 가이우스(Gracchus, Gaius) ·
215~218

그라쿠스, 티베리우스(Gracchus, Tiberius)
· 214~216, 218, 219

그레고리우스 1세(Gregorius Ⅰ) · 355

그레고리우스 7세(Gregorius Ⅶ) ·
382~385, 412

그리스의 불 · 315, 316

금인칙서(金印勅書) · 451, 452

기 드 뤼지냥(Guy de Lusignan) · 394, 415,
416

길드(guild) · 468

ㄴ

네로(Nero) · 251, 252, 266, 279

네부카드네자르 2세(Nebuchadnezzar Ⅱ)
· 66, 67

노브고로드 공국 · 352, 458

누레딘(Nureddin) · 393

《니벨룽겐의 노래(Nibelungenlied)》· 297

니키아스(Nibkias) · 137, 138

ㄷ

다리우스 1세(Darius Ⅰ) · 67~69,
111~115, 118, 119, 121, 122, 165

다리우스 3세(Darius Ⅲ) · 162, 165

대공위 시대 · 439, 449~451

데인로(Danelaw) · 356

델로스 동맹 · 130, 131, 134

독재관(dictator) · 181, 222, 233, 236

드라콘(Drakon) · 182, 183, 189

디아도코이 전쟁 · 167

디오클레티아누스(Diocletianus) ·
270~276, 278, 293

ㄹ

라티푼디움(latifundium) · 213, 214, 224,
262, 365

람세스 2세(Ramses Ⅱ) · 48, 57

랭커스터(Lancaster) 왕조 · 447

레오 1세(Leo Ⅰ) · 288, 355

레오 3세(Leo Ⅲ) · 314, 328, 330, 332,
334, 335, 481

레콘키스타(Reconquista) · 404, 405, 463

레피두스(Lepidus) · 237, 238

로물루스(Romulus) · 176, 177

루이 1세(Louis I, 경건왕) · 341, 342, 344, 346, 353

루이 9세(Louis Ⅸ) · 433

리처드 1세(Richard Ⅰ) · 395, 414

리처드 2세(Richard Ⅱ) · 446

리처드 3세(Richard Ⅲ) · 447, 448

리키니우스법 · 189, 190, 215

ㅁ

마그나카르타(Magna Carta) · 416, 428

마라톤 전투 · 119, 125, 130

마르그레테(Margrete) · 453, 454

마르도니오스(Mardonius) · 128, 129

마르쿠스 아우렐리우스(Marcus Aurelius) · 255, 260, 265

마리우스(Marius) · 220~223, 227, 266

마틸드(Mathilde) · 409, 410, 413, 418

메네스(Menes) · 32, 40, 240

메로빙거(Merowinger) 왕조 · 316, 317, 327, 481

메르센 조약 · 343, 348

메소포타미아 문명 · 29, 30, 33

메카 · 305~308, 310

모델 의회 · 432, 436, 437

몽포르(Montfort, Simon de) · 430, 432

무함마드 · 305~310, 319, 321

미케네(Mycenae) · 문명 52, 81, 91

민회 · 132, 133, 181, 192, 200, 228

밀라노 칙령 · 279, 281

밀레투스학파 · 114, 147

밀티아데스(Miltiades) · 119, 120, 124

ㅂ

바르바로이(Barbaroi) · 159

바빌로니아(Babylonia) · 41~44, 47, 66, 67, 72, 171

바빌론의 유수 · 67, 253

바실리우스 2세(Basilius Ⅱ) · 364

반달리즘(vandalism) · 288

발루아 왕조 · 440

발슈타트 전투 · 456

백년전쟁 · 413, 442, 448, 449

베네딕투스(Benedictus) · 466

베르됭(Verdun) 조약 · 342, 343, 481

베스파시아누스(Vespasianus) · 252, 253, 266, 267

벨리사리우스(Belisarius) · 300~302

변경주(邊境州) · 334, 404

보니파키우스 8세(Bonifacius Ⅷ) · 436~438

보름스 협약 · 385, 418

보편논쟁 · 472, 473

봉토(封土) · 365, 368, 369, 375, 376, 406

불입권(immunity) · 369, 370

브루투스(Brutus) · 236~238

비옥한 초승달 · 30, 43, 53, 71

ㅅ

사르곤 1세(Sargon I) · 38, 42, 64, 71

사산 왕조 페르시아 · 256, 269, 303, 305, 313, 319

산파술 · 151, 152

살라딘(Saladin) · 393, 394, 396

살라미스 해전 · 127, 128, 132

삼니움 전쟁 · 186

3두 정치 · 227, 238

삼부회(三部會) · 436, 437

삼위일체설 · 282, 306

생 루이(Saint Louis) · 433~435, 439

샤를마뉴(Charlemagne) · 333~338, 340~342, 344~348, 351, 361, 363, 368, 378, 398, 404, 419, 422, 481

선제후(選帝侯) · 450~452

설형문자(cuneiform) · 38

성상 숭배 금지령 · 328, 329

세네카(Seneca) · 251

세베루스(Severus) · 266~268

센티눔 전투 · 187

소크라테스(Socrates) · 150~153, 155, 158,

소피스트(sophist) · 148~152

솔로몬(Solomon) · 58, 59

솔론(Solon) · 102~105, 180, 181, 189

솔리두스 · 278, 321

수니파 · 321

술라(Sulla) · 221~224, 231, 232, 234, 246, 266

슐리만(Schliemann, Heinrich) · 85

스칸디나비아 제국 · 426

스콜라(Schola) 철학 · 324, 471~473

스키타이(Scythian) · 64, 68

스키피오(Scipio) · 208, 209

스파르타쿠스(Spartacus) · 224, 225

시아파 · 321

시토회 · 466, 467, 476

신성 로마 제국 · 347, 376, 377, 382, 417, 436, 452, 465

《신학대전(Summa Theologiae)》· 473

12표법 · 183, 185, 189

십자군 전쟁 · 194, 322, 368, 388, 389, 391, 394, 397, 398, 400, 401, 405, 414, 417, 420, 421, 425, 436, 438, 479

ㅇ

아고라(agora) · 95, 102, 103, 183

아낙시만드로스(Anaximandros) · 147

아낙시메네스(Anaximenes) · 147

아라베스크(arabesque) · 323, 324

아리스토텔레스(Aristoteles) · 146, 153, ~155, 324, 472, 473

아리아인(Aryan) · 45~47, 83, 91, 179

아리우스(Arius) · 281~283

아멘호테프 1세(Amenhotep I) · 44

아멘호테프 4세(Amenhotep Ⅳ) · 50

아바스 왕조 · 321, 322, 405

아벨라르(Abélard, Pierre) · 473

아부 바크르(Abū Bakr) · 309, 310, 319

아비뇽의 유수 · 438

아시리아 · 49, 53, 59, 61~69, 71~73,
91, 123

아우구스투스(Augustus) · 240, 242~249,
261, 271, 272, 279, 289

아우구스티누스(Augustinus, Aurelius) ·
471, 473

아카데미아(Academia) · 153

아크로폴리스(Acropolis) · 95, 103, 126

아타나시우스(Athanasius) · 282, 284

아틸라(Attila) · 287~289

아피아 가도 · 195, 196, 225

악티움 해전 · 219, 244

안셀무스(Anselmus) · 471, 472

안토니우스(Antonius) · 236~239

알라리크(Alaric) · 287

알렉산데르 2세(Alexander Ⅱ) · 382

알렉산드로스(Alexandros) · 128, 155,
160~169, 171, 187, 197, 212, 240,
256, 267

알렉산드리아(Alexandria) · 168, 178

알렉시우스 1세(Alexius Ⅰ) · 388

알비 십자군 · 434

알키비아데스(Alkibiades) · 137, 138

알파벳 · 38, 54, 56

알폰소 8세(Alfonso Ⅷ) · 404

앙주(Anjou) 가문 · 409

앨프레드(Alfred) · 280, 356, 361

에게 문명 · 81, 82, 84

에드워드 3세(Edward Ⅲ) · 440, 442, 446,
447

에드워드 4세(Edward Ⅳ) · 447, 448

에번스(Evans, Sir Arthur John) · 80, 82

에퀴테스(equites) · 213, 216, 217, 250,
252, 262, 263, 366

에트루리아 · 178~180, 184, 185, 190,
216

에페소스 · 94

《역사(historíai)》· 107

영국 국교회 · 463

예리코(Jericho) · 29, 37

오고타이 칸 · 455, 456

오도아케르(Odoacer) · 289, 295

《오디세이아(Odysseia)》· 51, 84, 88, 91

오르페우스교 · 148

500인회 · 117, 132, 133

오토 1세(Otto Ⅰ) · 345, 346, 351, 381,
383, 417, 419

5현제 시대 · 267

옥타비아누스(Octavianus) · 237~240

요크(York) 왕조 · 447

우르바누스 2세(Urbanus Ⅱ) · 385

우마이야 왕조 · 311, 312, 315, 321

원로원 · 181, 192, 200, 208, 215~220,
222, 223, 225, 227, 228, 230, 232,
233, 235, 236, 240, 243, 249, 254,

259, 262, 286

위그 카페(Hugues Capet) · 411, 412

위탄게모트(Witangemot) · 357

유대교 · 56, 67, 264, 279, 280, 282, 305,
306

유스티니아누스(Justinianus) · 300, 302,
303

유스티니아누스 법전 · 300

유클리드(Euclid) · 171

율리우스력 · 234, 235

은대지제(恩貸地制) · 366~368

이사벨(Isabel) · 462, 463

이소스 전투 · 162

인노켄티우스 3세 · 396, 421

ㅈ

작센(Sachsen) 왕조 · 417, 480

작은 형제들의 수도회 → 프란체스코회
· 467

잔 다르크(Jeanne d'Arc) · 443~446

잘리어(Salier) 왕조 · 417, 418

장미전쟁 · 447~449

장원 경제 · 369, 374

절대주의 · 449

정복왕 윌리엄 · 359, 406, 409

성통 칼리프 시대 · 310

조로아스터교 · 305, 313

종사제(從士制) · 366~368

중장보병 · 110, 120, 129, 151, 159, 183

지구라트(ziggurat) · 38, 39

지하드(jihad) · 309, 310, 322, 385, 393

집정관(consul) · 101~103, 181, 190, 192,
220, 222, 223, 226, 228, 230, 231,
233, 238

ㅊ

차르(Tzar) · 458

참주(僭主, tyrannos) · 104~106, 113, 115,
118, 134, 148, 216, 234, 240

채식 필사본 · 340, 341, 370

추밀원 · 278, 286

칭기즈 칸 · 194, 455

ㅋ

카노사의 굴욕 · 384, 418

카데시 전투 · 48~50, 56

카라칼라(Caracalla) · 267, 268

카롤링거(Carolinger) · 327, 331, 333,
340, 344, 411

카르타고(Carthago) · 55, 197~203, 205,
207~211, 261, 300, 301, 312

카르타고노바 · 202

카를 마르텔(Karl Martel) · 318

카이사르(Caesar, Julius) · 227~238, 240,
244, 249, 252, 271, 279, 296

카타콤 · 273

카페(Capet) 왕조 · 411, 412, 414, 433,
435, 439

칸나이 전투 · 206

칼리프 · 310, 311, 319~322

칼마르 동맹 · 453~455

코페르니쿠스(Copernicus, Nicolaus) · 171

콘스탄티노플 · 277, 278, 285, 299, 314,
315, 316, 328, 330, 365, 390, 400,
458, 460, 462

콘스탄티누스(Constantinus) · 275~279,
281, 282, 284, 285, 293, 315

콜럼버스(Columbus, Christopher) · 463

콜로나투스(colonatus) · 262, 274, 365

콤모두스(Commodus) · 265, 266

크노소스 궁전 · 78, 80, 82

크누드(Knud) · 357, 425

크라수스(Crassus) · 224~227, 230, 235,
256

크레타 문명 · 77, 79, 80, 82, 84, 91

크세르크세스(Xerxes) · 122, 123,
126~130

클라우디우스(Claudius) · 249, 250, 252,
262

클레르몽 공의회 · 386

클레오파트라(Cleopatra) · 239, 240

클로비스(Clovis) · 297~299, 316, 317,
326, 361, 411

클뤼니 수도원 · 379, 381, 382, 466

키루스(Cyrus) · 67, 111

키예프 공국 · 352

ㅌ

타르퀴니우스(Tarquinius) · 179, 216

타키투스(Tacitus) · 249

타타르(Tatar) · 457

탈레스(Thales) · 95, 145, 146, 147

테미스토클레스(Themistocles) · 124,
126~128

테오도시우스(Theodosius) · 285, 286

토너먼트 · 371, 372

투키디데스(Thucydides) · 52, 98, 107

투탕카멘(Tutankhamen) · 36

튜더(Tudor) 왕조 · 448

트라야누스(Trajanus) · 244, 255~259

트로이의 목마(Trojan horse) · 89

트로이 전쟁 · 84, 85, 88~90

ㅍ

파라오(Pharaoh) · 34, 35, 39~41, 48, 50,
51, 57, 271

파리 조약 · 435, 439

팍스 로마나(Pax Romana) · 255

페니키아(Phoenicia) · 53~56, 112, 114,
163, 197, 198

페르세폴리스 · 112, 165

페르시아 전쟁 · 130, 133, 134, 140, 158,
159, 175

페리클레스(Perikles) · 132, 133, 137,
148, 215, 261

페스트 · 137, 261, 443, 444

페이시스트라토스(Peisistratos) · 105, 106, 118

펠로폰네소스 전쟁 · 130, 139~141, 151, 156, 444

《펠로폰네소스 전쟁사》· 52, 107

평민회 · 182, 190, 192

포에니 전쟁 · 200, 211, 212, 215, 222

폼페이우스(Pompeius) · 223~228, 230, 232, 233, 238

프란체스코(Francesco, d'Assisi) · 467

프로타고라스(Protagoras) · 149

프리드리히 1세(Friedrich Ⅰ) · 347, 395, 419

프리드리히 2세(Friedrich Ⅱ) · 421~423, 452

프톨레마이오스(Ptolemaeos) · 171

플라톤(Platon) · 152~155, 158, 471~473

플랑드르 백국(伯國) · 436

플랜태저넷 왕조(Plantagenets) · 410, 413, 414, 429, 447

피라미드(pyramid) · 35, 36, 38, 39

피로스(Pyrrhos) · 187, 188, 204

피타고라스(Pythagoras) · 147, 324

피핀(Pippin) · 326, 327, 331~334, 341, 342

필리포스(Philippos) · 159~161, 165, 167, 187

필리프 2세(Philippe Ⅱ) · 416, 421, 433, 439

필리프 3세(Philippe Ⅲ) · 435

ㅎ

하드리아누스(Hadrianus) · 256, 258, 260, 266, 267

하밀카르(Hamilcar) · 202, 203

하인리히 4세(Heinrich Ⅳ) · 382, 418

한니발(Hannibal) · 203~208, 221

한자동맹(Hansabund) · 450, 452, 454, 477, 479

함무라비 법전 · 42

합스부르크(Habsburg) 왕조 · 424, 449

헤로도토스(Herodotos) · 107, 123

헤브라이(Hebrew) · 56, 59, 67

헤지라(Hegira) · 307

헨리 2세(Henry Ⅱ) · 410, 413, 414

헨리 3세(Henry Ⅲ) · 423, 429~431, 435

헬레니즘(Hellenism) · 165, 167~171, 175, 178, 188, 197, 198, 211, 304, 323, 328,

호르텐시우스 법 · 190, 192

호메로스(Homeros) · 52, 83~85, 92

호민관(tribunus) · 182, 215, 216, 218

호엔슈타우펜(Hohenstaufen) · 420, 421, 423

훈족 · 284, 285, 287, 288, 294, 297, 301

히타이트 · 47~55, 60~62, 73, 88

히피아스(Hippias) · 106, 118, 119, 134

힉소스(Hyksos) · 40, 41, 43, 44, 80

종횡무진 서양사 1

초판 1쇄 발행일 1999년 12월 17일
개정판 1쇄 발행일 2015년 4월 13일
개정판 9쇄 발행일 2023년 6월 12일

지은이 남경태

발행인 김학원
발행처 (주)휴머니스트출판그룹
출판등록 제313-2007-000007호(2007년 1월 5일)
주소 (03991) 서울시 마포구 동교로23길 76(연남동)
전화 02-335-4422 **팩스** 02-334-3427
저자·독자 서비스 humanist@humanistbooks.com
홈페이지 www.humanistbooks.com
유튜브 youtube.com/user/humanistma **포스트** post.naver.com/hmcv
페이스북 facebook.com/hmcv2001 **인스타그램** @humanist_insta

편집주간 황서현 **편집** 최윤영 임미영 이영란 **디자인** 김태형 최우영 박인규 **지도** 임근선
용지 화인페이퍼 **인쇄** 삼조인쇄 **제본** 해피문화사

ⓒ 남경태, 2015

ISBN 978-89-5862-786-9 04900